ENCYCLOPÉDIE
DES
TRAVAUX PUBLICS
Fondée par M.-C. LECHALAS, Inspr génal des Ponts et Chaussées

Médaille d'or à l'Exposition universelle de 1889

DROIT INDUSTRIEL

BREVETS D'INVENTION

MARQUES DE FABRIQUE. MODÈLES ET DESSINS

NOM COMMERCIAL. CONCURRENCE DÉLOYALE

PAR

MICHEL PELLETIER

AVOCAT A LA COUR D'APPEL DE PARIS
PROFESSEUR DE LÉGISLATION INDUSTRIELLE
A L'ÉCOLE CENTRALE DES ARTS ET MANUFACTURES

PARIS
LIBRAIRIE POLYTECHNIQUE
BAUDRY ET Cie, LIBRAIRES-ÉDITEURS
15, RUE DES SAINTS-PÈRES
MÊME MAISON A LIÉGE

DROIT INDUSTRIEL

BREVETS D'INVENTION

ENCYCLOPÉDIE

DES

TRAVAUX PUBLICS

Fondée par **M.-C. LECHALAS**, Inspr génal des Ponts et Chaussées

Médaille d'or à l'Exposition universelle de 1889

DROIT INDUSTRIEL

BREVETS D'INVENTION

MARQUES DE FABRIQUE, MODÈLES ET DESSINS

NOM COMMERCIAL, CONCURRENCE DÉLOYALE

PAR

MICHEL PELLETIER

AVOCAT A LA COUR D'APPEL DE PARIS

PROFESSEUR DE LÉGISLATION INDUSTRIELLE

A L'ÉCOLE CENTRALE DES ARTS ET MANUFACTURES

PARIS

LIBRAIRIE POLYTECHNIQUE

BAUDRY ET Cie, LIBRAIRES-ÉDITEURS

15, RUE DES SAINTS-PÈRES

MÊME MAISON A LIÉGE

1893

BIBLIOGRAPHIE

I

BREVETS D'INVENTION

Allart (Henri). — Des brevets d'invention, 1885, in-8.

Auger (Albert). — Des brevets d'invention et des marques de fabrique et de commerce et du nom commercial considérés au point de vue international, 1882, in-8.

Barberot. — De la propriété industrielle en droit international, 1887, in-8.

Bédarride (J.). — Commentaire des lois sur les brevets d'invention, sur les noms des fabricants et sur les marques de fabrique, 1869, 3 vol. in-8.

Blanc (Etienne). — L'inventeur breveté, 3° édition, 1852, in-8. Traité de la contrefaçon, 4° édition, 1855, in-8,

Blanc (Etienne) et **Beaume** (A.). — Code général de la propriété industrielle, littéraire et artistique, 1854, in-8.

Calmels (E.).— De la propriété et de la contrefaçon des œuvres de l'intelligence, 1856, in-8.

Casalonga (D.-A.). — Communication présentée à l'assemblée générale de l'Association de l'industrie française, 1892.

Dalloz. — Jurisprudence générale et supplément, v° *Brevets d'invention*.

Darras (A.). — Des droits intellectuels, 1887, in-8.

Deschamps (Emile). — Etude sur la propriété industrielle, littéraire et artistique au point de vue de la cession des droits de l'inventeur, du fabricant et de l'auteur, 1882, in-8.

Dictionnaire de la Propriété industrielle, artistique et littéraire.

Fliniaux (Ch.). — La propriété industrielle et la propriété littéraire et artistique en France et à l'étranger, 1879, in-12.

Gallois (G.). — Traité pratique des cessions de fonds de commerce et des marques de fabrique et de brevets d'invention au point de vue des droits d'enregistrement et de timbre, 1888, in-8.

Gastambide (A.). — Traité théorique et pratique des contrefaçons en tous genres, 1857, in-8.

Goujet et Mercier. — Dictionnaire de droit commercial, vº *Contrefaçon.*

Huard (Adrien) et **Pelletier** (Michel). — Répertoire de législation et de jurisprudence en matière de brevets d'invention, 1885, in-12.

Le Senne. — Brevets d'invention et droits d'auteur, 2e édition, 1849, in-8.

Loiseau et Vergé. — Loi sur les brevets d'invention, 1845, in-8.

Lyon-Caen et **Cahen** (Albert). — De la législation des brevets d'invention et des modifications à introduire dans la loi du 5 juillet 1844 (Mémoire présenté au Congrès international de la propriété industrielle tenu à Paris en 1878), 1879.

Malapert et Forni. — Nouveau commentaire des lois sur les brevets d'invention, 1879, in-8.

Nicolas (César) et **Pelletier** (Michel).— Manuel de la propriété industrielle, 1888, in-12.

Nouguier. — Des brevets d'invention et de la contrefaçon, 2e édition, 1858, in-8.

Pataille (J.). — Annales de la propriété industrielle, artistique et littéraire, 1885 à 1892, 38 vol. in-8.

Pataille (J.) et **Huguet** (A.). — Code international de la propriété industrielle, artistique et littéraire, 1865, in-8.

Pelletier (Michel) et **Defert** (Henri). — Procédure en matière de contrefaçon industrielle, littéraire et artistique, 1879, in-12.

Pétition adressée au Sénat et à la Chambre des députés en faveur de la révision de la législation qui régit en France les différentes branches de la propriété industrielle par le syndicat des ingénieurs-conseils en matière de propriété industrielle, 1892.

Picard et **Olin-Picot**. — Traité des brevets d'invention et de la contrefaçon, 1869, in-8.

Pouillet (Eugène). — Traité théorique et pratique des brevets d'invention et de la contrefaçon, 3ᵉ édition, 1889.

Pouillet (Eugène), **Martin Saint-Léon** et **Pataille**. — Dictionnaire de la propriété industrielle, artistique et littéraire, 1887, in-8.

Propriété industrielle, littéraire et artistique (La). — Journal bi-mensuel (N'a paru que de 1880 à 1882).

Propriété industrielle (La). — Organe officiel du bureau international de l'Union pour la protection de la propriété industrielle, 1885-1892.

Rendu (A.). — Codes de la propriété industrielle, t. I, 1879.

Rendu (A.) et **Delorme**. — Traité pratique de droit industriel, 1855, in-8.

Renouard. — Traité des brevets d'invention, de perfectionnement et d'importation, 3ᵉ édition, 1865, in-8.

Ruben de Couder. — Dictionnaire de droit commercial, vᵒ *Brevets d'invention*, 1878, in-8.

Sautter (Maurice). — Mémoire relatif aux réformes urgentes à apporter à la pratique du régime actuel de la propriété industrielle en France (Extrait du Bulletin des ingénieurs-conseils en matière de propriété industrielle), 1887, in-8.

Sauvel (E.). — La propriété industrielle dans les colonies, 1885, in-8.

Schmoll. — Traité pratique des brevets d'invention, dessins, etc., 1867, in-8.

Tillière. — Traité théorique et pratique des brevets d'invention, 1858, in-8.

Wælbroeck (Ch.-François). — Cours de droit industriel. Bruxelles, 2 vol., 1863-1867, in-8,

II

MARQUES DE FABRIQUE ET DE COMMERCE. — NOM COMMERCIAL CONCURRENCE DELOYALE [1]

Agnel. — Code des propriétaires et locataires.

Assi (Ch.) et **Genès** (L.). — Note sur la convention internationale du 20 mars 1885, 1886, in-8.

Auger (Albert). — Des brevets d'invention et des marques de fabrique et de commerce et du nom commercial considérés au point de vue international, 1882, in-8.

Barberot. — De la propriété industrielle en droit international, 1887, in-8.

Barrault (Emile).— Marques de fabrique et noms commerciaux, 1859, in-12.

Bédarride (J.). — Commentaire des lois sur les brevets d'invention, sur les noms des fabricants et sur les marques de fabrique, 1869, 3 vol. in-12.

Bert (Emile). — Le droit industriel, depuis 1886, in-8.

— De la concurrence déloyale, 1888, in-8.

Blanc (Etienne). — Traité de la contrefaçon, 4° édition, 1855, in-8.

Blanc (Etienne) et **Beaume** (A.). — Code général de la Propriété industrielle, littéraire et artistique.

Bozérian (J.). — La convention internationale du 20 mars 1883 pour la protection de la propriété industrielle, 1885, in-8.

Bulletin officiel de la Propriété industrielle (Publication du ministère du commerce).

Cahen (Albert) et **Lyon-Caen.** — De la convention internationale pour la protection de la propriété industrielle (Extrait du *Bulletin de l'Association des inventeurs et artistes industriels*), 1885, gr. in-8.

---

[1]. Nous ne mentionnons plus ici que les ouvrages traitant spécialement des marques de fabrique, du nom commercial ou de la concurrence déloyale. Il est également traité de ces objets dans les ouvrages qui concernent d'une manière générale la propriété industrielle et que nous avons mentionnés dans la bibliographie en matière de brevets d'invention.

Calmels (E.). — Des noms et marques de fabrique et de commerce et de la concurrence déloyale, 1858, in-8.

Clunet (Ed.). — Journal de droit international privé (1874-1892).

> 1875. — Pouillet (Eugène). Des droits des étrangers en France en matière de marques de fabrique.

> 1879. — Couderc (F.). De la protection des marques de commerce et de fabrique aux Etats-Unis.

> — Brégeault. De la protection des raisons de commerce et des marques de fabrique allemandes en France.

> 1881. — Stern. Droits des étrangers en matière de marques de fabrique dans la nouvelle législation hollandaise.

> — Braun. Droits des étrangers en matière de marques de fabrique en Belgique.

> 1882. — Lyon-Caen. De la protection des marques de commerce étrangères aux Etats-Unis.

> 1883. — Dr Konig. Droits des étrangers en Suisse en matière de marques de fabrique.

> 1887. — Kohler. De la protection des marques de commerce étrangères en Allemagne.

> 1890. — Bozérian. Droits des étrangers en France en matière de marques de fabrique.

> — Beauchet. Marques étrangères en France.

> 1891. — Pouillet (Eugène). Marques de fabrique des étrangers.

Couvreux (Gustave). — Propriété du nom commercial. Exposé de la jurisprudence de la Cour de cassation, des cours d'appel et tribunaux de commerce, 1887, in-8.

Dalloz. — Jurisprudence générale et supplément, v° *Marques de fabrique* et *Concurrence déloyale*.

Darras (A.). — Nouveau traité sur les marques de fabrique et de commerce, 1885, in-8.

Deshayes de Merville (Louis). — Du nom commercial en droit français, 1883, in-8.

Gallois (G.). — Traité pratique des cessions de fonds de commerce et des marques de fabrique et brevets d'invention au point de vue des droits d'enregistrement et de timbre, 1888, in-16.

Hayem (Julien). — Rapport sur les réformes apportées aux lois sur la protection des marques de fabrique en France et à l'étranger, 1884, in-8.

Huard (Adrien). — Répertoire de législation, de doctrine et de jurisprudence en matière de marques de fabrique, noms, enseignes, etc., 1885.

Joubert (Raoul). — De la concurrence déloyale ou de l'apposition frauduleuse d'une marque ou d'un nom français sur des produits fabriqués à l'étranger, 1890, in-12.

Lallier. — De la propriété des noms et des titres, 1891, in-8.

Loison. — Noms commerciaux et médailles et récompenses industrielles honorifiques, 1880, in-8.

Mack (Ed.). — De la convention internationale du 20 mars 1883 au point de vue des marques de fabrique, 1885.

De Maillard de Marafy. — Grand dictionnaire international de la propriété industrielle au point de vue du nom commercial, des marques de fabrique et de commerce et de la concurrence déloyale, gr. in-8.

Mayer (G.). — De la concurrence déloyale et de la contrefaçon en matière de noms et de marques, 1879, in-8.

Méneau (R.). — Idées nouvelles sur les marques de fabrique et de commerce, 1879, in-12.

Merlin. — Questions, v° *Marques de fabrique*.

Mesnil (Henri). — Des marques de fabrique et de commerce et du nom commercial dans les rapports internationaux, 1887, in-8.

Morin. — Propriété des marques de fabrique et de commerce, 1878.

Pelletier (Michel). — La conférence internationale tenue à Rome en 1886 en vue de réviser la convention du 20 mars 1883 (Extrait du *Bulletin du syndicat des ingénieurs-conseils en matière de propriété industrielle*).

Pouillet (Eugène). — Traité des marques de fabrique et de la concurrence déloyale en tous genres, 3° édition, 1892, in-8,

Rendu (A.), avocat à la Cour de cassation. — Traité pratique des marques de fabrique et de commerce et de la concurrence déloyale, 1855, in-8.

Rendu (A.), avocat à la Cour de Paris. — Codes de la propriété industrielle, t. II, *Marques de fabrique et de commerce*, 1881, in-12.

Ro (de). — Commentaire de la la loi belge du 1ᵉʳ avril 1879 sur les marques de fabrique et de commerce, 1879.

Ruben de Couder. — Dictionnaire de droit commercial, vᵒ *Marques de fabrique* et *Concurrence déloyale*, 1878.

Sellier (F.). — Traité de la concurrence déloyale en matière commerciale, in-12.

Thirion (Ch.). — Marques de fabrique en France et à l'étranger, 1876, in-12.

Vallé (Ernest). — Rapport fait à la Chambre des députés au nom de la commission chargée d'examiner le projet de loi portant approbation des arrangements, signés les 14 et 15 avril 1891 entre divers États faisant partie de l'Union internationale pour la protection de la propriété industrielle (Session 1892, nᵒ 2012 de la Distribution).

Vincent et Pénaud. — Dictionnaire de droit international privé, 1890, gr. in-8.

III

DESSINS ET MODÈLES DE FABRIQUE [1]

Dalloz. — Jurisprudence générale ef supplément, vᵒ *Industrie*.

Mollot. — Code de l'ouvrier.

Pelletier (Michel). — Des dessins et modèles de fabrique.

Philipon (Edouard). — Traité théorique et pratique de la propriété des dessins et modèles industriels, 1880.

Pouillet (Eugène). — Traité théorique et pratique des dessins et modèles de fabrique, 2ᵉ édition, 1884.

Ruben de Couder. — Dictionnaire de droit commercial, vᵒ *Dessin*.

---

1. Ici encore, nous ne mentionnons que les ouvrages traitant spécialement des dessins et modèles de fabrique.

LIVRE I

DES BREVETS D'INVENTION

LIVRE I

DES BREVETS D'INVENTION

CHAPITRE Iᵉʳ

OBJET ET NATURE DU BREVET

1. — L'article 1ᵉʳ de la loi du 5 juillet 1844 *sur les brevets d'invention* détermine l'objet et la nature du droit qui appartient à l'auteur d'une découverte ou invention sur cette découverte ou invention. Ce droit constitue-t-il un droit de propriété ? Le décret-loi du 7 janvier 1791 garantissait aux inventeurs la jouissance pleine et entière, c'est-à-dire la propriété de leurs découvertes ou inventions, pour un temps déterminé et moyennant certaines conditions. Le législateur de 1844 voulant éviter, ainsi qu'il le dit dans l'exposé des motifs, de se jeter dans une discussion métaphysique sans utilité, a tenu à ne pas préciser l'origine et la nature du droit qu'il reconnaissait aux inventeurs, et il s'est borné à disposer que « toute nouvelle découverte ou invention dans tous les genres d'industrie, confère à son auteur sous les conditions et pour le temps déterminés par la loi, *le droit exclusif d'exploiter à son profit ladite découverte ou invention*, lequel droit est constaté par des titres délivrés par le gouvernement sous le nom de *brevets d'invention*. »

2. — Le nom de *brevet d'invention*, employé pour la première fois par la loi de 1791, est consacré par un long usage ; mais c'est une expression impropre qui pourrait faire croire à la concession d'un privilège que le gouvernement peut accorder ou refuser, alors qu'il s'agit seulement, ainsi que nous venons de le voir, d'un titre officiel constatant pour un inventeur la faculté qui lui appartient de plein droit d'exploiter exclusivement son invention pendant un certain temps, qui, d'après la loi actuelle, est de quinze ans au maximum. Précisément parce que le droit accordé à l'inventeur est limité à un certain temps, il est nécessaire d'en fixer officiellement le point de départ : le brevet n'a pas d'autre utilité, et c'est ce qui a fait dire qu'il est simplement

1

l'acte de naissance de l'invention. Le gouvernement, en délivrant le brevet, ne fait que donner acte à celui qui le demande de ses propres déclarations ; le brevet n'a donc que la valeur que peuvent avoir ces déclarations. Comme on l'a dit très justement, le brevet n'est pas la
preuve que celui qui le demande a réellement fait une invention ; il
est uniquement la preuve qu'il prétend avoir fait une invention.

3. — De ce que le brevet a seulement pour objet la constatation de
la déclaration que fait l'inventeur en vue de s'assurer pendant le temps
déterminé l'exploitation exclusive de son invention, il résulte que la
date légale du brevet, marquant le point de départ du droit de l'inventeur ainsi que la priorité de ce droit, est, non pas la date de la délivrance du brevet, mais celle du dépôt de la demande : c'est donc à tort
que certains inventeurs s'inquiètent du retard plus ou moins long apporté par l'administration à la délivrance de leur brevet ; si leur demande et les pièces fournies à l'appui sont régulières, leur droit commence à courir du jour où ils ont déposé leur demande.

4.— Si le droit de l'inventeur naît, ainsi que nous venons de le dire,
non du brevet, mais de l'invention même, la prise d'un brevet est
néanmoins le seul moyen donné à l'inventeur de s'assurer la protection
de la loi : en disposant que le droit de l'inventeur serait constaté par
un brevet, le législateur a par là même exclu tout autre mode, toute
autre forme de constatation. Ainsi, lorsqu'une invention est, par ses
caractères, susceptible de faire l'objet d'un brevet, elle ne peut être
protégée que par un brevet.

Il a été jugé, par application de ce principe :

1° Que, lorsqu'un produit industriel présente dans son application le
caractère d'une invention brevetable, le dépôt qui en est fait au conseil
des prud'hommes, comme s'il s'agissait d'un modèle de fabrique, ne
peut en assurer à l'auteur la possession exclusive, le droit de propriété ne pouvant se conserver en pareil cas que par l'obtention d'un
brevet d'invention ; que spécialement, un système de lanternes-phares,
dont la forme et les dispositions intérieures ont pour effet de produire
un grossissement de lumière, constitue un produit industriel dont la
propriété privative ne peut être conservée que par un brevet (Cass.,
10 mars 1858, Chrestien, Pataille, 58, 133) ;

2° Que le dépôt d'une machine au greffe du tribunal de commerce
est inefficace à en conserver la propriété exclusive à son inventeur et
ne peut suppléer au brevet, seul capable de la lui assurer (Amiens, 21
décembre 1859 ; Bordier, *Propr. ind.*, n° 113) ;

3° Que l'invention qui consiste à introduire dans le tissage des ru-
bans et galons certains fils, appelés *fils tirés*, permettant par leur jeu
mécanique de produire, d'effacer ou de reproduire à volonté une certaine plissure dite *tuyautement*, ne peut être protégée que par un brevet,
et non par un simple dépôt au conseil des prud'hommes (Rej., 20 avril
1853 ; Fontaine, cité par Blanc, p. 448).

Les auteurs enseignent que, de même, le dépôt fait sous pli cacheté au secrétariat d'une société savante, dans l'étude d'un notaire ou ailleurs, ne donnerait à l'inventeur aucun des droits qui dérivent du brevet, tout en ayant pour résultat de préciser la date de l'invention et de garantir son auteur contre les effets d'un brevet pris postérieurement par un tiers (V. Nouguier, n° 39 ; Renouard, n° 90; Pouillet, n°ˢ 5, 425 et suiv.).

CHAPITRE II

DES INVENTIONS BREVETABLES

—————

5. — Maintenant que nous savons ce que c'est qu'un brevet, la première question qui se pose est celle de savoir dans quels cas on peut demander un brevet, en d'autres termes quelles sont les inventions brevetables.

L'article 2 de la loi du 5 juillet 1844 répond à cette question en disposant qu'on doit considérer comme invention ou découverte nouvelle, conférant à son auteur, conformément à l'article 1er, le droit de prendre un brevet : 1° l'invention de nouveaux produits industriels; 2° l'invention de nouveaux moyens ; 3° l'application nouvelle de moyens connus pour l'obtention d'un résultat industriel.

Avant d'étudier en détail chacune de ces trois sortes d'inventions brevetables, il importe de déterminer les caractères généraux de l'invention brevetable.

I. Caractères généraux de l'invention brevetable.

6. — En général, pour qu'il y ait lieu à la prise d'un brevet, il faut: 1° qu'il s'agisse d'une invention ou d'une découverte ; 2° que cette invention ou découverte ait un caractère industriel ; 3° que cette invention ou découverte soit nouvelle.

7. — 1° Il faut qu'il s'agisse d'une invention ou d'une découverte. — L'article 1er et l'article 2 de la loi de 1844 ne permettent la prise d'un brevet qu'autant qu'il y a invention ou découverte. « L'invention, dit M. Nouguier, diffère de la découverte : l'invention produit quelque chose de nouveau qui n'existait pas auparavant ; la découverte met en lumière quelque chose qui existait, mais qui, jusqu'alors, avait échappé à l'observation ». Ainsi, pour citer des exemples, Newton a *inventé* le télescope à réflexion ; Galilée a *découvert* les taches du soleil. Cette distinction n'a d'importance, toutefois, qu'au point de vue grammatical ; en droit, la loi met sur la même ligne la découverte et l'invention, et, en fait, les deux mots s'emploient indifféremment l'un pour l'autre.

8. — L'invention et la découverte sont brevetables, quelle que soit d'ailleurs leur importance. Le législateur ne pouvait pas entrer dans l'examen du degré d'importance de l'invention ou de la découverte, sans aboutir à l'arbitraire : il autorise donc la prise du brevet, abstraction faite du mérite et de l'utilité de l'invention ou de la découverte. La jurisprudence s'est constamment prononcée en ce sens (V. Cass., 30 déc. 1845, Coubaux, Dall., 46, 1, 46 ; Cass., 25 nov. 1881, Pérille, Pataille, 82, 133 ; Paris, 19 janv. 1882, Fialout, Pataille, 82, 197).

9.—Nous verrons plus loin que la loi classe les découvertes ou inventions brevetables en trois catégories: 1° celles qui ont pour objet un produit nouveau; 2° celles qui ont pour objet un moyen nouveau d'obtenir un produit ou un résultat; 3° celles qui ont pour objet l'application nouvelle de moyens connus en vue d'obtenir un résultat industriel.

10. — **2° Il faut que l'invention ou la découverte ait un caractère industriel.** — D'après l'article 1er, la loi ne protège que l'invention ou la découverte qui est du domaine de l'industrie, qui est susceptible d'être appliquée dans l'industrie. Et, aux termes de l'article 2, qui explique et complète sur ce point la définition de l'article 1er, cette application industrielle doit être telle qu'elle produise un résultat industriel, c'est-à-dire, selon la définition très exacte de M. Pouillet, « un effet utile, tangible, palpable, se résumant soit dans la création d'un produit inconnu jusqu'alors, soit dans un moyen nouveau de fabrication, soit encore dans un emploi plus utile, dans une somme plus grande d'avantages tirés de produits ou de procédés connus, en un mot, un résultat qui se rapporte à un effort de fabrication. »

11. — De ce que l'invention ou la découverte n'est protégée par la loi qu'autant qu'elle produit un résultat industriel, il y a lieu de conclure :

12. — 1° Qu'un procédé de culture n'est pas, en principe du moins, susceptible d'être breveté. Il en serait autrement s'il s'agissait d'un procédé de culture produisant un résultat industriel, par exemple d'un procédé ayant pour but et pour résultat d'améliorer les qualités marchandes d'un produit de la nature ;

13. — 2° Que les conceptions purement théoriques, qui sont exclusivement du domaine de l'intelligence, telles, par exemple, que les méthodes d'enseignement ou celles de contrôle, ne sont pas brevetables. L'article 30 déclare formellement nuls les brevets portant sur des principes, méthodes, systèmes, découvertes et conceptions théoriques, dont on n'indique pas les applications industrielles.

Il a été jugé, à cet égard : 1° qu'une méthode de lecture, qui n'entraîne aucune trace matérielle pouvant être communiquée par celui qui en a lui-même les éléments, ne peut faire l'objet d'un brevet, puisque la contrefaçon en serait insaisissable (Grenoble, 24 déc. 1842 et Rej., 22 août 1844 ; Laffore, Dall., v° *Brev. d'inv.*, n° 82) ; 2° qu'on ne peut prendre valablement un brevet pour un simple procédé de vérification de l'identité des personnes au moyen d'une carte sur laquelle se colle la photographie de l'individu avec un timbre destiné à empêcher la substitution d'une autre photographie à la première, par ce motif qu'un pareil procédé est une chose du pur domaine de l'intelligence et n'a trait ni à la création d'un produit matériel susceptible d'être mis dans le commerce, ni à un résultat réalisé dans la manière dont un produit de ce genre serait obtenu (Paris, 15 fév. 1870 ; Douckèle, Dall., 70, 2, 120).

14.—Si la conception théorique est déclarée non brevetable lorsqu'elle n'indique aucune application à l'industrie, par contre, elle est brevetable, dès qu'elle indique même une seule application industrielle, quelque minime que soit l'importance de cette application. Mais quelle est, dans ce cas, l'étendue du brevet ? Protège-t-il seulement l'application indiquée, ou protège-t-il, au contraire, le principe lui-même, de telle sorte que l'indication d'une seule application industrielle réserve à l'inventeur du principe toutes les applications qui pourront en dériver, si éloignées qu'elles soient de celle qui a été indiquée ? En d'autres termes, la loi admet-elle ce que certains auteurs appellent des *brevets de principe*? M. Blanc, notamment, soutient que, lorsque la nouveauté qui fait l'objet d'une invention concerne une idée ou un système, le brevet pris avec l'indication des moyens à l'aide desquels on peut en faire l'application à l'industrie protège efficacement cette idée et ce système, que nul ne peut plus appliquer, même avec des moyens différents[1]. Nous estimons, quant à nous, avec la majorité des auteurs, que le législateur, qui n'a pas admis qu'une idée purement théorique pût être brevetée, n'a pas pu admettre non plus que, par l'indication d'une seule application industrielle, peut-être la moins importante, on pût arriver néanmoins à monopoliser toutes les applications d'une idée, c'est-à-dire à monopoliser l'idée elle-même[2]. Nous pensons donc que ceux qui trouvent, dans la suite, le moyen d'utiliser d'une façon différente, dans un autre but, la même idée, ont le droit de se faire breveter, à leur tour, sans que le premier brevet puisse leur être opposé.

15. — Lorsque l'invention produit un résultat industriel, elle est brevetable, quel que soit le genre d'industrie auquel elle s'applique. L'article 1er le dit expressément. La jurisprudence a fait maintes applications de cette règle ; elle semble toutefois s'en être écartée, dans un jugement du tribunal correctionnel de la Seine, en date du 14 mars 1844, qui déclare non brevetable un procédé d'embaumement, par ce motif qu'il s'applique au corps humain, c'est-à-dire à une chose qui n'est pas dans le commerce : cette décision est d'ail-

1. V. Blanc, p. 459.
2. V. en ce sens : Dalloz, 59, 2, 161, note 1 ; Pouillet, n° 449.

leurs critiquée par la majorité des auteurs (V. Blanc, p. 480 ; Allart, *Traité des Brev. d'inv.*, nº 7 ; Rendu et Delorme, nº 321 ; Pouillet, nº 11).

16. — 3º **Il faut que l'invention ou la découverte soit nouvelle.** — Le mot seul d'*invention* ou de *découverte* suppose que la chose qui en est l'objet est nouvelle. Et lorsqu'il s'agit de breveter l'invention, c'est-à-dire de donner à son auteur le droit exclusif de l'exploiter, on comprend que ce droit ne soit conféré que si l'invention est vraiment nouvelle, c'est-à-dire n'appartient pas déjà au domaine public ou ne fait pas partie d'un patrimoine privé. Le législateur de 1844 a donc fait de la nouveauté de l'invention une condition essentielle de la brevetabilité : l'article 30 déclare nul le brevet délivré pour une invention qui n'est pas nouvelle, et l'article 31 définit la nouveauté légale en disposant qu'on ne doit pas réputer nouvelle toute invention ou application qui, en France ou à l'étranger, et antérieurement au dépôt de la demande, a reçu une publicité suffisante pour pouvoir être exécutée. Nous aurons à examiner plus en détail, lorsque nous commenterons les articles 30 et 31, ce qui concerne la nouveauté de l'invention.

17. — La condition de brevetabilité résultant du caractère de nouveauté de l'invention ainsi que celle qui résulte de son caractère industriel s'appliquent aux trois catégories d'inventions brevetables que distingue la loi et qui sont : 1º Les inventions de nouveaux produits ; 2º les inventions de nouveaux moyens ; 3º les applications nouvelles de moyens connus.

18. — Nous avons maintenant à étudier en détail chacune de ces trois catégories d'inventions brevetables. Nous examinerons ensuite diverses catégories d'inventions au sujet desquelles se pose, à raison du silence de la loi, la question de brevetabilité. Puis nous étudierons les catégories d'invention formellement déclarées non brevetables par la loi. Enfin nous indiquerons quelle est la sanction des conditions de brevetabilité.

II. Invention de nouveaux produits.

19. — L'article 2 déclare brevetable, en premier lieu, l'invention de nouveaux produits industriels. Etudions successivement : 1º En quoi consiste le produit industriel brevetable ; 2º quelle est l'étendue du brevet pris pour un produit.

1º *En quoi consiste le produit industriel brevetable.*

20. — La définition du produit industriel brevetable est donnée par MM. Picard et Olin, en ces termes acceptés par tous les auteurs : « C'est, disent-ils, un corps certain et déterminé, qui a sa valeur en soi et non pas seulement comme moyen d'atteindre un but, de produire un effet. » Le moyen de produire un effet, un dessin d'ornementation, par exemple, pourrait être protégé comme dessin de fabrique, conformément à la loi du 18 mars 1806 ; il ne pourrait faire l'objet d'un brevet.

En parlant de produits industriels, l'article 2 exclut par là-même, selon nous, les produits naturels, c'est-à-dire ceux qui ne sont pas fabriqués par la main de l'homme, mais qui sont produits par la nature. Nous estimons, en conséquence, avec la presque unanimité des auteurs, que la découverte d'un produit naturel n'est pas brevetable[1].

La jurisprudence s'est constamment prononcée en ce sens : nous citerons notamment un arrêt de la Cour de cassation, du 2 février 1863, qui déclare non brevetable le fait de découvrir et de signaler de nouveaux gisements d'un produit naturel (Dall., 63, 1, 251). Nous pensons toutefois que la découverte qui aurait pour objet l'utilisation nouvelle d'un produit naturel, en vue d'un résultat industriel déterminé, pourrait être protégée par un brevet.

21. — La découverte des produits industriels n'est brevetable, aux termes de l'article 2, que s'il s'agit de produits nouveaux. Pour que le produit puisse être considéré comme nouveau, au sens de la loi, il n'est pas nécessaire qu'il n'ait jamais eu de similaires ; il suffit qu'il se distingue des produits similaires qui ont pu exister précédemment par les caractères essentiels qui lui donnent une nouvelle application industrielle : c'est ce que l'article 2 exprime en parlant de *nouveaux produits industriels*.

La jurisprudence offre de nombreux exemples de produits industriels nouveaux, reconnus brevetables par application des principes que nous venons d'énoncer. Ont été ainsi déclarés brevetables comme produits industriels nouveaux :

1º La toupie aérienne, dite *spiralifère*, qui présente des dispositions différentes des jouets analogues antérieurs (Paris, 21 fév. 1856, Journet, Pataille, 56, 140) ;

2º Le tissu fabriqué à l'aide d'un métier nouveau, dès qu'il se distingue des tissus analogues antérieurs par un broché moins épais, une légèreté plus grande et un aspect plus agréable (Paris, 29 déc. 1859, Joyeux, Pataille, 60, 74) ;

3º Un apprêt applicable à toutes les étoffes foulées et drapées, et destiné à leur donner le toucher et l'aspect du velours (Paris, 31 juill. 1856, de Montagnac, Sir., 56, 2, 533) ;

4º Le genre de cartes à jouer à coins arrondis qui ont l'avantage d'offrir plus de solidité et plus de facilité pour le maniement, en même

---

1. V. en ce sens : Picard et Olin, nos 94 et 99 ; Pouillet, nº 24 ; — et *Contrà* : Nouguier, nº 391 ; Renouard, nº 62.

temps que plus de garanties contre la fraude (Rej., 27 déc. 1867, Chapellier, Dalloz, 68, 1, 416) ;

5° Le lit-cage, formé d'un sommier élastique à ressort à boudins pouvant se replier sur lui-même avec la literie dont il est garni (Paris, 1er août 1874, Moisset-Foye, Pataille, 75, 225) ;

6° Une broderie, qui est d'un aspect plus agréable et d'un emploi plus facile que toutes celles jusque-là en usage et qui, en outre, joint à l'avantage d'une fabrication mécanique celui d'une extrême solidité (Paris, 31 mai 1879, Ville, Pataille, 79, 177) ;

7° Un corset, pour la confection duquel un canevas est substitué aux tissus serrés employés auparavant, de façon à offrir une élasticité plus grande et à éviter le séjour de la transpiration dans le corset (Trib. civ. Lyon, 31 juill. 1883, Leget, Pataille, 86, 183) ;

7° Le papier de tenture, sur lequel on obtient, au lieu du velouté, l'apparence exacte du velours, en substituant à la poussière de laine, primitivement employée, des brins de laine de longueur égale et fixés sur le papier dans un parallélisme absolu (Paris, 17 janvier 1883, Renard, Pataille, 86, 228).

22. — Il importe de ne pas confondre le produit industriel brevetable avec le résultat industriel qui n'est pas brevetable par lui-même. « Le résultat, disent MM. Picard et Olin, n'est ni un produit, ni un changement dans les éléments d'un produit. Il y a résultat, quand on amène un simple état de choses exclusif, dans son ensemble, de toute idée d'un corps certain, comme, par exemple, quand on rend un produit meilleur marché, quand on le multiplie, quand, tout en ne modifiant en rien les éléments fondamentaux de sa nature, on l'empêche de subir une altération, on y ajoute ou l'on y retranche une propriété secondaire : c'est tout ce qui touche au bon marché, à la durée, au nombre, à la diminution des inconvénients ».[1] Par exemple, développer le volume des sons, augmenter la portée des armes à feu, rendre inodore la combustion du pétrole, c'est obtenir des résultats.

23. — La loi, qui déclare brevetable, ainsi que nous le verrons, le moyen nouveau employé pour obtenir un résultat, n'admet pas la brevetabilité du résultat indépendamment du moyen employé pour l'obtenir. « Il est évident, dit M. Bédarride, que l'industrie eût été absolument paralysée dans son essor, si l'obtention d'un résultat nouveau, par un moyen peut-être fort défectueux, eût empêché de le réaliser par d'autres moyens infiniment supérieurs, si un industriel, pour être arrivé le premier par une route, et peut-être par la moins bonne, eût fermé toutes les avenues qui y conduisent. On ne pouvait l'admettre ainsi ni équitablement, ni rationnellement ».[2] La grande majo-

1. Picard et Olin, n° 60.
2. Bédarride, n° 60.

rité des auteurs professe cette opinion.[1] La jurisprudence se prononce également en ce sens ; il a été jugé notamment : 1° que l'idée de rendre un chapeau susceptible de s'ouvrir et de se fermer à volonté, prise en soi et indépendamment des moyens de réalisation, ne constitue qu'un résultat non brevetable (Rej., 26 mars 1846, Duchesne, Dalloz, 46, 4, 46); 2° que l'idée de rendre mobile le tube adducteur dans les cafetières à circulation n'est pas brevetable en elle-même et qu'en conséquence celui qui, le premier, a réalisé cette mobilité du tube par certains moyens ne peut arguer de contrefaçon un mécanisme produisant cette même mobilité, mais par des moyens différents (Paris, 30 déc. 1880, et Rej., 21 mars 1882, Malen, Pataille, 82, 233).

2° Quelle est l'étendue du brevet pris pour un produit industriel.

24. — Le brevet pris pour l'invention d'un produit industriel confère au breveté, pendant la durée de son brevet, la propriété exclusive de ce produit. Le breveté peut, en conséquence, empêcher que d'autres fabriquent ce produit non seulement par les mêmes moyens, mais aussi par des moyens différents. Les auteurs se prononcent unanimement en ce sens[2]. Si, par exemple, un inventeur se faisait breveter pour une nouvelle matière colorante obtenue au moyen d'un appareil distillatoire et qu'un autre inventeur découvrît ensuite le moyen d'obtenir la même matière au moyen d'un appareil électrique, le premier inventeur aurait le droit d'empêcher le second de se servir de cet appareil électrique, quelque nouveau qu'il pût être.

25. — Est-ce à dire que celui qui perfectionne le moyen d'obtenir un produit breveté ne puisse, à son tour, se faire breveter pour ce perfectionnement ? Nullement. Nous verrons, au contraire, que la loi autorise les tiers, qui ont perfectionné une invention déjà brevetée, à prendre un brevet pour ce perfectionnement, en leur interdisant toutefois d'exploiter le perfectionnement ainsi breveté pendant la durée du brevet principal.

III. Invention de nouveaux moyens.

26. — L'article 2 de la loi de 1844 déclare brevetable, en second lieu, l'invention de nouveaux moyens. Ici encore, nous avons à examiner : 1° en quoi consiste le moyen brevetable ; 2° quelle est l'étendue du brevet pris pour un moyen.

1. V. Pouillet, n° 26 ; Picard et Olin, n° 80 ; Blanc, p. 443 ; Nouguier, n° 397. — *Contrà* : Renouard, n°s 61 et 64 ; Duvergier, 44, p. 572, note 3,
2. V. Renouard, n° 62 ; Nouguier, n° 396 ; Pouillet, n° 23,

1° *En quoi consiste le moyen brevetable.*

27. — M. Pouillet donne d'une façon très exacte, la définition et la classification des moyens brevetables : « On entend par *moyens*, dit-il, les agents, les organes ou les procédés, qui mènent à l'obtention soit d'un résultat, soit d'un produit. Les *agents* sont plus spécialement les moyens chimiques ; les organes sont plus spécialement les moyens mécaniques ; les *procédés* sont les façons diverses de mettre en œuvre et de combiner les moyens soit chimiques, soit mécaniques. » La découverte d'un agent, d'un organe ou d'un procédé est donc brevetable, à la condition que ce moyen soit nouveau, mais alors même que le résultat ou le produit obtenu n'est pas nouveau.

La jurisprudence offre de nombreux exemples de moyens nouveaux reconnus brevetables par application de ces principes. Elle a ainsi déclaré brevetables, comme moyens nouveaux :

1° Le procédé consistant à mélanger diverses substances à la terre employée à la fabrication de la faïence en vue de rendre la faïence ingerçable, alors qu'auparavant on n'obtenait la faïence ingerçable que par l'emploi de terres d'une nature déterminée (Paris, 17 fév. 1844, Pichenot, Dall., v° *Brevet d'invention*, n° 50) ;

2° Le procédé d'extraction des arêtes de sardines s'opérant à froid à l'aide d'une macération dans une saumure, alors que précédemment cette extraction s'opérait à l'aide d'un fourneau à feu vif (Cass., 17 juill. 1866, Lemarchand, Pataille, 67, 38) ;

3° L'emploi de la toluidine au lieu de l'aniline pour produire la matière colorante rouge (Crim. rej., 7 janv. 1853, D. P. 53, 5, 56 ; Civ. cass., 25 fév. 1854, D. P. 55, 5, 53 ; Req., 25 nov. 1856, D. P. 56, 1, 447) ;

4° Le procédé nouveau employé pour remonter les montres sans clé, alors que le remontage sans clé est pratiqué depuis longtemps par des moyens différents (Paris, 14 mars 1867, Lœderich, Pataille, 68, 212) ;

5° L'invention permettant de remplacer la main de l'ouvrier par une machine pour obtenir le même résultat (Colmar, 29 nov. 1868, Mæckel, Pataille, 66, 357) ;

6° L'idée de substituer l'air chaud à l'action directe du combustible pour l'ébullition des huiles servant à frire la sardine employée comme conserve alimentaire (Trib. corr. des Sables-d'Olonne, 8 juin 1870, Gentil, Pataille, 72, 209) ;

7° L'application au biberon d'un genre spécial de soupape, pour permettre l'introduction de l'air pendant la succion et empêcher ensuite l'écoulement du liquide, bien que ce résultat ait été déjà obtenu précédemment par des systèmes de soupapes différentes (Dijon, 9 fév. 1876, Robert, Pataille, 76, 37);

2° Quelle est l'étendue du brevet pris pour un moyen.

28. — Le brevet pris pour un moyen nouveau confère au breveté, pendant la durée du brevet, la propriété exclusive de ce moyen : le breveté peut donc interdire aux tiers l'emploi du même moyen.

29. — Mais une double question se pose : celle de savoir si le breveté peut interdire aux tiers soit d'obtenir par un moyen différent le résultat obtenu par son moyen, soit d'obtenir par le même moyen un résultat différent.

30. — 1° Et d'abord, le breveté peut-il interdire aux tiers d'obtenir le même résultat par un moyen différent ? On admet unanimement que la découverte d'un nouveau moyen ne peut avoir pour effet de permettre à son auteur de confisquer le résultat et que, le moyen seul faisant l'objet du brevet, il s'en suit que les tiers demeurent libres d'obtenir le même résultat par un moyen différent.

31. — 2° En second lieu, le breveté peut-il interdire aux tiers l'emploi de son moyen en vue d'un résultat différent ? En fait, il est bien difficile de concevoir que le même moyen puisse, sans que rien y soit changé, donner des résultats différents. On a imaginé l'hypothèse d'un procédé chimique nouveau conduisant en même temps à l'obtention de deux matières colorantes, la première restant sur le filtre dans l'une des opérations, l'autre passant en dissolution. Si l'inventeur de ce procédé ne le fait breveter qu'en l'attachant à l'un des deux produits, un tiers pourrait-il faire emploi du même procédé en s'attachant au produit négligé ? Il faut admettre, dans ce cas, conformément à l'opinion générale des auteurs, que, si l'application faite par le tiers constitue un perfectionnement de la première invention non prévu par l'inventeur, il peut librement exploiter ce perfectionnement. La règle admise est donc que le brevet pris pour un moyen comprend toutes les applications qui découlent naturellement de l'emploi de ce moyen, mais qu'il ne comprend pas les applications qui n'ont pas été prévues par l'inventeur. Il y a là une question de fait qu'il appartient aux tribunaux d'apprécier souverainement [1].

IV. Application nouvelle de moyens connus.

32. — I. — L'article 2 de la loi de 1844 déclare brevetable en troisième lieu « l'application nouvelle de moyens connus pour l'obtention d'un résultat industriel. » Etudions successivement : 1° en quoi consiste l'application nouvelle de moyens connus déclarée brevetable ; 2° quelle

1. V. Pouillet, n° 724 et 725, Nougier, n° 409.

est l'étendue du brevet pris pour une application nouvelle de moyens connus.

33. — 1° *En quoi consiste l'application nouvelle de moyens connus.* — L'application nouvelle déclarée brevetable par l'article 2 consiste dans le fait d'employer des moyens déjà connus, tels qu'ils sont connus, pour en tirer un résultat industriel ou à plus forte raison un produit industriel non pas nouveau, mais simplement différent de celui qui en avait été obtenu jusque-là. M. Nougier donne, à cet égard, une définition, qui comprend à peu près tous les cas d'application nouvelle : « Faire une application nouvelle de moyens connus, dit-il, c'est prendre ces moyens, les appliquer à autre chose qu'aux choses auxquelles ils servaient, ou les appliquer autrement, ou en changer les combinaisons, ou les simplifier par des suppressions, ou les compléter par des additions d'autres moyens également connus, ou les réunir, lorsqu'ils sont épars, ou les séparer, quand ils sont réunis, et arriver ainsi à l'obtention d'un résultat ou d'un produit industriel. »

34. — Il appartient au juge du fait d'apprécier souverainement si le résultat industriel produit est différent de ceux qui avaient été obtenus jusque là. Disons toutefois qu'il n'est pas nécessaire que le résultat produit soit absolument le contre-pied de ceux qu'on obtenait auparavant : le résultat peut être de même nature, mais supérieur, soit par la qualité obtenue (Rej., 9 juillet 1884, Alain-Chartier, Pataille, 85, 58), soit par l'économie de matière, de force, de travail, de temps ou d'argent réalisée (Rouen, 28 août 1857, Delaunay frères, Pataille, 57, 329 ; Paris, 5 juill. 1859, Pouillet, *Propr. indust.* n° 95 ; Rennes, 19 mai 1864, Letort, Pataille, 65, 279 ; Paris, 29 juill. 1882, Jouvencel, Ann. 83, 91).

Toutefois il faut que cette supériorité dans le résultat obtenu soit sérieuse, et il ne suffit pas qu'elle consiste simplement dans une mise en œuvre plus intelligente ou plus soignée d'un moyen ou d'un produit trouvé par d'autres. Les auteurs sont d'accord pour faire cette restriction. De son côté la jurisprudence a maintes fois jugé qu'il n'y a pas d'invention brevetable dans le fait de fabriquer mieux et avec plus de soin un produit connu (V. notamment : Paris, 28 nov. 1862, Favre, Pataille, 64, 90), ni dans le fait de trouver un emploi mieux entendu ou plus utile d'un procédé connu (V. notamment : Cass., 27 avril 1867, Rainot, Pataille, 67 ; 279).

35. — Les brevets pris pour des applications nouvelles de moyens connus sont de beaucoup les plus fréquents. Aussi la jurisprudence offre-t-elle un très grand nombre d'exemples d'applications nouvelles reconnues brevetables, conformément aux principes que nous venons d'exposer.

Ont été ainsi déclarées brevetables, comme constituant des applications nouvelles de moyens connus, les inventions suivantes :

1° L'emploi du caoutchouc pour adapter aux biberons ordinaires un tube flexible en tous sens et suivant ainsi tous les mouvements de l'enfant, alors qu'auparavant les biberons n'étaient pourvus que de tubes rigides en gomme élastique (Cass., 10 nov. 1855, Thier, Pataille, 56, 38) ;

2° L'emploi du liège pour garnir la tête des poupées en carton dont les modistes se servent pour apprêter les modes, alors qu'il était d'usage de garnir de liège la tête des poupées de porcelaine pour enfants, la garniture de liège ayant dans cette nouvelle application un but différent, celui d'offrir une masse compacte et capable de résister à l'usure résultant de l'emploi continuel des épingles (Paris, 24 mai 1865, Nicolle, Pataille, 65, 433) ;

3° Le système d'ouverture des portières de voitures par l'emploi du levier et de la tige combinés pour agir directement sur le pêne sans l'aide de poignée intérieure (Cass., 7 avril 1869, Gault, D. P. 406) ;

4° L'emploi du mouvement mécanique des ailettes mobiles des roues de bateau à vapeur appliqué aux bâtons fouilleurs employés pour le lavage des laines (Douai, 15 mars 1875, Chaudet, Bataille, 76, 387) ;

5° La combinaison d'un tube compressible et d'une canule, bien que ces deux organes fussent déjà connus, pour en former un injecteur destiné à introduire dans le corps humain les médicaments à l'état pâteux (Cass., 29 juin 1875, Jacquet, Mey et Cᵉ, Pataille, 75, 413) ;

6° Le fait d'appliquer les pênes surélevés et non emboités, déjà employés dans certaines serrures, à une serrure d'un type et d'un mécanisme différents (Paris, 22 fév. 1882, Gelmiche, Pataille, 82, 46);

7° L'application aux lampes électriques, comme rhéophores, des charbons recouverts de métal, déjà employés, comme anodes, dans les piles (Paris, 29 nov. 1882, Reynier, Pataille, 84. 57) ;

8° L'emploi de la glycérine comme agent réducteur dans un procédé de dorure dont tous les autres éléments sont du domaine public (Paris, 23 nov. 1885, Dodon, Pataille, 87, 327).

38. — Il importe de ne pas confondre l'application nouvelle brevetable avec ce que les auteurs appellent l'emploi nouveau. Ils entendent par ce mot « l'application qui, tout en changeant d'objet ou de matière, ne diffère cependant en rien par son résultat, par ses effets, des applications faites antérieurement, qui manque par conséquent du caractère essentiel de l'application, considérée par la loi comme une invention nouvelle, la différence dans le résultat obtenu » [1]. Ainsi, si l'on se sert d'un appareil ou d'un procédé connu, de la façon dont on s'en est toujours servi, pour obtenir un résultat identique, en se bornant simplement à l'employer pour une autre matière ou pour un autre objet, si,

_____
1. Pouillet, n° 37.

par exemple, étant donné que depuis longtemps on a eu l'idée d'avoir des meubles à roulettes, on imagine de mettre des roulettes à un fourneau, il n'y a pas application nouvelle produisant un résultat différent de ceux précédemment obtenus, mais un simple emploi nouveau.

Les auteurs sont d'accord pour refuser la brevetabilité à l'emploi nouveau, par ce motif qu'il est inadmissible que le même objet puisse rester indéfiniment matière à brevet ou, du moins, puisse donner lieu à autant de brevets qu'il y a de choses différentes auxquelles il peut s'appliquer, sans d'ailleurs que son emploi change de nature [1].

La jurisprudence se prononce dans le même sens.

37. — Il appartient aux juges du fait d'apprécier souverainement s'il s'agit d'une application nouvelle brevetable ou d'un simple emploi nouveau non brevetable. Citons, à titre d'exemples comme ayant été déclarées non brevetables, par ce motif qu'elles ne constituaient que des emplois nouveaux et non des applications nouvelles, les inventions suivantes :

1° L'adaptation à un fourneau des roulettes employées dans les autres meubles (Paris, 20 nov. 1850, Routin, cité par Blanc, p. 452) ;

2° L'adaptation aux jupes de robe d'un appareil employé jusque là à relever les jupons (Paris, 22 nov. 1859, Pataille, Bieubar, *Propr. ind.*, n° 104) ;

3° L'insertion des annonces à l'intérieur des enveloppes (Paris, 10 déc. 1846, Colson, *le Droit*, n° 228) ;

4° L'emploi des cartes-annonces comme marques de jeu introduites dans un jeu de cartes (Trib. corr. Seine, 8 mai 1860, Piault, *Propr. ind.*, n° 125) ;

5° L'emploi pour l'attache des gants d'un genre de fermoir déjà employé pour des jarretières (Grenoble, 3 août 1872, Train, Pataille, 73, 297) ;

6° L'emploi des substances phosphorescentes pour rendre visibles dans la nuit les cadrans de montre ou d'horloge, alors que ces substances ont déjà été employées pour rendre d'autres objets visibles dans l'obscurité (Paris, 29 nov. 1882, Pataille, 83, 339).

38. — Deux cas spéciaux d'application nouvelle de moyens connus nécessitent quelques explications détaillées : ce sont : 1° le transport d'un moyen d'une industrie dans une autre ; 2° l'association nouvelle d'éléments connus.

39. — 1° Le transport d'un moyen d'une industrie dans une autre est-il brevetable ? M. Blanc pose en principe que le seul fait de transporter un moyen d'une industrie dans une autre constitue toujours une application nouvelle brevetable [2]. Nous pensons, avec MM. Picard et

1. V. Pouillet, n° 37.
2. V. Blanc, n° 453.

Olin, que cette règle est trop absolue et que la brevetabilité, dans ce
cas, dépend non de la question de savoir si le moyen a été employé
dans une industrie différente, ou dans une industrie analogue, ou dans
la même industrie, mais uniquement de la question de savoir si le
moyen employé soit dans une industrie différente, soit dans une
industrie analogue, soit dans la même industrie, produit un résultat
différent de celui qu'on obtenait précédemment par le même moyen.

La jurisprudence, de son côté, semble considérer, conformément à cette
opinion, qu'il y a là non une question de principe, mais une question
de fait. Il a été ainsi jugé : 1º que la simple réunion de deux appareils
déjà connus et employés, mais isolément, dans la même industrie,
peut être valablement brevetée (V. notamment : Lyon, 22 fév. 1853,
Mallet) ; 2º que, si le moyen est transporté d'une industrie dans une industrie analogue il peut encore être breveté, dès qu'il donne des résultats
nouveaux (V. notamment : Paris, 31 mars 1855, d'Arlincourt) ; 3º que
les moyens connus et employés dans une industrie ne sont susceptibles d'être brevetés dans leur application nouvelle à une autre industrie, qu'autant que le résultat produit diffère de celui obtenu dans l'industrie primitive (Lyon, 23 juin 1860, *La Propr. indust.*, nº 159).

40. — 2º L'association nouvelle de moyens connus est-elle brevetable ? Nous entendons par là la combinaison de divers procédés ou la
juxtaposition de divers organes employés concurremment en vue de
leur faire produire un résultat qui n'avait pas été obtenu jusque-là par
leur emploi fait isolément. Cette association de moyens connus dans un
ensemble nouveau, qui est l'une des formes les plus fréquentes des inventions modernes, constitue évidemment une application nouvelle de
moyens connus pour l'obtention d'un résultat industriel : la nouveauté
de l'invention résidera, ici, non dans le résultat obtenu, ce qui n'est
pas d'ailleurs nécessaire d'après l'article 2, mais simplement dans le
rapprochement des éléments, autrefois isolés, c'est-à-dire, dans l'application des moyens, ce qui suffit aux termes dudit article.

Les auteurs sont d'accord sur ce point, en ce qui concerne la combinaison de moyens chimiques qui se mêlent facilement les uns aux autres de façon à former un tout unique. Mais, en ce qui concerne l'association de moyens mécaniques, elle ne peut donner lieu qu'à une juxtaposition, laissant à chaque organe juxtaposé son existence propre, et, à
cause de cela, certains auteurs estiment que la juxtaposition n'est pas
brevetable. Nous pensons avec M. Pouillet qu'il n'y a pas lieu de faire
cette distinction, que, même dans la juxtaposition, le fait de faire fonctionner concurremment des organes, qui jusque là étaient employés
isolément, peut constituer une façon nouvelle d'employer des moyens
connus en vue d'un résultat industriel, c'est-à-dire une application
nouvelle brevetable.

La jurisprudence ne semble pas faire de distinction de principe entre la combinaison et la juxtaposition, et si, dans certains cas de juxtaposition, elle a refusé de reconnaître la brevetabilité, c'est presque toujours en se fondant sur ce motif de fait que la juxtaposition ne donnait lieu à aucun résultat industriel.

41. — Citons, à titre d'exemples de combinaisons et de juxtapositions de moyens connus déclarées brevetables comme constituant des applications nouvelles, les inventions suivantes :

1º La combinaison des procédés connus de dessiccation et de compression en vue de conserver les légumes à l'état frais et en tablettes d'une très-faible dimension (Rej., 6 nov. 1854, Chollet, Dall., 55, 1, 347);

2º L'adaptation par superposition à l'appareil ordinaire du décatissage de l'organe servant au ramage mécanique, de façon à réunir les deux opérations du décatissage et du ramage et à obtenir que le second de ces apprêts s'accomplisse au moment où l'étoffe se trouve sous l'action de la vapeur du décatissage (Rouen, 18 mai 1872, Descoubet, Pataille, 73, 192).

42. — 2º Quelle est l'étendue du brevet pris pour une application nouvelle. — Nous avons vu que le brevet pris pour un moyen confère au breveté le droit d'exploiter seulement les applications de ce moyen qu'il a pu prévoir ; à plus forte raison, lorsque le brevet n'est pris que pour une application nouvelle, le droit du breveté est restreint à cette application.

V. Inventions sur la brevetabilité desquelles la loi ne s'explique pas.

43. — Il est certaines catégories d'inventions au sujet desquelles se pose, à raison du silence de la loi, la question de savoir si elles sont ou non brevetables. Telles sont : 1º le changement de forme ou de dimensions ; 2º le changement de matière ; 3º la découverte d'un phénomène naturel ; 4º la découverte d'une propriété nouvelle d'un corps connu.

1º *Changement de forme ou de dimensions.*

44. — La loi du 25 mai 1791 déclarait expressément que les simples changements de forme ou de dimensions, non plus que les ornements de quelque genre qu'ils puissent être, ne constituent pas des perfectionnements susceptibles d'être brevetés. Cette disposition n'a pas été reproduite par la loi de 1844 ; mais il résulte des travaux préparatoires que, si elle a été omise, c'est à raison de son évidence même. Il est donc unanimement admis, en doctrine et en jurisprudence, que les change-

ments de forme on de dimensions, non plus que les ornementations, ne
sont, en principe. brevetables. Toutefois, si le changement de formes
ou de dimensions produit un résultat nouveau, si l'ornementation est
de nature à créer un produit industriel, il y a application nouvelle
brevetable : c'est en ce sens qu'était interprétée la disposition de la loi
de 1791 ; c'est encore en ce sens que se prononcent aujourd'hui la doctrine et la jurisprudence. Il y a là une question de fait qu'il appartient
aux tribunaux d'apprécier souverainement. C'est ainsi qu'il a été jugé :
d'une part qu'il n'y a pas d'invention brevetable à fabriquer des ba-
gues à charnière, lorsqu'il est constant qu'on fabriquait auparavant des
bracelets du même système et qu'il n'y a entre les deux objets qu'une
différence de dimensions (Paris, 10 déc. 1857, Cavy, Pataille, 58, 136);
et, d'autre part, que le fait d'arrondir les coins des cartes à jouer, pour
en augmenter la durée et prévenir certaines fraudes, constitue un changement de forme brevetable (Paris, 13 mai 1865, Chapellier, Pataille,
66, 68).

2º Changement de matière.

45. — Si, au lieu de changer la forme et les dimensions, on change
la matière, y a-t-il invention brevetable ? La question doit être résolue
d'après la distinction que nous venons de faire au sujet du changement
de forme. En principe, la simple substitution d'une matière à une autre
sans obtention de résultats différents n'est pas une invention susceptible
d'être brevetée. Mais, si cette substitution produit un résultat différent,
il y a application nouvelle brevetable. Cette distinction, admise par
tous les auteurs, est faite également par la jurisprudence. Il a été ainsi
jugé : d'une part, qu'il n'y a pas invention brevetable dans le fait d'employer le cuivre, au lieu du fer, dans la fabrication des baguettes métalliques servant à recouvrir les joints des portières de voitures (Paris,
20 mars 1867, Peussot, Pataille, 67, 333) ; et, d'autre part, qu'il y a invention brevetable dans la substitution de cheveux à la soie pour la
confection des résilles de dames, le filet de cheveux offrant une élasticité particulière que n'a pas le filet de soie et qui lui permet de suivre,
en se dissimulant, tous les contours de la coiffure (Paris, 10 juin 1865,
Gillot, Pataille, 65, 311).

3º Découverte d'un phénomène naturel.

46. — On admet généralement que la découverte d'un phénomène
naturel, pas plus que la découverte d'un produit naturel, ne saurait être
monopolisée et faire par conséquent l'objet d'un brevet. Mais les applications qui sont faites par l'industrie des phénomènes naturels, sont,
bien entendu, brevetables, si elles produisent un résultat nouveau.

C'est ainsi qu'il a été jugé qu'il y a invention brevetable dans l'application à la télégraphie électrique d'une loi géométrique, telle qu'une progression, dont le résultat est d'obtenir un nombre déterminé de signaux, en combinant entre eux, d'après les règles de cette progression, un certain nombre de signes élémentaires (Cass., 18 déc. 1883, Baudot, Pataille, 85, 321).

4° Découverte d'une propriété nouvelle d'un corps connu.

47. — La découverte d'une propriété, jusqu'alors ignorée, d'un corps connu constitue-t-elle une invention brevetable ? M. Blanc pose en principe qu'il y a invention brevetable dès que la propriété nouvellement découverte est appliquée à un usage industriel. Nous estimons que cela ne suffit pas et qu'il faut encore, conformément aux principes qui régissent l'application nouvelle, que l'application industrielle de la propriété découverte dans le corps connu ait pour résultat de tirer de ce corps un service absolument différent de celui qu'il rendait jusque-là. Ainsi, pour citer un exemple de jurisprudence, découvrir que telle substance, qu'on n'avait employée que pour le tannage des cuirs, donne à l'acier des qualités spéciales, c'est faire une application nouvelle brevetable. Mais, on n'aurait pas pu considérer comme brevetable l'invention de Davy, qui ayant découvert que la flamme engendrée à l'intérieur d'une toile métallique se refroidit à travers les mailles de façon à ne plus pouvoir causer d'explosion à l'extérieur, imagina d'utiliser dans les mines les lanternes en toile métallique employées précédemment dans les écuries et dans les chaumières des indigents. « Cette découverte, dit M. Pouillet, si ingénieuse qu'elle fût, manquait peut-être de l'élément essentiel de toute application nouvelle : la différence dans le résultat. La lampe à toile métallique, en effet, était connue ; son but était de donner de la lumière, quel que fût, bien entendu, l'endroit où l'on s'en servît, en plein air, comme dans une cave ou dans une écurie. Employer cette même lampe sans y rien changer, pour produire ce même résultat, mais l'employer plus spécialement dans les mines, où est, quand on y réfléchit bien, cette différence dans le résultat qui, seule, fait l'application nouvelle? »[1] Quelque rigoureuse que puisse être, dans l'espèce, cette application des principes, elle nous semble absolument exacte.

VI. Inventions déclarées par la loi non brevetables.

48. — Il est trois sortes d'inventions que la loi de 1844 déclare formellement non-brevetables. Ce sont : 1° les compositions pharma-

1. Pouillet, n° 61.

ceutiques ; 2º les plans et combinaisons de crédit ou de finances ; 3º les inventions contraires à l'ordre ou à la sûreté publique, aux bonnes mœurs ou aux lois.

1º *Compositions pharmaceutiques.*

49. — L'article 3 § 1er de la loi de 1844 déclare non brevetables, en premier lieu, les compositions pharmaceutiques ou remèdes de toute espèce. Cette disposition a été motivée par le désir du législateur d'empêcher les charlatans de se réclamer d'un brevet pour achalander des médicaments dangereux et d'empêcher, d'un autre côté, les inventeurs de médicaments utiles de les accaparer au détriment de la santé publique. Il faut bien dire qu'en fait la disposition prohibitive de l'article 3 n'a pas empêché les inconvénients qu'on redoutait. Les charlatans ont exploité la crédulité publique sans brevet, comme ils l'auraient exploité avec un brevet. Et, d'autre part, les inventeurs de remèdes utiles ont imaginé un autre moyen de s'attribuer le monopole de leurs découvertes. « Il est peu de pharmaciens, disent MM. Lyon-Caen et Albert Cahen, qui ne tiennent et mettent en vente des produits de leur composition, qui ne sont nullement décrits et contenus au *Codex*… Est-ce que ces médicaments si nombreux, parmi lesquels il faut admettre qu'il en est d'efficaces, ne constituent pas en fait la propriété privative de leurs inventeurs ? Non, en théorie, mais oui certainement en pratique. Le pharmacien donne à son produit un nom retentissant, souvent son nom lui-même, le renferme dans des flacons, des boîtes ou des pots de mille formes ingénieuses et séduisantes, y adapte les étiquettes aux couleurs et aux dispositions les plus variées ; il dépose le contenant au conseil des prud'hommes, s'assure le monopole souvent perpétuel de ce qui enveloppe le remède, poursuit en contrefaçon ou imitation frauduleuse ou, tout au moins, en concurrence déloyale le concurrent qui s'est permis d'usurper son nom ou de reproduire sa marque. Le tribunal condamne le délinquant, car il s'agit non d'un remède secret, mais d'une marque de fabrique. La condamnation, dont la publication est toujours demandée, souvent obtenue, établit dans l'esprit si crédule des malades une confusion. Les ignorants lisent sur les étiquettes la mention si recherchée : *Eviter les contrefaçons, jugement du tribunal de… en date du… qui condamne un contrefacteur.* On a bien soin de ne pas spécifier que la condamnation ne se rapporte point au remède mais à ce qui l'entoure. Le remède, dès lors, assure à son inventeur une fortune souvent importante ».[1] C'est pour arriver à ce résultat que le législateur a exclu toute une catégorie d'industriels et même de savants

---

1. L. Lyon-Caen et Albert Cahen, *De la législation des brevets d'invention et des modifications à introduire dans la loi du 5 juillet 1844.*

du droit de demander un brevet pour des découvertes qui intéressent la santé publique. Aussi cette exception est-elle très critiquée par la plupart des auteurs; sa suppression s'impose au législateur, lorsqu'il s'occupera d'apporter à la législation sur les brevets d'invention les réformes depuis si longtemps demandées.

50. — Quoi qu'il en soit, l'article 3 de la loi de 1844 édicte la non-brevetabilité des compositions pharmaceutiques d'une façon aussi générale qu'expresse : cette disposition s'applique aux compositions pharmaceutiques et aux remèdes « de toute espèce », qu'ils soient employés pour un usage interne ou externe, qu'ils entrent dans la thérapeutique ou dans la prophylaxie, qu'ils soient destinés à l'art médical ou à l'art vétérinaire : il a été, en effet, formellement entendu, dans la discussion de la loi, que les remèdes destinés à l'art vétérinaire étaient compris dans les compositions pharmaceutiques non brevetables.

51. — La non-brevetabilité ne s'applique pas toutefois aux substances alimentaires : cela résulte également de la discussion ; il en est de même pour les cosmétiques et eaux dentrifices.

52. — La non-brevetabilité ne s'applique pas non plus, lorsque le produit, tout en constituant un remède, peut avoir d'autres usages en dehors de la médecine ou de l'art vétérinaire. C'est ainsi qu'il a été jugé : 1° que l'eau des Carmes, bien qu'elle puisse, dans certaines circonstances, être administrée comme remède, n'en est pas moins une liqueur hygiénique, susceptible, comme telle, d'être brevetée (Rej., 8 mai 1868, Boyer, Dall., 68, 1, 507); 2° qu'un corset hygiénique ne peut être assimilé à un produit pharmaceutique non brevetable (Trib. civ. Lyon, 31 juillet 1883, Pataille, 86, 183).

53. — La non-brevetabilité ne s'applique pas enfin, de l'avis de tous les auteurs, au procédé de fabrication de l'appareil propre à fabriquer le remède, ni à un instrument chirurgical : ainsi on a pu valablement prendre un brevet pour les capsules gélatineuses destinées à servir d'enveloppe aux médicaments (Cass., 12 nov. 1839, Mothes, Sir., 39, 1, 932); pour un appareil orthopédique, destiné à redresser les déviations de la taille (Rej., 30 mars 1853, Guérin, Dall., 53, 1, 198); pour un injecteur destiné à administrer les remèdes à l'état pâteux (Rej., 29 juin 1875, Paillasson, Pataille, 54, 413).

54. — Remarquons, en terminant, ce que nous avons à dire des compositions pharmaceutiques, que, si les inventeurs de remèdes ne peuvent se faire breveter, ils ont un autre moyen de conserver leur droit : ce moyen consiste à donner au remède inventé leur nom ou une marque spéciale et à déposer ce nom ou cette marque ; les tiers pourront bien, sans doute, composer et débiter le même remède, mais ils ne pourront le débiter sous le même nom et avec la même marque.

2º *Plans et combinaisons de crédit ou de finances.*

55. — L'article 3, § 2, déclare non brevetables, en second lieu, les plans et combinaisons de crédit ou de finances. Le législateur a pensé qu'il y aurait un danger pour le crédit de l'État à accorder un monopole à celui qui découvrirait, le premier, un moyen d'organiser les finances : la prohibition spécialement édictée à cet égard était toutefois superflue, du moment que la loi ne protégeait que les découvertes industrielles. Il a été jugé, par application de cette prohibition, que l'idée d'établir des paris mutuels dans les courses de chevaux, ne constituant qu'une combinaison financière, ne peut faire l'objet d'un brevet (Paris, 3 mars 1870, Labrousse, Pataille, 72, 312).

3º *Inventions contraires à l'ordre public, aux bonnes mœurs et aux lois.*

56. — Aux deux catégories d'inventions non brevetables spécifiées par l'article 3, l'article 30, relatif aux nullités et déchéances des brevets, en ajoute une troisième : celle des inventions « contraires à l'ordre ou à la sûreté publique, aux bonnes mœurs et aux lois. » Une invention sera contraire à l'ordre public, lorsque, sans violer aucune loi elle sera de nature à porter atteinte à la paix et à la sécurité des citoyens ; elle sera contraire aux bonnes mœurs, lorsque, toujours sans violer aucune loi, elle sera en opposition avec les principes de morale et d'honnêteté communément admis ; enfin elle sera contraire à la loi, soit lorsqu'elle violera directement une disposition de la loi relative à la brevetabilité, comme si, par exemple, il s'agissait d'une composition pharmaceutique, soit lorsqu'elle s'appliquera à un objet destiné à faire échec à une loi quelconque, comme si, par exemple, il s'agissait d'un appareil destiné à procurer l'avortement. A cet égard, les juges ont, naturellement, une grande liberté d'appréciation.

57. — Il importe de ne pas confondre, en cette matière, l'objet du brevet avec son exploitation. L'exploitation du brevet peut constituer un fait illicite, sans que pour cela l'objet du brevet lui-même soit contraire à la loi. Ainsi, pour citer un exemple de M. Bédarride, celui qui invente un instrument de chirurgie ne peut, s'il n'est ni médecin ni pharmacien, l'appliquer lui-même sans se rendre passible des peines édictées contre l'exercice illégal de la médecine ou de la pharmacie : néanmoins le brevet qu'il aurait pris pour cet instrument serait valable, et nul autre que lui ne pourrait, pendant la durée de ce brevet, fabriquer ni vendre l'instrument breveté,

VII. Sanction des conditions de brevetabilité.

58. — Les conditions de brevetabilité prescrites par la loi sont sanctionnées par la nullité du brevet pris pour une invention qui ne remplit pas ces conditions. Cette nullité des brevets pris pour des inventions non brevetables est formellement édictée par l'article 30 de la loi : c'est en commentant cet article que nous étudierons en détail cette cause spéciale et si importante de nullité.

CHAPITRE III

DEMANDE ET DÉLIVRANCE DES BREVETS

59. — Après avoir traité de la nature et de l'objet des brevets d'invention et des inventions brevetables, la loi du 5 juillet 1844 indique. dans les articles 5 à 15, comment les brevets sont demandés et comment ils sont délivrés. Nous avons à examiner, à ce sujet : 1° par quelles personnes un brevet peut être demandé ; 2° dans quelles formes il doit être demandé ; 3° comment il est délivré ; 4° pour quelle durée il est délivré.

I. Par quelles personnes le brevet peut être demandé.

60. — L'article 5 de la loi de 1844, qui indique les formalités de la demande de brevet, déclare ces formalités applicables à « quiconque voudra prendre un brevet ». Il résulte de là que le brevet peut être demandé par toute personne, qui présente à l'administration une invention, qu'elle soit ou non l'auteur de cette invention, qu'elle soit ou non pourvue de la capacité civile, qu'elle soit enfin une personne individuelle ou une personne collective ou morale.

61. — 1° Tous les auteurs, d'abord, sont d'accord pour reconnaître que l'administration n'a pas à s'enquérir de la question de savoir si l'impétrant est personnellement l'auteur de l'invention, s'il en est propriétaire ; ce que la loi protège, en effet, c'est l'invention, c'est l'œuvre, abstraction faite de la personne qui en est l'auteur. Celui qui a fait une invention est donc libre de la céder, même avant de l'avoir fait breveter, et le cessionnaire se trouve ainsi subrogé dans tous les droits de l'inventeur, notamment dans celui de prendre un brevet.

62. — La question de savoir quel est le propriétaire de l'invention peut d'ailleurs donner lieu, dans certains cas, à des difficultés. On peut se demander notamment à qui appartient la découverte faite par un individu qui est au service, aux gages d'un patron. D'abord, s'il a été convenu entre le patron et son préposé que les inventions que ce dernier pourra faire deviendront la propriété du patron, cette convention, parfaitement licite, fait la loi des parties. A défaut d'une convention de ce genre, il faut distinguer : si l'invention rentre dans la mission qui a été confiée au préposé, si elle est la conséquence directe de son travail, il est juste d'admettre que l'invention appartient au patron, qui, seul, pourra demander un brevet ; si, au contraire, l'invention a été faite en dehors du travail ordinaire du préposé, c'est alors le préposé qui doit en être propriétaire et pouvoir la faire breveter.

63. — Ce qui vient d'être dit s'applique également à l'invention faite par un fonctionnaire public qui est, lui aussi un préposé, et notamment par un officier ou militaire en activité, ainsi qu'à l'invention dont l'auteur est associé dans une entreprise.

64. — Ces solutions sont à peu près unanimement admises par la doctrine [1] et aussi par la jurisprudence, qui a décidé notamment : 1° que l'employé, chargé par son patron de chercher des combinaisons de tissus, ne peut valablement prendre un brevet pour les découvertes qu'il peut faire dans cet ordre d'idées (Trib. corr. Rouen, 22 août 1859, Richard, *Propr. ind.* n° 94) ; 2° que le secrétaire général d'une société industrielle, qui n'a que des fonctions administratives et commerciales, conserve seul le droit de faire breveter l'invention qu'il a faite relativement à la fabrication dont s'occupe la société (Paris, 21 juill. 1874, Aubé. Pataille, 77, 283) ; 3° que, si, en principe, les militaires en activité de service ont, comme les autres citoyens, la faculté de prendre des brevets pour les découvertes dont ils sont personnellement les inventeurs, ce droit ne saurait leur être reconnu, lorsque les résultats qu'ils prétendent brevetables sont obtenus par eux dans leur service et comme membres d'une commission instituée par l'autorité supérieure (Paris, 11 juill. 1855, Manceaux, Sir., 55, 2, 578) ; 4° que l'associé n'est pas tenu de faire participer la société à la propriété du brevet d'invention qu'il a pris pour un objet différent de l'objet social (Lyon, 18 juin 1856, Verdié, Pataille, 56, 240).

65. — Il appartient aux tribunaux seuls de résoudre tous les conflits auxquels peut ainsi donner lieu la propriété de l'invention : quant à l'administration, elle doit délivrer le brevet sans s'enquérir du droit du demandeur.

66. — Si le propriétaire de l'invention vient à mourir avant d'avoir demandé un brevet, le droit de le prendre appartient à ses héritiers : ceux-ci devront toutefois demander le brevet en leur nom, la loi exigeant, ainsi que nous le verrons, que toutes les pièces soient signées par le demandeur.

67. — Les créanciers de l'inventeur ne peuvent évidemment le contraindre à prendre un brevet : l'invention, tant qu'elle n'est pas brevetée,

---

1. V. dans ce sens : Picard et Olin, n° 24 ; Pouillet n°ˢ 188 et 190 ; *Contrà* : Bozérian, *Propr. ind.*, n° 160.

ne peut, en effet, être considérée comme un bien formant le gage des
créanciers. Il en est ainsi, alors même que le débiteur serait en état de
faillite. Nous ne pensons même pas que, dans ce cas, le syndic puisse,
en sa qualité de représentant du failli, faire une demande qui porterait
le nom de l'inventeur et serait signée par le syndic, comme elle le serait
par un mandataire spécial. La loi exige, en effet, dans le cas où la demande de brevet est faite par un mandataire, qu'il y ait un mandat
spécial signé de celui au nom de qui le brevet est demandé et que le
pouvoir mentionnant ce mandat spécial soit annexé à la demande.

68. — La mort de l'inventeur ne confère pas à ses créanciers, vis-
à-vis des héritiers, un droit plus étendu. Les héritiers seuls sont juges
de la question de savoir s'il convient ou non de demander un brevet,
et les créanciers ne peuvent les y contraindre, à moins que l'inventeur
n'ait manifesté, avant de mourir, la volonté de prendre un brevet.

69. — 2° On est également d'accord, pour reconnaître que la loi
n'autorise pas non plus l'administration à s'enquérir de la capacité
civile de l'impétrant. Si donc la demande émane d'une femme mariée,
d'un mineur, ou d'un interdit, le brevet doit être délivré par l'administration, sauf ensuite aux tiers intéressés à faire valoir, devant les tribunaux, contre l'incapable breveté, le droit qu'ils croient avoir d'attaquer son brevet, ou à ne traiter avec lui de cet objet qu'avec l'assistance de la personne dont la présence complète sa capacité.

70. — 3° Le brevet peut être demandé non seulement par une personne individuelle, mais encore par une personne collective ou morale.
Ainsi on admet unanimement que plusieurs personnes peuvent se réunir
pour demander et obtenir un brevet commun. On admet également que
les sociétés, civiles ou commerciales, qui constituent des personnes
juridiques capables au même titre que les individus, peuvent demander
et obtenir un brevet. On admet enfin que l'État lui-même, qui est une
personne morale, ayant, à ce titre, la capacité d'acquérir les biens et
de les exploiter, peut posséder un brevet (V. en ce sens : Cass.,25 janv.
1856, Manceaux, Pataille, 581). L'État, en effet, peut avoir intérêt à
prendre des brevets pour les découvertes qui se font dans ses arsenaux
ou dans quelque autre de ses services. Dans ce cas, la demande de brevet serait faite, comme le propose M. Ruben de Couder, par le chef du
service dans le ressort duquel la découverte aurait été faite et le brevet
serait délivré au nom de l'État.

II. Dans quelles formes le brevet doit être demandé.

71. — L'article 5 de la loi de 1844, relatif aux formalités à accomplir pour l'obtention d'un brevet, dispose que « quiconque voudra prendre un brevet d'invention devra déposer, sous cachet, au secrétariat
de la préfecture, dans le département où il est domicilié ou dans tout

autre département, en y élisant domicile : 1° sa demande au ministre du commerce ; 2° une description de la découverte, invention ou application faisait l'objet du brevet demandé ; 3° les dessins ou échantillons qui seraient nécessaires pour l'intelligence de la description ; et 4° un bordereau des pièces déposées ».

Etudions successivement chacune des formalités ainsi prescrites, c'est-à-dire : 1° la demande du brevet ; 2° la description de l'invention ; 3° les dessins ou échantillons ; 4° le bordereau des pièces déposées ; 5° le dépôt lui-même. Nous indiquerons ensuite les règles spéciales à la demande d'un brevet aux colonies.

1° *Demande du brevet.*

72. — La demande du brevet a pour but de déterminer l'objet de l'invention qu'on entend faire breveter. En principe, il n'y a de breveté que ce qui est compris expressément dans la demande, qui constitue ainsi le contrat du breveté avec la société. Ce contrat, étant rédigé par le breveté lui-même, doit, en vertu des principes généraux, s'interpréter contre lui, en cas de doute. En outre, ce contrat constituant une véritable loi entre le breveté et la société, il appartient à la Cour de cassation de surveiller et de maintenir l'interprétation de cette loi, comme de toute autre : les tribunaux n'interprètent donc la demande de brevet, c'est-à-dire le brevet lui-même, que sauf le contrôle de la Cour de cassation. La jurisprudence admet généralement que la demande peut être complétée par la description de l'invention, qui doit, comme nous le verrons, être jointe à la demande. Il a été jugé, à cet égard : 1° qu'en principe général, il n'y a lieu de considérer comme breveté que ce qui a été décrit, lors de la demande, comme constituant l'invention ou s'y rattachant (Rej., 9 août 1867, Avril, Pataille, 67, 340); 2° que, toutefois, le breveté peut revendiquer les parties de l'invention mentionnées dans la description, alors même que ces points ne seraient pas indiqués expressément dans la demande (Paris, 13 mai 1875, Chapellier, Pataille, 66, 88).

Quoi qu'il en soit, on comprend maintenant l'importance qui s'attache à la demande et à sa rédaction.

73. — Comment donc doit être rédigée la demande, c'est-à-dire dans quelles formes doit-elle être faite et quelles mentions doit-elle contenir ?

74. — 1° Quant aux formes, la loi n'en prévoit aucune : elle exige seulement que la demande soit adressée au ministre du commerce et de l'industrie et qu'elle soit signée par l'inventeur ou par un mandataire, dont le pouvoir reste alors annexé à la demande.

Généralement la demande se fait sous forme de lettre.

La demande ne doit contenir ni restrictions, ni conditions, ni réserves ; elle ne peut, par exemple, stipuler que le brevet ne sera pas communiqué aux tiers, ou qu'il ne sera délivré que dans un certain délai, ou qu'il sera prolongé au-delà de la durée légale. Si de pareilles stipulations étaient contenues dans la demande, le ministre devrait refuser de délivrer le brevet; si néanmoins il le délivrait, le breveté ne pourrait se prévaloir de ces réserves, qui seraient nulles. M. Bédarride enseigne même que, dans ce cas, le brevet serait entièrement nul[1]. Nous ne pensons pas qu'il y ait lieu d'admettre ce système, qui a le tort de créer une nullité en dehors de celles édictées par la loi.

75. — 2° Quant aux mentions que doit contenir la demande, elles concernent : 1° l'objet de l'invention ; 2° le titre de l'invention ; 3° la durée du brevet.

76. — 1° Objet de l'invention. — La demande doit d'abord faire connaître, d'une façon claire et précise, l'objet de l'invention qu'on entend faire breveter. Aux termes de l'article 6, la demande doit être « limitée à un seul objet principal, avec les objets de détail qui le constituent et les applications qui auront été indiquées ». Cette nécessité de la limitation de la demande à une seule invention s'explique par un double motif : s'il était permis de comprendre dans une même demande plusieurs inventions différentes, le trésor, d'abord, serait fraudé, puisque, au lieu de payer une taxe pour chaque invention à breveter, on n'aurait payé qu'une taxe unique ; en outre, la recherche des inventions déjà brevetées serait à peu près impossible, puisqu'il faudrait lire les brevets entièrement pour être certain de connaître tout leur contenu.

77. — Toutefois la demande peut revendiquer, en même temps que l'invention, les dispositions accessoires qu'elle comporte: ainsi, en général, on peut ne demander qu'un seul brevet pour une machine et pour le manège qui la met en mouvement.

78. — La demande peut également porter sur les applications de l'invention, à la condition, dit la loi, que ces applications soient expressément indiquées. Cette condition ne vise évidemment que le cas où l'invention revendiquée a pour objet un moyen ou une application nouvelle. Nous avons vu, en effet, que le brevet qui a pour objet un produit, s'étend à toutes les applications même non prévues de ce produit. Mais, lorsque la demande de brevet porte sur un moyen ou sur une application nouvelle, comme un moyen ne se comprend pas indépendamment du résultat qu'il vise, le breveté ne peut revendiquer que les applications qu'il a prévues, qu'il a indiquées dans sa demande.

Toutefois, on admet qu'on doit, dans ce cas, considérer comme prévues et indiquées les applications analogues à celles qui l'ont été, ainsi que les applications naturelles et nécessaires de l'invention. Ainsi, il a été jugé que le brevet pris pour l'idée de filer le caoutchouc réserve en

---

1. V. Bédarride, n° 20.

même temps à l'inventeur le droit de faire des tissus avec ces fils (Cass., 27 déc. 1837, Rathier, Dall., vº *Brev. d'inv.*, nº 48).

79. — **2º Titre de l'invention.** — La demande doit indiquer, aux termes de l'article 6, un titre contenant la désignation sommaire et précise de l'objet de l'invention revendiquée. Cette prescription a pour but de faciliter le classement des brevets dans les catalogues et les recherches des intéressés. Le titre sert à désigner le brevet, mais non à en préciser la portée, et il ne peut être opposé à l'inventeur pour l'enfermer strictement dans ses termes et lui interdire toute revendication en dehors. Il a été plusieurs fois jugé que le titre peut être expliqué et complété par la demande, la description et les dessins (V. notamment : Cass., 25 janv. 1866, Chapellier, Pataille. 66, 88; et Paris, 1er juill. 1870, Agnellet, Sir., 70, 266). Si le titre indique frauduleusement un autre objet que le véritable objet de l'invention, le brevet est nul, aux termes de l'article 30.

80. — **3º Durée du brevet.** — La demande doit enfin faire connaître la durée que l'inventeur entend assigner à son brevet ; cette indication ne peut toutefois être donnée que dans les limites de l'article 4, qui dispose que « la durée des brevets est de cinq, dix ou quinze années. »

Dans la pratique, comme on peut toujours faire tomber le brevet en cessant de payer la taxe annuelle à laquelle il est soumis, on demande le plus souvent un brevet de quinze ans.

2º *Description de l'invention.*

81. — En outre de la demande, qui fait connaître l'objet de l'invention, l'article 5 exige une description ou mémoire descriptif, qui en fait connaître les détails. La nécessité de cette description s'explique par l'intérêt qu'ont les tiers, pendant la durée du brevet, à savoir exactement ce qu'ils doivent s'abstenir de contrefaire, et, après l'expiration du brevet, à savoir comment ils pourront exécuter l'invention, alors tombée dans le domaine public. Comme la demande, dont elle est le complément, la description constitue le contrat du breveté avec le public ; ainsi que nous l'avons dit, ce contrat doit, en cas de doute, être interprété contre le breveté, et son interprétation par les tribunaux est soumise au contrôle de la cour de cassation.

82. — Quelles sont les formes dans lesquelles doit être faite la description et les mentions qu'elle doit contenir ?

83. — 1º Il résulte des termes de la loi que la description doit être faite par un acte distinct de la demande. Cette exigence ne se justifie guère : elle n'en est pas moins certaine. Si elle était méconnue, le ministre pourrait refuser la délivrance du brevet. Si néanmoins le brevet était délivré, il ne pourrait être annulé, sous le prétexte que la description est contenue dans le même acte que la demande.

L'article 6 dispose, en outre, que la description doit être écrite sans surcharges, ni ratures, et en français, sauf, bien entendu, les mots techniques qui n'ont pas d'équivalent dans notre langue. D'après le même article, les mots rayés comme nuls doivent être comptés et constatés, les pages et les renvois parafés ; les dénominations de poids ou de mesures employées ne peuvent être que celles du système métrique. Enfin, la description doit, comme la demande, être signée par l'impétrant, ou par un mandataire, dont le pouvoir est alors annexé à la demande.

La description doit être faite en double exemplaire : un exemplaire est destiné à être renvoyé au breveté et à former son titre ; l'autre est destiné à rester dans les archives de l'administration et à former le titre du public.

84. — 2° Quant aux mentions que doit contenir la description, la loi ne les indique pas et ne pouvait pas les indiquer, ces mentions variant avec chaque sorte d'invention qu'il s'agit de décrire. Tout ce qu'elle exige, à cet égard, c'est que la description soit suffisante pour l'exécution de l'invention et qu'elle indique d'une manière complète et loyale les véritables moyens de l'invention : cette double condition est prescrite, à peine de nullité du brevet, par l'article 30, qui énumère les causes de nullité des brevets. Nous verrons, en étudiant cet article, ce qu'il faut entendre par une description qui n'est pas suffisante, ou qui dissimule les véritables moyens de l'invention.

85. — Dans certains pays étrangers, l'usage, sinon le texte de la loi, exige que la description se termine par un résumé, indiquant d'une façon claire et précise les points sur lesquels l'inventeur entend revendiquer un droit exclusif : ce résumé est appelé *revendication*. La loi française ne prescrit aucune revendication de ce genre. Néanmoins l'usage s'est aussi introduit en France de faire suivre la description d'un résumé précisant les points revendiqués. Ces revendications n'ont aucun effet juridique. Elles ne peuvent être invoquées ni contre le breveté, ni en sa faveur.

86. — La description, étant formellement exigée par la loi, ne peut être suppléée par les dessins ou par les échantillons qui sont joints à la demande. Mais, de même que la demande peut être, ainsi que nous l'avons vu, complétée par la description, de même la description peut être complétée par les dessins ou échantillons, en ce sens que les dessins ou échantillons peuvent servir à expliquer le texte de la description, mais ne peuvent en modifier ni étendre le sens. Cette règle, généralement admise par les auteurs, est diversement interprétée par la jurisprudence : certains arrêts décident que le breveté ne peut revendiquer, comme sa propriété privative, un organe ou un appareil figuré au dessin, si la description ne les revendique pas (V. notamment : Rej., 15 juin 1865, Dubrusle, Pataille, 65, 365 ; Rej., 9 août 1867, Avril, Pataille, 67, 340 Paris, 12 juin 1869, Hayem, Pataille, 70, 111); d'autres arrêts, au contraire, ont décidé qu'il n'est pas nécessaire, pour qu'un objet soit breveté, qu'il soit expressément mentionné dans la description, s'il est suffisamment indiqué dans le dessin pour que les gens du métier soient à même de s'en faire une idée exacte et de le reproduire (V. notamment : Rej., 6 janv. 1867, Sax, J. Pal., 67, 893 ; Toulouse, 19 fév. 1873, Raynaud et Larmanjat, Pataille, 673, 353).

3° *Dessins ou échantillons.*

87. — A la description peuvent être joints, aux termes de l'article 5, les dessins ou échantillons qui seraient nécessaires pour la faire comprendre. Ces dessins ou échantillons ne sont pas obligatoirement exigés de l'impétrant : la loi le laisse juge de la question de savoir s'ils sont nécessaires à l'intelligence de la description.

L'article 6 dispose seulement que les dessins doivent être tracés d'après une échelle métrique et à l'encre, afin qu'ils ne puissent s'effacer ; peu importe, d'ailleurs, qu'ils soient tracés à la main, ou reproduits par la gravure, la lithographie, l'autographie ou tout autre procédé analogue dans lequel l'encre est employée. On admet également que le vœu de la loi est rempli, lorsque les dessins sont photographiés.

Les dessins et échantillons doivent, comme la description, être signés, par le demandeur, ou par un mandataire dont le pouvoir reste, alors, annexé à la demande ; ils doivent être déposés en double exemplaire.

88. — Nous avons vu que les dessins ou échantillons peuvent servir à compléter la description, mais non à en modifier ou à en étendre le sens.

4° *Bordereau.*

89. — L'article 5 exige qu'à toutes les pièces déposées soit joint un bordereau, qui en contienne l'indication détaillée.

5° *Dépôt.*

90. — La demande, le mémoire descriptif, les dessins et échantillons, s'il y a lieu, et le bordereau de ces pièces doivent être déposés entre les mains du préfet, qui les transmet au ministère du commerce et de l'industrie. La loi détermine, dans les articles 5, 7, 8 et 9, les formes et les effets du dépôt.

91. — **I. Formes du dépôt.** — Aux termes de l'article 5, le dépôt doit être effectué au secrétariat de la préfecture, dans le département où le demandeur est domicilié, ou dans tout autre département, à la condition, dans ce dernier cas, que le demandeur y fasse élection de domicile, afin que l'administration sache où devra lui être notifiée la suite donnée à la demande.

92. — L'article 5 exige également que le dépôt soit fait sous pli cacheté, afin que les pièces déposées ne puissent s'égarer.

93. — Le dépôt n'est reçu, aux termes de l'article 7, que sur la production d'un récépissé constatant le versement d'une somme de 100 fr. à valoir sur le montant de la taxe du brevet. L'article 4 dispose, en effet, que chaque brevet donne lieu au paiement d'une taxe qui est de 500 fr. pour un brevet de cinq ans, de 1,000 fr. pour un brevet de dix ans et de 1,500 fr. pour un brevet de quinze ans ; cette taxe est payable par annuités de 100 fr., à peine de déchéance du brevet, si le breveté laisse écouler un terme sans l'acquitter. La taxe représente la part contributive du breveté dans le paiement des frais et dépenses de l'administration chargée de lui délivrer le brevet qui sert de fondement à son droit et lui en assure l'exercice. Si le principe de la taxe est généralement admis comme équitable et légitime, on est divisé sur la question de savoir s'il vaut mieux qu'elle soit minime ou élevée, progressive ou uniforme, payable par annuités ou en une seule fois [1].

Quoiqu'il en soit, dans notre législation actuelle, la taxe est de 500 fr., de 1,000 fr. ou de 1,500 fr., suivant que le brevet a été demandé pour cinq ans, dix ans ou quinze ans ; elle est payable par annuités égales de 100 fr. chacune, et la première annuité doit être acquittée d'avance, préalablement au dépôt de la demande et des pièces y annexées.

La taxe est payée, à Paris, à la Recette générale, et dans les départements, à la caisse du receveur central. Un arrêt de la cour de Paris, du 12 août 1865, a décidé que la quittance que l'administration est tenue de délivrer au breveté, lors du paiement de chaque annuité, est sujette au timbre, en vertu de l'article 16 de la loi de brumaire an VII (V. Botta, Pataille, 69, 367).

Le récépissé constatant le versement de la première annuité doit être produit au moment du dépôt et annexé au pli déposé.

94. — Le dépôt est constaté, aux termes de l'article 7, par un procès-verbal qui est dressé sans frais par le secrétaire général de la préfecture, sur un registre à ce destiné, et qui est signé par le demandeur. Une expédition en est remise au demandeur, moyennant le remboursement des frais de timbre. Le procès-verbal doit énoncer le jour et l'heure, avec indication de la minute, du dépôt de la demande. C'est en effet la date de ce procès-verbal qui marque, comme nous allons le voir, le point de départ de la durée du brevet et, comme il peut arriver que des demandes de brevets soient déposées, le même jour, à

---

1. V. Lyon-Caen et Albert Cahen, n[os] X à XIII.

quelques minutes d'intervalle, il importe que la question de priorité puisse être tranchée avec une exactitude absolue. Le préfet ne peut, sous aucun prétexte, refuser de recevoir le pli déposé, à la condition qu'il soit accompagné, comme nous l'avons dit, du récépissé constatant le versement de la première annuité. Sans avoir autre chose à vérifier, le préfet est tenu, aux termes de l'article 9, de transmettre au ministère du commerce et de l'industrie, dans les cinq jours de la date du dépôt, le pli déposé, auquel il joint une copie certifiée du procès-verbal et, s'il y a lieu, le pouvoir du mandataire. L'article 10 dispose qu'à l'arrivée des pièces au ministère, il est procédé à l'ouverture et à l'enregistrement des demandes, et ensuite à l'expédition des brevets, dans l'ordre de la réception des envois.

95. — **II. Effets du dépôt.** — Le dépôt a pour effet, ainsi que nous l'avons déjà indiqué, de marquer la date à laquelle commence la durée du brevet. L'article 8 dit formellement que la durée du brevet courra du jour du dépôt. Ce jour et, s'il y a lieu, l'heure et la minute sont constatés par le procès-verbal qui est dressé du dépôt. Nous reviendrons plus loin sur l'importance de cette date et de sa constatation.

6° *Règles spéciales à la demande d'un brevet aux colonies.*

96. — L'article 51 de la loi de 1844 réservait au gouvernement le droit de régler l'application de la loi dans les colonies, avec les modifications qui seraient jugées nécessaires. Un arrêté du 21 octobre 1848 a édicté cette réglementation pour les colonies, et un décret du 5 juin 1850 l'a étendue à l'Algérie. D'après cette réglementation, la demande d'un brevet en Algérie et dans les colonies doit être, ainsi que les pièces qui y sont annexées, déposée en triple expédition dans les bureaux du directeur de l'intérieur : deux expéditions de chacune des pièces déposées sont enfermées dans une seule enveloppe scellée et cachetée par le déposant et qui est transmise par le gouverneur au ministère du commerce et de l'industrie, avec une copie du procès-verbal de dépôt et le récépissé du versement de la première annuité ; la troisième expédition reste dans les bureaux de la direction de l'intérieur : on a voulu, par cette précaution, remédier à la perte possible des pièces, dans un naufrage, lors de leur envoi en France. En dehors de la prescription relative à la triple expédition des pièces, la demande est soumise à toutes les règles de forme édictées par la loi pour les brevets pris sur le territoire continental.

III. Comment le brevet est délivré.

97. — Nous avons à étudier, au sujet de la délivrance du brevet :
1º l'examen qui doit être fait de la demande par le ministre ; 2º les
formes dans lesquelles le ministre délivre le brevet demandé ; 3º les
cas dans lesquels le ministre doit rejeter la demande et les conséquences de ce rejet ; 4º enfin les mesures prescrites pour la publication
et la communication des brevets délivrés.

1º *Examen de la demande.*

98. — Il résulte de l'article 11 que le ministre peut et doit examiner la demande, mais uniquement au point de vue de sa régularité. Si
la demande et les pièces qui y sont jointes remplissent toutes les conditions de forme prescrites, le ministre est tenu de délivrer le brevet,
sans avoir à examiner si l'invention pour laquelle il est demandé est
ou non brevetable. Les tribunaux seuls sont juges du caractère brevetable ou non de l'invention ; le ministre est juge uniquement des formalités matérielles extérieures de la demande.

Ce système de la libre délivrance des brevets sans examen préalable
de l'invention est aujourd'hui admis par presque toutes les législations
européennes[1]. Il devait être nécessairement consacré par notre législation, qui considère le brevet délivré à l'inventeur non comme une
récompense de son invention, mais simplement comme un certificat
attestant qu'à telle époque il a déclaré avoir fait telle invention.

99. — Par application du principe du non examen préalable de
l'invention, l'article 11 dispose que le brevet est délivré aux risques et
périls du demandeur et sans garantie soit de la réalité, de la nouveauté
ou du mérite de l'invention, soit de la fidélité ou de l'exactitude de la
description, et l'article 33 impose au breveté, à peine d'amende, l'obligation de ne pas indiquer sa qualité de breveté ou son brevet, sans y
ajouter ces mots destinés à éclairer le public : *sans garantie du gouvernement.*

2º *Formes dans lesquelles le brevet est délivré.*

100. — Lorsque le ministre juge la demande régulière, il doit
prendre, aux termes de l'article 11, un arrêté qui constate la régularité

1. La loi américaine consacre, au contraire, le système de l'examen préalable.
Il en est de même de la loi allemande de 1877.
Le congrès de Vienne, de 1873, s'était prononcé pour le système mixte, dit
de l'examen consultatif et adjuvant, et consistant dans l'examen de l'invention
par des commissions désignées, avec rapport favorable ou défavorable et faculté
pour le demandeur de se soumettre à l'avis émis ou de passer outre.

de la demande. Cet arrêté, c'est le brevet. Jusqu'à la signature de cet arrêté, le demandeur conserve le droit de retirer sa demande. Une expédition de l'arrêté est délivrée au demandeur, dont elle constitue le titre. A cette expédition est jointe le duplicata certifié de la description et des dessins, après que la conformité avec les originaux en a été reconnue et au besoin établie.

Cette première expédition de l'arrêté est délivrée sans frais; toute expédition ultérieure donne lieu au paiement d'une taxe de 25 fr., non compris, s'il y a lieu, les frais de dessins qui restent à la charge de celui qui demande l'expédition.

L'expédition d'un brevet peut, d'ailleurs, être demandée par toute personne, sans qu'elle ait besoin de justifier d'un intérêt quelconque.

101. — Peut-on former, entre les mains de l'administration, opposition à la délivrance d'un brevet? Par exemple, le véritable inventeur peut-il faire opposition à la délivrance du brevet qui serait demandé par un usurpateur?

La loi allemande autorise les tiers intéressés à former devant l'office des brevets des oppositions à la délivrance, à la condition que ces oppositions soient fondées sur l'allégation que l'invention n'est pas nouvelle ou appartient à un tiers. Cette procédure se comprend dans une législation qui subordonne la délivrance des brevets à l'examen préalable de l'invention : elle ne pouvait être admise par notre loi, qui est, en effet, muette sur ce point.

Mais certains auteurs soutiennent que, le brevet étant un objet mobilier qui peut être saisi par les créanciers, le silence de la loi n'empêche pas l'emploi, avant la délivrance, de la procédure de droit commun, la saisie-revendication, dont les formes se plient facilement à cette application[1]. On peut répondre, avec la majorité des auteurs, que, jusqu'à la délivrance du brevet, l'invention reste en dehors de toute appropriation, puisque la demande peut toujours être retirée et que c'est, au surplus, aller à l'encontre du système du législateur de 1848 que d'introduire, en cette matière, une procédure quelconque d'opposition[2]. En fait, l'administration ne tient aucun compte des oppositions qui, sous une forme ou sous une autre, sont formées, entre ses mains, à la délivrance des brevets.

3° *Rejet de la demande.*

102. — Les articles 12 et 13, relatifs au rejet de la demande, déterminent les cas dans lesquels il y a lieu à rejet et les conséquences du rejet.

---

1. V. Blanc, p. 546.
2. V. Renouard, n° 85 ; Nouguier, n° 185 ; Bédarride, n° 172 ; Pouillet, n° 131 ; Ruben de Couder, v° *Brev. d'inv.*, n° 272.

103. — 1º Dans quels cas, d'abord, y a-t-il lieu au rejet de la demande ? Ainsi que nous l'avons déjà indiqué, la demande ne peut être rejetée que si elle n'est pas régulière en la forme : dans ce cas le rejet est non seulement possible, mais obligatoire pour le ministre. Les irrégularités de forme qui donnent ainsi lieu au rejet de la demande sont, aux termes de l'article 12, celles qui résultent de « l'inobservation des formalités prescrites par les numéros 2 et 3 de l'article et par l'article 6 ».

Il y a donc lieu à rejet, lorsque la demande ou l'une des pièces y annexées n'est pas signée par l'inventeur ou par son mandataire, ou lorsque le pouvoir du mandataire n'est pas joint à la demande, ou lorsque la demande n'indique pas la durée du brevet, ou lorsque la demande contient des restrictions, conditions ou réserves, ou lorsque la demande n'indique pas l'objet principal de l'invention ou lorsqu'elle indique plusieurs objets principaux différents, sans que, dans ce cas, le fait par l'administration d'avoir par mégarde délivré le brevet permette d'en demander la nullité[1], ou enfin lorsque la demande n'indique pas le titre de l'invention. Nous ne pensons pas, d'ailleurs, que l'administration ait le droit d'apprécier si le titre indiqué est ou non exact ou suffisant.[2] Il résulte toutefois de l'article 13 que l'administration doit rejeter la demande d'un brevet qui serait faite pour un produit pharmaceutique ou un plan de finances. Mais la majorité des auteurs admet qu'il n'y a lieu à rejet dans ce cas, que si l'invention s'intitule elle-même produit pharmaceutique ou plan de finances, et que le ministre ne peut pas entrer dans l'examen de l'objet même de l'invention.[3]

Il y a encore lieu à rejet, lorsque la description de l'invention n'est pas jointe à la demande, ou lorsqu'elle n'est pas faite dans un acte séparé, ou lorsqu'elle est écrite en langue étrangère, ou lorsqu'elle contient des altérations ou surcharges, des pages ou des renvois non parafés, ou lorsqu'elle mentionne des dénominations de poids et mesures autres que celles du système métrique, ou lorsqu'elle n'est pas faite en double exemplaire.

Il y a également lieu à rejet, lorsque les dessins ne sont pas tracés à l'encre et d'après une échelle métrique, ou lorsque les dessins ou échantillons ne sont pas produits en double exemplaire. Quant à l'absence de dessins ou échantillons, comme il appartient au demandeur seul d'apprécier leur nécessité, elle ne peut entraîner le rejet, à moins que les dessins ou échantillons n'aient été annoncés dans la description.

La loi ne vise pas l'absence de bordereau comme donnant lieu au rejet de la demande.

1. V. Pouillet, nº 138 ; et Paris, 25 fév. 1864, Besson, Pataille, 65, 62.
2. V. Pouillet, nº 134.
3. V. Nouguier, nº 170 ; Ruben de Couder, nº 255 ; Pataille, 64, 437 ; Pouillet, nº 136.

104. — Dans ces différents cas, le rejet de la demande est prononcé par un arrêté du ministre, qui est notifié au demandeur. La loi n'impose à l'administration aucun délai pour cette notification.

L'arrêté de rejet du ministre peut, bien entendu, faire l'objet, de la part du demandeur, d'un recours devant le Conseil d'État, conformément au droit commun.

105. — 2° Quelles sont maintenant les conséquences du rejet de la demande du brevet ? Le rejet de la demande ne prive pas l'inventeur du bénéfice de l'invention. Il peut, aux termes de l'article 12, reproduire sa demande, et, si, cette fois, elle est régulière, le brevet doit être délivré. Si la demande est reproduite dans les trois mois du rejet, l'impétrant n'a pas à faire un nouveau versement de la taxe : l'article 12 dispose, en effet, qu'il lui est tenu compte, dans ce cas, de la totalité de la somme qu'il a versée, lors de la première demande. Si la demande est reproduite plus de trois mois après le rejet de la première, il n'est tenu compte à l'impétrant, aux termes du même article, que de la moitié de la somme versée, et il doit alors faire un nouveau versement complémentaire. Si l'impétrant ne renouvelle jamais sa demande, il a droit à la restitution de la moitié de la somme versée, l'autre moitié restant acquise au Trésor. Cependant, lorsque la demande est rejetée comme s'appliquant à une invention qui s'intitule produit pharmaceutique ou plan de finances, l'article 13 dispose que la somme entière doit être restituée au demandeur.

106. — Lorsque la demande est reproduite dans les trois mois et que le brevet est délivré, ce brevet date-t-il du jour de la première demande ou du jour de la seconde ? La question présente un grand intérêt, dans le cas, par exemple, ou, entre les deux demandes, un autre brevet a été pris pour la même invention. Auquel des deux brevets devra-t-on donner la priorité ? La jurisprudence de la Cour de Paris décide que l'article 12 n'a d'autre objet que d'accorder à l'inventeur une faveur pécuniaire et n'empêche pas que la date du brevet ne coure, conformément aux principes généraux, que du jour de la demande régulière, c'est-à-dire de la seconde (Paris, 17 fév. 1883, Lecointe, Pataille, 84, 189). La majorité des auteurs estime au contraire, que la date du brevet doit remonter au jour de la première demande, par ce motif qu'il résulte des termes mêmes de l'article 12 qu'en réalité il y a, non pas deux demandes, mais une seule demande *reproduite* et régularisée. [1] La jurisprudence de la Cour de cassation s'est prononcée dans le sens de cette seconde interprétation, qui nous paraît la seule conforme au texte et à l'esprit de la loi, en même temps qu'a l'équité (Rej., 30 juillet 1857, Christofle, Pataille, 58, 102).

---

1. V. Blanc, p. 437 ; Rendu et Delorme, n° 384 ; Nouguier, n°ˢ 42 et 180 ; Pouillet, n° 141.

4° Publication et communication des brevets délivrés.

107. — Il importe que les brevets, une fois délivrés, soient publiés et communiqués au public. Cette publication et cette communication se justifient suffisamment par la nature même du contrat qui intervient entre l'État et l'inventeur : en retour du droit exclusif d'exploitation qui lui est concédé pour un temps déterminé, l'inventeur s'engage à livrer son invention au domaine public, à l'expiration de son monopole.

L'industrie nationale a donc intérêt à connaître les brevets, dès qu'ils sont délivrés, afin de se mettre en mesure d'user des inventions, dès qu'elle pourra s'en emparer. On peut ajouter aussi que les progrès industriels sortent souvent pour ainsi dire les uns des autres et que la connaissance d'une invention en fait imaginer d'autres. De là, la nécessité, reconnue par le congrès de Vienne, en 1873, d'une publication et d'une communication non-seulement complètes, mais immédiates des brevets délivrés.

Comment notre législation applique-t-elle ce principe ?

108. — 1° En ce qui concerne la publication, l'article 14 dispose d'abord que les brevets délivrés seront, tous les trois mois, proclamés au *Bulletin des lois.* Cette mention ne comprend que le nom de l'inventeur, la date de la demande et de la délivrance du brevet, et le titre de l'invention brevetée.

En outre, l'article 24 dispose qu'après le paiement de la deuxième annuité, les descriptions et dessins doivent être publiés, soit **textuellement, soit par extrait.** En n'édictant l'obligation de publier les descriptions et dessins qu'après le paiement de la deuxième annuité, le législateur est parti de cette idée qu'il n'est utile de publier que les inventions sérieuses et non abandonnées par leur auteur après la prise du brevet. Il n'a pas pris garde que la personne qui veut prendre un brevet a intérêt à connaître les brevets abandonnés par leur auteur comme ceux qui sont expirés, les uns comme les autres pouvant constituer des antériorités opposables au brevet nouveau.

Dans la pratique, la publication n'a lieu que longtemps après l'époque prescrite. Elle se fait par volumes in-4°, ou par fascicules du prix de 0 fr. 40 la feuille de texte et de 0 fr. 40 la planche de dessins. Les brevets importants sont seuls publiés textuellement. Cette publication n'est donc ni immédiate, ni complète.

L'article 24 dispose encore qu'au commencement de chaque année, il doit être publié un catalogue contenant les titres des brevets délivrés dans le courant de l'année précédente. Depuis 1883, ce catalogue se trouve compris dans le *Bulletin officiel de la propriété industrielle*, journal hebdomadaire publié par les soins de l'administration et qui contient, en outre, tous les documents et renseignements intéressant la propriété industrielle [1].

Le recueil des descriptions et dessins ainsi que le catalogue sont déposés au ministère du commerce et de l'industrie et au secrétariat de chaque préfecture, où ils peuvent être consultés sans frais. Ces publications sont également adressées à toutes les chambres de commerce et à toutes les chambres consultatives des arts et manufactures.

109. — 2° Quant à la communication des brevets, elle est réglementée par l'article 23 qui dispose que les descriptions, dessins, échantillons et modèles des brevets délivrés restent, jusqu'à l'expiration des brevets, déposés au ministère du commerce, où ils sont communiqués, sans frais, à toute réquisition. Cette communication est actuellement réglée par un ordre de service, affiché au ministère, dans la salle des brevets d'invention et qui est ainsi conçu :

« Il est permis à toute personne, à qui sont communiqués des descriptions, dessins annexés aux brevets d'invention de prendre des notes sommaires et des croquis. Le calque des dessins demeure interdit. On ne pourra faire usage de plumes ni d'encre pour les notes et croquis ».

Quant à la copie même des descriptions et dessins, l'article 23 dispose que toute personne peut l'obtenir à ses frais et il réserve à un règlement d'administration publique le soin de déterminer les formes de cette communication. Aucun règlement de ce genre n'a été fait. Dans la pratique, l'administration exige que la personne qui veut obtenir une copie authentique de la description du brevet, adresse, à cet effet, une demande sur timbre au ministre, en y joignant le récépissé d'une taxe de 25 francs versée comme pour une demande de brevet. Quant aux dessins, la personne qui veut en avoir une copie, doit venir au ministère faire elle-même cette copie, ou y envoyer quelqu'un pour exécuter ce travail, à ses frais. La conformité de cette copie avec l'original est certifiée par une mention spéciale de l'administration.

110. — A l'expiration des brevets, les originaux des descriptions et des dessins sont, conformément aux prescriptions de l'article 26, envoyés au Conservatoire des Arts et Métiers où ils restent déposés. L'administration autorise les particuliers à copier eux-mêmes tout ou partie des brevets expirés ainsi déposés au Conservatoire. Cette différence dans la façon dont l'administration comprend le droit de copie, suivant qu'il s'agit d'un brevet expiré et déposé au Conservatoire ou d'un brevet encore debout déposé au ministère, est justement critiquée : il serait à désirer que, dans le second cas comme dans le premier, le droit de copie fût accordé aux particuliers, directement et sans intervention de l'administration dont les lenteurs peuvent être aussi préjudiciables qu'elles sont inévitables.

---

[1]. L'abonnement d'un an à ce bulletin est de 30 fr. pour Paris, 32 fr. 50 pour les départements et 35 fr. pour les pays étrangers de l'Union postale.

IV. Pour quelle durée le brevet est délivré.

111. — Nous avons dit, en indiquant les mentions que doit contenir la demande du brevet, que la durée normale des brevets est, aux termes de l'article 4, de cinq ans, de dix ans ou de quinze ans, et que cette durée est fixée pour chaque brevet, dans ces limites, par le demandeur lui-même. L'article 8 ajoute que la durée du brevet commence à courir du jour du dépôt de la demande.

112. — Deux questions sont à examiner au sujet de la durée des brevets : celle de la prolongation de cette durée et celle de l'abréviation de cette durée.

113.— I. Prolongation de la durée des brevets. — Si, en principe, la durée des brevets est fixée par les brevetés eux-mêmes, le législateur a tenu à réserver à la société le droit de prolonger cette durée, dans les cas exceptionnels où les brevets lui rendent d'importants services. A cet effet, l'article 15 dispose que la durée des brevets peut être prolongée, mais seulement par une loi. C'est donc au Parlement seul, et non plus, comme sous la loi de 1791, au pouvoir exécutif, qu'il appartient de proroger un brevet au-delà de son terme légal. La loi le laisse juge, au surplus, non seulement des motifs qui rendent utile la prolongation, mais encore la durée de la prolongation. En fait, les lois autorisant la prolongation de brevets sont extrêmement rares : on en cite deux ainsi rendues depuis la promulgation de la loi de 1844 et autorisant la prolongation de brevets pour cinq ans seulement. [1]

114. — S'il appartient exclusivement au pouvoir législatif de statuer sur la prolongation de la durée des brevets, le droit de déterminer les effets de cette prolongation à l'égard des tiers rentre dans la compétence de l'autorité judiciaire. Et, comme une loi n'a jamais d'effet rétroactif, la prorogation, qui est un acte de faveur, ne peut avoir pour conséquence, selon nous, de priver les tiers des droits qu'ils ont régulièrement acquis sur le brevet antérieurement à sa prolongation. Par exemple, si, avant la loi qui prolonge la durée du brevet, il a été pris par un tiers un brevet pour un perfectionnement apporté à ce brevet, le brevet de perfectionnement pourra être mis en exploitation à l'expiration du terme primitivement fixé pour la durée du brevet principal. Cette interprétation de la loi est cependant contestée par certains auteurs, qui soutiennent que le titulaire du brevet de perfectionnement ne peut l'exploiter pendant la durée de prolongation du brevet principal, alors même que le brevet de perfectionnement atteindrait son terme légal avant l'expiration de cette durée de prolongation ; ces au-

---

1. Les deux brevets qui ont été ainsi prolongés sont celui du Dr Boucherie pour son procédé d'injection des bois, et celui de Sax pour la fabrication des instruments de musique en cuivre.

teurs se fondent, pour décider ainsi, sur ce que le tiers perfectionneur ne s'est fait breveter qu'à ses risques et périls, puisqu'il savait bien que le brevet principal pourrait être prolongé.[1] D'autres auteurs proposent une solution intermédiaire, qui consiste à décider que le brevet de perfectionnement survit à la prolongation du brevet principal autant de temps qu'il devait lui survivre, si celui-ci n'eût pas été prolongé[2]. L'opinion, d'ailleurs professée par la majorité des auteurs, qui maintient absolument intacts les droits des tiers, nous paraît non seulement plus équitable, mais encore plus juridique, car il est impossible de dire, suivant nous, que ces tiers ont dû prévoir une prolongation du brevet principal, laquelle est une faveur exceptionnelle dont l'octroi est laissé à la discrétion du Parlement.[3]

115. — II. *Abréviation de la durée des brevets.* — Si une loi peut, comme nous venons de le dire, prolonger la durée d'un brevet, appartient-il inversement au breveté d'abréger cette durée? Par exemple, s'il a pris un brevet de quinze ans, peut-il ultérieurement en réduire la durée à dix ans, ou à cinq ans? Dans le silence de la loi sur ce point. certains auteurs admettent l'affirmative, en se fondant sur l'intérêt qu'a la société à ce que le brevet tombe le plus tôt possible dans le domaine public.[4] Nous préférons, quant à nous, l'opinion qui, considérant comme définitif et irrévocable le contrat qui se forme par la demande du brevet, refuse à l'une des parties, au breveté, le droit de modifier ultérieurement, à son gré, ce contrat, en réduisant la durée primitivement assignée au brevet.[5] La question n'a d'ailleurs d'intérêt qu'en cas de cession du brevet: alors, en effet, la loi exige, comme nous le verrons, le paiement par anticipation de toutes les annuités restant à échoir, et le breveté, ou son cessionnaire, aura d'autant moins à payer que le brevet devra durer moins longtemps. En dehors de ce cas, le breveté n'a qu'à ne pas payer les annuités de son brevet, pour le laisser tomber en déchéance, puisque le défaut de paiement d'une seule annuité est, aux termes de l'article 32, une cause de déchéance du brevet.

---

1. V. en ce sens : Calmels, n° 457.
2. V. en ce sens: Pouillet, n° 183 ; Bédarride, n° 199.
3. V. en ce sens: Nouguier, n° 257 ; Dalloz, v° *Brev. d'inv.*, n° 106 ; Blanc, p. 426 ; Picard et Olin, n° 426; Allart, n° 133.
4. V. en ce sens : Renouard, n° 190; Bédarride, n° 203.
5. V. en ce sens : Nouguier, n° 260; Blanc, p. 420; Pouillet, n° 178.

CHAPITRE IV

PERFECTIONNEMENTS APPORTÉS A L'INVENTION BREVETÉE

---

116. — La loi traite, dans les articles 16, 17, 18 et 19, des perfectionnements apportés aux inventions brevetées. Elle ne s'occupe pas des perfectionnements apportés aux inventions non brevetées ou tombées dans le domaine public : ces perfectionnements, en effet, constituent eux-mêmes, s'ils comportent un élément nouveau, de véritables inventions pour lesquels on peut prendre des brevets en la forme ordinaire. A l'égard des perfectionnements qui portent sur des inventions encore actuellement protégées par un brevet, la loi distingue ceux qui sont réalisés par l'auteur de l'invention originaire, c'est-à-dire par le breveté, et ceux qui sont réalisés par des tiers. Etudions successivement ces deux hypothèses.

I. Perfectionnements réalisés par le breveté.

117. — La loi permet au breveté qui trouve à apporter à son invention un changement, une addition, un perfectionnement quelconque, de s'en réserver la jouissance exclusive, et elle lui accorde, dans ce cas, deux moyens de faire reconnaître son droit. Le breveté peut d'abord, aux termes de l'article 16, faire constater son perfectionnement par un certificat spécial, dit *certificat d'addition*, qui forme un supplément à son brevet et qui a la même durée; il peut, s'il le préfère, prendre, pour le perfectionnement, un nouveau brevet principal de cinq, dix ou quinze ans, qu'on appelle communément *brevet de perfectionnement*.

1° Certificat d'addition.

118. — Nous avons à examiner, au sujet du certificat d'addition : 1° en quoi il consiste ; 2° comment il est demandé et délivré ; 3° par qui il peut être demandé ; 4° pour quels perfectionnements il peut être demandé ; 5° quels sont ses effets et quelle est la durée de ces effets.

119.— I. En quoi consiste le certificat d'addition.—Ainsi que nous l'avons déjà indiqué, le certificat d'addition est un titre délivré par l'administration, qui forme le supplément du brevet : ce titre constate simplement qu'à telle date l'auteur d'une invention brevetée a déclaré se réserver la jouissance exclusive d'un perfectionnement se rattachant à son invention. Le certificat d'addition, comme le brevet, constitue un contrat entre le breveté et la société, contrat qui, en cas de doute, s'interprète contre le breveté et dont l'interprétation par les tribunaux est soumise au contrôle de la Cour de cassation.

120.— II. Comment est demandé et délivré le certificat d'addition. — L'article 16 dispose que le certificat d'addition est demandé et délivré selon les conditions de forme prescrites par les articles 5, 6 et 7 pour la demande et la délivrance des brevets ordinaires. Il résulte de là que la demande de certificat d'addition ne peut, comme la demande d'un brevet, porter que sur un seul objet principal [1]. La seule différence admise par la loi, c'est que la délivrance du certificat d'addition ne donne lieu qu'au paiement d'une taxe fixe et unique de vingt francs.

121. — III. Par qui peut-être demandé le certificat d'addition. — Aux termes de l'article 16, le certificat d'addition peut être demandé non seulement par le breveté lui-même, mais encore par ses ayants-droit, c'est-à-dire par ses héritiers ou par ses cessionnaires. Par une juste réciprocité, le certificat pris par un des ayants-droit profite à tous les autres, ainsi qu'au breveté lui-même, à moins qu'il n'ait cédé la totalité de son brevet, auquel cas il n'est plus qu'un tiers dans le sens absolu du mot. En étendant à tous les ayants-droit le bénéfice d'un certificat pris par l'un d'eux, le législateur a voulu empêcher que celui des ayants-droit qui aurait découvert le perfectionnement n'arrivât, en exploitant seul l'invention perfectionnée, à concentrer entre ses mains l'exploitation du brevet lui-même, au détriment des autres ayants-droit et du breveté. On admet généralement, toutefois, que les parties peuvent déroger à cette disposition. Le breveté peut donc, en concédant des droits sur son brevet, exclure du bénéfice de la cession les certificats d'addition qu'il pourra prendre ; il peut également stipuler avec son cessionnaire que les autres ayants-droit, auxquels il pourra consentir des cessions dans la suite, ne profiteront pas des certificats d'addition que ce premier cessionnaire pourra prendre ; dans le second cas, toutefois, il devra, bien entendu, prévenir de cette situation ceux à qui désormais il consentira des cessions, sous peine de s'exposer de leur part à une demande en dommages-intérêts ou même en résiliation.

122. — IV. Pour quel perfectionnement peut être demandé le certificat d'addition. — Le certificat d'addition peut être demandé pour

---

1. M. Bédarride est le seul parmi les auteurs à contester cette conséquence. (V. Bédarride, n° 227).

n'importe quel perfectionnement, changement ou addition, qui apporte
à l'invention un élément nouveau, quelque simple qu'il soit, à la seule
condition qu'il se rattache au brevet principal : c'est là une condition
de la validité du certificat d'addition, et l'article 30 édicte spécialement, ainsi que nous le verrons, la nullité des certificats comprenant
des changements, perfectionnements ou additions qui ne se rattacheraient pas au brevet principal. Le motif de cette disposition est surtout
emprunté à l'intérêt du Trésor public : le législateur a voulu empêcher
les brevetés d'échapper à l'obligation de payer les annuités d'un brevet
nouveau en se contentant, pour une invention absolument nouvelle,
de prendre simplement un certificat d'addition.

122 *bis*. — On admet généralement qu'il suffit, pour qu'un certificat
d'addition puisse être valablement pris, que la nouvelle invention se
rattache de près ou de loin, mais réellement et sincèrement, à l'invention
principale brevetée, soit à l'idée-mère de cette invention, soit à ce qui
est contenu dans le brevet[1]. La question de savoir s'il y a entre l'invention brevetée et celle qui fait l'objet du certificat une relation suffisante est une question de fait qu'il appartient aux tribunaux d'apprécier souverainement, sauf le droit qu'a toujours la Cour de cassation
de contrôler l'interprétation de la loi du certificat, comme de celle du
brevet.

La jurisprudence a ainsi reconnu qu'il y a entre les deux inventions
relation suffisante pour valider le certificat dans les cas suivants : 1°
lorsque le brevet a pour objet une matière colorante bleue tirée de l'a-
niline et que le certificat a pour objet une matière colorante violacée
d'une nature différente, mais toujours tirée de l'aniline (Lyon, 19 juill.
1872, Ohler, Pataille, 72, 330) ; 2° lorsque le brevet a pour objet une
éboueuse et que le certificat a pour objet une balayeuse (Paris, 4 fév.
1874, Teste, Pataille, 74, 281) ; 3° lorsque le brevet a pour objet l'application de la vapeur surchauffée à divers usages industriels et que
le certificat a pour objet d'appliquer l'idée première de ce brevet au
tirage des foyers (Paris, 18 mars 1878, Pelgrain, Pataille, 80, 194).

Il a été jugé au contraire que la relation n'était pas suffisante dans
les cas suivants : 1° lorsque le brevet a pour objet un système de bretelles à trois pattes qui s'attachent circulairement par deux boutons au
lieu d'un et que le certificat a pour objet une ceinture élastique qui sup-
prime les bretelles (Trib. corr. Seine, 11 fév. 1862, Belorgé, *Propr. ind.*,
n° 245) ; 2° lorsque le brevet a pour objet un système de fermeture pour
les cravates dont le nœud est fait à l'avance et que le certificat a pour
objet un système de boutons à clavette ou à queue articulée destiné aux
cravates faisant seulement le tour du col, ou aux manchettes (Paris,
26 juill. 1875, Pagès, Pataille, 95, 311) ; 3° lorsque le brevet a pour

1. V. Blanc, p. 554 ; Pataille, 61, 262 ; Pouillet, n° 482.

objet un frein automatique protecteur, destiné à empêcher l'écrasement des personnes tombées devant une voiture, et que le certificat a pour objet un chasse-corps, quelque perfectionné qu'il soit (Paris, 31 mars 1881, Tronchon, Pataille, 81, 273).

123. — Le titulaire d'un brevet peut, bien entendu, prendre autant de certificats d'additions qu'il imagine de perfectionnements se rattachant à son brevet.

124. — **V. Quels sont les effets du certificat d'addition et quelle est la durée de ces effets.** — Ainsi que nous l'avons déjà indiqué, le certificat d'addition confère au breveté ou à ses ayants-droit le droit exclusif d'exploiter le perfectionnement apporté à l'invention brevetée, en même temps que le brevet lui-même. Le certificat d'addition produit ses effets à partir du jour où la demande en a été déposée et il prend fin avec le brevet lui-même, soit que le brevet soit arrivé à son terme légal, soit qu'il vienne à être frappé de déchéance ou déclaré nul: dans le second cas, la déchéance ou la nullité du brevet entraîne la déchéance ou la nullité du certificat d'addition, alors même que l'objet du certificat serait en lui-même nouveau et brevetable. La jurisprudence est aujourd'hui unanime dans ce sens (V. notamment: Req., 5 nov. 1867, Neuvezel, Pataille, 68, 5 ; Rej., 14 déc. 1368, Logette, Pataille, 69, 76 ; Lyon, 19 juill. 1872, Œler, Pataille, 72, 330).

2° Brevet de perfectionnement.

125. — Ainsi que nous l'avons dit, la loi offre au breveté qui a découvert un perfectionnement à son invention un second moyen de s'en réserver la jouissance exclusive: au lieu de prendre un certificat d'addition, il peut, aux termes de l'article 17, se faire délivrer, s'il le préfère, un nouveau brevet de cinq, dix ou quinze ans, pour le perfectionnement apporté au premier ; ce nouveau brevet est appelé communément *brevet de perfectionnement.*

126. — Le brevet de perfectionnement se demande et se délivre dans les mêmes formes que tout autre brevet et il est assujetti au paiement de la taxe ordinaire de cent francs par an. Le breveté a donc économie à prendre pour son perfectionnement, un certificat d'addition plutôt qu'un nouveau brevet ; mais il a intérêt à prendre un nouveau brevet plutôt qu'un certificat d'addition, s'il ne trouve son perfectionnement qu'à l'approche de l'expiration de la durée de son brevet primitif, puisque, alors, par ce nouveau brevet qui peut durer quinze ans, il pourra conserver la jouissance exclusive de son perfectionnement bien au-delà de la durée du brevet primitif.

127. — Le brevet de perfectionnement peut, comme le certificat d'addition, être demandé, pour n'importe quel perfectionnement, changement ou addition, se rattachant à l'invention déjà brevetée et y ap-

portant un élément nouveau. Il arrive toutefois, disent MM. Nicolas et
Pelletier, que des inventeurs, dont le brevet est sur le point d'expirer,
essayent de le faire revivre en prenant un nouveau brevet, dans lequel
ils noient pour ainsi dire l'objet de ce brevet au milieu d'améliorations
de détails plus apparentes que réelles. Cette tactique peut quelquefois
réussir ; mais elle est généralement dépistée par les hommes expéri-
mentés et par les tribunaux. Toute invention garantie par un brevet
tombe irrémissiblement dans le domaine public, lorsque ce brevet est
expiré : un second brevet n'a de valeur que pour ce qu'il renferme de
réellement nouveau.

128. — Le brevet de perfectionnement peut être demandé soit par
le breveté, soit par ses ayants-droit. Mais, tandis que la loi décide que
le certificat d'addition profite à tous les ayants-droit, il résulte expressément de la discussion que le législateur a entendu que le brevet de
perfectionnement resterait la propriété exclusive du breveté, qui ne
serait pas tenu d'en faire jouir ses cessionnaires[1]. Les auteurs criti-
quent à juste titre cette facultée laissée au breveté d'exploiter exclusivement son perfectionnement, alors qu'il a cédé partiellement son brevet principal.

On admet toutefois que ce privilège si peu équitable ne fait pas
obstacle à l'application des règles générales en cas de fraude. Si le
cessionnaire prouvait que le breveté a usé de dol envers lui, qu'il a
par exemple, dès le lendemain de la cession, cherché à le déposséder
en prenant un brevet de perfectionnement, il pourrait, en vertu des
principes généraux, demander la nullité de la cession. Remarquons
d'ailleurs que la question ne peut se poser qu'en cas de cession partielle, car le breveté, qui a consenti une cession totale de son brevet,
n'est plus qu'un tiers dans le sens légal et ne peut plus prendre de
brevet de perfectionnement que dans les limites assignées par la loi
aux tiers perfectionneurs, c'est-à-dire, comme nous allons le voir,
pour une exploitation dont la durée est réduite à la durée du brevet
principal.

II. Perfectionnemnet réalisé par un tiers.

129. — Après avoir statué sur le cas de perfectionnements apportés à une invention brevetée par le breveté lui-même ou ses ayants-
droit, la loi prévoit le cas où les perfectionnements apportés à l'invention brevetée sont réalisés non plus par le breveté ou ses ayants-droit,
mais par des tiers. De ce qu'une invention est protégée par un brevet,
il ne s'en suit pas que son objet soit pour cela tellement hors du commerce que, pendant toute la durée du brevet, son propriétaire puisse

1. V. Bédarride, n° 220.

empêcher les autres d'y appliquer leur activité en vue de la perfectionner, pour le plus grand intérêt de l'industrie. Le législateur de 1844 assure donc, en principe, aux tiers la propriété des perfectionnements qu'ils trouvent à apporter à une invention encore actuellement brevetée. Aux termes de l'article 18, si, pendant la durée d'un brevet, un tiers découvre un perfectionnement, changement ou addition à l'invention qui en fait l'objet, il peut demander pour ce perfectionnement—non pas un certificat d'addition, le droit d'en demander étant exclusivement réservé au breveté et à ses ayants-droit, — mais un brevet de perfectionnement. Cette faculté accordée au tiers perfectionneur est toutefois subordonnée à deux conditions : la première concerne le droit de préférence concédé au breveté, qui peut seul, pendant la première année du brevet, faire valablement protéger les perfectionnements apportés à son invention ; la seconde condition concerne la défense faite au tiers d'exploiter, pendant la durée du brevet principal, le perfectionnement qu'il a fait breveter. Etudions successivement ces deux conditions.

130.— I. **Droit de préférence concédé au breveté.**— Le législateur a voulu laisser au breveté le temps d'apporter lui-même à son invention qui, au moment où il a pris le brevet, n'était peut-être qu'à l'état d'ébauche, les perfectionnements dont l'exploitation lui révèlerait la nécessité. A cet effet, il dispose, dans l'article 18, que pendant une année, nul autre que le breveté ou ses ayants-droits ne pourra prendre valablement un brevet pour un perfectionnement apporté à l'invention qui fait l'objet du brevet primitif : ce délai d'une année part, bien entendu, de la date du brevet, c'est-à-dire de la date du dépôt.

Cette disposition de l'article 18 n'a pas pour effet d'empêcher les tiers qui ont trouvé un perfectionnement à une invention brevetée de demander, pendant la première année du brevet primitif, un brevet pour leur perfectionnement : elle subordonne simplement ce droit des tiers à la condition que, pendant cette année, le même perfectionnement n'aura pas été découvert et revendiqué par le breveté originaire. L'article 18 dit formellement, en effet, que le tiers perfectionneur peut, même dans le cours de cette année, demander un brevet pour son perfectionnement. L'article ajoute toutefois que sa demande doit, dans ce cas, rester déposée au ministère du commerce jusqu'à l'expiration de l'année, et il exige, pour empêcher que l'inventeur originaire puisse s'approprier le perfectionnement, que la demande soit faite sous pli cacheté : à l'expiration de l'année, le pli est rompu, et, si le breveté primitif n'a pas, de son côté, demandé pour le même perfectionnement un brevet ou un certificat d'addition, le brevet est délivré au tiers perfectionneur.

131. — Le dépôt de brevets de perfectionnement sous pli cacheté, organisé par l'article 18, n'est pas entré dans les habitudes industrielles. Ceux qui prennent des brevets de perfectionnement s'efforcent presque toujours de présenter leur invention comme absolument personnelle. Ces inventeurs s'exposent cependant à voir annuler les brevets de perfectionnement qu'ils ont pris ainsi à découvert pendant la première année du brevet. Nous verrons, en effet, que l'article 20 déclare expressément nulle brevet qui a été pris contrairement aux dispositions de l'article 18.

132. — Mais si le brevet du tiers perfectionneur est nul lorsqu'il est pris à découvert, quel est, dans ce cas, le droit du breveté primitif à l'égard du perfectionnement qui faisait l'objet du brevet nul ? Peut-il s'emparer du perfectionnement, ou tout au moins prendre lui-même, pour ce perfectionnement, un brevet ou un certificat d'addition ? La jurisprudence est divisée sur ce point. Certains arrêts lui reconnaissent ce droit, par le motif que le seul droit du tiers perfectionneur est de prendre un brevet sous pli cacheté, lequel brevet est ou non valable suivant que le breveté a ou n'a pas revendiqué, avant l'expiration de l'année, le même perfectionnement (V. notamment : Douai, 10 déc. 1864, Storm, Pataille, 67, 368). D'autres arrêts, au contraire, estiment avec plus de raison, selon nous, que le breveté principal ne peut ni invoquer à son profit un droit exclusif que la loi déclare nul, ni revendiquer un perfectionnement qui n'est pas son œuvre (V. notamment : Paris, 16 avril 1858, Diguey, *Propr. ind.* n° 19; Besançon, 25 mai 1881, Schaffhauser, Pataille, 82, 265; Toulouse, 28 juin 1882, Chartier, Pataille, 82, 279) [1].

133. — Le droit de préférence concédé à l'inventeur originaire par l'article 18 n'existe, bien entendu, que si les perfectionnements trouvés par les tiers sont tels qu'ils se rattachent intimement à l'invention principale, qu'ils portent, comme le dit M. Blanc, sur l'*idée-mère* de cette invention, qu'ils ne puissent être réalisés sans que l'on emprunte un ou plusieurs des éléments de l'invention : il doit, en un mot, y avoir entre les deux inventions une relation directe et non une simple analogie. Il a été jugé à cet égard que, malgré l'existence d'un brevet pris pour un système de châssis de fenêtres et lucarnes en fonte reposant sur un mode particulier d'attache, un autre fabricant a pu faire breveter valablement, dans l'année du brevet primitif, un système de fenêtre ou lucarne reposant sur une combinaison nouvelle de rigoles et déversoirs destinés à empêcher l'introduction de l'eau dans l'intérieur (Rej., 4 juin 1877, Ganne, Pataille, 78, 27).

134. — Il appartient, bien entendu, aux seuls tribunaux d'apprécier la question de savoir si, dans ce cas, le brevet demandé par le perfectionneur a pu être valablement ou non délivré.

135. — **II. Défense d'exploiter faite au tiers breveté.** — La seconde

---

(1) V. en ce sens : Pouillet, n° 171; — *Contra:* Ruben de Couder, v° *Brev. d'inv.* n° 301.

condition à laquelle la loi subordonne le droit du tiers perfectionneur sur son perfectionnement concerne la défense qu'elle lui fait, dans l'article 19, d'exploiter pendant toute la durée du brevet principal, le perfectionnement pour lequel il a pu, conformément à l'article 18, se faire délivrer un brevet, si ce perfectionnement ne peut être exploité indépendamment de l'invention principale. Le législateur a pensé qu'il était équitable d'empêcher ainsi que celui qui n'a trouvé qu'un perfectionnement pût faire une concurrence désastreuse à celui qui est l'auteur de l'invention principale, à celui auquel revient, en définitive, l'honneur de la découverte. Mais en même temps et par une juste réciprocité, l'article 19 ajoute que le breveté primitif ne peut exploiter l'invention qui fait l'objet du brevet de perfectionnement.

Il est unanimement admis que la double règle de l'article 19 s'applique même au cas où, le brevet principal appartenant indivisément à plusieurs propriétaires, le brevet de perfectionnement est pris par un des co-propriétaires.

CHAPITRE V

PROPRIÉTÉ DU BREVET

---

136. — Après avoir étudié pour quelles inventions et pour quels perfectionnements on peut prendre un brevet et comment il se délivre, nous avons à examiner ce qui concerne la propriété du brevet. A cet égard, nous traiterons successivement : 1° des différents droits dont un brevet peut être l'objet ; 2° des divers modes de mutation auxquels sa propriété peut donner lieu ; 3° de la copropriété du brevet ; 4° de l'expiration de la propriété du brevet ; 5° des actions relatives à la propriété du brevet.

I. Des différents droits dont un brevet peut être l'objet.

137. — Le brevet est un objet mobilier : cela est de toute évidence et se passe de toute démonstration. En même temps, le brevet constitue un droit incorporel : l'arrêté du ministre n'est que le titre constatant ce droit, la preuve matérielle de son existence et, comme on l'a dit fort justement, l'acte de son état civil.

Etudions les diverses conséquences de ce double caractère du brevet.

138. — I. De ce que le brevet est un objet mobilier résultent les conséquences suivantes :

1° Le brevet peut devenir l'objet de tous les droits auxquels donne lieu la propriété d'un meuble.

La propriété d'un brevet est notamment susceptible, comme celle de tout autre objet mobilier, de se démembrer en nue-propriété et en usufruit : c'est ce qui se produit, par exemple, lorsque le breveté vient à décéder, en laissant une veuve et des enfants mineurs ; le brevet devient la propriété des enfants et se trouve en même temps grevé de l'usufruit légal au profit de leur mère. Comment se règlent, dans ce cas, les droits respectifs du nu propriétaire et de l'usufruitier ? Dans le silence de la loi, on admet généralement qu'il y a lieu d'opérer une ventilation dans les bénéfices de l'exploitation, en distinguant, d'après les circonstances, d'un côté ce qui, dans cette exploitation, appartient au travail de l'usufruitier et aux capitaux qu'il a engagés, et, d'un autre côté, ce qui revient à l'invention brevetée : la part de bénéfices ainsi attribuée à l'invention est considérée comme constituant au profit du nu-propriétaire un capital dont l'usufruitier lui doit compte. En cas de cession, la solution est plus simple : le prix de la cession est considéré comme un capital, dont l'usufruitier a la jouissance, mais la jouissance seulement.

2° Le brevet peut faire l'objet d'une saisie mobilière. Les auteurs reconnaissent unanimement que le brevet, étant un objet mobilier, constitue, comme les autres biens du débiteur, le gage des créanciers, qui peuvent le saisir et le faire vendre judiciairement pour s'en partager le prix.

On discute, toutefois, sur la façon d'appliquer ce principe, la loi étant muette à cet égard. Certains auteurs proposent d'employer la voie de la saisie-exécution ; d'après ce système, le créancier saisirait, dans la forme de la saisie-exécution, l'arrêté ministériel, soit en original entre les mains du débiteur, si on le découvre, soit en duplicata entre les mains de l'administration ; le brevet serait ensuite mis en vente, et l'adjudicataire pourrait, si le débiteur refusait de lui remettre son titre, se faire délivrer une expédition, conformément à l'article 11 de la loi[1]. D'autres auteurs estiment avec plus de raison, selon nous, que le brevet se présentant en réalité comme un objet appartenant à un débiteur, l'inventeur, et se trouvant entre les mains d'un tiers, l'administration, cette situation doit donner lieu non à une saisie-exécution, mais à une saisie-arrêt, conformément à l'article 557 du code de procédure civile, qui autorise précisément tout créancier à saisir-arrêter entre les mains des tiers les sommes ou effets appartenant à son débiteur[2].

3° Le brevet peut faire l'objet d'un nantissement. On admet unanimement que, comme tout objet mobilier, le brevet peut être donné en nantissement, conformément aux articles 2071 et suivants du code civil. Le breveté qui donne son brevet en nantissement est évidemment tenu de remplir les formalités prescrites à cet égard par le code civil ; mais nous ne pensons pas qu'il ait, en outre, comme le proposent certains auteurs, à faire enregistrer son contrat à la préfecture, ainsi que l'exige l'article 20 de la loi de 1844 en cas de cession de brevet[3] ; le nantissement n'entraîne pas en effet, comme la cession, un changement dans la propriété du brevet. Notre opinion est d'ailleurs conforme à celle de la majorité des auteurs[4] et de la jurisprudence

1. V. en ce sens : Allart, n° 168 ; Nouguier, n° 349.
2. V. en ce sens : Picard et Olin, n° 439 ; Pouillet, n° 202.
3. V. en ce sens : Le Senne, n° 271.
4. V. en ce sens : Nouguier, n° 311 ; Picard et Olin, n° 440 ; Pouillet, n° 201.

(V. notamment : Paris, 29 août 1865, syndic Loiseau, Pataille, 66, 94).

4º Le brevet constitue un bien de communauté. L'article 1401 du code civil considère, en effet, comme tombant de plein droit dans l'actif de la communauté tous les biens mobiliers : cette règle est généralement appliquée au brevet[1]. Si donc la dissolution de la communauté vient avant l'expiration du terme du brevet, il peut se faire que, par l'effet du partage, le titulaire du brevet ou ses héritiers s'en trouvent dépossédés au profit de son conjoint ou des héritiers de celui-ci.

139. — II. De ce que le brevet constitue un droit incorporel résultent les conséquences suivantes :

1º Le brevet n'est pas soumis au privilège du propriétaire. Sans doute, le fait que des objets garnissant les lieux loués sont brevetés n'a pas pour conséquence de les soustraire au privilège du propriétaire ; mais le droit d'en faire usage ne peut être saisi en même temps, alors même que le titre serait déposé dans les lieux loués : le privilège ne frappe, en effet, que les meubles garnissant la maison, et la doctrine refuse avec raison ce caractère aux titres des droits incorporels et notamment aux brevets d'invention[2].

2º Le brevet peut être vendu par notaire. Il a été jugé que le brevet n'était pas compris dans les effets mobiliers dont la loi de l'an IX réserve exclusivement la vente aux commissaires priseurs, mais constituait un objet incorporel qui peut être vendu par un notaire (Paris, 4 déc. 1823, Sir., 7, 2, 273). Dans la pratique, les brevets se vendent toujours par le ministère des notaires, et non par celui des commissaires-priseurs.

II. Des différents modes de mutation auxquels peut donner lieu la propriété du brevet.

140. — Les divers modes de mutation auxquels la propriété d'un brevet peut donner lieu sont : 1º La cession volontaire proprement dite ; 2º la concession de licence ; 3º la cession forcée ; 4º la transmission par succession, par dissolution de société ou de communauté, ou par licitation de copropriété ou partage.

1º Cession volontaire proprement dite.

141. — I. Nature et caractère de la cession. — Comme toute propriété mobilière, la propriété d'un brevet peut être cédée. Cette cession

---

1. V. en ce sens: Blanc, p. 514; Nouguier, nº 346; Pouillet, nº 198; —Contrà: Renouard, nº 107.
2. V. en ce sens : Picard et Olin, nº 442 ; Pouillet, nº 204.

de la propriété du brevet est la cession proprement dite : on l'oppose à la cession de la simple jouissance du brevet, communément appelée *concession de licence.*

142. — La cession peut être faite soit à titre onéreux, soit à titre gratuit.

143. — Elle peut être totale ou partielle.

Elle est totale, lorsque le breveté, se subrogeant le cessionnaire d'une manière complète et absolue, ne conserve lui-même aucune espèce de droit sur le brevet : il devient alors un étranger, un tiers, sauf, comme nous le verrons, pour les récompenses honorifiques, qu'il conserve, à moins de stipulation contraire, le droit de se faire attribuer.

La cession est partielle, lorsque le breveté n'abandonne qu'une partie plus ou moins considérable de ses droits et fait réserve à son profit de l'autre partie. On peut citer, comme exemples de cession partielle, le cas où le breveté donne à un tiers le droit exclusif de fabriquer, en se réservant à lui-même celui de vendre, ou réciproquement; le cas où le breveté abandonne tous ses droits, mais pour un temps ou un périmètre déterminé, etc.

144. — La cession à titre onéreux d'un brevet constitue essentiellement un contrat de vente : on y rencontre, en effet, tous les éléments de la vente, c'est-à-dire une chose dont la propriété est transférée, un prix, un vendeur et un acquéreur. Il y a donc lieu d'appliquer à cette cession les règles du droit commun concernant la formation de la vente.

Cette cession constitue, en principe, un contrat civil, qui rend les parties justiciables de la juridiction civile. Il se peut, toutefois, que le contrat devienne commercial, soit à raison des opérations qui en sont la conséquence, soit à raison de la profession des contractants et des conditions d'exploitation qu'ils ont stipulées.

Il a été jugé à cet égard : 1° qu'un brevet d'invention étant une chose civile de sa nature, la cession qui en est faite par un non-commerçant, avant toute exploitation, ne constitue pas un acte de commerce au regard du vendeur, et qu'en conséquence l'acheteur, bien qu'il soit lui-même commerçant et qu'il ait exploité commercialement le brevet, doit assigner son vendeur devant le tribunal civil et non devant le tribunal de commerce (Paris, 16 nov. 1852, Martin, *J. Pal.* 53, 1, 58; Trib. comm. Seine, 15 nov. 1872, Loubereau, Pataille, 74, 106); 2° que, néanmoins, la vente d'un brevet peut être réputée commerciale et relevant, comme telle, des tribunaux de commerce, si, étant faite par un commerçant à un autre commerçant, elle se lie à des opérations commerciales antérieures (Lyon, 4 janv. 1839, Rusand, *J. Pal.*, 39, 1, 638; Paris, 4 déc. 1872, Brandon, Pataille, 74, 102), ou si l'acquéreur est un commerçant qui achète le brevet dans un but de spéculation et pour l'exploiter (Bourges, 5 fév. 1853, Gendarme, *J. Pal.*, 53, 1, 357).

145. — Quant à la cession d'un brevet, à titre gratuit, elle constitue une donation soumise, à ce titre, aux règles du droit commun.

146. — Après avoir ainsi indiqué la nature et le caractère de la cession de brevet, voyons à quelles formalités spéciales elle est soumise, quels sont ses effets et comment elle peut être résolue.

147. — **II. Formalités de la cession.** — L'article 20 de la loi de 1844 soumet la cession d'un brevet à trois formalités spéciales qui sont : 1° Le paiement intégral des annuités restant à courir ; 2° la rédaction d'un acte notarié ; 3° l'enregistrement de la cession au secrétariat de la préfecture du département.

148. — **1° Paiement intégral des annuités.** — Aux termes de l'article 20, la cession totale ou partielle du brevet, à titre onéreux ou gratuit, ne peut être faite qu'après le paiement de la totalité de la taxe, c'est-à-dire des annuités restant à courir. En exigeant ce paiement préalable, le législateur a voulu assurer le cessionnaire contre l'éventualité d'un oubli de la part du breveté concernant le paiement de la taxe et par conséquent contre le danger d'une déchéance.

Par qui doit être effectué le paiement de la taxe ? La loi ne le dit pas ; mais il y a lieu d'admettre, conformément aux principes généraux, qu'à défaut de stipulations contraires, ce paiement incombe au cessionnaire qui, devant désormais profiter de l'exploitation, doit également en supporter les charges.

Quelle est la sanction de la prescription relative au paiement préalable de la taxe ? La loi n'en édicte aucune : le retard ou le refus apporté à ce paiement ne saurait donc constituer une cause de nullité de la cession. En fait, d'ailleurs, l'enregistrement de la cession au secrétariat de la préfecture n'est opéré que sur la production d'un récépissé du receveur général ou central constatant le paiement.

149. — **2° Rédaction d'un acte notarié.** — L'article 20 exige, en second lieu, que la cession totale ou partielle, à titre onéreux ou gratuit, soit constatée par un acte notarié : le législateur a voulu, par cette prescription, assurer à la cession une date certaine.

Pas plus que le paiement de la taxe, la rédaction d'un acte notarié n'est prescrite à peine de nullité. D'ailleurs, aux termes de la loi, l'administration, ainsi que nous allons le voir, est tenue d'exiger et exige, pour procéder à l'enregistrement, la production et le dépôt d'un extrait authentique de l'acte de cession.

Lorsqu'il s'agit d'une cession faite à l'étranger d'un brevet pris en France, on admet que l'acte de cession doit être authentique suivant la loi du pays, conformément à la règle : *locus regit actum ;* mais le cessionnaire, de retour en France, doit se mettre en règle avec la loi française et accomplir la formalité d'enregistrement dont nous allons parler.

150. — **3° Enregistrement à la préfecture.** — L'article 20 dispose, en troisième lieu, que la cession n'est valable à l'égard des tiers qu'après avoir été enregistrée à la préfecture. Cette disposition a pour but de faire connaître aux intéressés que le brevet a changé de propriétaire. Voyons successivement quelles sont les formes de cet enregistrement, et quels sont ses effets.

151. — 1° En ce qui concerne les formes de l'enregistrement, l'article 20 se borne à déclarer qu'il doit être fait au secrétariat de la préfecture du département dans lequel l'acte de cession a été passé, sur la production et le dépôt d'un extrait authentique de cet acte. Une instruction ministérielle du 31 octobre 1844 complétant, sur ce point, les dispositions de la loi, oblige les préfets à se faire remettre en outre : 1° un récépissé établissant le paiement de la dernière annuité échue autre que la première; 2° un récépissé du receveur général, dans les départements, du receveur central, à Paris, constatant le versement intégral du complément de la taxe.

Aux termes de l'article 20, un procès-verbal doit être dressé de l'enregistrement. D'après l'instruction ministérielle précitée, ce procès-verbal doit constater le dépôt des pièces, avec indication de sa date, et énoncer les noms, qualités et domiciles des parties, la désignation précise du brevet, la nature des droits conférés au cessionnaire et les conditions de la cession qui pourraient affecter la propriété du brevet. Les procès-verbaux sont dressés de suite sur un registre spécial à ce destiné; ils portent un numéro d'ordre. Une expédition de chaque procès-verbal doit, aux termes de l'article 20, être adressée au ministère du commerce, où il est tenu un registre des mutations; les mentions portées sur ce registre sont publiées tous les trois mois au *Bulletin des lois* et portées ainsi à la connaissance des tiers; le registre lui-même est tenu à la disposition du public.

Toutefois, comme il ne peut dépendre de l'administration de paralyser par ses lenteurs les droits du cessionnaire, c'est la date du procès-verbal dressé à la préfecture qui fait courir les effets attachés à la formalité de l'enregistrement.

On admet généralement que la préfecture n'a pas à tenir compte des oppositions qui seraient faites à l'enregistrement d'une cession.

Aucun délai n'est imposé par la loi pour l'enregistrement : le législateur s'en est remis, sur ce point, à l'intérêt du cessionnaire. Il a été jugé à cet égard qu'en cas de contrefaçon, il suffit, pour que le cessionnaire soit recevable à poursuivre le contrefacteur, que la cession ait été enregistrée avant la poursuite (Paris, 14 déc. 1860, Vallas, *Propr. ind.* n° 162).

152. — L'enregistrement administratif prescrit par l'article 20 ne fait pas double emploi avec l'enregistrement fiscal, auquel la loi du 22 frimaire an VII soumet tout acte de mutation : la cession donne donc lieu à la perception d'un droit de 2 p. 100 du prix porté dans l'acte, conformément à l'art. 69 § 5, 1° de la loi de l'an VII.

153. — 2º Quels sont maintenant les effets de l'enregistrement prescrit par l'article 20 ? Aux termes de cet article, l'enregistrement à la préfecture a pour effet de rendre la cession valable à l'égard des tiers, et l'inobservation de cette troisième formalité entraîne, à la différence de l'inobservation des deux premières, la nullité de la cession, mais à l'égard des tiers seulement. On doit entendre, ici, par tiers toute personne qui, intéressée, pour quelque cause que ce soit, à critiquer la cession, n'est pas l'une des parties contractantes, c'est-à-dire non seulement le second cessionnaire avec lequel le breveté aurait traité régulièrement, postérieurement à la cession consentie sans enregistrement, mais encore le contrefacteur : tous les auteurs, sauf M. Blanc, admettent cette interprétation extensive [1]. La jurisprudence est également fixée en ce sens (V. notamment : Rej., 24 nov. 1866, Carbonnier, Pataille, 66, 421).

154. — Mais si le droit de se prévaloir du défaut d'enregistrement pour invoquer la nullité de la cession appartient à tous les tiers, il n'appartient qu'à eux. Ni le cédant ni le cessionnaire ne peuvent l'opposer aux tiers ; à plus forte raison ne peuvent-ils se l'opposer l'un à l'autre ; il a été jugé, à cet égard, que le cessionnaire d'un brevet ne peut se prévaloir de l'inobservation des formalités prescrites par l'article 20, pour se refuser à payer son prix (Trib. civ. Seine, 19 mars, 1861, Dalifol, *Propr. ind.*, nº 192). En outre, si les tiers n'invoquent pas la nullité, les tribunaux ne peuvent la prononcer d'office : il s'agit en effet, d'une nullité simplement relative, édictée dans le seul intérêt des tiers, et non d'une nullité absolue et d'ordre public : la jurisprudence est constante en ce sens (V. notamment : Cass., 14 mars 1884, Pradon, Pataille, 85, 73).

155. — Il peut arriver qu'un cessionnaire, qui n'a pas fait enregistrer sa cession, cède à son tour ses droits à un second cessionnaire qui fait, quant à lui, enregistrer la sienne. De ce que la première cession est irrégulière, s'ensuivra-t-il que la seconde et toutes celles qui pourront être ensuite consenties selon les formalités prescrites seront irrégulières ? La majorité des auteurs se refuse à admettre cette conséquence, par ce motif que, si le cessionnaire qui a négligé d'observer la formalité de l'enregistrement est à l'égard des tiers privé de l'exercice de ses droits, il n'en a pas moins acquis valablement ces droits au regard du cédant et que, dès lors, celui à qui il transmet ensuite ces droits doit pouvoir les exercer, s'il a, quant à lui, observé les formalités prescrites [2]. La jurisprudence se prononce également en ce sens (V. notamment : Rej., 1er sept. 1855, Blondel, Pataille, 55, 193).

1. V. en ce sens : Renouard, nº 172 ; Rendu et Delorme, nºs 418 et 519 ; Pouillet, nºs 213. — *Contrà* : Blanc, p. 513 et 640.
2. V. en ce sens : Allart, nº 188 ; Pouillet, nº 119 ; — *Contrà* : Bedarride, nº 269.

156. — Si les tiers peuvent, ainsi que nous venons de le dire, invoquer la nullité de la cession, lorsqu'elle est irrégulière, peuvent-ils par contre se prévaloir de cette cession, tout irrégulière qu'elle est, et opposer, par exemple, au breveté qui les poursuit en son nom une fin de non recevoir tirée de ce que, par suite de la cession, il n'est plus propriétaire du brevet? Les auteurs admettent généralement que, la cession irrégulière étant déclarée par la loi nulle à l'égard des tiers, ceux-ci ne peuvent à aucun titre en tirer avantage. Bien qu'un arrêt de la cour de Paris suivi d'un arrêt de rejet ait admis le droit pour les tiers de se prévaloir d'une cession irrégulière[1], la jurisprudence semble être revenue aujourd'hui à l'opinion de la majorité des auteurs (V. notamment: Agen, 13 mars 1883, Urbain, Pataille, 83, 105 ; et Douai, 15 mai 1885, Dupont-Buisine, Pataille, 86, 303).

157. — Doit-on considérer comme une cession, soumise aux formalités de l'article 20, l'apport d'un brevet dans une société ? Certains auteurs et certains arrêts admettent l'affirmat.ve, en se fondant sur ce que l'apport d'un objet dans une société a généralement pour effet de dessaisir celui qui fait cet apport de tous ses droits de propriété et de constituer la société propriétaire en son lieu et place[2]. Mais la majorité des tribunaux refuse d'assimiler à une cession l'apport d'un brevet dans une société, par ce motif que le breveté, qui fait l'apport de son brevet à une société, en reste copropriétaire en sa qualité d'associé. La Cour de cassation, elle-même, après s'être d'abord prononcée dans le sens de l'assimilation, est revenue aujourd'hui au système de la distinction (Rej., 24 mars 1864, Guerrier, Pataille, 64, 176 ; Rej., 19 juin 1882, Hock frères, Pataille, 82, 245 ; V. également en ce sens : Paris, 27 mai 1856, Langlois, Pataille, 56, 182; Trib. corr. Seine, 10 janv. 1878, Bouziat et Cie, Pataille, 78, 106 ; Paris, 20 déc. 1882, Poupardin, Pataille, 83, 52).

La solution devrait, à plus forte raison, être la même, si, la société ne faisait que se transformer, sans cesser d'exister. Tous les auteurs sont d'accord pour reconnaître qu'en ce cas, il n'y a pas lieu d'exiger l'accomplissement des formalités de l'article 20 et qu'il serait absurde d'admettre qu'à chaque modification de la société, il y ait nécessité de faire enregistrer l'acte de modification. La jurisprudence se prononce également en ce sens (V. notamment : Rej., 6 nov. 1854, Loiseau, Dall., 55, 1, 347 ; Cass., 7 mai 1857, Fontaine, Pataille, 57, 135).

158. — **III. Effets de la cession.** — Il importe d'examiner séparément et successivement les effets généraux de la cession et les effets spéciaux concernant la garantie due par le cédant.

1. V. Paris, 30 juill. 1863 et Rej., 24 mars 1864, Guerrier, Pataille, 164, 76.
2. V. en ce sens : Bozérian, *Propr-ind.*, n° 393; Allart, n° 204; et Cass., 5 mai 1857, Fontaine, Pataille, 57, 135 ; Trib. civ. Seine, 21 août 1879, Tellier, Pataille, 83, 5).

159. — 1° **Effets généraux**. — En principe, la cession, étant une vente, produit les mêmes effets que la vente. Si donc elle est totale, elle transfère au cessionnaire tous les droits qui appartenaient au breveté cédant : ces droits sont ceux qui découlent de toute propriété ; ils consistent dans le droit d'user et d'abuser de la chose, dans le sens juridique de ces deux mots, et dans le droit de poursuivre les empiètements des tiers, c'est-à-dire les contrefaçons.

Nous avons vu, en outre, que le cessionnaire profite de plein droit des certificats d'addition qui sont pris soit par le breveté, soit par tout autre ayant-droit au brevet. Il résulte de là que le cessionnaire peut poursuivre les contrefaçons du certificat d'addition qui se rattache au brevet, alors même que ce certificat d'addition ne lui aurait pas été spécialement cédé ou que la cession à cet égard n'aurait pas été enregistrée.

Toutefois la cession, même totale, laisse au breveté le droit de réclamer pour lui le mérite de l'invention et par conséquent les récompenses honorifiques qui peuvent y être attachées. Le cessionnaire est l'ayant-cause du breveté : celui-ci ne peut donc se pourvoir, par la voie de la tierce opposition, contre les décisions rendues contre le cessionnaire et notamment contre celle qui annulerait le brevet sur une poursuite intentée par le cessionnaire. Pour éviter cet inconvénient, le breveté devra prendre la précaution, en cédant son brevet, de se réserver le droit d'intervenir dans toute instance engagée par le cessionnaire.

160. — La cession partielle produit, en principe, les mêmes effets que la cession totale : elle transfère au cessionnaire les mêmes droits seulement avec moins d'étendue et dans les limites que détermine l'acte de cession.

161. — Un des modes de cession partielle les plus usités est celui qui restreint les droits du cessionnaire à un périmètre déterminé. Dans ce cas, le cessionnaire a seul le droit d'exploiter le brevet dans ce périmètre, à l'exclusion de tout autre, même du breveté ; par contre, il ne peut exploiter en dehors des limites de ce périmètre, sans devenir alors un contrefacteur. Il peut arriver toutefois qu'un objet vendu par le cessionnaire dans son périmètre pénètre, à la suite de ventes successives, sur le territoire que s'est réservé le breveté, ou réciproquement qu'un objet vendu par le breveté pénètre sur le territoire du cessionnaire. Dans ce cas, on admet généralement qu'il n'y a violation de la convention et responsabilité engagée, qu'autant que l'infraction constatée est le résultat d'une fraude ou d'une imprudence grave. Il a été jugé, à cet égard, que lorsque le breveté s'est interdit, en cédant, de vendre sa machine dans un département et que cependant des machines provenant de sa maison entrent dans ce département, il n'est pas responsable de ce fait, s'il n'est pas prouvé qu'il ait vendu ces machines directement et en connaissance de cause (Paris, 6 avril 1861, Mayer, *Propr. ind.*, n° 175).

162. — 2° **Effets spéciaux concernant la garantie.** — De ce que la cession est une vente il résulte qu'il faut appliquer à la cession les règles prescrites pour la vente en ce qui concerne la garantie due par le vendeur à l'acheteur. Le cédant sera donc garant des vices cachés, alors même qu'il ne les aurait pas connus ; il ne sera pas garant, au contraire, des vices apparents dont le cessionnaire aura pu se convaincre lui-même (art. 1641, 1642 et 1643 c. civ.).

163. — On considère généralement comme vices cachés, en cette matière, ceux qui entraînent la nullité du brevet ou sa déchéance et dont le cessionnaire n'a pu se convaincre au moment de la cession : tels sont, par exemple, ceux résultant : du défaut de nouveauté de l'invention (Paris, 3 déc. 1860, Rey, *Propr. ind.*, n° 154 ; Trib. civ. Seine, 6 août 1861, Renaudot, *Propr. ind.*, n° 157 ; Toulouse, 2 juill. 1864, Geoffroy-Gomez, Pataille, 86, 177)[1] ; de l'impossibilité de faire fonctionner le brevet et de lui donner une application industrielle (Paris, 3 déc. 1863, Levasseur, *Gaz. trib.*, 26 déc.; Rej.,13 juin 1864, Aublay-Rivière, Pataille, 64, 305) ; de la dissimulation dans le brevet de ses véritables moyens ; de l'introduction en France par le breveté, avant la cession, d'objets semblables à celui de son brevet; du défaut d'exploitation pendant deux années consécutives.

Ces vices ne donnent lieu à garantie qu'autant, bien entendu, que le cessionnaire n'a pas traité en connaissance de cause (Paris, 24 juill. 1868, Godart, Dall., 69, 1, 367 ; Trib. civ. Seine, 20 août 1873, Lesur, Pataille, 76, 336).

164. — On considère, d'autre part, comme vices apparents les causes de nullité ou de déchéance dont le cessionnaire a été à même de se rendre compte au moment de la cession : telle est par exemple la cause de nullité résultant de l'insuffisance de la description.

On admet également que le breveté n'est pas garant de l'efficacité de l'invention, de ses résultats plus ou moins fructueux.

165. — Les parties peuvent, bien entendu, modifier, par une convention expresse, l'application de ces principes. Le breveté peut, par exemple, stipuler, — et il agira prudemment en le faisant, — qu'il cède sans garantie, ou que sa garantie est limitée à certains points déterminés : il sera alors dispensé de la garantie, dans la limite convenue; il restera toutefois garant, en tous les cas, de ses faits personnels, conformément au principe général du droit commun (Paris, 24 juill.1868, Godard, Dall., 69, 1, 367).

166. — Quant aux effets de la garantie, ils sont régis par les règles édictées par le code civil en matière de vente. Ainsi le cessionnaire évincé pourra exiger du cédant, tenu à la garantie, soit la résiliation de la cession et la restitution du prix, soit une diminution du prix,

1. *Contra*: Pouillet, n° 250.

avec ou sans dommages-intérêts, selon les cas (art. 1644 et suiv. c. civ.).

167. — Mais, pour que le cessionnaire puisse être considéré comme évincé, est-il nécessaire que le brevet qu'il a acquis soit attaqué par un tiers ? Ne peut-il pas, lorsqu'il constate que son brevet est entaché d'un vice entraînant sa nullité, en demander lui-même la nullité ? Certains auteurs estiment qu'il n'y a pas éviction tant qu'il n'y a pas atteinte par des tiers aux droits cédés [1]. Mais la majorité reconnaît au cessionnaire le droit de provoquer lui-même la nullité du brevet, par ce motif que l'article 34 admet toute personne intéressée, sans distinction, à demander la nullité d'un brevet. C'est en ce sens également que ce prononce la jurisprudence (V. notamment : Paris, 2 fév. 1861, Landois, Pataille, 61, 77 ; Bordeaux, 17 mai 1881, Gounouilhou, Pataille, 81, 310).

168. — **IV. Résolution de la cession.** — Le contrat de cession peut être résolu volontairement ou judiciairement.

169. — 1º **Résolution volontaire.** — Lorsque les parties résilient volontairement la cession et que, par suite de cet accord, le cessionnaire rétrocède la propriété du brevet au titulaire primitif, cette nouvelle convention n'a d'effet, à l'égard des tiers, que si elle est constatée par acte notarié et enregistrée au secrétariat de la préfecture, comme la cession elle-même. Les effets de cette rétrocession volontaire sont, au surplus, réglés par la convention des parties.

170. — 2º **Résolution judiciaire.** — La cession de brevet est, comme toute convention, soumise aux règles ordinaires des contrats : ainsi il faut que les parties soient capables de contracter, qu'elles donnent un consentement libre, que la cession porte sur un objet certain, qu'elle ait une cause licite ; si l'une de ces conditions essentielles à la formation de tout contrat vient à manquer, la cession n'est pas valable, et la résolution peut en être demandée en justice.

171. — Les tribunaux ont, à cet égard, un pouvoir d'appréciation assez étendu, et la jurisprudence tend à leur accorder le droit de distinguer entre les conditions essentielles, dont l'inexécution entraîne, ainsi que nous venons de le dire la résiliation de la cession, et les conditions ou clauses simplement accessoires dont l'inexécution peut donner lieu seulement, en certains cas, à des dommages-intérêts (V. notamment : Rej., 29 nov. 1865, Laville, Pataille, 66, 24).

La cause la plus fréquente de résolution est l'annulation du brevet cédé : dans ce cas, en effet, la cession est nulle faute d'objet.

Si cependant le brevet n'est annulé que partiellement, la cession peut être maintenue, lorsque la partie annulée est simplement accessoire et que la partie principale subsiste.

---

1. V. en ce sens : Bozérian, article de la *Propr. ind.*, nº 369.

172. — Le droit de demander la résiliation de la cession appartient également, selon les cas, au cédant et au cessionnaire. Mais c'est à tort, suivant nous, que certains auteurs reconnaissent aux tiers, notamment aux contrefacteurs poursuivis par le cessionnaire, le droit de se prévaloir de l'inexécution des conditions de la cession pour en opposer la nullité [1] ; nous pensons, avec la majorité des auteurs, que, tant que le cédant ou le cessionnaire n'a pas fait annuler le contrat, nul n'est en droit de se prévaloir de l'inexécution des conditions, qui ont pu d'ailleurs être modifiées par les parties [2].

173. — Quels sont maintenant les effets de la résolution ?

Il est évident d'abord que, pour l'avenir, elle délie complètement les parties, l'une vis-à-vis de l'autre.

En ce qui concerne le passé, si la résolution est prononcée pour inexécution des conditions stipulées au contrat, ou par suite de la déchéance du brevet, la cession n'en a pas moins produit des effets valables, pendant tout le temps que les conditions ont été exécutées ou que le brevet a été exploité : la résolution n'a donc pas d'effet rétroactif. Si la résolution est prononcée comme conséquence de la nullité du brevet, comme cette nullité a, en vertu des principes généraux, un effet rétroactif, la résolution devra par suite avoir, elle aussi, un effet rétroactif. Tel est, du moins, le principe, sur lequel la doctrine et la jurisprudence sont à peu près unanimement d'accord.

Mais on admet généralement aussi que, dès qu'en fait le cessionnaire a retiré des avantages de l'exploitation du brevet pendant tout le temps qu'il s'y est livré, les tribunaux doivent en tenir compte pour régler la restitution du prix à son profit [3]. Il a été notamment jugé en ce sens que, lorsque le droit d'exploiter un brevet est concédé moyennant une redevance annuelle, la nullité du brevet, prononcée après un certain laps de temps, ne donne pas au cessionnaire le droit de se faire restituer les annuités qu'il a payées, ces annuités représentant l'équivalent des avantages qu'il a retirés de l'exploitation (Rej.,27 mai 1839, Taylor, Sirey, 39, 1, 367).

174. — Lorsque la cession comprend à la fois un brevet principal et un certificat d'addition, si la nullité ou la déchéance du brevet vient à être prononcée, comme elle entraînera nécessairement celle du certificat, la cession pourra être résiliée non seulement en ce qui concerne le brevet, mais encore en ce qui concerne le certificat.

2° Concession de licence.

175. — Au lieu de céder la propriété de son brevet, le breveté peut en céder simplement la jouissance, c'est-à-dire concéder la permission,

---

1. V. en ce sens : Nouguier, n° 335.
2. V. en ce sens : Pouillet, n° 254.
3. V. en sens contraire : Bédarride, n° 353.

la *licence* de l'exploiter, en s'en réservant la propriété : c'est ce qu'on appelle communément la *concession de licence*, qu'on oppose à la cession proprement dite [1]. Les conditions auxquelles est concédée la licence d'exploiter en font quelquefois une véritable cession : il appartient aux tribunaux d'apprécier souverainement, moins d'après les termes du contrat que d'après ses conditions, s'il constitue une cession proprement dite ou une simple concession de licence.

Voyons successivement, au sujet de la concession de licence comme pour la cession, quelles en sont les formes et quels en sont les effets.

176. — I. Formes de la concession de licence.—La loi ne prescrit pour la concession de licence aucune des formalités spéciales auxquelles elle soumet la cession proprement dite. La concession de licence est donc régie uniquement par les règles de droit commun édictées pour la formation des contrats en général : elle peut ainsi résulter d'un acte sous seing privé, d'une correspondance et même d'une convention verbale.

Si le porteur de licence n'est pas obligé de faire enregistrer son titre, il peut avoir intérêt à le faire : par exemple, si le brevet vient à être cédé, pour éviter que le cessionnaire puisse soutenir que la licence, n'ayant pas date certaine, est postérieure à la cession, le porteur de licence agira prudemment en faisant enregistrer son titre au secrétariat de la préfecture. Le cessionnaire est, en effet, tenu de respecter les concessions de licence antérieures à la cession.

177. — II. Effets de la concession de licence. — La concession de licence ne donne aucun droit à la propriété du brevet : elle confère simplement le droit de jouir du brevet, c'est-à-dire de l'exploiter. Nous avons vu toutefois que, aux termes de l'article 27, le cessionnaire de licence profite de plein droit des certificats d'addition pris par le breveté ou ses ayants-cause.

178. — De ce que la licence constitue simplement un droit de jouissance résultent les trois conséquences suivantes, sur lesquelles il importe d'insister :

179. — 1° La licence est personnelle au concessionnaire. — Comme tout droit de jouissance, la licence d'exploiter un brevet est, en principe, personnelle à celui a qui elle a été concédée : le concessionnaire ne peut donc céder son droit. La jurisprudence se prononce en ce sens (V. notamment : Paris, 13 déc. 1882, Duhamel, Pataille, 84, 89). Cer-

---

1. Notre législation n'admet pas, comme la loi allemande, le système des *licences obligatoires*, qui permet à l'Etat d'obliger le breveté à accorder des licences, lorsque l'intérêt public l'exige, pourvu que le prix offert soit suffisant : c'est là une véritable expropriation pour cause d'utilité publique. Ce système, est celui en faveur duquel s'était prononcé le Congrès de Vienne, de 1873.

tains auteurs admettent, toutefois, que le commerçant qui a acquis une licence peut en transmettre la jouissance à son successeur (V. Pouillet, n° 285).

180. — 2° La licence ne donne droit qu'à la garantie de la jouissance. — De même qu'on applique à la cession proprement dite les règles de la vente, de même on applique à la concession de licence les règles du louage : le concessionnaire de licence n'acquiert, en effet, moyennant un prix déterminé, que la jouissance paisible de la chose, c'est-à-dire du brevet. Il ne peut donc exiger du breveté autre chose que la garantie de cette jouissance paisible. Tant que nul ne trouble cette jouissance, il n'a aucun droit à faire valoir contre son cédant; si, au contraire, une contrefaçon vient à se produire qui porte atteinte à sa jouissance, il peut agir contre son cédant pour demander la cessation de ce trouble : dans ce cas, si le contrefacteur poursuivi parvient à faire annuler le brevet, le concessionnaire de la licence peut demander la résiliation du contrat ou une diminution de son prix, conformément aux règles du droit commun en matière de louage et sous les réserves que nous avons faites plus haut en ce qui concerne la garantie en cas de cession proprement dite. Ces principes sont unanimement appliqués par la jurisprudence (V. notamment : Paris, 15 juill. 1858, Goodyear, Teul., 58, 431 ; Grenoble, 20 juill. 1877, Porion, Pataille, 78, 83).

181. — 3° La licence ne confère pas au concessaire le droit de poursuivre directement les contrefacteurs. — Le droit de poursuivre les contrefacteurs est inhérent à la propriété du brevet : par cela même que le propriétaire du brevet a le droit de tolérer la contrefaçon des tiers ou même de leur concéder d'autres licences, il doit seul être juge de la question de savoir s'il y a lieu ou non de poursuivre les contrefacteurs; d'ailleurs, l'article 47 de la loi, qui détermine les moyens de constater judiciairement la contrefaçon, ne mentionne que les *propriétaires* de brevets comme pouvant recourir à ces moyens et exclut ainsi du droit de pratiquer une saisie et d'exercer la poursuite en contrefaçon les simples concessionnaires de licence, qui ne sont, à aucun degré, ainsi que nous l'avons dit, propriétaires du brevet. Nous admettons donc avec la grande majorité des auteurs[1] et l'unanimité de la jurisprudence, que le concessionnaire de licence, qui est troublé dans sa jouissance par une contrefaçon, n'a pas le droit de poursuivre directement le contrefacteur, mais peut seulement le faire poursuivre par son cédant, c'est-à-dire par le propriétaire du brevet, au moyen de son action en garantie (V. notamment en ce sens : Rej., 8 mars 1852, Pecquiriaux, Dall., 52, 1, 80 ; Rouen, 10 juin 1868, Carbonnier; et Rej.,

---

1. V. en sens contraire : Bozérian, *Propr. ind.*, n° 139.

27 avril 1869, même affaire, Pataille, 69, 225; Agen, 13 mars 1883, Urbain, Pataille, 83, 104).

Si le propriétaire du brevet refusait, sans motifs légitimes, de poursuivre le contrefacteur, le concessionnaire de licence pourrait demander la résiliation du contrat, ou des dommages-intérêts.

Les parties peuvent, bien entendu, déroger à cette règle, en stipulant que le concessionnaire de licence aura le droit de poursuivre les contrefacteurs. Dans ce cas, il ne pourrait exercer ce droit de poursuite qu'autant qu'il aurait fait enregistrer son titre ; car, dit M. Pouillet, si la cession non enregistrée n'est pas opposable aux tiers, à plus forte raison en est-il de même de la licence, dont, en principe, les tiers, surtout les contrefacteurs, n'ont pas à se préoccuper.

3° *Cession forcée.*

182. — Il se peut qu'à la suite d'un décès, d'une liquidation de société, d'une faillite, ou d'une saisie, le brevet soit vendu aux enchères publiques : ce sont les cas de *cession forcée.*

183. — En ce qui concerne les conditions de forme de ces sortes de mutation, on reconnaît généralement que les formalités prescrites par l'article 20 ne sont pas exigibles, à peine de nullité, par ce motif que l'article 20 ne prévoit que le cas de transmission volontaire et que lorsqu'il s'agit de nullité, tout est de droit étroit.

184. — Quant aux effets de la mutation par suite d'une vente aux enchères publiques, ils sont les mêmes que ceux de la cession volontaire.

185. — Nous n'assimilerons pas à la cession forcée résultant d'une vente aux enchères publiques l'expropriation du brevet pour cause d'utilité publique : nous pensons, contrairement à l'avis de M. Pouillet[1], mais conformément à celui de la majorité des auteurs, que l'expropriation pour cause d'utilité publique n'est pas, dans l'état actuel de notre législation, applicable à la propriété des brevets. Nous croyons devoir ajouter, toutefois, que, selon nous, il y aurait peut-être quelque réforme à apporter sur ce point à notre législation, dans le but d'assurer à l'Etat les moyens de se réserver l'exploitation exclusive d'un brevet, dans le cas exceptionnel où l'intérêt de la défense nationale l'exigerait. C'est en se plaçant à ce point de vue que la législation allemande a admis le système des *licences obligatoires*, qui permet précisément à l'Etat d'obliger le breveté à accorder des licences, quand l'intérêt public l'exige, pourvu que le prix offert soit suffisant. Il faut reconnaître, toutefois, que ce système repose sur une conception du droit du breveté toute différente de celle qui a inspiré la loi de 1844.

---

1. V. Pouillet, n° 331.

4° Transmission par succession, par dissolution de société on de communauté, ou par licitation de copropriété ou partage.

186. — En dehors de la cession forcée donnant lieu à une vente aux enchères publiques, la transmission de la propriété d'un brevet peut résulter d'une succession, d'une dissolution de société ou de communauté, d'une licitation de copropriété ou d'un partage.

187. — Dans ces différents cas, on admet encore généralement, et pour les raisons que nous avons indiquées plus haut, que l'accomplissement des formalités de l'article 20 n'est pas prescrit à peine de nullité. Néanmoins, si l'enregistrement à la préfecture n'est pas obligatoire, il peut être utile : d'abord il fait connaître aux tiers le nom du nouveau propriétaire et prévient ainsi tout malentendu ; en outre, lorsque le ministère public demande la nullité absolue du brevet. comme l'article 37 lui en donne le droit, il n'est tenu d'appeler en cause et de mettre par conséquent à même de défendre le brevet que ceux des ayants-droit qui se sont révélés par l'enregistrement de leur titre.

188. — Toutefois, lorsqu'il s'agit d'un partage entre associés, certains auteurs[1] proposent d'appliquer la distinction admise par la jurisprudence en matière d'enregistrement : cette jurisprudence distingue le cas où, par suite du partage, l'objet échoit à celui qui en avait fait l'apport et le cas où il échoit à un autre des associés ; dans le premier cas, elle admet que le partage est simplement déclaratif, et non translatif de propriété ; dans le second cas, elle décide qu'il y a, au contraire, mutation de propriété. Certains auteurs pensent que cette distinction, établie par la jurisprudence pour la matière d'enregistrement ordinaire, n'a rien à voir ici, que l'article 20 ne prescrit l'enregistrement à peine de nullité qu'en cas de cession et qu'il est impossible d'assimiler, à ce point de vue, un partage à une cession[2]. La jurisprudence se prononce également dans le sens de la non application de l'article 20 (V. notamment : Paris, 27 mai 1856, Langlois, Pataille, 56, 182 ; Paris, 21 juin 1866, Pascal, Pataille, 67, 27).

III. De la copropriété du brevet.

189. — Un brevet est susceptible de copropriété, soit qu'il ait été pris par plusieurs auteurs d'une même invention, soit que le breveté ait cédé son brevet à plusieurs personnes collectivement ou qu'il se soit entendu avec elles pour l'exploiter en commun, soit enfin que, le

1. V. Bozérian, *Propr. ind.*, n° 393.
2. V. Pouillet, n° 318.

breveté étant décédé, la propriété du brevet ait passé à plusieurs héritiers.

190. — Quels sont, dans ce cas, les droits de chacun des copropriétaires ?

191. — Si la copropriété existe sans la communauté, si, par
exemple, les copropriétaires ont convenu expressément ou tacitement
qu'ils ne posséderont pas le brevet en communauté, chacun d'eux a
sur le brevet les mêmes droits que s'il en était seul propriétaire, sans
pouvoir toutefois porter atteinte aux droits des autres copropriétaires;
tous ont ainsi des droits égaux et parallèles et non pas subordonnés à
leur consentement réciproque.

192. — Si, au contraire, comme cela est le plus fréquent, les
copropriétaires possèdent en communauté, comme la communauté
crée l'indivision, chacun des propriétaires indivis ne peut agir pour
son propre compte et sans le concours des autres, du moins à l'égard
de ses copropriétaires. A l'égard des tiers, en effet, chaque copropriétaire agit valablement, parce qu'il est réputé agir dans l'intérêt commun. Chaque copropriétaire peut donc poursuivre seul un contrefacteur; mais il doit compte à la communauté des dommages-intérêts
qu'il peut obtenir par cette poursuite; il peut valablement concéder
une licence, mais il doit faire profiter les autres copropriétaires du
prix de cette concession et il est soumis à leur recours, dans le cas où
la concession leur porterait préjudice; enfin, il peut, sans le consentement des autres copropriétaires, céder même les droits qui lui appartiennent sur le brevet, c'est-à-dire céder son lieu et place : cette faculté
appartient à tout copropriétaire d'une chose indivise, et l'on ne voit
pas pourquoi il y aurait lieu de faire exception en matière de brevet[1].

Lorsqu'il y a ainsi communauté entre les copropriétaires d'un brevet,
l'indivision peut et doit cesser à la demande d'un seul, en vertu de ce
principe d'ordre public que nul n'est tenu de rester dans l'indivision.
Dans ce cas, les tribunaux ordonnent généralement la licitation du brevet. Cette pratique offre toutefois certain danger : dans le cas, assez
fréquent, où le brevet est exploité en commun par l'inventeur et un
bailleur de fonds, elle permet à celui-ci d'exproprier le véritable
inventeur, qui n'a pas les moyens de racheter le brevet vendu par licitation. Nous pensons, avec la majorité des auteurs, que les tribunaux
peuvent parer à ce danger, en refusant d'ordonner la licitation et en
autorisant, si la chose est possible, chacun des copropriétaires du
brevet à l'exploiter séparément ou pour son compte : il n'y a lieu, en
effet, d'après le principe général de l'article 1686 du code civil, de
procéder à la licitation, qu'autant qu'il est d'abord établi qu'un par-

---

1. V. cependant en sens contraire : Bédarride, n° 291.

tage en nature est impossible[1]. Plusieurs arrêts se sont également prononcés en ce sens (V. notamment : Lyon, 3 juill. 1855, Vicat; Lyon, 26 déc. 1857, et Rej., 1er déc. 1858, Coquerel, Sir., 59, 763; Dijon, 1er mars 1865, Calais, Pataille, 65, 411).

IV, De l'expiration de la propriété du brevet

193. — Lorsque le brevet vient à expirer, soit par suite de l'expiration du délai pour lequel il a été pris, soit par suite d'annulation ou de déchéance, le droit exclusif de celui qui en était propriétaire expire aussi.

L'objet breveté peut alors être fabriqué et vendu par tous.

194. — La vente de l'objet breveté peut même être faite sous la dénomination que lui avait donnée l'inventeur, à la double condition que cette dénomination ne constitue pas une marque de fabrique et que son usage ne constitue pas un moyen de concurrence déloyale. Relativement à cette dernière condition, il appartient aux tribunaux d'apprécier souverainement, en fait, si l'usage de la dénomination de l'objet breveté est ou non de nature à produire une confusion. La question est surtout délicate, lorsque la dénomination de l'objet breveté reproduit le nom même de l'inventeur, car, en principe, le nom constitue une propriété inaliénable et imprescriptible; dans ce cas encore, il s'agit d'une question de fait laissée à l'appréciation des tribunaux : il est bien certain qu'ils ne devront permettre aux tiers l'emploi du nom de l'inventeur qu'avec la plus grande réserve.

195. — Il a été jugé à cet égard : 1° que, si la dénomination de l'objet breveté tombe dans le domaine public en même temps que l'invention, néanmoins le droit d'annoncer le produit sous la même dénomination que l'inventeur ne va pas jusqu'à le vendre avec des plaques ou cachets de papier métalliques, des étiquettes et des enveloppes de forme et de couleur analogues, de manière à faire illusion à la première apparence (Nancy, 7 juill. 1854, Verly, Sir., 55, 2, 581); 2° que, lorsqu'une invention tombe dans le domaine public, elle y tombe avec le nom que l'inventeur lui a donné, et que spécialement l'inventeur de l'harmonium n'a pu, après l'expiration de son brevet, interdire à personne de fabriquer et de vendre le même instrument sous le même nom (Paris, 3 déc. 1859, Debain, Pataille, 59, 411); 3° que l'objet d'une invention tombée dans le domaine public peut être vendu sous la dénomination que lui avait donnée l'inventeur, même lorsque le nom de celui-ci y figure, si, dans l'usage et par le fait même de l'inventeur, son nom est devenu l'élément nécessaire de la désignation du produit,

---

1. V. en ce sens : Blanc, p. 529 ; Renouard, no 106 ; Tillière, no 100 ; Pouillet, no 301 ; Allart, no 270.

à la condition toutefois que les concurrents de l'inventeur évitent toute confusion de nature à induire le public en erreur sur la provenance des produits (Cass., 31 janv. 1860, Charpentier, *Bull. civ.*, 60, 3)[1].

196. — Lorsque le brevet est expiré, l'objet auquel il s'appliquait ne peut plus être vendu, comme breveté, ni par l'ancien titulaire du brevet, ni par les tiers : nous verrons, en effet, que l'article 33 punit de peines correctionnelles quiconque, après l'expiration du brevet, prend la qualité de breveté dans ses enseignes, annonces, prospectus, affiches, marques ou estampilles.

V. Des actions relatives à la propriété du brevet.

197. — Les différents droits résultant de la propriété d'un brevet, de sa copropriété, des mutations dont il est l'objet peuvent être revendiqués par des actions en justice. Aux termes de l'article 34 de la loi, ces actions sont, en principe, de la compétence des tribunaux civils, comme les actions en nullité ou en déchéance du brevet. Nous verrons, en étudiant les actions en nullité et en déchéance, que cette compétence des tribunaux civils est exclusive. Toutefois les demandes qui, sans porter sur la propriété du brevet ont pour objet soit l'exploitation commerciale du brevet, soit l'exécution d'une cession ou d'une concession de licence consentie à un commerçant, dans un but de spéculation, peuvent être soumises au tribunal de commerce.

1. V. en sens contraire : Trib. civ. Seine, 24 nov. 1865, Foudet, Pataille, 69, 237.

CHAPITRE VI

DROITS DES ÉTRANGERS

198. — La loi de 1844 traite, dans son titre III, *des droits des étrangers*. Ses dispositions à cet égard concernent : 1º les brevets pris en France par des étrangers ; 2º les brevets pris en France pour des inventions déjà brevetées a l'étranger. Etudions successivement les dispositions relatives à ces deux sortes de brevets.

I. Brevets pris en France par des étrangers.

199. — L'article 27 dispose que les étrangers peuvent demander et obtenir en France des brevets d'invention. En conférant ce droit aux étrangers, la loi ne distingue pas s'ils résident ou non en France, ni si leurs pays d'origine accorde ou refuse le même droit aux Français.

200. — Aux termes de l'article 28, les brevets demandés en France par des étrangers sont délivrés dans les mêmes formes et sous les mêmes conditions que les brevets ordinaires, demandés par les Français.

201. — Les effets des brevets ainsi délivrés aux étrangers sont également les mêmes que ceux des brevets ordinaires.

202. — Toutefois, l'article 47 de la loi oblige l'étranger, qui fait, en vertu de son brevet, pratiquer une saisie chez un contrefacteur, à déposer un cautionnement. En outre, l'étranger demandeur dans un procès concernant un brevet est, en cette matière comme en toute autre, astreint à la caution *judicatum solvi*. La grande majorité des auteurs [1], et la jurisprudence [2] se prononcent en ce sens.

---

1. V. en ce sens : Renouard, nº 95 ; Dalloz, vº *Brevet d'invention*, nº 243 ; Calmels, nº 418 ; Blanc, p. 669 ; Pouillet, nº 333 : — en sens contraire : Massé, t. II, nº 257.

2. V. notamment : Paris, 2 juill. 1861, Rossi, Pataille, 61, 351.

II. Brevets pris en France pour des inventions déjà brevetées à l'étranger.

203. — L'article 29 dispose que l'auteur d'une invention déjà brevetée à l'étranger peut obtenir un brevet en France.

204. — La loi de 1791 permettait aux personnes qui, sans en être les auteurs, importaient en France des inventions antérieurement brevetées à l'étranger, de faire breveter ces inventions en France. Le seul fait de l'important était ainsi récompensé, et le brevet délivré dans ces conditions s'appelait *brevet d'importation*. Le législateur de 1841, frappé des inconvénients d'un système qui faisait du brevet le prix de la course, a supprimé le brevet d'importation au sens ancien du mot et il ne reconnaît qu'à l'inventeur seul le droit de faire breveter en France l'invention qu'il a fait breveter à l'étranger. Voyons, au sujet de ce brevet spécial, qu'on continue dans la pratique à appeler *brevet d'importation* : 1º par qui il peut être demandé ; 2º dans quelles formes et sous quelles conditions il est délivré ; 3º qnelle est sa durée.

1º *Par qui le brevet d'importation peut être demandé.*

205. — Ainsi que nous venons de le dire, l'article 29, modifiant sur ce point la loi de 1791, réserve à l'auteur seul de l'invention déjà brevetée à l'étranger le droit de la faire breveter en France. L'article ne distingue pas d'ailleurs entre le cas où l'auteur de l'invention est étranger et celui où il est Français : il y a donc lieu d'en conclure, selon nous, que le Français, comme l'étranger, peut prendre un brevet pour une invention qu'il a fait antérieurement breveter à l'étranger et que ce brevet est régi par l'article 29. La majorité des auteurs [1] et la jurisprudence se prononcent en ce sens (V. notamment : Cass. 14 janvier 1864, Rebours, Pataille, 64, 81).

206. — Le droit de prendre en France un brevet d'importation est, en principe, personnel au titulaire du brevet étranger. Ce droit passe toutefois aux héritiers du titulaire du brevet ; on admet même généralement qu'il peut être cédé par lui à un tiers.

2º *Dans quelles formes et sous quelles conditions le brevet d'importation est délivré.*

207. — L'article 29 ne détermine pas de formes ni de conditions spéciales pour la délivrance du brevet d'importation : il en résulte que la délivrance de ce brevet est soumise aux mêmes formalités et aux mêmes conditions de validité que la délivrance des brevets ordinaires.

---

1. V. en sens contraire : Bozérian, *Propr. ind.*, nº 324.

208. — Une des conditions de validité de tout brevet c'est, aux termes de l'article 30, que l'invention pour laquelle il est pris soit nouvelle ; et l'article 31 dispose que l'invention n'est réputée nouvelle qu'autant qu'elle n'a pas reçu, en France ou à l'étranger, une publicité suffisante pour pouvoir être exécutée. Cette règle est évidemment applicable au brevet d'importation, comme à tout brevet ; cela résulte d'ailleurs des travaux préparatoires de la loi : « Cette règle, a dit Philippe Dupuis, dans son rapport, paralyse le bienfait de la loi nouvelle à l'égard des industriels qui auraient été brevetés dans des pays où, comme en Russie, les descriptions jointes aux demandes de brevets sont publiées immédiatement après la concession [1] ». Ainsi, celui qui ayant pris un brevet à l'étranger a donné à l'objet de ce brevet, avant de le faire breveter en France, une publicité qui en permette l'exécution, en en publiant, par exemple, la description, ne peut plus valablement prendre en France un brevet d'importation. Il importe donc de demander en France, le brevet d'importation à une date aussi rapprochée que possible de celle où le brevet étranger a été pris.

209. — Cette doctrine est admise par la presque unanimité des auteurs. Quant à la jurisprudence, elle se divise à cet égard. De nombreux arrêts sont conformes à l'opinion des auteurs (V. notamment : Douai, 20 juill. 1859, et Rej., 7 juill. 1860, Lister, Pataille, 61, 44 ; Rennes, 9 janv. 1865, Joly. Pataille, 65, 226 ; Cass., 12 janv. 1865, Joly, Pataille, 65, 231 ; Amiens, 30 mars 1865, Joly, Pataille, 65, 233 ; Réj., 9 déc. 1868, Joly, Pataille, 68, 86 ; Rej., 9 mars 1883, Seltsam, Pataille, 83, 44). Certaines décisions, au contraire, apportent à ce système un certain tempérament, qui consiste à distinguer la publicité possible et la publicité *effective*, cette dernière étant seule considérée comme entraînant la nullité du brevet d'importation. Il a été notamment jugé dans ce sens : 1° que la demande d'une patente en Angleterre et le dépôt des pièces qui l'a accompagnée, quoique opéré cinq jours avant la demande du brevet en France, ne font pas perdre à l'invention son caractère de nouveauté, s'il n'est pas établi que, pendant les cinq jours qui se sont écoulés entre la prise du brevet anglais et la prise du brevet français, une communication quelconque du brevet a été donnée à qui que ce soit (Paris, 1er déc. 1863 et Rej., 8 mars 1865. Bertrand, Pataille, 65, 241) ; 2° que le fait que la description d'un brevet demandé en Angleterre est devenu communicable au public deux jours avant la prise du brevet en France ne saurait être invoqué comme constituant une divulgation légale de nature à entraîner la nullité du brevet français, s'il est établi en fait que ces deux jours, ayant été fériés en Angleterre, les bureaux des patentes n'ont pas été ouverts et qu'ainsi aucune communication n'a pu être faite au public (Paris, 28 janv. 1879, Snider, Pataille, 79, 49).

1. V. Huard et Pelletier, p. 187.

Cette jurisprudence et la distinction sur laquelle elle repose nous paraissent, comme à la majorité des auteurs, absolument contraires à l'intention du législateur telle qu'elle se dégage des travaux préparatoires et des termes généraux de l'article 31.

210. — La question que nous venons d'examiner ne présente d'ailleurs d'intérêt que pour les personnes qui ne sont pas domiciliées ou établies dans un des États faisant partie de l'*Union pour la protection de la propriété industrielle*, qui a été constituée entre différents États par la convention internationale du 20 mars 1883, dite *Convention d'Union*[1]. L'article 4 de cette Convention dispose, en effet, que les sujets ou citoyens des États contractants, ou ceux qui ne font pas partie de l'Union, mais qui sont domiciliés ou ont des établissements industriels ou commerciaux sur le territoire de l'un des États de l'Union, jouiront, lorsqu'ils auront régulièrement fait le dépôt d'une demande de brevet dans l'un des États contractants, d'un droit de priorité, pendant un délai de six mois à partir de ce dépôt, pour déposer une demande de brevet dans un autre de ces Etats[2]. Ainsi, celui qui a fait breveter une invention dans un des pays étrangers faisant partie de l'Union a six mois pour faire breveter en France la même invention, et le brevet pris dans ce délai ne peut être invalidé ni par la publication qui pourrait être faite dans l'intervalle de son brevet étranger, ni par les faits de publicité venant des tiers sous forme d'exploitation de l'invention ou de de dépôt d'une autre demande de brevet. L'article 4 de la Convention de 1883 réserve d'ailleurs les droits des tiers, c'est-à-dire le droit qui appartient aux tiers d'opposer au brevet une nullité autre que celle résultant de la publication antérieure.

3° *Quelle est la durée du brevet d'importation.*

211. — Aux termes de l'article 29, la durée du brevet d'importation

---

1. C'est au Congrès de la propriété industrielle tenu, à Paris, en 1878, qu'a été résolue la formation d'une Union internationale pour la protection de cette propriété. La Convention de 1883, qui a constitué cette Union, a été conclue, à Paris, entre la France et les dix nations suivantes : la Belgique, le Brésil, l'Espagne, le Guatémala, l'Italie, les Pays-Bas, le Portugal, le Salvador, la Serbie et la Suisse. Depuis 1883, de nouvelles puissances, la Grande-Bretagne, la Tunisie, la Suède, la Norwège, la République Dominicaine, les États-Unis d'Amérique, ont adhéré à la Convention. Par contre, le Salvador a cessé de faire partie de l'Union.

2. Les conditions fixées par la Convention relativement à l'assimilation aux sujets ou citoyens des États de l'Union de ceux qui y sont seulement domiciliés ou établis ont donné lieu à des difficultés d'interprétation, qui ont fait l'objet des conférences de Rome, en 1886, et de Madrid, en 1890. Nous examinerons en détail cette question en traitant des droits des étrangers en matière de marques de fabrique et de commerce.

ne peut excéder celle du brevet antérieurement pris à l'étranger. Cette disposition a été édictée, dans le but d'empêcher, a dit le rapporteur Philippe Dupin, que la protection accordée par la France devînt pour elle une cause d'infériorité, et que dans son sein on enchaînât par le monopole ce qui, partout ailleurs, serait libre de cette entrave[1]. Si donc le brevet pris à l'étranger est arrivé à son terme légal, le brevet pris en France expire de plein droit. En est-il de même, lorsque le brevet étranger vient à être frappé de nullité ou de déchéance avant l'expiration de la durée normale? M. Pouillet soutient que l'article 29 a entendu simplement « mesurer la durée normale du brevet d'importation sur la durée normale du brevet étranger, sans soumettre le brevet d'importation à toutes les vicissitudes que peut subir le brevet étranger[2] ». La majorité des auteurs enseigne au contraire que l'article 29 n'est ni limitatif, ni restrictif et que le motif qui l'a fait édicter conduit à cette conséquence que, pour quelque cause qu'elle soit amenée, l'expiration du brevet étranger détermine celle du brevet français.[3] La jurisprudence de la Cour de cassation se prononce également en ce sens (V. notamment : Cass., 14 janv. 1864, Rebours, Pataille, 64, 81).

1. V. Huard et Pelletier, p. 187.
2. V. Pouillet, n° 343 bis.
3. V. Bédarride, n° 348, Allart, n° 290,

CHAPITRE VII

NULLITÉS ET DÉCHÉANCES

212. — La loi traite, dans les articles 30 à 39 qui composent le titre IV, des *nullités* et *déchéances* des brevets.

Les nullités comme les déchéances anéantissent le droit privatif du breveté et font tomber l'invention dans le domaine public. Les unes comme les autres peuvent être absolues ou relatives : absolues, lorsque, ayant été prononcées à la requête du ministère public, elles ont pour effet de détruire le brevet à l'égard de tous; relatives, lorsque, ayant été prononcées sur la demande d'une personne déterminée, elles n'ont d'effet qu'à l'égard de cette seule personne.

213. — Mais les nullités diffèrent des déchéances à deux points de vue :

1° Les nullités atteignent le brevet dans le passé comme dans l'avenir, de telle sorte que le brevet nul est censé n'avoir jamais existé légalement ; les déchéances, au contraire, n'atteignent le brevet que pour l'avenir, du jour seulement où elles sont prononcées.

2° Les déchéances frappent toujours le brevet dans son entier. Les nullités, au contraire, peuvent n'être que partielles, c'est-à-dire n'entacher le brevet que dans telle ou telle des parties de l'invention, le droit exclusif du breveté subsistant sur les autres parties. A part M. Blanc qui refuse d'admettre les nullités partielles, par ce motif que l'invention constituerait un tout dont la validité doit être appréciée dans son ensemble [1], tous les auteurs reconnaissent que les tribunaux peuvent et doivent, lorsque le brevet est régulier dans une de ses parties et nul dans une autre, en prononcer seulement la nullité partielle [2]. La jurisprudence est également unanime dans ce sens (V. notamment : Cass., 6 mai 1857, Gelis, Dall., 57, 1, 249 ; Rej., 25 juill. 1860, Gaillard, Pataille, 61, 34 ; Paris, 15 juill. 1864, Schneider, Pa-

---

1. V. Blanc, p. 581.
2. V. Picard et Olin, n° 813 ; Nouguier, n° 537 ; Bédarride, n° 398 ; Rendu et Delorme, n° 431 ; Pouillet, n° 366.

taille, 64, 292 ; Paris, 14 août 1865, Manceaux, Pataille, 65, 368 ; Rej.,
4 juill. 1860, Coupier, Pataille, 70, 254 ; Orléans, 9 août 1876, et Rej.,
4 juin 1877, Gaune, Pataille, 78, 27 ; Paris, 13 juin 1879, Balin, Pataille, 79, 272).

214. — Les nullités et les déchéances atteignent les certificats
d'addition soit indirectement et par contre-coup lorsqu'elles frappent
le brevet auquel ils se rattachent, soit directement, à raison des vices
qui leur sont propres, les causes de nullité et de déchéance étant les
mêmes pour les certificats d'addition que pour les brevets : dans ce
second cas, l'annulation ou la déchéance du certificat d'addition laisse,
en principe, intact le brevet auquel il se rattachait.

215. — Pour suivre l'ordre de la loi, nous étudierons successivement : 1º les causes de nullité ; 2º les causes de déchéance ; 3º les
actions en nullité et en déchéance.

I. Causes de nullité.

216. — L'article 30 prévoit six causes de nullité pour les brevets
et les certificats d'addition et une cause de nullité spéciale aux certificats d'addition.

Les six causes de nullité communes aux brevets et aux certificats
d'addition sont :
1º Le défaut de nouveauté de l'invention ou de l'application ;
2º Le caractère non brevetable ou illicite de l'invention ;
3º Le caractère non industriel de l'invention ;
4º L'inexactitude frauduleuse du titre du brevet ;
5º L'insuffisance ou la dissimulation de la description ;
6º L'inobservation des prescriptions de l'article 18 relatives aux brevets de perfectionnement.

La cause de nullité spéciale aux certificats d'addition consiste dans
le défaut de relation du certificat d'addition avec le brevet.

217. — En dehors de ces sept causes de nullité formellement édictées par la loi, il n'est pas possible d'en admettre d'autres ; en matière
de nullité, tout est de droit étroit. On ne pourrait notamment reconnaître aux tiers le droit d'attaquer la validité du brevet sous le prétexte que le breveté ne serait pas le véritable propriétaire de l'invention : seul, celui qui aurait été effectivement dépossédé de l'invention
par le breveté, pourrait, comme nous le verrons, agir en ce cas ; mais
il aurait alors à intenter une action en revendication, et non une action
en nullité (Cass., 25 janv. 1856, Manceaux, Dall., 56, 1, 140).

218. — Cette observation faite, étudions successivement en détail
chacune des causes de nullité prévues par la loi.

1° *Défaut de nouveauté de l'invention.*

219. — Nous avons vu, en étudiânt la brevetabilité des inventions, que la nouveauté de l'invention est une des conditions essentielles de la brevetabilité. L'article 30 sanctionne cette condition, en déclarant que le brevet est nul si la découverte, invention ou application qui en fait l'objet n'est pas nouvelle.

220. — La nouveauté légale est définie par l'article 31, qui dispose que la découverte, invention ou application, n'est réputée nouvelle qu'autant qu'elle n'a pas « reçu, en France ou à l'étranger et antérieurement au dépôt de la demande, une publication suffisante pour pouvoir être exécutée. » La loi indique ainsi les conditions générales de la publicité exclusive de la nouveauté ; mais elle omet, à dessein, de définir les modes sous lesquels cette publicité peut se produire. Etudions successivement : 1° les conditions générales de la publicité ; 2° les modes possibles de publicité ; 3° les preuves de la publicité.

221. — **I. Conditions générales de la publicité.** — Il résulte des termes de l'article 31 que trois conditions générales sont exigées, pour que la publicité soit exclusive de la nouveauté. Ces conditions sont les suivantes :

222. — 1° Il faut d'abord que la publicité soit antérieure au dépôt de la demande de brevet : c'est, en effet, au moment de ce dépôt que naît le droit du breveté et que doit être appréciée par conséquent la validité de ce droit. L'invention ainsi antérieurement publiée est désignée, dans la pratique, sous le nom d'*antériorité.* Il appartient aux tribunaux de statuer souverainement en fait sur les questions de date auxquelles peuvent donner lieu les antériorités invoquées.

223. — 2° Il faut, en outre, qu'il y ait identité entre l'objet de l'invention pour laquelle le brevet a été demandé et l'objet de l'invention qui a été publiée antérieurement. Nous avons exposé les règles qui concernent cette condition d'identité à propos de chacune des différentes catégories d'inventions brevetables. Nous ferons seulement ici cette remarque générale que l'identité doit s'appliquer à tous les éléments réunis et combinés de l'invention pour laquelle a été pris le brevet, qu'en d'autres termes on ne peut opposer au brevet qu'une antériorité de toutes pièces et non une série d'antériorités portant chacune sur un des éléments de l'invention brevetée. Il est certain, en effet, que tous les brevets seraient nuls pour défaut de nouveauté, s'il suffisait, pour faire prononcer cette nullité, de démontrer que chacun des moyens réunis et combinés par eux en vue d'un résultat industriel a fait l'objet d'une publicité antérieure. On a pu dire qu'il n'y a pas d'invention orpheline, chacune procédant d'inventions plus ou moins similaires. Il faut donc, pour qu'il y ait nullité, que l'antériorité invoquée embrasse le brevet dans l'ensemble de ses dispositions et non pas seulement qu'elle s'applique à chacun des moyens dont il forme une combinaison. La jurisprudence est constante en ce sens (V. notamment : Paris, 28 janv. 1860, de Bergue, Pataille, 60, 457 ; Paris, 13 juill. 1861, de Coster, *Propr. ind.*, n° 212 ; Paris 3 mai 1885, Payau, Pataille, 86, 46).

224. — A plus forte raison n'y a-t-il pas identité suffisante pour exclure la nouveauté, lorsque l'auteur de l'invention brevetée s'est borné à s'inspirer d'une invention précédente, à puiser l'idée de son invention dans une idée antérieure.

C'est ainsi qu'il a été jugé : 1° que le fait qu'une personne ait conçu, antérieurement au brevet, l'idée d'une machine ayant une grande analogie avec la machine brevetée, ne saurait constituer une antériorité, si d'ailleurs cette personne n'a réalisé son idée et ne l'a mise en pratique que postérieurement au brevet (Paris, 21 mai 1847, Parvilley, *le Droit*, n° 134 ; 2° qu'on ne peut opposer à un brevet pris pour un système de chaudière à bain-marie concentré, destiné à la préparation et à la conservation des substances alimentaires, ce fait qu'antérieurement à ce brevet un ouvrage indiquait déjà d'une manière générale et sans détail précis que « la conservation des substances alimentaires pouvait être rendue facile par l'emploi d'un autoclave (Angers, 6 juill. 1857, Chevallier-Appert, Pataille, 58, 344) ; 3° que l'idée bien connue de la vapeur surchauffée comme moyen de fumivorité n'empêche pas qu'un inventeur ait pu valablement breveter un appareil propre à réaliser cette idée (Paris, 2 mars 1864, Thierry, Pataille, 64, 181) ; 4° qu'on ne peut opposer comme antériorité, à un brevet pris pour l'application de la toile métallique à la fabrication des fleurs artificielles, le seul fait que l'idée de cette application a été indiquée d'une façon générale dans un brevet antérieur (Rej., 7 avril 1868, Villardier et Carcanagues, Pataille, 68, 273).

225. — La question de savoir s'il y a ou non identité suffisante entre l'invention brevetée et l'invention antérieurement publiée est encore une question de fait laissée à l'appréciation souveraine des tribunaux.

226. — 3° Il faut enfin, pour que la publicité antérieure d'une invention identique soit une cause de nullité, que cette publicité soit telle qu'elle ait permis l'exécution par le public de l'invention ou de la découverte. Il n'est pas nécessaire que cette exécution de l'invention ait eu lieu effectivement ; il suffit qu'elle ait été rendue possible par la publicité donnée à l'invention. Ici encore, la loi laisse aux tribunaux le soin d'apprécier souverainement, en fait, d'après les circonstances de la cause, si la publicité a été suffisante ou non pour rendre possible l'exécution.

227. — C'est à cette troisième règle que se rattache, selon nous, la question de savoir si l'on peut opposer à un brevet ce que les auteurs appellent une antériorité scientifique, c'est-à-dire la découverte

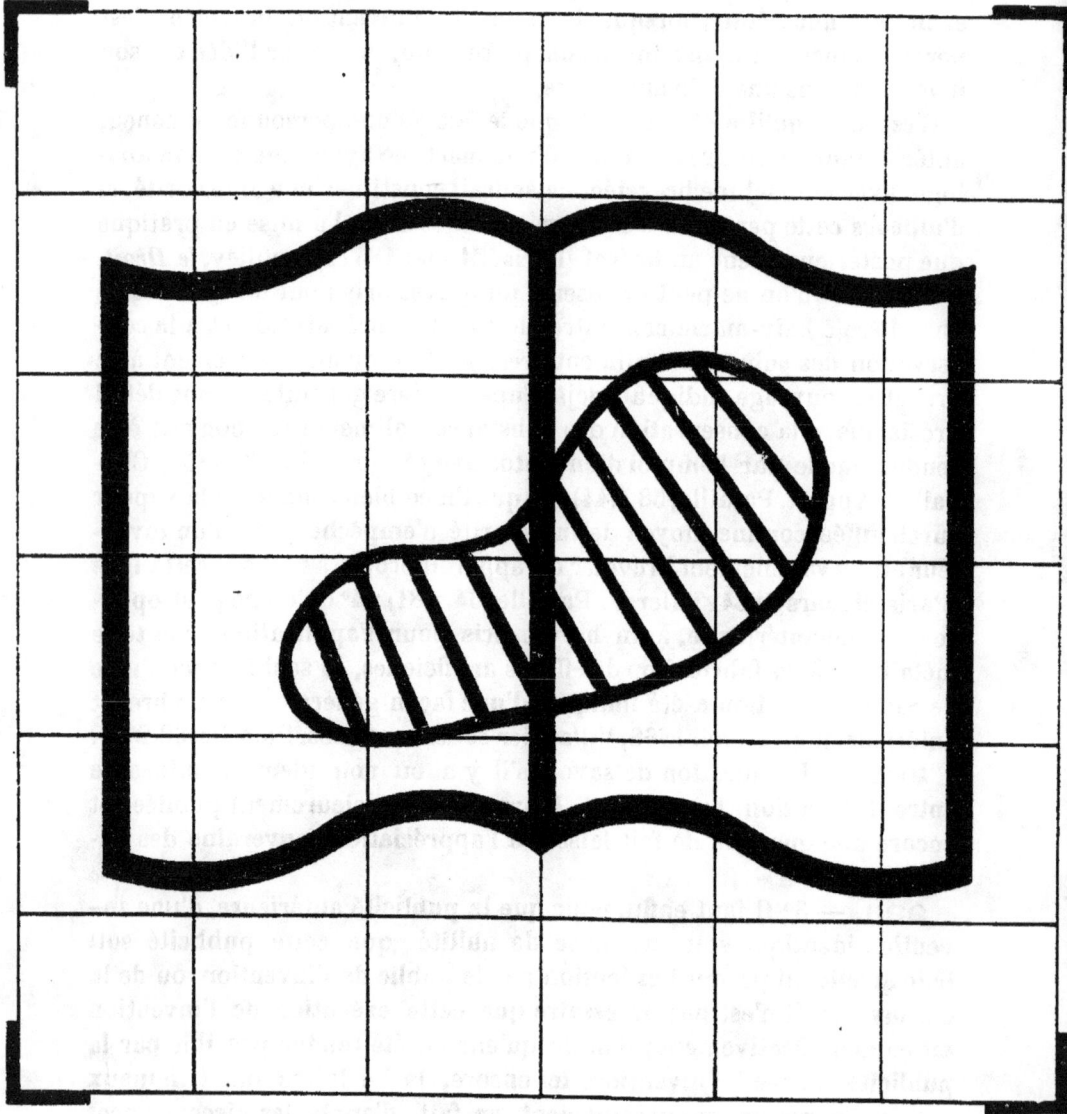

antérieure d'un principe scientifique, d'une théorie, d'une loi de la nature dont le brevet réaliserait l'application industrielle. Certains arrêts, rendus en termes trop absolus, semblent admettre qu'en aucun cas les travaux des savants ne font obstacle à ce qu'un brevet puisse être pris ultérieurement pour le même objet, que le fait scientifique laisse toujours absolument intact le fait industriel. On admet généralement qu'il y a là, non une question de droit, mais une simple question de fait, celle de savoir si la découverte du savant, était, au moment où il l'a conçue susceptible ou non, à raison de la façon dont elle a été divulguée, de recevoir immédiatement une application industrielle : dans le premier cas, l'exécution ayant été possible, alors même qu'elle n'a pas eu lieu effectivement, il y a antériorité opposable au brevet ; dans le second cas, au contraire, la réalisation industrielle ultérieurement donnée à une idée jusque-là simplement théorique constitue une application nouvelle brevetable. Il semble bien, au fond, que c'est sur ce critérium que se sont basés les arrêts auxquels nous venons de faire allusion, pour décider que les antériorités scientifiques n'étaient pas opposables au brevet (V. Paris, 21 mai 1858, Dubrunfaut, *Propr. ind.* n° 52 ; Lyon, 13 déc. 1861, et Rej., 13 août 1862, Dall., 63, 1, 67 ; Paris, 31 mars 1863, Renard, Pataille, 63, 296 ; Rej., 28 juin 1864, Renard, Pataille, 64, 274 ; Paris, 16 avril 1866, Ebeling et Schmoll, Pataille, 62, 275). D'autres décisions, d'ailleurs, ont admis, toujours d'après les circonstances de fait, que les travaux des savants pouvaient constituer des antériorités opposables (V. notamment : Trib. corr. Seine, 22 juill. 1863, Renard, *le Droit* du 30 juill. ; Amiens, 24 avril 1868, Maumené, Pataille, 69,328 ; Trib. civ. Seine, 2 août 1881, Peiffer, Pataille, 82, 71).

228. — Dès que la publicité réunit les trois conditions que nous venons d'énumérer, c'est-à-dire lorsqu'elle est antérieure au dépôt de la demande du brevet, lorsqu'elle porte sur une invention identique à celle qui fait l'objet de cette demande et enfin lorsqu'elle a été suffisante pour rendre possible l'exécution ou l'application de l'invention ou de la découverte, elle constitue une antériorité, qui rend nul le brevet pour défaut de nouveauté de l'invention ou de la découverte qui en fait l'objet, peu importe d'ailleurs que cette publicité émane du breveté ou d'un tiers, peu importe également qu'elle ait eu lieu en France ou à l'étranger, ainsi que le dit formellement l'art. 31, peu importe enfin, la loi ne faisant aucune distinction, qu'elle se soit produite par la volonté de l'inventeur, ou en dehors de sa volonté, soit par suite d'une erreur de sa part (Cass. 19 juin 1866, Bastiat, Pataille, 66, 288), soit par suite de la fraude d'un tiers, par exemple, de l'infidélité d'un employé[1]. Dans ce dernier cas celui dont la fraude a amené la divulgation

---

1. *Contrà*, Dalloz, v° *Brev. d'inv.*, n° 71.

de l'invention pourrait-il se prévaloir lui-même de cette divulgation frauduleuse, pour repousser plus tard une demande en contrefaçon dirigée contre lui par le breveté ? La jurisprudence refuse de l'admettre (V. notamment : Paris, 5 juill. 1845, Croizat, Dall. v° *Brev. d'inv.*, n° 68; Paris, 10 mai 1856, Chevallier-Appert, Pataille, 56, 217 ; Grenoble, 12 mai 1885, Repiton, Pataille, 86, 10).

229. — II. **Modes possibles de publicité.** — La loi, ainsi que nous l'avons dit, s'abstient, à dessein, de déterminer sous quels modes la publicité doit se produire pour constituer une cause de nullité du brevet ultérieurement demandé : elle s'en rapporte, sur ce point, à l'appréciation des tribunaux.

230. — Il importe de noter ici les principaux modes de publicité généralement admis par la doctine et la jurisprudence comme pouvant constituer des antériorités opposables ; nous indiquerons ensuite les modes de publicité qui sont, au contraire, généralement considérés comme ne pouvant être opposés à titre d'antériorités.

231. — I. La doctrine et la jurisprudence considèrent comme pouvant constituer des antériorités opposables au brevet, les modes de publicité suivants :

232. — 1° *La confidence faite par l'inventeur à un tiers avant la prise du brevet*, mais, bien entendu, dans le cas seulement où cette confidence a été divulguée ;

233. — 2° *L'indication contenue dans une correspondance privée* (V.Paris, 17 fév. 1883, Lecointe, Pataille, 84, 109);

234. — 3° *La communication faite à une société savante*, à moins que cette communication n'ait un caractère confidentiel (V. Aix, 31 déc. 1885, Gastine, Pataille, 87, 217);

235. — 4° *L'exhibition dans un lieu public, dans une exposition, dans un concours ou dans un musée* (V. Cass. 19 juin 1866, Bastiat, Pataille, 66, 228; Paris, 17 juill. 1858, Murat, *Propr. ind.*, n° 38).

Toutefois la loi du 23 mai 1868 permet aux inventeurs, qui exhibent leur invention dans une exposition publique avant de prendre leur brevet, d'échapper à la nullité résultant de la publicité préalable, en se faisant délivrer un certificat de garantie provisoire qui leur assure les mêmes droits que leur conférerait un brevet. Aux termes de cette loi, tout français ou étranger, auteur d'une invention susceptible d'être brevetée, ou ses ayants-droit, peuvent, s'ils sont admis dans une exposition publique, régionale, nationale ou universelle, pourvu qu'elle soit autorisée par l'administration, se faire délivrer par le préfet ou le sous-préfet, dans le département ou l'arrondissement duquel cette exposition est ouverte, un certificat descriptif de l'objet exposé; ce certificat assure à celui à qui il est délivré les mêmes droits que lui conférerait un brevet, à dater du jour de l'admission [1] jusqu'à la fin du troisième mois qui suit la clôture de l'exposition, sans préjudice du brevet que l'exposant peut prendre ultérieurement et auquel on ne pourra plus opposer la publicité résultant de l'exhibition de l'invention à l'exposition. On admet généralement, toutefois, que ce certificat provisoire ne donne pas à l'inventeur le droit de poursuivre les contrefacteurs [2]. La demande du certificat doit être faite dans le premier mois, au plus tard, de l'ouverture de l'exposition; elle est adressée à la préfecture ou à la sous-préfecture et accompagnée d'une description exacte de l'objet à garantir et, s'il y a lieu, d'un plan ou d'un dessin de cet objet. Les demandes, ainsi que les décisions prises par le préfet ou le sous-préfet, sont inscrites sur un registre spécial, qui est ultérieurement transmis au ministère du commerce et communiqué sans frais à toute réquisition. Le certificat ne peut être refusé que si la demande n'est pas régulière, par exemple si elle n'est pas accompagnée d'une description de l'invention : dans ce cas, la demande peut être reproduite, mais seulement si l'inventeur se trouve encore dans le délai légal, c'est-à-dire si le premier mois de l'exposition n'est pas encore écoulé. La délivrance des certificats est gratuite.

236. — La Convention d'Union de 1883 garantit la protection provisoire des inventions pendant les expositions. L'article 11 de cette convention stipule que les Etats de l'Union s'engagent réciproquement à accorder une protection temporaire aux inventions brevetables pour les produits qui figureront aux expositions internationales officielles ou officiellement reconnues. La conférence de Rome, de 1886, a complété cette disposition par l'article 6 du règlement qu'elle a élaboré et qui est ainsi conçu : « La protection temporaire prévue à l'article 11 de la Convention consiste dans un délai de priorité, s'étendant au minimum jusqu'à six mois à partir du jour de l'admission du produit à l'exposition et pendant lequel l'exhibition, la publication, ou l'emploi non autorisé par l'ayant-droit de l'invention ne pourront pas empêcher celui qui a obtenu ladite protection temporaire de faire valablement dans ledit délai la demande de brevet pour s'assurer la protec-

---

1. Cette rétroactivité des effets du certificat au jour de l'admission de l'inventeur à l'exposition peut permettre à un tiers de mauvaise foi de demander un certificat pour la même invention, s'il en a eu connaissance entre le jour de l'admission et celui de la demande formée par le véritable inventeur. Dans ce cas, bien entendu, le brevet pris ultérieurement par le véritable inventeur ne sera pas nécessairement primé par le certificat demandé par le tiers, et le breveté pourra se faire réintégrer dans ses droits, en prouvant qu'il possédait l'invention antérieurement à la demande du certificat.

1. M. Pouillet enseigne cependant que l'inventeur peut, en vertu du certificat, procéder, sinon à la saisie, du moins à la description des objets établis en contrefaçon de son invention, cette description ne constituant qu'une mesure conservatoire (V. n° 552).

tion définitive dans tout le territoire de l'Union. Chaque Etat aura la faculté d'étendre ledit délai. La susdite protection temporaire n'aura d'effet que si, pendant sa durée, il est présenté une demande de brevet[1]. »

237. — 5° *L'indication contenue dans un cours professé publiquement.*

238. — 6° *L'indication contenue dans un livre publié*, en France ou à l'étranger, en quelque langue que ce soit ; on admet toutefois que si le livre a été simplement imprimé, sans être publié, il n'y a pas publicité de nature à invalider le brevet.

239. — 7° *La vente ou la fabrication de l'objet de l'invention antérieurement au brevet*, mais seulement dans le cas où cet objet est tel que son aspect ou son analyse suffise à révéler exactement les procédés à l'aide desquels il a été obtenu. Il a été jugé notamment, à cet égard : 1° qu'une eau dentifrice (dans l'espèce, celle du docteur Pierre) reste brevetable, bien qu'elle ait été antérieurement livrée au commerce, si l'analyse chimique, tout en permettant de reconnaître les ingrédients qui entrent dans sa composition, ne donne pas la possibilité d'en distinguer les doses qui en font, à elles seules, l'efficacité (Paris, 16 janv. 1867, Clouet, Pataille, 68. 256) ; 2° qu'il y a publicité exclusive de la nouveauté de la part de l'inventeur qui, avant de prendre son brevet, vend à une ville des appareils à éclairage, par lui brevetés plus tard, alors que la vue seule de ces appareils en révélait par elle-même la combinaison nouvelle (Trib. civ. Lyon, 19 avril 1871, Pochet, Dall., 71, 3, 8).

240. — 8° *L'existence d'un brevet pris antérieurement pour la même invention.* — Ce brevet antérieur, même lorsqu'il n'est pas expiré, constitue une antériorité dont les tiers et particulièrement les contrefacteurs peuvent toujours se prévaloir (V.Paris. 31 janv. 1862, Salomon,*Propr. ind.*, n° 219). Le brevet pris à l'étranger constitue également une antériorité opposable au brevet qui serait pris en France par un autre que le titulaire du brevet étranger.

241. — Le brevet opposé comme antériorité doit-il avoir reçu une publicité quelconque ? Suffit-il que la demande ait été déposée ? La plupart des auteurs enseignent que, le brevet existant du jour de la demande, c'est aussi à dater de ce moment que l'invention est supposée être révélée et avoir reçu une publicité complète et que par conséquent le simple dépôt d'une demande de brevet constitue une antériorité opposable à un brevet pris ultérieurement pour la même invention[2]. La jurisprudence admet certains tempéraments à cette règle, lorsqu'il

---

1. Les dispositions de la Convention d'Union et celles du règlement de la conférence de Rome relatives à la protection provisoire pendant les expositions s'appliquent également aux dessins, aux modèles et aux marques de fabrique.
2. *Contrà*: V. Pouillet, n° 409.

s'agit d'une demande de brevet étranger opposée comme antériorité à un brevet français et qu'il est bien établi que les conditions dans lesquelles la demande du brevet étranger a été faite n'a permis aucune divulgation (V. Lyon, 19 juill. 1872, OEler, Pataille, 72, 330; Paris, 17 fév. 1883, Lecointe. Pataille, 84, 109).

242. — On doit admettre en tout cas qu'une demande de brevet qui a été déposée, puis retirée, ne constitue pas une antériorité (V. Paris, 20 juill. 1848, Tessier, Sir. 48, 2, 468). La solution est la même, lorsqu'il s'agit d'une demande de brevet rejetée par l'administration, quelle que soit d'ailleurs la cause du rejet.

243. — II. On refuse généralement de considérer comme pouvant constituer des antériorités opposables les faits de publicité suivants :

244. — 1° *La possession antérieure de l'invention par un tiers qui l'a exploitée secrètement.* Cette possession n'implique pas, selon nous, la publicité telle que la suppose l'article 31, c'est-à-dire une publicité qui rende l'exécution possible non pour un seul individu, mais pour le public. Cette opinion est d'ailleurs professée par la majorité des auteurs [1]. La jurisprudence se prononce également en ce sens (V. notamment : Cass., 30 mars 1849, Witz-Meunier, Sir., 50., 1, 70 ; Rej., 19 août 1853, Riant, Dall., 53, 5, 57 ; Rej., 17 fév. 1854. Florimond, *Bull. crim.*, 54, 76). Mais, si le droit du breveté subsiste, il faut admettre qu'il ne peut s'exercer qu'à l'égard des personnes autres que celle qui a possédé antérieurement l'invention, et non à l'égard du possesseur lui-même. En effet, cette possession, bien que clandestine, n'est pas contraire à la loi, qui reconnaît et protège les secrets de fabrique ; elle constitue donc un droit acquis, auquel ne peut préjudicier un fait postérieur et qui permet au possesseur d'exciper de sa possession pour s'opposer à une poursuite en contrefaçon de la part du breveté. Cette exception est d'ailleurs personnelle au possesseur. Elle suppose, bien entendu, une possession non équivoque (V. Rej., 11 juill. 1857, Fauconnier, Pataille, 57, 321) et non entachée de fraude (V. Paris, 13 avril 1878, Bouillon, Pataille, 78, 102).

245 — 2° *L'usage secret par l'inventeur antérieurement à la prise de son brevet.* Il n'y a pas là encore, en effet, la possibilité pour le public d'exécuter l'invention : par conséquent il ne peut y avoir d'antériorité opposable au brevet. La jurisprudence se prononce unanimement en ce sens (V. notamment : Paris, 13 août 1841, Deslandes, Dall., V. *Brev. d'inv.* n° 53 ; Douai, 19 juill. 1859, Brunfaut, Pataille, 60, 215 ; Paris, 26 mars 1861, Dutertre et autres, *Propr. ind.*, n° 191.

246. — L'usage de l'invention peut consister dans des essais, dans des expériences. En principe, l'essai de l'invention, antérieurement au

---

1. V. en ce sens : Nouguier, n°s 506 et 507 ; Rendu et Delorme, n° 439 ; Pouillet, n° 426 ; — V. *Contrà* : Blanc, p. 464 et 465 ; Bédarride, n° 390.

brevet, ne constitue pas la publicité destructive de la nouveauté : il doit être permis à l'inventeur de se rendre compte des résultats de son invention, avant de la faire breveter. Mais, si les essais ont lieu sans qu'aucune précaution soit prise pour en assurer le secret, en présence de personnes autres que les ouvriers, dans un atelier ouvert à tout venant, il peut y avoir là possibilité pour le public de se rendre compte de l'invention et de l'exécuter et, partant, une publicité opposable au brevet pris ultérieurement. Il appartient aux tribunaux d'apprécier si, en fait, les essais ou prétendus essais ont rendu possible l'exécution de l'invention. C'est ainsi qu'il a été jugé notamment ; 1° que la fabrication d'une machine et le fait de son fonctionnement antérieurement à la demande du brevet, devant quelques personnes qui ont concouru à la confection, ne constitue pas une publicité suffisante pour faire perdre à l'invention son caractère de nouveauté (Rej., 19 août 1853, Mareschal, Dall., 54, 51, 82) ; 2° qu'il n'y a pas antériorité opposable au brevet dans un de ces essais préliminaires qu'exige toute invention et qui, suivis par un mécanicien dans l'intérieur de l'établissement où il travaille, en présence des seuls ouvriers, témoins nécessaires de ses recherches, ne présentent pas les conditions de publicité d'où l'on puisse inférer la divulgation (Paris, 17 fév. 1883, Lecointe, Pataille, 84, 109) ; 3° que le fait que l'inventeur s'est livré à des essais dans un atelier, où l'objet de son invention a pu être vu par toutes les personnes que les circonstances ou le désir de l'examiner ont amenées, emporte nullité du brevet pris ultérieurement (Rouen, 16 fév. 1863, Malteau, Pataille, 63, 1, 418 ; et Rej., 18 janv. 1864, même affaire, Pataille, 64, 117).

247. — Remarquons que la divulgation résultant des essais de l'invention peut être plus facilement évitée depuis la Convention d'Union de 1883. Avant cette Convention, l'inventeur faisait hâtivement et en ne s'entourant que de précautions insuffisantes, les essais qui devaient lui révéler les imperfections de sa découverte, car il était obligé de prendre simultanément ses brevets dans tous les pays où il voulait être protégé, sous peine d'être désarmé contre la contrefaçon. Comme nous l'avons déjà dit, la Convention de 1883 lui donne un délai de six mois pour se faire breveter dans les pays qui font partie de l'Union, à dater de la demande de brevet qu'il a déposée dans le pays d'origine. Pendant ces six mois, il peut se livrer, sans crainte de divulgation, à tous les essais qu'il juge nécessaires.

248. — Comme toutes les questions qui se rattachent à la publicité antérieure de l'invention, celle de savoir si tel mode de publicité doit ou non être admis comme constituant une antériorité opposable au brevet, est une question non de droit, mais de fait, qu'il appartient aux tribunaux de résoudre souverainement[1]. Toutefois, si cette appréciation

1. *Contrà* ; V. Dalloz, 68, 1, 444, note 2.

échappe ainsi au contrôle de la Cour de cassation, c'est à la condition que le juge du fait donne, dans sa décision, l'analyse des documents sur lesquels il la motive ; autrement la Cour de cassation, juge de la loi du brevet, ne pourrait s'assurer si elle a été exactement observée. Les règles imposées, à cet égard, au juge du fait, sont rappelées dans un arrêt de cassation du 21 juin 1862, qui décide que, s'il appartient aux tribunaux d'apprécier souverainement la nouveauté ou la non-nouveauté d'une invention, c'est à la condition que de leur décision même résultera qu'ils ont scrupuleusement analysé les procédés brevetés et qu'ils les ont bien compris dans leur portée, leur but et leurs moyens d'action, de manière à permettre à la Cour de cassation de rechercher si leur appréciation est conforme à la loi du brevet (Cass. 21 juin 1862, Joly, Pataille, 64, 24).

249. — 3° **Preuves de la publicité.** — Par cela même qu'elle admet tous les modes de publicité, la loi admet également, pour l'établir, tous les genres de preuve. La preuve par témoins est donc possible ; mais la jurisprudence reconnaît aux tribunaux le droit d'apprécier la moralité des témoignages et le degré de confiance qu'il convient de leur accorder, à raison des circonstances de la cause (V. notamment : Trib. corr. Seine, 12 fév. 1885, Bourdais, Pataille, 87, 214 ; Paris, 17 mars 1887, Saulnier, Pataille, 87, 296 ; Amiens, 5 août 1887, Marty, Pataille, 89, 16).

2° *Caractère non brevetable ou illicite de l'invention.*

250. — Nous avons vu, en étudiant la brevetabilité, que la loi déclare formellement non brevetables trois catégories d'inventions : 1° celles qui ont pour objet une composition pharmaceutique ; 2° celles qui consistent en un plan ou une combinaison de crédit ou de finances ; 3° celles qui sont contraires à l'ordre public, aux bonnes mœurs ou aux lois. Aux termes de l'article 30 § 2 et 4, les brevets délivrés pour ces trois sortes d'inventions sont nuls. Dans les deux premiers cas, le brevet peut, ainsi que nous l'avons vu, être refusé par l'administration, lorsque l'invention s'intitule elle-même produit pharmaceutique ou plan de finances : si, par suite d'une dissimulation habile, le demandeur a trompé la vigilance du ministre qui ne peut juger de la nature de l'invention que sur le titre du brevet, il appartient alors aux tribunaux d'annuler le brevet ainsi obtenu. Dans le troisième cas, le ministre n'a pas à apprécier le caractère illicite de l'invention : c'est encore aux tribunaux qu'il appartient exclusivement de prononcer la nullité, en décidant souverainement d'après les faits et les circonstances, si l'invention est contraire à l'ordre public, aux bonnes mœurs ou aux lois. Nous avons déjà indiqué qu'on peut considérer comme contraire à l'ordre public, l'invention qui est de nature à porter atteinte à la paix et à la sécurité des citoyens, comme contraire aux bonnes mœurs, celle qui est en opposition avec les principes de morale et d'honnêteté communément admis et enfin comme contraire aux lois celle qui viole directement une disposition de la loi relative à la brevetabilité, ou qui s'applique à un objet destiné à faire échec à une loi quelconque, par exemple à un appareil destiné à procurer un avortement.

3° *Caractère non industriel de l'invention.*

251. — L'invention, ainsi que nous l'avons dit en étudiant la brevetabilité, ne peut être valablement brevetée que si elle présente un caractère industriel, c'est-à-dire si elle est susceptible de recevoir une application industrielle, de produire un résultat industriel. A défaut de ce caractère industriel de l'invention, le brevet est nul. Cette nullité est édictée par l'article 30 § 3, qui dispose que les brevets sont nuls, s'ils portent sur des principes, méthodes, systèmes, découvertes, et conceptions théoriques, dont on n'a pas indiqué les applications industrielles. Nous avons dit déjà que l'indication d'une seule application industrielle, quelque minime que soit l'importance de cette application, suffit à empêcher la nullité du brevet, mais que cependant cette indication ne rend valable le brevet que pour l'application indiquée et non pour les autres applications industrielles qui pourraient être ultérieurement trouvées. Il suit de là que l'indication de l'application doit être donnée dans le brevet lui-même.

4° *Inexactitude frauduleuse du titre du brevet.*

252. — Nous avons vu que l'article 6 de la loi de 1844 dispose que la demande de brevet doit indiquer un titre contenant la désignation sommaire et précise de l'objet de l'invention revendiquée. L'article 30 § 5 sanctionne cette prescription, en prononçant la nullité du brevet demandé sous un titre qui indique un autre objet que le véritable objet de l'invention, mais dans le cas seulement où cette inexactitude du titre est frauduleuse, c'est-à-dire résulte d'une intention de tromper. Si cette intention de tromper n'apparaît pas, si, par exemple, la description jointe à la demande de brevet est assez explicite pour dissiper les confusions que pouvait faire naître l'inexactitude ou l'insuffisance du titre, cette inexactitude ou cette insuffisance ne suffit pas à constituer une cause de nullité du brevet. La jurisprudence est unanime en ce sens (V. notamment : Cass., 9 fév. 1853, Sax, Dall., 53, 1, 94 ; Paris, 1er août 1861, Gougy, Pataille, 63, 263 ; Paris, 1er juill. 1870, Agnellet, Sirey, 70, 266 ; Nancy, 25 mars 1879, Grandry, Pataille, 79, 159).

5º *Insuffisance de la description.*

253. — La loi exige, ainsi que nous l'avons vu, qu'à la demande de brevet soit jointe une description de l'invention, dont la nécessité s'explique surtout par l'intérêt qu'ont les tiers à savoir comment, après l'expiration du brevet, ils pourront exécuter l'invention alors tombée dans le domaine public. Aussi l'art. 30 § 6 sanctionne-t-il cette prescription, en disposant que le brevet est nul, si la description n'est pas suffisante pour l'exécution de l'invention, ou si elle n'indique pas d'une manière complète et loyale les vrais moyens de l'inventeur. La loi assimile ainsi à l'insuffisance proprement dite de la description la dissimulation des véritables moyens de l'invention. Etudions successivement ces deux cas de nullité.

254. — I. — **Insuffisance proprement dite de la description.** Il résulte des termes de l'article 30 que la description est insuffisante, lorsqu'elle ne permet pas d'exécuter l'invention. Peu importe la raison de cette insuffisance, peu importe qu'elle provienne de ce qui manque dans la description, ou de ce qu'elle contient en trop ; la loi ne considère que le résultat : dès que, en consultant la seule description, on ne peut exécuter sûrement l'invention, c'est-à-dire obtenir un résultat absolument semblable à celui qui est annoncé, il y a insuffisance de description, et le brevet est nul. Par contre la description qui permettrait l'exécution de l'invention serait suffisante, alors même qu'elle serait imparfaite sous le rapport de la précision (V. Douai, 30 mars 1846, Descat, Dall., 47, 2, 205 ; Paris, 30 mars 1855, Frezon et Meissonnier, Pataille, 55, 110 ; Paris, 19 juin 1858, Villard, Pataille, 58, 305), ou qu'elle serait erronée dans certains de ses termes (V. Rej., 7 juill. 1855, Frezon, Pataille, 55, 110 ; Paris, 17 mars 1887, Saulnier, Pataille, 87, 296).

255. — Comment doit être appréciée la possibilité d'exécution qui rend suffisante la description ? Faut-il que l'exécution soit possible pour toute personne indistinctement, ou simplement pour un homme du métier ? C'est cette seconde interprétation qu'a eu en vue le législateur de 1844. « Il faut, a dit le rapporteur de la loi, que la description soit suffisante pour rendre l'exécution possible à un simple ouvrier, s'il s'agit de choses de sa compétence, ou à un homme de l'art, s'il s'agit d'objets qui l'excèdent et ne doivent pas habituellement être faits par un manœuvre »[1]. La jurisprudence se prononce unanimement en ce sens (V. notamment : Amiens, 26 nov. 1857, Planque, Pataille, 58, 284 ; Paris, 2 fév. 1861, Landois, Pataille, 61, 77 ; Paris, 12 fév. 1878, et Rej., 30 nov. 1878, Fargue, Pataille, 78, 310 ; Nancy, 25 mars 1879, Grandry, Pataille, 79, 159).

1. V. Rapport à la chambre de M. Barthelemy (Huard et Pelletier, p. 98).

256. — Nous avons vu que la description peut être complétée et expliquée par les dessins et échantillons. Mais l'absence complète de description ne saurait être suppléée ni par les dessins, ni par les échantillons.

257. — L'insuffisance de description, à la différence de l'inexactitude du titre, est une cause de nullité, alors même que le breveté serait de bonne foi : ce que la loi atteint, ici, ce n'est plus l'intention, mais le fait, c'est-à-dire l'impossibilité pour le domaine public de profiter de l'invention.

258. — Il appartient aux tribunaux d'apprécier en fait si la description est ou non insuffisante pour permettre l'exécution de l'invention à un homme du métier. Cette appréciation est-elle souveraine, échappe-t-elle au contrôle de la Cour de cassation ? La question est délicate, car il est difficile que l'interprétation de la description ne touche pas à la loi du brevet, dont la Cour de cassation est gardienne comme de toute autre loi. Néanmoins, la majorité des auteurs estime que la question de l'insuffisance ou de la suffisance de la description est toujours une question de fait qu'il appartient aux juges du fond d'apprécier souverainement[1]. La jurisprudence de la Cour de cassation, autrefois contraire à cette doctrine (V. Rej. 25 mars 1889, Cominal, Pataille, 59, 167), semble aujourd'hui l'avoir adoptée définitivement (V. Rej., 22 avril 1861, Landois, Pataille, 61, 227; Rej.,34 mars 1875, Frezon, Pataille, 75, 171; Rej., 18 nov. 1879, Pelgrain, Pataille, 80, 194).

259. — Rappelons ici que, par cela même que c'est le breveté qui rédige la description, c'est-à-dire son contrat avec la société, la description doit, en cas de doute, être interprétée contre lui.

260. — II. — **Dissimulation des véritables moyens de l'invention.** — A l'insuffisance proprement dite de la description, l'article 30 assimile la dissimulation, dans la description, des véritables moyens de l'invention ; en faisant de cette dissimulation une cause de nullité du brevet, le législateur a voulu empêcher que le breveté pût garder, par une réticence calculée, une partie de son invention et se ménager ainsi, pour le moment où l'invention tomberait dans le domaine public, un moyen déloyal de supériorité sur ses concurrents. Il faut bien dire, toutefois que, dans la pratique, il est bien difficile de faire contre le breveté la preuve de la dissimulation des vrais moyens de l'invention : il est toujours, en effet, loisible au breveté de soutenir que, si les moyens dont il fait usage sont différents de ceux indiqués dans sa description, c'est qu'il n'a découvert ses moyens qu'après la prise de son brevet.

1. *Contrà* : Pouillet, n° 479.

6° *Inobservation de l'article 18.*

261. — Nous avons vu que l'article 18, après avoir accordé au breveté un droit de préférence, pendant une année à dater de sa demande, pour les perfectionnements, changements ou additions qu'il apporte à son invention, dispose que les tiers qui, dans cet intervalle, trouveraient à perfectionner l'invention, ne peuvent demander un brevet pour ce perfectionnement que sous pli cacheté : l'article 30 § 7 sanctionne cette disposition, en décidant que le brevet, qui a été obtenu contrairement aux prescriptions de l'article 18, est nul.

7° *Défaut de relation du certificat d'addition avec le brevet.*

262. — La dernière cause de nullité édictée par l'article 30 est spéciale aux certificats d'addition ; sont déclarés nuls les certificats d'addition comprenant des changements, perfectionnements ou additions qui ne se rattachent pas au brevet principal. Nous avons vu, en étudiant le certificat d'addition, qu'il doit se rattacher de près ou de loin, mais réellement et sincèrement, à l'invention principale brevetée, soit à l'idée-mère de cette invention, soit à ce qui est contenu dans le brevet. En édictant la nullité du certificat d'addition dans le cas où cette relation n'existe pas, le législateur a voulu, ainsi que nous l'avons dit, empêcher le breveté d'échapper à l'obligation de payer les annuités d'un brevet nouveau, en se contentant, pour une invention absolument nouvelle, de prendre simplement un certificat d'addition. Nous avons ajouté qu'il appartient aux tribunaux de décider souverainement, en fait, si la relation entre les deux inventions est insuffisante à valider le certificat, sauf le droit qu'a toujours la Cour de cassation de contrôler l'interprétation de la loi du certificat d'addition, comme de celle du brevet.

II. Causes de déchéance.

263. — Les causes de déchéance des brevets sont énumérées par l'article 32 de la loi de 1844. Ce sont : 1° le défaut de paiement de la taxe ; 2° le défaut ou la cessation d'exploitation du brevet ; 3° l'introduction en France par le breveté d'objets fabriqués à l'étranger et semblables à ceux qui sont garantis par le brevet.

Pas plus que les causes de nullité, les causes de déchéance ne peuvent être étendues en dehors des termes de la loi. On ne pourrait donc notamment demander la déchéance d'un brevet, sous le prétexte que le breveté ne serait pas le véritable propriétaire de l'invention.

Etudions successivement les trois causes de déchéance édictées limitativement par l'article 32.

1° Défaut de paiement de la taxe.

264. — L'article 32 § 1er dispose que le breveté, qui n'aura pas acquitté son annuité avant le commencement de chacune des années de la durée de son brevet, sera déchu de tous ses droits.

Il résulte des termes mêmes de cette disposition que la déchéance qu'elle édicte est encourue de plein droit, en ce sens que les tribunaux sont obligés de la prononcer dès que la taxe n'a pas été payée dans le délai prescrit, alors même que le paiement aurait été effectué postérieurement à l'expiration de ce délai et antérieurement à la demande en déchéance. Cette interprétation est admise par la grande majorité des auteurs [1] et par la jurisprudence (V. notamment : Paris, 6 déc. 1861, héritiers Wild, Dall., 62, 2, 100 ; Limoges, 7 déc. 1854, Brocchi, Dall., 55, 2, 145 ; Paris, 26 juill. 1865, Poullot, Pataille, 65, 430).

265. — On admet toutefois, en vertu des principes généraux de notre droit en matière de retard, que la force majeure relève le breveté de la déchéance qu'il aurait encourue pour défaut de paiement d'une annuité dans le délai prescrit (V. notamment : Rej. 16 mars 1864, héritiers Wild, Dall., 64, 1, 158 ; Paris, 26 juill. 1865, Poullot, Pataille, 65, 430). Il a été jugé, toutefois, que la maladie, ou même la démence du breveté ne constituent pas des cas de force majeure (V. Rej., 16 mars 1864, héritiers Wild, Dall., 64, 1, 158) [2].

266. — Malgré le tempérament résultant de l'admission de l'excuse de force majeure, il faut reconnaître que cette disposition de l'article 32 est d'une rigueur par trop draconienne. Aussi a-t-elle été souvent critiquée, notamment par MM. Lyon-Caen et Albert Cahen, dans leur mémoire au Congrès de la Propriété industrielle de 1878 : « Que le domaine public, disent-ils, profite non seulement d'une omission d'une négligence, mais d'une impossibilité de payer, comme la maladie ou l'absence, sans même avoir pu recourir à la mise en demeure exigée par nos lois, lorsqu'il s'agit de donner ouverture aux moindres conséquences d'un retard dans l'exécution de conventions privées, cela est exorbitant. Aussi les autres législations n'ont-elles pas emprunté à la loi française la déchéance de plein droit du breveté qui n'aurait pas acquitté sa taxe ... Il serait à désirer que la loi de 1844 fût modifiée et que la déchéance pour défaut de paiement de la taxe fût soumise à la formalité d'un avertissement préalable, qui ne saurait sans doute ressembler à une mise en demeure ou à un commandement de payer, puisque le paiement des taxes doit être facultatif, mais qui éveillerait l'attention du breveté sur l'accomplissement de cette formalité et sur l'époque d'échéance des annuités. » Certaines personnes demandent.

1. *Contrà* : V. Blanc, p. 555 ; Dall., nos 113 et 257.
2. *Contrà* : V. Paris, 6 déc. 1861, héritiers Wild, Dall., 62, 2, 100.

en outre, que le ministère dresse et publie régulièrement, jour par jour, un tableau des brevets dont les annuités n'ont pas été payées, de façon à ce que les tiers soient avertis rapidement et exactement du sort de chaque brevet [1].

267. — Quel est le délai imparti par l'article 32 pour payer la taxe, et comment se compte ce délai? Nous avons vu que la première annuité doit, aux termes de l'article 7, être acquittée préalablement au dépôt de la demande. Les autres annuités doivent, aux termes de l'article 32, être acquittées avant le commencement de chacune des années de la durée du brevet.

On admet généralement, ici, comme pour le calcul de tous les délais légaux, que le délai d'un an se compte non d'heure à heure, mais de jour à jour et que le jour qui sert de point de départ au délai ne doit pas être compris dans la computation, de telle sorte que l'annuité est valablement payée chaque année le jour anniversaire du dépôt de la demande, à quelque heure que ce soit (V. notamment : Cass. 20 janv. 1862, Sykes, Pataille, 63, 25 ; Paris, 26 juill. 1865, Poullot, Pataille, 65, 430 ; Paris, 12 mars 1871, Boulogne, Pataille, 72, 215).

C'est la date du dépôt de la demande de brevet qui marque toujours le point de départ du délai, sans qu'il y ait à distinguer entre le cas où le breveté aurait rattaché à son brevet des certificats d'addition et le cas où il n'en aurait pas rattaché : la disposition de l'article 32 ne distingue pas, et d'ailleurs les certificats d'addition ne sont que les accessoires du brevet et ne sauraient directement ou indirectement exercer aucune influence sur son sort.

268. — Si l'échéance de l'annuité tombe un jour férié, le paiement peut-il encore être valablement effectué le lendemain ? La majorité des auteurs refuse de l'admettre ; c'est une règle générale de notre droit, que les jours fériés sont compris dans la computation des délais, à moins d'exception formelle; or, la loi de 1844 ne fait aucune exception de ce genre. La jurisprudence se prononce dans le même sens (V. notamment : Paris, 26 juillet 1865, Poullot, Pataille, 65, 430). Il a toutefois été jugé que, dans le cas où le pli chargé contenant le montant de l'annuité parvient au receveur le jour férié, dernier jour du délai, le paiement doit être considéré comme fait dans le délai, alors même que l'établissement de la quittance ayant été renvoyé au lendemain, la quittance porte seulement la date du lendemain (Nîmes, 5 mars 1888; et Rej., 23 juin 1888, Roche, *Gaz. Pal.*, 27 juill. 1888).

269. — La déchéance édictée par l'art. 32 en cas de non paiement des annuités d'un brevet ne doit pas être étendue au-delà des termes de la loi. En conséquence, il y a lieu de décider, ainsi que nous l'avons déjà dit, qu'en cas de cession du brevet, le défaut de paiement du mon-

---

1. V. Pouillet, n° 504.

tant intégral de la taxe, que l'article 20 prescrit d'effectuer préalablement à la cession, n'a aucune influence sur la validité de la cession, ni sur celle du brevet (V. en ce sens : Rej. 1er sept. 1855, Blondel, Pataille, 55, 193).

270. — La déchéance des droits du breveté est d'ailleurs la seule sanction qu'apporte la loi à son obligation de payer la taxe. L'administration ne pourrait exercer aucune poursuite pour le recouvrement d'une annuité en retard. Ainsi que nous l'avons déjà dit, le législateur a voulu que le breveté pût se décharger de l'obligation de payer ses annuités, en abandonnant son invention au domaine public, en laissant prononcer la déchéance de son droit exclusif pour défaut de paiement d'une annuité : la taxe est ainsi simplement facultative.

271. — Le breveté peut, toutefois, dans certains cas, être déclaré responsable de la déchéance qu'il a encourue faute de paiement de la taxe. S'il a cédé des droits sur le brevet en restant chargé du payement des annuités, ou si le brevet appartient à plusieurs propriétaires ou à une société et qu'un des co-propriétaires ou associés soit spécialement chargé d'acquitter les annuités, le fait par ce breveté, ce co-propriétaire ou cet associé de ne pas effectuer le paiement en temps utile, le rend, bien entendu, responsable vis-à-vis de ses ayants-droit, ou de ses co-propriétaires ou associés du préjudice qu'il peut ainsi leur causer. Ce n'est là que l'application du principe général de responsabilité édicté par l'article 1382 du code civil : cette application a été maintes fois consacrée par la jurisprudence, soit à l'égard du breveté qui a cédé des droits sur son brevet en restant chargé de payer la taxe (V. notamment : Rej., 29 nov. 1865, Laville, Pataille, 66, 24 ; Trib. comm. Toulon, 27 fév. 1982, Toulon, Pataille, 82, 248), soit à l'égard de l'associé chargé de gérer les affaires de la société et d'acquitter les annuités du brevet qu'elle exploite (V. notamment : Douai, 19 juin 1847, Fabvier *J. Pal.*, 48, 1, 393 ; Trib. civ. Seine, 13 juill. 1861, Boutigny, *Propr. ind.*, n° 203).

272. — De même, le cessionnaire d'un brevet, chargé d'acquitter la taxe, serait responsable envers le breveté du préjudice qu'il lui occasionnerait en causant, par son retard à payer une annuité, la déchéance du brevet (V. notamment : Rouen, 27 déc. 1871, Morand, Pataille, 73, 63, 2 ; Rej., 29 mai 1877, Souviron, Dall., 78, 310 ; Trib. civ. Seine, 24 mars 1883, Goueslain, Pataille, 84, 255).

2° *Défaut ou cessation d'exploitation du brevet.*

273. — L'article 32 § 2° dispose que le breveté sera encore déchu de ses droits, lorsqu'il n'aura pas mis en exploitation sa découverte ou invention en France, dans le délai de deux ans à dater du jour de la signature du brevet, ou lorsqu'il aura cessé de l'exploiter pendant deux années consécutives, à moins que, dans l'un ou l'autre cas, il ne justifie des causes de son inaction.

Le législateur a voulu qu'en échange de la protection accordée par la société à l'inventeur, celui-ci fît profiter la société de son invention en l'exploitant sans retard et sans interruption, et, présumant que le breveté, qui ne commence pas à exploiter dans un délai raisonnable ou qui cesse d'exploiter pendant un délai trop long, entend faire abandon de son invention au domaine public, il a, dans ces deux cas, édicté la déchéance du brevet.

Cette disposition se retrouve d'ailleurs dans presque toutes les législations étrangères sur les brevets d'invention.

274. — Voyons, au sujet de la déchéance pour défaut ou cessation d'exploitation : 1° Ce qui constitue, au point de vue légal, le défaut d'exploitation ou la cessation de l'exploitation ; 2° quels sont les caractères légaux de l'exploitation dont le défaut ou la cessation constitue une cause de déchéance ; 3° quelle est la nature de cette déchéance.

275. — I. — **Ce qui constitue le défaut ou la cessation d'exploitation.** — Aux termes de l'article 32, il y a défaut d'exploitation de nature à entraîner la déchéance, lorsque le breveté reste deux ans sans commencer à exploiter son brevet ; l'article fait courir ce délai de deux ans, non du jour du dépôt de la demande, comme cela eût été logique, mais du jour de la délivrance du brevet.

Il y a cessation de l'exploitation de nature également à entraîner la déchéance, lorsque le breveté, après avoir commencé à exploiter, cesse de le faire pendant deux années, mais pendant deux années consécutives ; de telle sorte que la déchéance ne résulterait pas de quelques interruptions d'exploitation momentanées, dont aucune n'aurait duré deux ans, bien que, réunies, elles excédassent ce délai.

276. — II. — **Caractères légaux de l'exploitation dont le défaut ou la cessation constitue une cause de déchéance.** — Bien que la loi ne détermine ni la nature, ni l'étendue de l'exploitation qui empêche la déchéance du brevet, on admet généralement que cette exploitation doit réunir les quatre conditions suivantes :

277. — 1° Il faut d'abord, bien entendu, qu'il s'agisse d'une exploitation commerciale ou industrielle sérieuse et réelle. « Les brevetés s'imaginent quelquefois, dit M. Pouillet, qu'il leur suffit, pour se mettre d'accord avec la loi, de faire constater de loin en loin un acte d'exploitation ; on en a vu qui croyaient avoir fait merveille, quand ils avaient, une fois l'an, fait fonctionner leurs machines en présence d'un huissier qui dressait un procès-verbal. C'est une grave erreur, et nulle pratique n'est plus dangereuse. Ce que veut la loi, c'est une exploitation commerciale. » On admet toutefois que la vente effective n'est pas nécessaire, et qu'il suffit de la seule mise en vente : si le brevet a pour objet un produit, de la mise en vente du produit, et si le brevet a pour objet une machine, de la mise en vente non de la machine, mais simplement des produits de la machine (V. Colmar, 7 déc. 1864, Klotz, Pataille, 65, 215). On admet également que l'exhibition par le breveté de l'objet de son brevet dans une exposition publique constitue une exploitation suffisante (V. Rej., 13 juin 1837, Griollet, Sir., 38, 1, 53 ; Paris, 9 fév. 1865, Poitevin, Pataille, 65, 190)[1]. Il importe peu d'ailleurs que l'exploitation, que la mise en vente ait ou non du succès auprès du public, qu'elle soit ou non productive de bénéfices. Nous verrons que la loi permet au breveté qui n'a pas agi d'établir qu'il n'a rien pu faire; à plus forte raison celui qui a agi dans une mesure quelconque doit-il être relevé de la déchéance, lorsqu'il est établi qu'il a fait tout ce qu'il a pu faire. Il appartient aux tribunaux d'apprécier souverainement, en fait, s'il y a eu exploitation commerciale ou industrielle suffisamment sérieuse pour empêcher la déchéance.

278. — 2° Il faut, en second lieu, que l'exploitation porte sur un objet identique à celui qui a été breveté : l'article 32 vise, en effet, le breveté qui n'a pas exploité *sa découverte ou invention*. Toutefois, s'il n'y avait entre les deux objets qu'une différence peu sensible, laissant subsister les éléments essentiels du brevet, l'exploitation serait évidemment suffisante. Il y a, ici encore, une question de fait, qu'il appartient aux tribunaux d'apprécier souverainement.

279. — Si le brevet a pour objet des moyens multiples, l'exploitation doit-elle porter sur tous ces moyens, ou suffit-il qu'elle porte sur l'un d'eux seulement? Si les moyens indiqués au brevet sont sans analogie entre eux, l'exploitation de l'un n'empêche pas que la déchéance soit encourue pour défaut d'exploitation des autres : autrement, il suffirait, pour monopoliser toute une industrie, de breveter une foule de procédés dont on n'exploiterait que quelques-uns. Dans ce cas, la déchéance doit être évidemment limitée aux moyens non exploités. Si, au contraire, les moyens indiqués au brevet ont ensemble une analogie intime, de façon à concourir tous au même but et à pouvoir être employés indistinctement, on admet généralement qu'il suffit que le breveté exploite un de ces moyens. Dans ce cas, cette exploitation partielle garantit de la déchéance le brevet tout entier, même pour les éléments non exploités (V. Grenoble, 19 juin 1857, Villard, Pataille,

1. Une loi du 8 avril 1878, rendue à l'occasion de l'Exposition universelle de la même année, disposait que tout breveté français ou étranger, qui aurait exposé à l'Exposition un objet semblable à celui garanti par son brevet, serait considéré comme ayant exploité son invention en France, depuis l'ouverture de l'Exposition ; que la déchéance prévue par l'article 33 § 2 de la loi de 1844 et non encore encourue serait interrompue, et que le délai de déchéance courrait de nouveau à partir seulement de la clôture officielle de l'Exposition. Une loi du 30 octobre 1888 avait pris des dispositions analogues au sujet de l'Exposition de 1889 (V. Pataille, 88, 321).

57, 448 ; Rej., 11 déc. 1857, Villard, Dall., 58, 1, 137 ; Rouen, 8 août 1857, Villard, Pataille, 57, 439; Rej., 12 fév. 1858, Villard, Dall., 58, 5, 42)[1].

280. — Il résulte de là qu'en principe l'exploitation d'un brevet de perfectionnement ou d'un certificat d'addition garantit le brevet principal de la déchéance : en les exploitant, le breveté exploite en même temps le brevet principal, puisque leur objet se rattache nécessairement à l'objet du brevet principal. Remarquons d'ailleurs que, la disposition de l'article 32 s'appliquant aux certificats d'addition comme aux brevets eux-mêmes, le défaut d'exploitation d'un certificat d'addition entraîne sa déchéance ; toutefois, le défaut d'exploitation d'un certificat d'addition laisse intact le brevet auquel il se rattache, tandis que la déchéance du brevet atteint du même coup, ainsi que nous l'avons déjà dit, le certificat d'addition.

281. — Il se peut que l'exploitation de l'objet du brevet soit absolument impossible à raison d'un vice du système de l'invention elle-même. Cette impossibilité d'exploitation entraînerait, bien entendu, la déchéance du brevet, à la condition toutefois que le défaut d'exploitation qui en résulterait fût établi en fait : l'impossibilité d'exploitation ne constituerait qu'une présomption qui pourrait être détruite par la preuve contraire d'une exploitation réelle, réunissant d'une façon suffisante les caractères exigés par la loi. Rappelons d'ailleurs que si l'invention, telle qu'elle est décrite, est inexécutable, le brevet peut être annulé, aux termes de l'article 31 § 6, pour insuffisance de la description.

282. — 3° Il faut en troisième lieu, que l'exploitation émane du breveté : cela résulte des termes mêmes de l'article 32. La loi n'a pas évidemment entendu par là imposer au breveté l'obligation d'exploiter personnellement, puisqu'elle lui reconnaît le droit d'autoriser les tiers à exploiter : il suffit que l'exploitation ait lieu, soit avec l'autorisation du breveté, soit par son fait, pour que le brevet soit garanti contre la déchéance (V. Rej., 31 déc. 1857, Masse, Pataille, 59, 202). Mais, si l'exploitation a lieu à l'insu du breveté, en fraude de ses droits, le breveté ne peut évidemment invoquer à son profit cette exploitation illicite, qui constitue une contrefaçon à son égard.

283. — 4° Il faut enfin, pour que l'exploitation garantisse le brevet, qu'elle ait lieu sur le territoire français. Le législateur, qui a envisagé uniquement l'intérêt de l'industrie nationale, exige formellement, dans l'article 32, que l'exploitation ait lieu *en France*. On admet généralement que ces mots : « en France » désignent non seulement le territoire continental, mais encore celui des colonies françaises (V. La Réunion, 2 août 1858, Rohlfs-Seyrig, Pataille, 58, 376).

1. *Contra* : V. Picard et Olin, n° 785.

284. — **II.** — **Nature de la déchéance édictée en cas de défaut ou de cessation d'exploitation.** — La déchéance édictée en cas de défaut ou de cessation d'exploitation n'est pas, comme la déchéance causée par le défaut de paiement de la taxe, encourue de plein droit. L'article 32 dispose formellement, en effet, que le breveté peut être relevé de cette déchéance, lorsqu'il justifie des causes de son inaction. Il n'est pas nécessaire, dès lors, que le breveté établisse que son inaction a été motivée par un cas de force majeure; il suffit qu'il donne de cette inaction des raisons sérieuses dont les tribunaux apprécient la valeur. Il a été jugé qu'on doit notamment considérer comme des causes légitimes d'inaction : 1° l'insuffisance des capitaux résultant d'une crise politique et commerciale (Paris, 30 mars 1855, Frezon et Meissonnier, Pataille, 55, 110); 2° l'insuffisance des ressources pécuniaires du breveté (Rej., 23 nov. 1859, de Coster, Sir., 61, 1, 179; Amiens, 29 mai 1884, Minault, Pataille, 85, 324; 3° la circonstance que l'invention ne s'adresse qu'à un nombre restreint d'industries qui ont refusé pendant deux années l'emploi du procédé breveté (Paris, 11 janv. 1859, de Coster, Pataille, 61, 129); 4° la circonstance, s'il s'agit d'un brevet pris pour un perfectionnement qui ne peut être exploité indépendamment du brevet principal, que ce brevet principal n'est pas expiré : nous avons vu, en effet, que, dans ce cas, l'article 19 impose au titulaire d'un brevet de perfectionnement l'obligation d'attendre, pour exploiter, l'expiration du brevet principal. Si cependant le breveté principal n'avait fait aucune difficulté de laisser exploiter le titulaire du brevet de perfectionnement, on admet généralement que l'inaction de celui-ci pourrait ne plus être considérée comme légitime [1]. Il est bien entendu, en tous les cas, que, lorsque le brevet principal a fait obstacle à l'exploitation du brevet de perfectionnement, celui-ci doit, du moins, être exploité, aussitôt après l'expiration du premier et non pas deux années après cette expiration [2].

285. — Ainsi que nous l'avons déjà indiqué, il appartient aux tribunaux d'apprécier souverainement si les causes d'inaction invoquées sont ou non suffisantes pour faire obstacle à la déchéance (V. Rej., 23 nov. 1859, De Coster, Dall., 60, 1, 23 ; Rej., 7 juill. 1860, Lister, Pataille, 61, 48).

3° Introduction en France d'objets semblables à ceux garantis par le brevet.

286. — L'article 32 déclare, en troisième lieu, déchus de ses droits le breveté qui a introduit en France des objets fabriqués en pays étran-

---

1. *Contrà* : V. Huard, *Propr. ind.*, n° 137.
2. V. en ce sens : Picard et Olin, n°s 784 *in fine* et 788 ; Pouillet n° 521 *in fine.*

ger et semblables à ceux garantis par son brevet. Après avoir, ainsi que nous l'avons vu, obligé le breveté à exploiter en France, la loi a voulu encore lui défendre de fabriquer ailleurs qu'en France, et, dans ce but, elle a fait un cas de déchéance du fait par le breveté d'introduire en France des objets semblables à ceux garantis par le brevet et qui ont été fabriqués à l'étranger.

287. — On a souvent critiqué cette disposition de l'article 32 comme n'étant plus en harmonie avec l'extension actuelle des relations industrielles et comme constituant une entrave sans utilité et qui a, au contraire, cet inconvénient de détourner les inventeurs étrangers de prendre des brevets en France [1]. Nous verrons plus loin, d'ailleurs, que la Convention d'Union de 1883 a apporté des dérogations importantes à la disposition de l'article 32.

288. — Nous avons à examiner au sujet de l'interdiction édictée par cet article et de la déchéance qui la sanctionne : 1° à quels objets applique l'interdiction ; 2° quelles personnes elle concerne ; 3° quelle est la nature de la déchéance édictée ; 4° quelles dérogations ont été apportées à la disposition de l'article 32 par la Convention d'Union de 1883.

289. — **1° A quels objets s'applique l'interdiction.** — Aux termes de l'article 32, l'interdiction s'applique à tous les objets fabriqués à l'étranger et qui sont semblables à ceux garantis par le brevet. L'article 32, tel qu'il avait été rédigé en 1844, exceptait toutefois de l'interdiction les modèles de machines, dont le ministre du commerce aurait autorisé l'introduction : cette autorisation ne pouvait d'ailleurs être donnée que dans le cas de l'article 29, c'est-à-dire lorsque le breveté français avait préalablement pris un brevet à l'étranger. La loi du 31 mai 1856 a modifié la disposition exceptionnelle de l'article 32, en édictant que le ministre du commerce pourrait autoriser l'introduction d'objets fabriqués à l'étranger, lorsqu'il s'agirait soit de modèles de machines même non préalablement brevetées à l'étranger, soit d'objets destinés à des expositions publiques, soit d'objets destinés à des essais faits avec l'assentiment du gouvernement.

Dans ces différents cas, l'autorisation ministérielle ne relève le breveté de la déchéance que si elle est donnée dans les conditions déterminées par la loi et si les objets introduits reçoivent effectivement la destination spécialement prévue.

290. — Si, en dehors de ces cas, les objets fabriqués à l'étranger sont introduits en France, non dans un but commercial, mais seulement à titre de modèles ou échantillons pour servir à des essais ou figurer dans une exposition, la déchéance est-elle encourue, malgré le défaut d'autorisation du ministre ? Bien qu'il semble que, du moment que le

1. V. Lyon-Caen et Albert Cahen, n° XXIII.

législateur a formellement spécifié certaines exceptions, il n'est pas possible d'étendre ces exceptions au delà des termes de la loi, néanmoins la jurisprudence admet, en se fondant sur les motifs qui ont déterminé l'interdiction de l'article 32, que la déchéance n'est encourue que lorsque l'introduction a été opérée par le breveté dans le but évident de se soustraire à son obligation de faire profiter exclusivement le travail national de la main-d'œuvre résultant de l'exploitation de son brevet (V. notamment : Paris, 8 juin 1855, Journaux-Leblond, Dall., 56, 2, 108 ; Paris, 12 juin 1869, Hayem, Pataille, 70, 1, 10). On admet, pour le même motif, que l'interdiction n'atteint pas les objets qui sont introduits seulement en transit, c'est-à-dire qui ne font que traverser le territoire français et sont destinés à être vendus ou employés dans un autre pays (V. notamment : Trib. civ., le Hâvre, 26 mars 1880, Larmanjat, Pataille, 80, 230 ; Chambéry, 9 mai 1881, Frankfeld, Pataille, 81, 268). Dans ce système, l'autorisation ministérielle, dans le cas où elle a pu être régulièrement accordée, a pour unique effet de faire présumer que l'objet a été introduit dans un but non commercial. On admet ainsi qu'il appartient aux tribunaux d'apprécier souverainement en fait le but de l'introduction et par conséquent l'intention de l'introducteur.

291. — Lorsque le but commercial de l'introduction est établi, il suffit qu'un seul objet fabriqué à l'étranger ait été introduit, pour que la déchéance du brevet soit encourue. S'il s'agit de divers organes d'une machine introduits séparément en France, pour y être ensuite assemblés, l'introduction de tous ces organes équivaut évidemment à l'introduction de la machine elle-même, et la déchéance est encore encourue (V. notamment : Rej., 17 juin 1865, Communay, Sir. 65, 1, 465 ; Paris, 23 mars 1870, Vilcox, Sir., 70, 248 ; Paris, 26 janv. 1879, Charageat, Pataille, 80, 132)[1]. Mais alors, dans ce cas, l'introduction d'un seul des organes accessoires de la machine ne constituerait plus une infraction à la loi.

292. — 2° **Quelles personnes l'introduction concerne.** — L'introduction, ainsi que cela résulte des termes mêmes de l'article 32, n'entraîne la déchéance du brevet qu'autant qu'elle est le fait du breveté, ou, pour mieux dire, du propriétaire actuel du brevet. C'est la faute qu'il commet personnellement en faisant tort à l'industrie nationale que le législateur a entendu punir. Si donc l'introduction ne constitue pas une faute de sa part, si elle est le fait d'un tiers, la déchéance n'est pas encourue, à moins, bien entendu, que le tiers n'ait agi qu'avec l'assentiment formel ou tacite du breveté.

Si le tiers introducteur est un contrefacteur, le breveté qui fait confisquer les objets ainsi contrefaits, peut-il les vendre en France, sans

1. *Contrà* : V. Dall., suppl. V° Brev. d'inv., n° 264.

encourir la déchéance ? Les auteurs sont divisés sur la question : nous serions tentés de croire que, si la loi, comme nous le verrons, permet l'attribution au breveté de l'objet contrefait, c'est à la condition que celui-ci en usera dans la mesure légale en se conformant aux autres prescriptions du législateur [1].

293. — Lorsque le brevet appartient à plusieurs copropriétaires, la faute que commet l'un d'eux, en introduisant des objets fabriqués à l'étranger, emporte la déchéance à l'égard de tous, sauf recours contre lui de la part de ceux qui sont restés étrangers au fait de l'introduction.

Cette règle s'applique évidemment au cessionnaire, qui participe à la propriété du brevet; elle s'applique également à l'associé, qui, lui aussi, participe à la propriété du brevet, à moins qu'il ne s'agisse d'un associé en commandite, qui ne tient à la société que par ses capitaux et dont les actes ne peuvent avoir aucune influence sur le sort des choses sociales et par conséquent du brevet.

Quant au concessionnaire de licence, qui n'est en aucune façon propriétaire du brevet, ses actes ne peuvent non plus porter atteinte aux droits du breveté. Si donc il introduit en France des objets semblables à ceux garantis par le brevet, la déchéance n'est pas encourue, à moins bien entendu, qu'il n'ait agi avec l'assentiment formel ou tacite du breveté.

294. — 3° **Nature de la déchéance édictée.** — La déchéance édictée en cas d'introduction en France d'objets semblables à ceux garantis par le brevet est-elle encourue de plein droit ? L'article 32 ne permet plus, ici, au breveté, comme lorsqu'il s'agit du défaut ou de la cessation de l'exploitation, d'invoquer des excuses qui peuvent le faire relever de la déchéance : les tribunaux sont donc obligés, dans le cas où l'introduction prévue par l'article 32 a eu lieu, de prononcer la déchéance, et, à cet égard, on peut dire que la déchéance est encourue de plein droit. Nous avons vu toutefois que la jurisprudence reconnaît aux tribunaux la faculté d'apprécier, d'après les circonstances de la cause, le but de l'introduction et l'intention de l'introducteur.

295. — 4° **Dérogations apportées à la disposition de l'article 32 par la Convention d'Union.** — Lors des travaux préparatoires de la Convention d'Union, la disposition de l'article 32 de la loi de 1844 relative à la déchéance pour introduction d'objets semblables à ceux du brevet fut particulièrement attaquée, pour les motifs que nous avons indiqués plus haut, par certains États appelés à entrer dans l'Union que l'on constituait. On se mit d'accord pour substituer à cette disposition de l'article 32 le texte suivant, qui est devenu l'article 5 de la Convention d'Union : « L'introduction par le breveté, dans le pays où le brevet a

---

1. V. Pouillet, n° 542.

été délivré, d'objets fabriqués dans l'un ou l'autre des États de l'Union n'entraînera pas la déchéance. Toutefois, le breveté restera soumis à l'obligation d'exploiter son brevet conformément aux lois du pays où il introduit les objets brevetés. »

Ainsi les citoyens d'un des États de l'Union ou les personnes qui sont domiciliées dans un de ces États ou y ont des établissements industriels ou commerciaux (car l'article 3 de la Convention assimile les unes aux autres), peuvent, sans encourir la déchéance, introduire des objets semblables à ceux qu'ils ont fait breveter, à la condition, toutefois, que les objets introduits auront été fabriqués dans l'un des pays de l'Union.

Cette dérogation à l'article 32 a été vivement critiquée en France : aussi, en 1886, à la conférence de Rome, il a été entendu que l'obligation imposée à l'introducteur d'exploiter son brevet conformément aux lois du pays où les objets sont introduits pourrait s'entendre d'une fabrication effective dans ce pays, de même à la conférence de Madrid.

III. Actions en nullité et en déchéance.

296. — Lorsque la nullité ou la déchéance du brevet est encourue, pour l'une des causes que nous venons d'énumérer, il y a lieu d'intenter, selon les cas, l'action en nullité ou l'action en déchéance, dont traite la loi dans les articles 34 à 39. Examinons successivement au sujet de ces deux actions, dont l'exercice est, en principe, soumis à des règles communes : 1º par qui elles peuvent être formées; 2º contre qui elles peuvent être intentées; 3º devant quels tribunaux elles peuvent être portées; 4º dans quelles formes elles doivent être exercées; 5º quels sont les effets du jugement qui statue sur elles; 6º quelles sont les règles spéciales concernant les demandes en nullité et en déchéance formées par le ministère public.

1º Par qui les actions en nullité et en déchéance peuvent être formées.

297. — Aux termes de l'article 34, l'action en nullité et l'action en déchéance peuvent être intentées par toute personne y ayant intérêt ; il s'agit, bien entendu, conformément aux principes généraux, d'un intérêt né et actuel. La loi laisse aux tribunaux le soin d'apprécier, en fait, si le demandeur a ou non un intérêt à agir : cette appréciation est souveraine et échappe au contrôle de la Cour de cassation. La doctrine et la jurisprudence s'accordent à reconnaître qu'il y a lieu notamment de considérer comme ayant un intérêt suffisant à demander la nullité ou la déchéance : 1º celui qui exerce une industrie similaire et concurrente, alors même qu'il n'est pas breveté (Paris, 28 mai 1867, Peltier, Pataille, 67, 372; Trib. civ. Seine, 24 mai 1878, Lejeune, Pataille, 78,

1, 265); 2° le contrefacteur poursuivi par le breveté ; 3° celui qui, s'il ne prenait pas l'initiative d'une action en nullité ou en déchéance, serait exposé à un procès en contrefaçon (Paris, 28 mai 1867, Peltier, Pataille, 67, 372) ; 4° le simple consommateur, que le monopole oblige à acheter dans une maison déterminée et par suite à des conditions plus onéreuses ; 5° le cessionnaire du brevet, ou le concessionnaire de licence (Paris, 2 fév. 1861, Landois, Pataille, 61, 77 ; Bordeaux, 17 mai 1881. Gounouilhou, Pataille, 81, 310) ; 6° l'associé, lorsque le brevet est mis en société (Trib. civ. Seine, 26 avril 1866, Lambert, Thiboust jeune, *Propr. ind.* n° 452) ; 7° celui qui succombe sur une demande en revendication du brevet formée contre lui (Bourges, 23 janv. 1841, Treuille de Baulieu, Dall., 42, 2, 25) ; 8° celui qui, postérieurement à la demande de brevet entaché de nullité, a pris lui-même un brevet pour un objet identique, car il a intérêt à reconquérir, sinon le droit d'exploiter exclusivement qu'il a perdu à jamais, du moins le droit d'exploiter dans les conditions de concurrence ordinaire (Cass., 4 juin 1839, Lambert, Dall., civ., 39, 210).

2° *Contre qui les actions en nullité et en déchéance peuvent être intentées.*

298. — L'action en nullité et l'action en déchéance doivent être intentées contre le titulaire du brevet, s'il en est encore propriétaire, et, s'il ne l'est plus, contre celui qui en a actuellement la propriété. Lors donc que le breveté n'a cédé qu'une partie de ses droits et s'est réservé une part dans la propriété du brevet, le demandeur peut intenter son action soit contre lui, soit contre le cessionnaire partiel, soit contre les deux en même temps. Lorsque le breveté a cédé tous ses droits à un seul cessionnaire, c'est contre ce cessionnaire que la demande doit être formée. Enfin, lorsque le breveté a cédé ses droits à différents cessionnaires, l'action peut être intentée soit contre l'un de ces cessionnaires, au choix du demandeur, soit contre eux tous.

299. — Même dans le cas où le breveté a cédé à un ou plusieurs cessionnaires tous ses droits sur le brevet, on admet généralement que la demande peut être encore intentée contre lui, en même temps que contre ses cessionnaires, par ce motif que, malgré la cession totale, il garde son droit aux récompenses honorifiques et a ainsi intérêt à défendre son titre [1]. D'ailleurs, le plus souvent, le breveté sera appelé en cause par le cessionnaire actionné, s'il n'y a été mis directement par le demandeur.

En effet, le breveté qui n'a pas été mis en cause, le cessionnaire ou ceux des cessionnaires qui n'ont pas été assignés, peuvent toujours, en vertu des principes généraux, intervenir dans un procès en nullité ou

---

1. V. en ce sens : Pouillet, n° 563.

en déchéance du brevet, pour y défendre leurs droits. Les simples concessionnaires de licence ont également le droit d'intervenir ; ils ne peuvent le faire, toutefois, qu'à leurs frais, la demande en nullité ou en déchéance ne pouvant, en aucun cas, être dirigée contre eux et ne les atteignant qu'indirectement. [1]

300. — On admet généralement que la demande ne peut plus être formée contre le breveté, ni contre ses ayants-droits, lorsque le brevet est expiré : le demandeur, dans ce cas, n'a plus, en effet, intérêt à agir. Cependant, si la demande avait été introduite avant l'expiration du brevet, elle serait évidemment recevable en principe, sauf au tribunal à y donner telle suite que de droit.

3° Devant quels tribunaux les actions en nullité et en déchéance peuvent être portées.

301. — Pour déterminer devant quels tribunaux les actions en nullité et en déchéance peuvent être intentées, il faut distinguer, suivant les principes généraux et conformément à la loi de 1844 elle-même, la compétence *ratione materiæ*, à raison de la nature de l'affaire, et la compétence *ratione personæ*, à raison de la personne à assigner.

302. — **I. Compétence ratione materiæ.** — L'article 34 dispose que l'action en nullité et l'action en déchéance seront, ainsi que toutes les actions relatives à la propriété des brevets, portées devant les tribunaux civils de première instance. Cette règle est applicable, bien entendu, même lorsque les deux parties sont étrangères, dès que le brevet a été pris en France : il s'agit alors, en effet, de l'interprétation d'une loi essentiellement territoriale.

303. — La compétence des tribunaux civils est exclusive : il y a donc lieu de considérer comme incompétentes pour statuer sur les demandes en nullité et en déchéance de brevet les juridictions suivantes :

304. — 1° *La juridiction administrative.* — Nous avons vu que l'administration n'est juge que de la forme de la demande ; elle commettrait donc un excès de pouvoir en refusant, par exemple, de délivrer un certificat d'addition, sous prétexte que le brevet serait tombé en déchéance (V. Conseil d'Etat, 27 mai 1848, Bélicard, Sir., 48, 2, 567).

305. — 2° *La juridiction commerciale*, ce qui comprend : les tribunaux de commerce, les tribunaux civils jugeant commercialement et les cours d'appel saisies de l'appel de jugements commerciaux (V. Bordeaux, 10 nov. 1869, Doirrier, Pataille, 70, 71). L'incompétence doit être, à notre avis, étendue aux demandes reconventionnelles et même aux exceptions par lesquelles le défendeur invoquerait ou opposerait

---

1. V. en ce sens : Pouillet, n° 564.

la nullité ou la déchéance du brevet : le législateur de 1844 a cru nécessaire de dire formellement, dans l'article 46, que les tribunaux correctionnels pourraient statuer sur les exceptions dans lesquelles on opposerait la nullité ou la déchéance du brevet et il a ainsi manifesté son intention d'exclure, dans tout autre cas, l'application de la règle générale qui permet au juge de l'action d'être juge de l'exception. La jurisprudence se prononce d'ailleurs en ce sens (V. notamment : Riom, 27 mai 1862, Barault, Pataille, 63, 274; Bordeaux, 10 nov. 1869, Doirrier, Pataille, 70, 71).

306. — La juridiction commerciale reste, bien entendu, compétente pour statuer sur les questions que soulèvent l'exploitation commerciale du brevet, ou les conventions intervenues à ce sujet, sans qu'aucune des parties demande la nullité ou la déchéance du brevet, par exemple sur les demandes en résolution de cession fondées soit sur l'exagération du prix, eu égard à l'importance du résultat industriel, soit sur l'absence des résultats annoncés (V. notamment : Paris, 15 juill. 1859, Duprat, Teul., 60, 368 ; Aix, 16 fév. 1857, Flory, Girod et Clarion, Teul., 1, 146 ; Paris, 18 août 1858, Laisné, Teul., 59, 36).

307. — 3° *La juridiction arbitrale.* — Les principes et les règles qui concernent l'incompétence de la juridiction commerciale s'appliquent, dans toute leur étendue, aux tribunaux arbitraux : ces tribunaux sont donc incompétents pour statuer même sur les exceptions dans lesquelles on oppose la nullité ou la déchéance du brevet [1].

308. — 4° *La juridiction correctionnelle.* — Il résulte de l'article 34 que les tribunaux correctionnels sont incompétents pour prononcer la nullité ou la déchéance d'un brevet, soit sur une demande principale, soit sur une demande reconventionnelle, soit même sur une exception.

Mais l'article 46 dispose que ces tribunaux, lorsqu'ils sont saisis d'une action en contrefaçon, doivent statuer sur les exceptions qui seraient proposées par le prévenu, notamment sur celles tirées de la nullité ou de la déchéance du brevet. Il résulte de la combinaison de ces deux règles que les tribunaux correctionnels peuvent apprécier, dans les motifs de leur jugement, la question de la nullité ou de la déchéance du brevet, mais seulement au point de vue de la constatation de l'existence ou de l'inexistence du délit de contrefaçon, et sans avoir le droit de statuer expressément sur cette nullité ou cette déchéance, dans le dispositif du jugement. Et l'appréciation qu'ils ont pu ainsi émettre incidemment sur la question de la nullité ou de la déchéance ne fait pas obstacle à ce que les tribunaux civils puissent ultérieurement être valablement saisis de la même question par les mêmes parties, l'autorité de la chose jugée ne s'attachant qu'à la déclaration de l'existence ou de l'inexistence du délit. La jurisprudence est unanime en ce sens

---

1. *Contrà* : V. Huard, *Propr. ind.*, n° 334.

(V. notamment : Paris, 5 juill. 1855, Rouget de l'Isle, Pataille, **55**, 87 ; Paris, 30 mars 1855, Frezon et Meissonnier, Pataille, 55, 110 ; Rej., **23** nov. 1855, David-Labbez, *Bull. crim.*, 55, 587 ; Paris, 7 déc. 1865, Leduc, Pataille, 66, 67).

309. — Si, par impossible, la juridiction correctionnelle prononçait expressément la nullité ou la déchéance d'un brevet, il appartiendrait au juge d'appel d'ordonner la suppression de cette disposition spéciale, qui constituerait un excès de pouvoir, sans néanmoins que ce vice partiel entraînât la nullité du jugement tout entier : c'est en ce sens que se prononce la jurisprudence (V. notamment : Paris, **23** mai 1863, Busson, Pataille, 64, 276). La Cour de cassation est même allée jusqu'à justifier, tout en en restreignant la portée, une déclaration de nullité insérée dans le dispositif d'un jugement (V. Rej., 1er avril 1870, Hayem, Pataille, 87, 272).

310. — Si l'article 34 attribue ainsi aux tribunaux civils la connaissance exclusive des questions de nullité et de déchéance des brevets et consacre par là même l'incompétence absolue, en cette matière, de toute autre juridiction, il ne s'en suit pas que les parties ne puissent valablement trancher ces questions par des transactions. La jurisprudence reconnaît unanimement le droit des parties de transiger sur la validité d'un brevet, à moins qu'il ne s'agisse d'une invention dont la brevetabilité intéresse l'ordre public, auquel cas la transaction ne serait pas valable, en vertu des principes généraux (V. notamment : Metz, 11 fév. 1864, de Montagnac, Pataille, 64, 377 ; Rouen, 23 juin 1864, Rouget de l'Isle, Pataille, 65, 180 ; Lyon, 24 juill. 1868, Agnellet, Pataille, 68, 342).

311. — II. **Compétence ratione personæ**. — Si les tribunaux civils sont seuls compétents pour statuer sur la nullité ou la déchéance d'un brevet, quel est celui des tribunaux civils devant lequel doit être portée la demande ? Suivant les règles générales édictées par l'article 59 du code de procédure civile, lorsqu'il n'y a qu'un défendeur assigné, la demande doit être portée devant le tribunal civil du domicile de ce défendeur, c'est-à-dire du breveté ou du cessionnaire, selon que l'un ou l'autre est assigné, et, s'il n'a pas de domicile, devant le tribunal de sa résidence. Lorsque la demande est dirigée en même temps contre le breveté et contre un ou plusieurs cessionnaires, l'article 35 de la loi de 1844 dispose, par dérogation aux règles de l'article 59, que le demandeur, au lieu de pouvoir choisir le domicile de l'un des défendeurs pour les y assigner tous, devra nécessairement assigner devant le tribunal du domicile du titulaire du brevet. L'exposé des motifs justifiait ainsi cette dérogation : « Le breveté, y était-il dit, transporte souvent ses droits à de nombreux cessionnaires pour différentes parties du royaume, et il serait trop rigoureux de le contraindre à aller défendre à l'action

en nullité ou en déchéance partout où se trouve un de ces cessionnaires. »[1]

Lorsque le brevet appartient à une société, la demande doit être
portée, conformément à l'article 59 du code de procédure, devant le
tribunal du lieu où la société est établie.

312. — Lorsque le breveté, dans un acte légalement connu du
demandeur, a fait une élection de domicile attributive de juridiction,
la demande peut être portée devant le tribunal du domicile élu, ou
devant celui du domicile réel, conformément à l'article 59. Mais on ne
peut considérer comme attributive de juridiction l'élection de domicile
que l'article 5 de la loi de 1844 oblige le breveté à faire dans sa demande de brevet : cette élection de domicile, toute spéciale, n'a pour
effet que de faciliter les rapports de l'administration avec le breveté
pour la délivrance de son titre ; elle est étrangère aux tiers qui, en
conséquence, ne peuvent en exciper. De même, lorsque le breveté fait
procéder à une saisie d'objets contrefaits et fait, conformément à l'article 584 du code de procédure, une élection de domicile dans le lieu
de la saisie, s'il n'y demeure pas, cette élection, toute spéciale à la
poursuite en contrefaçon, n'est pas attributive de compétence pour une
action en nullité ou en déchéance.

313. — En cas de connexité de deux demandes en nullité ou en
déchéance pendantes devant des tribunaux différents, il y a lieu d'appliquer la règle de l'article 171 du code de procédure qui permet au
tribunal saisi de la seconde demande de la renvoyer au tribunal saisi
de la première. Il a ainsi été jugé, à cet égard, que lorsqu'une demande
en nullité de brevet est formée devant le tribunal du domicile du breveté par un individu déjà lui-même poursuivi en contrefaçon devant
le tribunal civil de son domicile, le tribunal saisi de la demande en
nullité en ordonne à bon droit le renvoi au tribunal saisi de la demande
en contrefaçon, à raison du lien de connexité qui existe évidemment
entre les deux demandes (Rej., 3 déc. 1849, Muller, Dall., 49, 1, 40).

*4° Dans quelles formes les actions en nullité et en déchéance doivent être
exercées.*

314. — Ainsi que nous l'avons déjà indiqué, l'action en nullité et
l'action en déchéance peuvent être formées soit par voie d'une demande principale, soit par la voie incidente d'une demande reconventionnelle ou d'une exception introduite au cours d'une instance principale fondée sur l'existence du brevet, par exemple au cours d'une
poursuite en contrefaçon.

315. — A raison du caractère d'urgence que présentent toujours

1. V. Exposé des motifs, Huard et Pelletier, p. 52.

les demandes en nullité ou en déchéance de brevet, le législateur de 1844 a disposé, dans l'article 36, que ces affaires seraient instruites et jugées dans la forme prescrite pour les matières sommaires, par les articles 405 et suivants du code de procédure civile.

316. — Il semble qu'il doive résulter de là que les demandes en nullité et en déchéance ne sont pas soumises au préliminaire de conciliation, puisque l'article 49 du code de procédure dispense de cette formalité les demandes qui requièrent célérité [1]. Cependant la majorité des auteurs estime qu'en présence du silence de la loi à cet égard, il convient de s'en tenir à la règle générale de l'article 49 du code de procédure, qui soumet au préliminaire de conciliation toute demande principale introductive d'instance. En tous les cas, il résulte des termes mêmes de cet article que le préliminaire de conciliation ne peut être exigé que si la demande en nullité ou en déchéance est introduite comme demande principale, et qu'il n'est pas nécessaire si la demande est formée incidemment à une instance déjà pendante.

317. — L'article 36 dispose, en outre, que les demandes en nullité ou en déchéance seront communiquées au ministère public : il importe en effet que le représentant de la société devant le tribunal soit à même d'apprécier si le brevet attaqué n'a pas été pris pour un objet contraire à la loi, à l'ordre public ou aux bonnes mœurs et s'il ne doit pas se porter partie intervenante pour user du droit que la loi lui accorde, ainsi que nous le verrons plus loin, de faire prononcer la nullité absolue du brevet, c'est-à-dire de faire prononcer cette nullité envers et contre tous. La communication au ministère public est d'ailleurs obligatoire, qu'il s'agisse d'une demande principale ou d'une demande incidente, à peine de nullité du jugement.

318. — Conformément aux principes généraux, c'est au demandeur qu'incombe la preuve de la nullité ou de la déchéance qu'il invoque : le breveté est, en effet, détenteur d'un titre auquel provision est due.

319. — Les règles ordinaires de la procédure sur les demandes et exceptions, sur les preuves, sur les enquêtes et expertises, sur les interventions, sur les jugements, appels et pourvois en cassation, sur les acquiescements et sur la chose jugée sont, en principe, applicables aux actions en nullité ou en déchéance, dans tous les cas où la loi de 1844 n'y déroge pas expressément.

5° Quels sont les effets du jugement statuant sur l'action en nullité ou en déchéance.

320. — La nullité ou la déchéance prononcée sur la demande d'un intéressé est simplement *relative*, c'est-à-dire qu'elle n'acquiert

----

1. V. en ce sens ; Pouillet, n° 572.

l'autorité de la chose jugée qu'à l'égard du demandeur et non à l'égard des tiers vis-à-vis desquels la déclaration de nullité ou de déchéance ne constitue qu'un préjugé.

321. — A l'égard du demandeur, la portée de la décision rendue est définie par la règle générale de l'article 1351 du code civil, qui dispose que l'autorité de la chose jugée n'a lieu que pour ce qui a été l'objet du jugement, et qu'il faut que la chose demandée soit la même, que la demande soit fondée sur la même cause, et que la demande soit entre les mêmes parties. Il résulte de là que la même demande, c'est-à-dire une demande en nullité ou en déchéance peut être, malgré le jugement, formée de nouveau par la même partie, pourvu qu'elle soit fondée sur une autre cause. Ainsi, la partie qui a succombé sur une demande en nullité pour défaut de nouveauté peut former une nouvelle demande en nullité, en se fondant sur la non-brevetabilité de l'invention, ou encore sur l'insuffisance de la description : si fâcheuses que puissent être pour le breveté les conséquences de ce système, il faut bien reconnaître qu'il est le seul conforme au texte de la loi. De même, la partie qui a succombé sur une demande en déchéance pour cause d'introduction en France d'objets fabriqués à l'étranger et semblables à ceux garantis par le brevet, peut former une nouvelle demande de déchéance fondée sur le défaut d'exploitation ; elle pourrait même, comme en cette matière les faits constitutifs de la cause de déchéance sont susceptibles de se renouveler, fonder sa seconde demande sur un acte nouveau d'introduction : il n'y aurait pas, en effet, identité de cause entre les deux actions.

322. — Mais si une nouvelle cause permet ainsi une nouvelle action, il n'en est pas de même de ce qui constitue simplement un moyen nouveau. Ainsi, la partie qui a échoué sur une demande en nullité, fondée sur le défaut de nouveauté résultant d'une publication déterminée, ne peut plus reproduire sa demande en la fondant sur une publication nouvelle non invoquée dans le premier procès : le moyen serait différent, mais la cause serait identique, puisqu'il s'agirait toujours du défaut de nouveauté.

323. — Le jugement qui prononce la nullité ou la déchéance d'un brevet a pour effet de le faire tomber dans le domaine public, du moins à l'égard de celui qui a obtenu ce jugement. Nous avons vu que la nullité atteint le brevet dans le passé comme pour l'avenir, tandis que la déchéance ne l'atteint que pour l'avenir et que, alors que la déchéance frappe toujours le brevet dans son entier, la nullité peut n'être que partielle. Nous avons montré aussi que la nullité ou la déchéance du brevet atteint par contre-coup les certificats d'addition qui s'y rattachent.

324. — Le tribunal, en prononçant la nullité ou la déchéance d'un brevet, peut, en outre, condamner le breveté à des dommages-intérêts envers le demandeur en nullité, s'il est établi que sa persistance à se prévaloir d'un titre nul a causé au demandeur un préjudice sérieux.

De même, lorsque le tribunal déboute le demandeur en nullité, il peut encore le condamner à des dommages-intérêts envers le breveté, si, en contestant ses droits, il a agi de mauvaise foi ou lui a même simplement causé un préjudice.

6° Règles spéciales concernant les demandes en nullité et en déchéance formées par le ministère public.

325. — L'article 37 de la loi de 1844, inaugurant un principe nouveau, accorde au ministère public le droit de demander la nullité ou la déchéance *absolue* du brevet, c'est-à-dire une nullité ou une déchéance dont peuvent se prévaloir tous ceux qui y ont intérêt, et qui est opposable à tous les ayants-droits, alors même que les uns et les autres n'ont pas été parties au procès : par cette disposition, le législateur a voulu empêcher que l'entêtement d'un breveté donnât lieu à des procès sans cesse renaissants qui pourraient devenir une véritable gêne pour l'industrie.

Lors donc que le ministère public demande la nullité ou la déchéance d'un brevet, si la demande est accueillie par le tribunal, le brevet périt tout entier et à l'égard de tous. Si, au contraire, la demande du ministère public est rejetée, on admet généralement, par ce motif que la dérogation apportée par l'article 37 aux principes généraux de la chose jugée ne doit pas être étendue au-delà de ses termes, que ce rejet n'a d'effet qu'à l'égard du ministère public, qui ne peut plus renouveler, même devant un autre tribunal, sa demande à fin de nullité ou de déchéance absolue, mais qu'il n'empêche pas les particuliers d'attaquer, à leur tour, le brevet, en en demandant la nullité ou la déchéance relative, c'est-à-dire à leur profit personnel[1] (V. Paris, 10 janv. 57, Florimond, Pataille, 57, 14). Il est bien entendu, d'ailleurs, que, même dans ce cas, la chose jugée reste soumise aux principes qui la régissent, et que, notamment, elle est restreinte à une demande fondée sur la même cause : ainsi, lorsque le ministère public a succombé sur une demande en nullité fondée sur la non-brevetabilité de l'invention, il peut renouveler sa demande en la fondant sur l'inexactitude frauduleuse du titre.

326. — Lorsque la nullité ou la déchéance absolue a été prononcée, il est nécessaire qu'elle soit portée à la connaissance de tous, puisqu'elle est opposable par tous et à tous : aussi l'article 39 dispose-t-il que, lorsque la nullité ou la déchéance absolue d'un brevet aura été prononcée par un jugement ou arrêt ayant acquis force de chose jugée, il en

1. Contrà : V. Nouguier, n° 685 ; Calmels, n° 699.

sera donné avis au ministre du commerce, par les soins duquel les nullités et déchéances prononcées seront publiées dans la forme déterminée par l'article 14 pour la proclamation des brevets.

327. — De quelle façon le ministère public exerce-t-il son droit de demander la nullité ou la déchéance absolue ? Il peut se pourvoir soit par voie d'intervention dans un procès déjà pendant, soit par action principale, en prenant lui-même l'initiative du procès. Etudions successivement ces deux modes d'action.

328. — 1° Et d'abord, aux termes de l'article 37, dans toute instance tendant à faire prononcer la nullité ou la déchéance d'un brevet, le ministère public peut se porter partie intervenante et prendre des réquisitions pour faire prononcer la nullité ou la déchéance absolue : cette faculté est accordée par la loi au ministère public, sans distinction entre le cas où la nullité ou la déchéance est demandée par action principale, et celui où elle est demandée par action reconventionnelle.

Il résulte, toutefois, de la place même qu'occupe l'article 27 dans la loi de 1844, que le législateur n'a entendu conférer au ministère public le droit d'intervention que dans les instances pendantes devant le tribunal civil de première instance.

On déduit de là :

1° Que le ministère public ne peut intervenir en appel, ce qui ne l'empêche pas, bien entendu, d'interjeter appel du jugement de première instance dans lequel il aurait succombé comme intervenant ;

2° Que le ministère public ne peut intervenir devant un tribunal correctionnel saisi d'une exception dans laquelle on oppose la nullité ou la déchéance du brevet. Son intervention serait d'ailleurs sans objet, puisque la juridiction correctionnelle ne peut, ainsi que nous l'avons vu, prononcer la déchéance ou la nullité, même relative d'un brevet.

Devant ces deux juridictions, où il ne peut se porter partie intervenante, le ministère public a néanmoins, bien entendu, le droit de donner ses conclusions sur la demande, comme sur toute affaire civile, mais sans qu'il puisse, par ces conclusions, étendre les effets du jugement à intervenir.

329. — Dans les cas où le ministère public peut se porter partie intervenante, le désistement du demandeur a évidemment pour effet de rendre impossible cette intervention, à la condition toutefois que le désistement ne soit pas postérieur à l'intervention, auquel cas, l'instance étant liée entre le breveté et le ministère public, il ne peut dépendre du seul demandeur d'y mettre fin.

330. — En ne prescrivant pour l'intervention du ministère public aucune forme spéciale, le législateur de 1844 a évidemment entendu soumettre cette intervention aux règles de forme édictées par l'article

339 du code de procédure pour toute espèce d'intervention : aux termes de cet article, l'intervention doit être formée par requête contenant les moyens et conclusions dont il est donnée copie ainsi que des pièces justificatives. L'intervention du ministère public qui ne serait pas faite en cette forme pourrait être déclarée non recevable.

331. — L'article 38 de la loi de 1844 oblige, en outre, le ministère public, lorsqu'il intervient, à mettre en cause non seulement le breveté mais encore tous les ayants-droits, cessionnaires ou simples licenciés, qui sont connus officiellement, c'est-à-dire dont les titres auront été enregistrés au ministère du commerce, conformément à l'article 21 ; comme le jugement prononçant la nullité ou la déchéance sera opposable à ces ayants-droits, la loi a voulu les mettre à même de se défendre.

Quant aux ayants-droits qui n'auraient pas fait enregistrer leur titre, comme ils doivent subir les conséquences de leur faute, non seulement ils ne sont pas appelés en cause, mais ils ne pourront, quel que soit leur intérêt, former tierce opposition au jugement prononçant la nullité ou la déchéance. Toutefois, s'ils sont avertis à temps, ils ont, bien entendu, le droit d'intervenir dans l'instance, à leur frais et sauf la garantie qu'ils pourront avoir contre le breveté, en cas d'annulation ou de déchéance du brevet entraînant la résolution de leur contrat.

332. — Le ministère public qui succombe dans son intervention en première instance peut, ainsi que nous l'avons déjà indiqué, interjeter appel, sauf à se conformer aux règles prescrites par le code de procédure pour les formes.

333. — De son côté, le breveté peut toujours, bien entendu, interjeter appel du jugement qui a prononcé la nullité ou la déchéance absolue du brevet sur l'intervention du ministère public [1]. Dans ce cas le ministère public doit, comme une partie ordinaire, signifier le jugement au breveté pour faire courir à son égard le délai d'appel ; la signification de la partie privée ne suffirait pas à faire courir ce délai, même à l'égard du ministère public (V. Rej., 20 avril 1868, Noé et Maillard, Dall., 68, 1, 424).

334. — Quant aux frais de l'intervention du ministère public, ils sont, bien entendu, supportés par le breveté, si celui-ci succombe. Si, au contraire, le breveté triomphe, nous pensons que les frais de l'intervention doivent être supportés, non par le ministère public, c'est-à-dire par le Trésor, mais par le demandeur en nullité qui a succombé et

1. M. Pouillet conseille avec raison au breveté qui interjette appel, dans ce cas, de signifier son acte d'appel non seulement à la partie privée, mais aussi au ministère public : autrement, en effet, le jugement pourrait acquérir force de chose jugée vis-à-vis le ministère public, et l'appel relevé à l'égard de la partie privée deviendrait illusoire (V. Pouillet, n° 614).

qui est en faute d'avoir, en engageant témérairement le procès, provoqué l'intervention du ministère public [1].

335. — 2° Le ministère public peut, en second lieu, aux termes de
l'article 37 § 2, demander la nullité ou la déchéance absolue du brevet
par voie d'action principale, mais seulement dans les trois cas spéciaux
déterminés par cet article, c'est-à-dire : 1° lorsque le brevet a été pris
pour une invention qui est non brevetable comme constituant soit un
remède ou une composition pharmaceutique, soit un plan ou une combinaison de crédit ou de finances ; 2° lorsque le brevet a été pris pour
une invention contraire à l'ordre public, aux bonnes mœurs ou aux
lois ; 3° lorsque le brevet a été pris sous un titre indiquant frauduleusement un objet autre que le véritable objet de l'invention.

En dehors de ces trois cas, le ministère public ne peut agir directement : il ne peut qu'intervenir, comme nous l'avons dit, dans les demandes intentées par les particuliers.

Lorsque le ministère public agit par voie d'action principale, il doit,
bien entendu, se conformer aux règles du code de procédure sur les
ajournements. Les articles 37 et 38 de la loi de 1844 l'obligent toutefois à observer, dans ce cas, comme dans le cas où il se porte partie
intervenante, certaines règles spéciales. Ainsi il ne peut agir que devant le tribunal civil, sauf, bien entendu, son droit de faire appel
devant la Cour, s'il échoue. Il doit également mettre en cause les
ayants-droits qui ont fait enregistrer leur titre, en les assignant tous
au domicile du breveté.

Si le ministère public succombe comme partie principale, on admet
généralement que les frais du procès doivent être supportés, non par le
breveté qui triomphe, mais par le Trésor [2].

---

1. V. en ce sens : Renouard, n° 202 ; Pouillet, n° 616 ; — *Contrà* : Nouguier,
n° 631.
2. V. Renouard, n° 202.

CHAPITRE VIII

ACTIONS DONT LE BREVETÉ EST PASSIBLE EN DEHORS DES ACTIONS EN NULLITÉ ET EN DÉCHÉANCE

---

336. — En dehors des actions en nullité et en déchéance, le titulaire d'un brevet est passible de diverses autres actions, soit dans le cas où il a usurpé la propriété de l'invention, soit dans le cas où il commet le délit spécial prévu par l'article 33 de la loi de 1844, soit dans le cas où il se sert de son titre pour faire de la concurrence déloyale, soit enfin dans le cas où, en fabricant ou en vendant l'objet breveté, il commet un délit de droit commun.

Examinons successivement ces différents cas et les actions auxquelles ils donnent lieu contre le breveté.

I. Usurpation de l'invention.

337. — Il se peut que le breveté ait usurpé l'invention, c'est-à-dire qu'il l'ait prise par dol ou par fraude à son véritable propriétaire et l'ait fait breveter à son nom et à son profit avant que le propriétaire ait lui-même pris un brevet. Dans ce cas, le véritable inventeur a, en vertu des principes généraux, le droit de revendiquer la propriété de son invention contre l'usurpateur, de lui intenter une action civile en revendication, afin de se faire substituer à lui dans la propriété du brevet, sans préjudice, bien entendu, de l'action correctionnelle dont l'usurpateur est toujours passible, si l'usurpation résulte d'un abus de confiance ou d'un vol.

Voyons, au sujet de cette action en revendication : 1° par qui elle peut être formée ; 2° contre qui elle peut être intentée ; 3° devant quels tribunaux elle doit être portée ; 4° dans quelles formes elle doit être exercée ; 5° enfin quels sont les effets du jugement qui admet la revendication.

1° Par qui l'action en revendication peut être formée.

338. — En principe, l'action en revendication appartient à l'inventeur dépossédé. Toutefois, l'usurpateur ne pourrait pas repousser l'action sous le prétexte que le demandeur ne serait pas le véritable propriétaire de l'invention : pourvu que le demandeur justifie d'un droit quelconque sur le brevet par lui revendiqué, il a intérêt et qualité pour agir, sauf ensuite au véritable inventeur à faire valoir ses droits contre qui il appartiendra (V. Rouen, 28 janv. 1847, Roduwick, Sir., 48, 2, 582).

339. — Il est admis, au surplus, que le véritable inventeur est celui qui a trouvé l'idée de l'invention ou de l'application nouvelle, alors même que, pour la réaliser, pour la faire exécuter, il aurait demandé à un homme du métier l'aide de son travail, ou même de ses conseils (V. Caen, 20 juill. 1886, Peschard, Pataille, 87, 40).

340. — L'action en revendication n'est ainsi subordonnée, de la part du revendiquant, qu'à une condition : c'est qu'il établisse que c'est à lui que l'invention a été empruntée. C'est en vain que l'usurpateur soutiendrait que l'invention n'est pas nouvelle : les tribunaux ne pourraient pas repousser la revendication sous ce prétexte ; ils ne doivent statuer que sur la question de propriété, sauf ensuite à l'usurpateur, s'il échoue, à faire un nouveau procès pour contester la nouveauté de l'invention et demander la nullité du brevet (V. Bourges, 23 janv. 1841, Treuille de Beaulieu, Dall., 42, 2, 25; Paris, 28 mai 1867, Peltier, Pataille, 67, 372).

341. — Le droit de l'inventeur dépossédé à revendiquer la propriété de l'invention subsiste alors même que l'usurpateur aurait perfectionné cette invention, en la faisant breveter, car ce dernier doit porter la peine de la faute qu'il a commise en usurpant l'invention. Les tribunaux peuvent cependant tenir compte des perfectionnements apportés par l'usurpateur, pour l'appréciation des dommages-intérêts (V. Paris, 29 janv. 1859, Amuller, *Le Droit*, 1859, n° 95). Disons, toutefois, que ce principe ne doit pas être poussé à l'extrême et que si le brevet comprend non seulement l'invention usurpée, mais encore des perfectionnements d'une importance telle qu'ils absorbent en réalité la première découverte, les tribunaux peuvent, en ce cas, soit maintenir le titulaire en possession du brevet, en le condamnant à réparer le préjudice qu'il a causé par son usurpation, soit même ordonner que la propriété du brevet sera divisée entre les ayants-droits et l'attribuer pour partie à chacun d'eux, comme au cas où les copropriétaires d'un brevet se le sont partagé en nature [1].

---

1. V. Pouillet, n° 627.

342. — Il se peut que le véritable inventeur se soit fait breveter postérieurement à l'usurpateur : dans ce cas, la priorité de la date, qui crée, en général, un droit de préférence, ne fait pas, bien entendu, obstacle à ce que le second breveté revendique contre le premier la propriété de l'invention.

343. — L'action en revendication est personnelle au propriétaire de l'invention. Mais ce principe n'empêche pas que l'action puisse être exercée par les créanciers de l'inventeur, conformément à l'article 1166 du code civil. Par exemple, si l'inventeur tombe en faillite et qu'un tiers fasse breveter son invention postérieurement à la déclaration de faillite, la masse des créanciers, représentée par le syndic, a évidemment droit et intérêt, comme l'inventeur lui-même, à revendiquer contre le tiers breveté la propriété de l'invention. Il en est ainsi, selon nous, même dans le cas où le tiers n'aurait pris le brevet que d'accord avec l'inventeur et dans le but de soustraire ainsi le profit de l'invention à l'action des créanciers : si, en principe, l'inventeur est libre de ne pas réaliser son invention en la faisant breveter, et par conséquent d'empêcher, le cas échéant, ses créanciers de la comprendre dans leur gage, il ne doit plus en être ainsi, lorsque l'inventeur, au lieu de s'abstenir, a commis un acte frauduleux à l'égard de ses créanciers.

La plupart des auteurs se prononcent en ce sens [1].

2° *Contre qui l'action en revendication peut être intentée.*

344. — Si l'usurpateur est encore titulaire du brevet, c'est contre lui évidemment que doit être intentée l'action en revendication. S'il a cédé ses droits sur le brevet, il convient d'appliquer ici, et avec les mêmes distinctions, les règles que nous avons indiquées pour l'exercice, dans le même cas, de l'action en nullité ou en déchéance. Si donc l'usurpateur n'a cédé qu'une partie des droits du brevet, l'action en revendication peut être dirigée soit contre lui, soit contre le cessionnaire partiel, soit contre tous les deux simultanément. Si l'usurpateur a cédé tous ses droits à un seul cessionnaire, l'action doit être intentée contre le cessionnaire et elle peut l'être également contre le cédant en même temps que contre le cessionnaire. Si enfin l'usurpateur a cédé tous ses droits à plusieurs cessionnaires, l'action peut être intentée soit contre l'un de ces cessionnaires, au choix du demandeur, soit contre eux tous et en même temps, soit contre le cédant. D'ailleurs, le plus souvent, l'usurpateur sera appelé en cause par le cessionnaire actionné, s'il n'y a été mis directement par le demandeur.

---

1. V. Allart, n° 158; Pouillet, n° 628.

3° Devant quels tribunaux l'action en revendication doit être portée.

345. — Il faut, ici encore, distinguer la compétence *ratione materiæ* et la compétence *ratione personæ*.

346. — 1° En ce qui concerne la compétence *ratione materiæ*, l'article 34 dispose formellement que toutes les actions relatives à la propriété du brevet doivent être, comme les actions en nullité et en déchéance, portées devant les tribunaux civils. Cette compétence est exclusive.

Il faut conclure de là :

1° Que, si l'usurpation résulte d'un abus de confiance ou d'un vol, le tribunal correctionnel, auquel serait déféré ce délit, ne serait pas compétent pour statuer sur la revendication et la propriété du brevet;

2° Que, si l'autorité administrative est, comme nous le verrons, chargée, dans le cas où la revendication est accueillie, de substituer sur le brevet le nom du revendiquant à celui de l'usurpateur, il ne lui appartient pas de s'immiscer dans un nouvel examen du fond de la question pour décider si elle doit ou non opérer la substitution. Bien qu'un arrêt, d'ailleurs isolé, lui ait reconnu ce droit[1], dans la pratique les tribunaux n'hésitent pas, en admettant la revendication, à ordonner la substitution, et de son côté, l'autorité administrative opère toujours cette substitution, dès qu'elle est ordonnée par les tribunaux.

347. — 2° En ce qui concerne la compétence *ratione personæ*, il y a lieu d'appliquer à l'action en revendication les règles que nous avons indiquées pour la compétence en matière d'action en nullité ou en déchéance. L'action doit donc, en principe, être portée devant le tribunal civil du domicile ou de la résidence du breveté ou du cessionnaire, selon qu'elle est dirigée contre l'un ou contre l'autre. Si l'action est dirigée en même temps contre le breveté et contre un ou plusieurs cessionnaires, tous les cessionnaires doivent être assignés devant le tribunal du domicile du breveté. Bien qu'il y ait là, ainsi que nous l'avons dit, une dérogation aux principes généraux du code de procédure, il résulte de la place même qu'occupe l'article 35, qui consacre cette dérogation, que le législateur a entendu le rendre applicable aux actions relatives à la propriété du brevet comme aux actions en nullité et en déchéance.

4° Dans quelles formes l'action en revendication doit être exercée.

348. — Toutes les règles que nous avons indiquées concernant les formes dans lesquelles doit être exercée l'action en nullité ou en

1. V. Rouen, 28 janv. 1847, Roduwick, Sir., 48, **2**, 582.

déchéance sont encore applicables à l'action en revendication. La demande est donc instruite et jugée dans la forme prescrite pour les matières sommaires; elle est néanmoins soumise au préliminaire de conciliation; enfin elle doit être communiquée au ministère public.

5° *Quels sont les effets du jugement qui admet la revendication.*

349. — Le droit pour les tribunaux de déclarer le revendiquant propriétaire de l'invention, à la place du breveté, emporte le droit de le subroger dans la propriété du brevet, et, comme moyen pratique de réaliser cette subrogation, le droit d'ordonner que le nom du propriétaire réel sera, sur l'original et sur les expéditions du brevet, substitué au nom de l'ancien titulaire.

Lors donc que le véritable inventeur a fait admettre sa revendication, dès que le jugement est passé en force de chose jugée, il le signifie au ministère du commerce qui opère la substitution requise : nous avons vu que l'administration ne pourrait valablement se refuser à opérer cette substitution.

350. — Il se peut que, à raison de la façon dont le brevet pris par l'usurpateur a été décrit, le véritable inventeur ait intérêt, au lieu de se faire subroger dans le brevet, à en prendre un nouveau. Est-ce que, dans ce cas, le tribunal saisi de la demande en revendication devra nécessairement, s'il l'accueille, prononcer la subrogation? Les auteurs sont divisés sur la solution de cette question. M. Blanc enseigne que l'inventeur, qui veut éviter la subrogation, peut demander la nullité du brevet comme pris en fraude de ses droits[1]. Mais c'est admettre une cause de nullité qui n'est pas formellement prévue par la loi, et nous avons vu que cela n'est pas possible. Il est bien évident toutefois que, si le brevet pris par l'usurpateur était entaché d'un des vices que la loi considère comme des causes de nullité, par exemple si la description était insuffisante pour l'exécution de l'invention, l'inventeur pourrait, comme tout intéressé, demander la nullité du brevet (V. trib. civ. Seine, 9 déc. 1864, *Gaz. trib.*, 23 déc.).

En dehors de ce cas, nous admettrions volontiers la solution proposée par M. Pouillet, qui estime que le tribunal saisi de l'action en revendication de l'inventeur qui aurait pris lui-même un brevet, pourrait ordonner, sur la demande de celui-ci, que le premier brevet se confondra avec le dernier, c'est-à-dire « qu'il ne fera qu'une seule et même chose avec lui, et suivra exactement sa fortune, vivant quand il vivra, mourant quand il mourra, de quelque façon qu'il meure[2] ». Sur le vu du jugement, l'administration porterait en marge du pre-

1. V. Blanc, p. 609.
2. V. Pouillet, n° 620.

mier brevet, une mention de la confusion qui serait opérée. « De cette manière, dit M. Pouillet, tous les droits seraient respectés : le public ne serait pas induit en erreur par une nullité qui ne doit pas lui profiter; le véritable inventeur ne serait pas forcé de payer les annuités d'un brevet qui n'a aucune raison d'être[1] ».

II. Délit spécial prévu par l'article 33.

351. — L'article 33 de la loi de 1844 prévoit un délit spécial qui peut être commis par le breveté : celui qui consiste dans l'emploi de la qualité de breveté sans mention de la non-garantie du gouvernement. L'article assimile à cette infraction celle qui consiste dans l'usurpation de la qualité de breveté. Etudions successivement les dispositions de la loi concernant chacun de ces deux délits spéciaux.

1° *Emploi de la qualité de breveté sans mention de la non garantie du gouvernement.*

352. — Nous avons vu qu'aux termes de l'article 11, le breveté est délivré par l'administration sans examen préalable, aux risques et périls du demandeur et sans garantie soit de la réalité, de la nouveauté ou du mérite de l'invention, soit de la fidélité ou de l'exactitude de la description. Comme complément à cette disposition, l'article 33 interdit au breveté de mentionner sa qualité de breveté dans des enseignes, annonces, prospectus, affiches, marques ou estampilles, sans y ajouter les mots : *sans garantie du gouvernement.* L'infraction à cette interdiction constitue un délit que l'article 33 punit d'une amende correctionnelle.

Voyons, au sujet de ce délit : 1° quels sont les éléments qui le constituent; 2° quel est son caractère; 3° de quelles peines il est puni ; 4° à quelles actions il donne lieu.

353. — I. **Eléments du délit.** — Il résulte des termes de l'article 33 que deux éléments sont nécessaires pour constituer le délit qu'il prévoit. Il faut : 1° un acte de publicité dans lequel le breveté annonce son brevet ; 2° l'omission dans cet acte de publicité annonçant le brevet des quatre mots : *sans garantie du gouvernement.*

354. — 1° Et d'abord il faut un acte de publicité dans lequel le breveté annonce son brevet. Cet acte de publicité peut consister, aux termes de l'article, soit dans l'emploi d'enseignes, annonces, prospectus ou affiches, soit dans l'emploi de marques ou estampilles, ou par conséquent dans la vente ou la mise en vente des objets brevetés portant la marque ou l'estampille du brevet.

1. V. Pouillet, n° 620.

355. — 2° Il faut, en second lieu, que, dans l'acte de publicité qui annonce le brevet, le breveté omette de faire suivre cette annonce de la mention de la non garantie du gouvernement. Cette mention, aux termes de l'art. 33, doit consister dans l'énonciation des quatre mots suivants, qui sont, pour ainsi dire, sacramentels : *sans garantie du gouvernement*.

Il résulte de là que l'abréviation *s. g. d. g.*, universellement employée dans la pratique par les brevetés, est absolument illégale : les auteurs ne peuvent comprendre la tolérance persistante du ministère public à cet égard ; on cite cependant un jugement du tribunal correctionnel de Nancy, qui a décidé que cette abréviation constitue le délit prévu et puni par l'article 33[1]. Par contre, l'énonciation intégrale des quatre mots sacramentels imprimés en caractères minuscules doit être considérée comme remplissant suffisamment le vœu de la loi.

356. — L'acte de publicité et le défaut d'énonciation qui constituent le délit doivent, bien entendu, émaner du breveté lui-même, ou tout au moins de son préposé. Il a été jugé à cet égard, que dès que l'acte de publicité délictueux commis par le breveté est couvert par la prescription de trois ans, la mise en vente, par les débitants auxquels il a lui-même vendu son produit, de ce même produit non revêtu de la mention prescrite ne peut donner lieu à aucune poursuite (Cass., 16 mai 1884, Robert, Pataille, 85, 5).

357. — **II. Caractère du délit.** — On admet généralement que l'emploi de la qualité de breveté sans mention de la non garantie du gouvernement, bien que puni d'une amende correctionnelle, constitue un délit contraventionnel, excluant toute excusabilité tirée de la bonne foi de son auteur : en déclarant, en termes impératifs, que *quiconque*, étant breveté, omettra cette mention, *sera* puni d'une amende, l'article 33 semble bien n'admettre aucune excuse.

358. — **III. Peines du délit.** — L'article 33 punit le délit d'une amende de 50 francs à 1000 fr.; en cas de récidive, l'amende peut être portée au double.

359. — **IV. Actions auxquelles donne lieu le délit.** — L'omission prévue par l'article 33 donne lieu, comme tous les délits, soit à l'action publique, qui peut être intentée par le ministère public, d'office ou sur la plainte des intéressés, notamment des concurrents, soit à une action civile, qui peut être intentée par les intéressés eux-mêmes par voie de citation directe en police correctionnelle, ou par voie d'assignation en dommages-intérêts devant la juridiction commerciale[2].

1. V. *Gaz. trib.*, 9 oct. 1851, aff. Traverse-Jandin.
2. Le fait pouvant être considérée comme un acte de concurrence déloyale, la juridiction commerciale nous semble compétente, plutôt que la juridiction civile (V. en ce sens : Pouillet, n° 362).

2° *Usurpation de la qualité de breveté.*

360. — L'article 33 assimile au cas où l'on emploie la qualité de
breveté sans mentionner la non garantie du gouvernement le cas où
l'on emploie cette qualité, sans l'avoir réellement : du moment que le
législateur punissait le simple abus de la qualité de breveté par celui
qui est vraiment breveté, à plus forte raison devait-il punir l'usurpation de cette qualité par celui qui n'est pas breveté et qui trompe ainsi
le public en éveillant faussement dans son idée l'idée d'un droit privatif. Ce second délit spécial prévu par l'article 33 a nécessairement pour
auteur, à la différence du premier, non le breveté, mais au contraire
celui qui n'est pas breveté. Examinons également, au sujet de ce délit :
1° quels sont ses éléments constitutifs ; 2° quel est son caractère ;
3° de quelles peines il est puni et à quelles actions il donne lieu.

361. — I. **Éléments du délit.** — Deux éléments sont nécessaires,
aux termes de l'article 33, pour constituer le délit d'usurpation de la
qualité de breveté. Il faut : 1° qu'il y ait un acte de publicité annonçant la qualité de breveté ; 2° que le brevet annoncé n'existe pas ou
n'existe plus.

362. — 1° Il faut d'abord qu'il y ait un acte de publicité dans lequel on annonce la qualité de breveté. Ici encore, l'acte de publicité
peut consister soit dans l'emploi d'enseignes, annonces, prospectus ou
affiches, soit dans l'emploi de marques ou estampilles ou dans la vente
ou la mise en vente d'objets portant la marque ou l'estampille d'un
brevet.

La menace, insérée dans les prospectus ou affiches, de poursuivre
les contrefacteurs, impliquant l'idée d'un droit privatif, est généralement considérée comme devant être assimilée à l'annonce de la qualité de
breveté.

Par contre, on admet que la simple mention de *fournisseur breveté*,
n'étant pas de nature à éveiller dans le public l'idée d'un droit exclusif,
ne suffit pas pour constituer le délit.

Quant à l'usage de la qualité d'inventeur sans prétention à un droit
privatif, elle ne tombe pas non plus, bien entendu, sous l'application
de l'article 33, alors même que cette qualité serait fausse ; toutefois l'u-
sage de la fausse qualité d'inventeur pourrait constituer un acte de
concurrence déloyale, donnant lieu à une action en dommages-intérêts.

363. — 2° Il faut, en second lieu, pour qu'il y ait délit, que le brevet qu'on annonce n'existe pas ou n'existe plus légalement.

Le brevet n'existe pas légalement, lorsqu'il n'a pas été délivré conformément à la loi française. Ainsi celui qui ne peut justifier que d'un
brevet pris à l'étranger, commet le délit au même titre que celui qui
n'a pas pris de brevet du tout. Par contre, celui qui s'annoncerait
comme breveté à l'étranger, alors qu'il n'y possède pas de brevet, ne

.tomberait pas sous l'application de l'article 33, qui, en défendant d'annoncer un brevet sans l'avoir, n'a entendu parler évidemment que d'un brevet délivré par le gouvernement français et que celui-ci se refuse à garantir : il y aurait là, toutefois, un acte de concurrence déloyale pouvant donner ouverture à une action en dommages-intérêts.

Le brevet n'existe plus légalement, lorsqu'il est expiré, ou lorsque, avant son expiration normale, il est frappé de nullité ou de déchéance absolue. Si le brevet n'est frappé que d'une nullité ou d'une déchéance relative, c'est-à-dire prononcée seulement à l'égard d'une ou de plusieurs personnes déterminées, l'inventeur peut continuer à se dire breveté, sans commettre le délit d'usurpation de la qualité de breveté.

364. — Alors même que le brevet annoncé existe légalement, il y a délit, si ce brevet n'a pas pour objet une invention ou un perfectionnement s'appliquant au produit à l'occasion duquel la qualité de breveté a été annoncée. Ainsi l'armurier, qui se serait fait breveter pour un système d'arme à feu, commettrait le délit de l'article 33, s'il mentionnait la qualité de breveté sur les cartouches qu'il fabrique et pour lesquelles il n'a pas pris de brevet. Cette règle de bon sens est suivie d'une façon unanime et constante par la jurisprudence (V. notamment : Paris, 27 juill. 1867, Serrin, Pataille, 67, 376 ; Paris, 23 mai 1868, Serrin, Pataille, 68, 387 : Trib. corr. Seine, 25 nov. 1882, Pradon, Pataille, 85, 67 ; Paris, 28 mars 1883, Arpé, Pataille, 84, 84).

365 — **II. Caractère du délit.** — Les auteurs admettent généralement que l'usurpation de la qualité de breveté constitue, comme l'usage de cette qualité sans mention de la non garantie du gouvernement, un délit contraventionnel, exclusif de toute excusabilité tirée de la bonne foi : l'article 33 se sert en effet des mêmes termes pour déclarer la même peine applicable aux deux délits. La jurisprudence semble cependant se prononcer en sens contraire (V. Paris, 17 juill. 1869, Jouvin, Pataille, 70, 52 ; Paris, 4 déc. 1869, Jouvin, Pataille, 70, 58)[1].

366. — **III. Peines du délit et actions auxquelles il donne lieu.** — Ainsi que nous l'avons déjà indiqué, l'article 33 punit l'usurpation de la qualité de breveté de la même peine que l'usage de cette qualité sans mention de la non garantie du gouvernement, c'est-à-dire d'une amende de 50 à 1000 fr., qui peut être portée au double en cas de récidive.

367. — Les actions auxquelles donne lieu le délit d'usurpation de la qualité de breveté sont également les mêmes que celles auxquelles donne lieu le premier délit prévu par l'article 33 : nous ne pouvons que renvoyer à ce que nous avons dit à cet égard.

1. V. toutefois : Paris, 20 déc. 1882, Robert, Pataille, 83, 241.

III. Concurrence déloyale commise par le breveté.

368. — Toutes les fois que, sans commettre le délit prévu par l'article 33, le breveté abuse de son titre pour faire aux autres industriels une concurrence déloyale, il est passible, en vertu des principes généraux, d'une action en dommages-intérêts. Nous verrons plus loin quels sont les éléments constitutifs de la concurrence déloyale.

On admet généralement que l'action en concurrence déloyale, ayant pour objet une question qui s'agite entre deux commerçants à raison de leur commerce et qui ne touche pas d'ailleurs à la propriété ou à la validité du brevet, est de là compétence des tribunaux de commerce.

IV. Délits de droit commun commis par le breveté.

369. — En dehors du délit spécial de l'article 33 et des actes de concurrence déloyale, le breveté peut commettre, dans la fabrication ou la vente de l'objet breveté, un délit de droit commun. Dans ce cas, la délivrance qui lui a été faite de son brevet par l'administration, ne fait pas, bien entendu, obstacle à l'exercice des poursuites criminelles. Ainsi il a été jugé, à cet égard, que le délit résultant de la fabrication ou de la vente d'une arme prohibée peut et doit être poursuivi même contre celui qui, pour cette arme, a été pourvu d'un brevet d'invention (Trib. corr. Seine, 20 mars 1840, *le Droit*, 21 mars 1840).

CHAPITRE IX

DE LA CONTREFAÇON

370. — La loi, en accordant au breveté un droit exclusif d'exploitation, devait lui assurer l'exercice de ce droit, en lui permettant de poursuivre toute exploitation faite par des tiers sans son assentiment et d'obtenir la réparation du préjudice qui en est résulté pour lui. Cette exploitation illicite constitue ce que la loi appelle la *contrefaçon*, dont elle fait un délit.

La loi de 1844 traite de cette matière, dans son titre V et dernier, qui comprend les articles 40 à 49.

371. — Nous diviserons notre étude de la contrefaçon en trois parties. En suivant l'ordre de la loi, nous traiterons successivement : 1° des caractères et des éléments constitutifs de la contrefaçon ; 2° de la poursuite de la contrefaçon ; 3° de la répression de la contrefaçon.

I. Caractères et éléments constitutifs de la contrefaçon.

372. — L'article 40 de la loi de 1844 définit la contrefaçon « toute atteinte portée aux droits du breveté soit par la fabrication de produits, soit par l'emploi de moyens faisant l'objet de son brevet. » Il faut entendre ici le mot *moyens* dans son sens le plus général et comme comprenant non seulement les procédés, mais encore les produits : il est impossible que le législateur, après avoir puni la fabrication des produits, n'ait pas voulu punir aussi l'emploi des produits, et il résulte, au contraire, de la discussion[1] qu'il a entendu viser *toute manière d'utiliser le brevet*[2].

1. V. Huard, p. 266.
2. Jusqu'à ces dernières années, cette interprétation était unanimement adoptée par les auteurs. En 1889, M. Thézard, professeur à la faculté de droit de Poitiers, a publié, dans le journal *la Loi*, un article, d'ailleurs fort intéressant, où il combat cette interprétation. Le système soutenu par M. Thézard a été péremptoirement réfuté par M. Pouillet dans son édition de 1889 (V. Pouillet, nos 673, 674 et 675).

D'autre part, l'article 41 assimile à la contrefaçon le fait de recéler, vendre ou exposer en vente, ou introduire sur le territoire français l'objet contrefait.

373. — Il résulte ainsi de la définition des articles 40 et 41 que le délit de contrefaçon est caractérisé par trois conditions : 1° il faut qu'il y ait un brevet valable ; 2° il faut qu'une atteinte ait été portée aux droits résultant de ce brevet ; 3° il faut enfin que cette atteinte résulte d'un des faits que la loi déclare constitutifs de la contrefaçon ou qu'elle assimile à la contrefaçon, c'est-à-dire soit, d'une part, de la fabrication ou de l'usage de ce qui fait l'objet du brevet, soit, d'autre part, de la vente, de l'exposition en vente, du recel ou de l'introduction en France de l'objet contrefait.

Étudions successivement chacune de ces trois conditions constitutives de la contrefaçon.

1° *Existence d'un brevet valable.*

374. — Comme le droit de poursuivre la contrefaçon n'est que le corollaire du droit exclusif d'exploitation accordé à l'inventeur, ce droit de poursuite ne peut s'exercer que si le droit exclusif existe valablement, c'est-à-dire s'il existe un brevet valable : c'est ce que l'article 40 exprime, en parlant d'une atteinte aux droits d'un breveté.

Il résulte de là : 1° que, si l'invention n'est pas brevetée, son usurpation par un tiers ne constitue pas une contrefaçon ; nous verrons toutefois, en traitant du droit de poursuite, que celui qui a déposé une demande de brevet peut, même avant la délivrance du titre, procéder, en cas de contrefaçon, à des actes conservatoires ; 2° que, si l'inventeur, après s'être fait breveter, a cédé régulièrement et totalement son brevet, non seulement il ne peut plus poursuivre les tiers contrefacteurs, mais qu'il devient lui-même, à l'égard du cessionnaire, un tiers, dont l'exploitation constitue une contrefaçon ; 3° enfin que, si le brevet est nul ou tombé en déchéance, le contrefacteur, poursuivi en vertu de ce brevet, peut exciper de la nullité ou de la déchéance pour échapper à la poursuite, à la condition toutefois que cette nullité ou cette déchéance ait existé au moment de la prétendue contrefaçon.

375. — Nous savons d'ailleurs que le brevet n'assure et ne protège le droit exclusif d'exploitation que pour ce qui fait l'objet de la description, laquelle forme ainsi la loi du breveté et celle des tiers.

Si donc le brevet a pour objet un produit nouveau, la contrefaçon résulte de la fabrication de ce produit, même par des procédés différents; si le brevet a pour objet soit un procédé nouveau, soit l'application nouvelle d'un procédé connu, les tiers demeurent libres, sans s'exposer aux peines de la contrefaçon, d'obtenir le même résultat ou le même produit, par un procédé différent, et même, en principe, d'employer le même procédé en vue d'obtenir un résultat ou un produit différent. Nous avons exposé toutes ces règles sur l'étendue des droits résultant du brevet, en traitant de la brevetabilité des produits, des moyens et des applications nouvelles.

2º *Atteinte aux droits résultant du brevet.*

376. — La contrefaçon suppose, en second lieu, aux termes de l'article 40, une atteinte portée aux droits résultant du brevet. Il y a atteinte aux droits résultant du brevet, lorsque le brevet est imité par un tiers dans ce qui fait l'objet du droit exclusif qu'il a pour but de garantir.

Il résulte de là :

377. — 1º Qu'il n'y a pas contrefaçon dans l'imitation d'un élément isolé de l'invention brevetée, si cet élément, considéré isolément, n'est pas compris dans l'objet même du brevet (V. Paris, 15 fév. 1867, Sax, Pataille, 69, 301), et s'il n'a pas été imité en vue de sa réunion aux autres organes qui constituent l'objet du brevet (V. Cass. 26 juill. 1861, Lotz, Pataille, 61, 289) ;

378. — 2º Qu'il y a, au contraire, contrefaçon dans l'imitation même partielle de l'invention brevetée, si la partie imitée est une de celles qui font essentiellement l'objet du brevet (V. notamment : Paris, 27 janv. 1865, Sax, Pataille, 69, 289 ; Rouen, 7 juin 1866, et Rej., 26 janv. 1867, Sax, Pataille, 69, 295 ; Paris, 16 fév. 1867, Sax, Pataille, 67, 261 ; Nancy, 11 août 1873, Frezon, Pataille, 73, 321 ; Rouen, 16 mars 1874, Frezon, Pataille, 75, 8) ;

379. — 3º Qu'il y a également contrefaçon, alors même que dans l'imitation d'une des parties essentielles du brevet on apporte certaines modifications, qui ont pour résultat et souvent pour but de dissimuler la contrefaçon. Il y a là d'ailleurs, comme nous le verrons, une question d'appréciation qu'il appartient aux juges du fait de résoudre, en s'inspirant toujours de cette règle qu'il y a contrefaçon dès qu'il y a imitation d'une des parties de l'invention qui font l'objet du droit exclusif revendiqué par le brevet.

Il a été jugé, par application de cette règle, qu'il y a contrefaçon notamment : 1º dans l'imitation d'un brevet qui porte à la fois sur des appareils et un procédé, alors même qu'on n'imite que le procédé, en employant des appareils différents (Grenoble, 19 juin 1857, et Rej., 11 déc. 1857, Villard, Pataille, 58, 448) ; 2º dans le fait d'ajouter à la bougie à trous longitudinaux qui fait l'objet d'un brevet deux orifices latéraux, alors surtout qu'en fait c'est après la fabrication complète que s'ajoutent ces deux orifices (Agen, 13 mars 1883, Urbain, Pataille, 83, 104)[1].

Il a été jugé, au contraire, qu'il n'y a pas contrefaçon : 1° dans le fait de fabriquer un appareil dans lequel se trouve un organe existant dans l'appareil breveté, mais occupant une autre place et jouant un autre rôle (Bourges, 31 janv. 1884, Breloux, Pataille, 85, 26) ; 2° dans le fait de construire une machine présentant des points de ressemblance avec une machine brevetée, lorsque ces points communs appartiennent au domaine public et que d'ailleurs les deux appareils diffèrent essentiellement par leur forme et leur agencement (Trib. corr. Seine, 25 juill. 1884, Albaret, Pataille, 85, 21)[2].

380. — Si la modification apportée par un tiers à une invention brevetée ne s'applique pas à l'objet même du brevet, la contrefaçon subsiste, alors même que cette modification constituerait un perfectionnement de l'invention, car s'il est interdit, ainsi que nous l'avons vu, aux tiers qui se font breveter pour un perfectionnement d'exploiter ce perfectionnement pendant la durée du brevet principal, à plus forte raison cette interdiction doit-elle s'appliquer aux tiers qui ne sont pas brevetés pour le perfectionnement. La jurisprudence se prononce unanimement en ce sens (V. notamment : Douai, 10 déc. 1864, Storm, Pataille, 67, 368 ; Paris, 23 août 1866, Courant, Pataille, 67, 337 ; Trib. civ. Seine, 14 janv. 1870, Bréchon, Pataille, 73, 36).

381. — Au surplus, la question de savoir si l'imitation de l'objet du brevet est, à raison de son caractère partiel, ou des modifications ou perfectionnements qu'elles contient, suffisante ou non à constituer une contrefaçon, est une question de fait qu'il appartient aux tribunaux d'apprécier, d'après les circonstances et en s'inspirant toujours, comme nous l'avons déjà dit, de cette règle qu'il y a contrefaçon, dès qu'il y a imitation d'une des parties de l'invention qui font l'objet du droit exclusif revendiqué par le brevet. Cette appréciation des juges du fait est d'ailleurs souveraine et échappe au contrôle de la Cour de cassation. La jurisprudence n'a jamais varié sur ce point (V. notamment : Rej. 5 mai 1848, Dida, *J. Pal.* 49, 1, 175 ; Rej. 12 juin 1858, Claudin, Pataille, 70, 280 ; Rej., 17 avril 1868, de Brossard, Pataille, 70, 280 ; Rej., 13 janv. 1872, Boulogne, Pataille, 72, 215 ; Rej., 23 juin

1. V. encore dans le même sens : Trib. civ. Lyon, 29 avril 1871, Mulaton, Pataille, 71, 24 ; Trib. corr. Seine, 28 mai 1875, Leduc, Pataille, 76, 44 ; Paris, 25 fév. 1876, Caton, Pataille, 78, 23 ; Rej., 23 juin 1876, même aff., Pataille, 78, 23 ; Paris, 19 janv. 1882, Fialout, Pataille, 82, 197 ; Amiens, 16 mars 1882, Abriany, Pataille, 83, 182 ; Paris, 9 mai 1883, Paquelin, Pataille, 83, 334 ; Paris, 25 nov. 1885, Samain, Pataille, 88, 215 ; Paris, 12 déc. 1885, Berthelot, Pataille, 86, 105.

2. V. encore dans ce sens : Paris, 2 juill. 1875, Lazeu, Pataille, 76, 325 ; Angers, 27 juin 1881, Paucher, Pataille, 81, 204 ; Amiens, 19 janv. 1884, Dupont, Pataille, 87, 118 ; Paris, 2 nov. 1885, Desprin, Pataille, 88, 44. -

1876, Caton, Pataille, 78, 23 ; Rej., 3 fév. 1878, Taschen et Manque, *Le Droit*, 4 fév.; Rej.,22 mars 1878, Langlois, *Le Droit*, 25 mars; Rej., 28 fév. 1884, Renard, Pataille, 86, 228).

382. — Est-il nécessaire, pour que l'atteinte aux droits du breveté constitue une contrefaçon, qu'elle ait causé un préjudice au breveté ? Les auteurs sont divisés sur cette question. Les uns, comme M. Nouguier[1] et MM. Picard et Olin[2], estiment que la contrefaçon, comme tout délit, suppose l'existence d'un préjudice ; les autres, comme M. Pouillet[3], enseignent que le législateur a entendu punir la contrefaçon indépendamment de tout préjudice causé au breveté. La jurisprudence semble se prononcer pour ce second système (V. Cass., 20 mars 1857, Villard, Pataille, 57, 340 ; et Grenoble, 19 juin 1857, Villard, Pataille, 57, 448).

383. — On admet unanimement toutefois que l'atteinte aux droits du breveté constitue une contrefaçon punissable, alors même que le breveté aurait, pendant un certain temps, toléré cette atteinte. Nous verrons que la contrefaçon, comme tout délit, se prescrit par trois ans ; mais avant l'expiration de ce délai, la tolérance du breveté ne saurait effacer le délit.

384. — Il en serait autrement, si le breveté, au lieu de tolérer simplement l'atteinte à son droit, l'avait lui-même provoquée, en commandant, par exemple, à un tiers, pour lui tendre un piège, comme cela s'est vu quelquefois, la fabrication de l'objet du brevet : dans ce cas, bien entendu, on ne pourrait plus dire qu'il y a atteinte aux droits du brevet, et partant contrefaçon, en vertu de l'adage : *volenti non fit injuria* (V. Paris, 18 déc. 1857, et Rej., 3 avril 1858, Popard, Pataille, 58, 373; Paris, 4 déc. 1862, Vernier, Pataille, 62, 449).

385. — L'atteinte aux droits du breveté constitutive de la contrefaçon peut émaner non seulement d'un tiers proprement dit, mais encore d'un cessionnaire ou d'un licencié qui violerait les conditions de son contrat. On ne doit pas, à notre avis, poser en thèse absolue que toute violation du contrat par le cessionnaire ou le licencié constitue une contrefaçon : par exemple, le fait de dissimuler le chiffre de ses affaires, pour diminuer en proportion le chiffre de la redevance stipulée, ne pourrait pas être considéré comme une contrefaçon, mais simplement comme un acte de concurrence déloyale. Mais si le cessionnaire ou licencié s'est engagé, par exemple, à n'exploiter que dans un certain périmètre, ou pendant une certaine période, s'il exploite en dehors du lieu ou du temps convenu, cette exploitation illicite constitue évidemment une contrefaçon. De même si le cessionnaire ou licen-

1. V. Nouguier, no 724.
2. V. Picard et Olin, no 544.
3. V. Pouillet, no 636.

cié refuse, sur une mise en demeure du breveté, de lui payer la redevance stipulée, l'exploitation qu'il continue, malgré ce refus, devient
illicite et constitue une contrefaçon. De même encore, si le cessionnaire
ou licencié, qui s'est engagé à apposer l'estampille du breveté sur les
objets dont celui-ci lui concède la fabrication ou l'usage, ne se conforme pas à ces conditions, il exploite en dehors de l'autorisation du
breveté, et cette exploitation illicite constitue une contrefaçon (V. Paris, 15 nov. 1882, et Rej. 24 nov. 1883, Decouflé, Pataille, 88, 266).

Remarquons, d'ailleurs, que, si la violation du contrat par le cessionnaire ou le licencié ne constitue ainsi une contrefaçon que lorsqu'elle
donne lieu à une exploitation illicite, elle autorise toujours le breveté
à demander la résiliation, avec des dommages-intérêts, conformément
aux principes que nous avons exposés plus haut.

*3o Atteinte résultant d'un fait prévu par la loi comme constitutif de la
contrefaçon ou assimilable à la contrefaçon.*

386. — Ainsi que nous l'avons déjà indiqué, la loi détermine limitativement les modes par lesquels peuvent et doivent se manifester les
atteintes aux droits du breveté, qui sont de nature à être punies
comme contrefaçons. Elles distingue, à cet égard, — et nous allons voir
plus loin l'intérêt de la distinction, — d'une part, les faits qui constituent la contrefaçon proprement dite, et, d'autre part, les faits qui doivent être assimilés à la contrefaçon. Disons tout de suite que les uns et
les autres sont punis des mêmes peines.

387. — I. **Faits qui constituent la contrefaçon proprement dite.**—
L'article 40 considère, ainsi que nous l'avons vu, comme faits constitutifs de la contrefaçon proprement dite : 1o la fabrication de l'objet du
brevet ; 2o l'usage de l'objet du brevet.

388. — Ces deux faits constituent la contrefaçon par eux-mêmes
et en dehors de toute mauvaise foi. En effet, tandis que l'article 41,
qui énumère les faits assimilés à la contrefaçon, dit formellement que
ces faits ne sont punissables que s'ils sont commis *sciemment*, l'article
40, en déterminant les faits constitutifs de la contrefaçon ne pose à
leur répression aucune condition de ce genre. Il résulte des travaux
préparatoires [1] que c'est avec intention que le législateur, dérogeant
sur ce point aux principes généraux en matière de délits, n'a pas
exigé que les faits constitutifs de la contrefaçon fussent, comme les
faits simplement assimilés à la contrefaçon, commis sciemment pour
être punissables. Comme le fait remarquer l'exposé des motifs adressé
à la Chambre des députés, « il existe un dépôt où le fabricant peut et

---

1. V. Exposé des motifs à la Chambre des pairs, Huard et Pelletier, p. 53.

doit rechercher ou faire rechercher les inventions brevetées avant d'appliquer son industrie à des objets nouveaux; il est donc toujours coupable, au moins, de négligence ou d'imprudence grave, lorsqu'il a fabriqué des objets déjà brevetés au profit d'un autre ». L'exposé ajoute d'ailleurs « qu'on ne pouvait, sans une gêne excessive, imposer au commerce la même obligation de recherche »[1].

Les auteurs admettent donc unanimement que, dans tous les cas, la matérialité du fait en fait présumer la criminalité et que cette présomption, qui comporte la preuve contraire lorsqu'il s'agit d'un fait simplement assimilé à la contrefaçon, est irréfragable, lorsqu'il s'agit d'un des deux faits constitutifs de la contrefaçon; dans ce dernier cas, toutefois, la bonne foi constitue bien entendu une circonstance atténuante de nature à faire modérer la peine.

389. — Ces principes communs au caractère des faits constitutifs de la contrefaçon étant connus, il nous faut maintenant étudier en détail chacun de ces deux faits.

390. — 1° Fabrication de l'objet du brevet. — L'article 40 considère d'abord comme fait de contrefaçon l'atteinte au droit du breveté résultant de la fabrication de l'objet du brevet. Le seul fait de fabriquer l'objet du brevet constitue une contrefaçon, quel que soit d'ailleurs le but que se propose celui qui fabrique, qu'il ait en vue un usage commercial, ou simplement son usage personnel : le texte de l'article 40 ne fait aucune distinction; il n'exige qu'une chose, c'est que la fabrication porte atteinte aux droits du breveté.

On admet ainsi qu'il y a contrefaçon, alors même que l'objet du brevet a été fabriqué, non pour être mis dans le commerce, mais pour être exposé ou même simplement conservé comme modèle : si cependant on avait fabriqué, non l'objet du brevet, mais seulement un type réduit de cet objet, il ne s'agirait plus alors que d'un dessin en relief d'un objet breveté, et il ne serait pas plus possible de le poursuivre comme contrefaçon que l'on ne pourrait poursuivre, à ce titre, la reproduction par le dessin linéaire, la gravure ou la photographie.

391. — La fabrication commencée, mais inachevée, constitue-t-elle une contrefaçon ? Le principe est qu'un délit n'est punissable que s'il est consommé. Il appartiendra donc au juge du fait d'apprécier si la fabrication est assez avancée pour que l'atteinte aux droits du breveté soit consommée. M. Bédarride pense, toutefois, que le breveté pourrait saisir les parties de son invention en cours d'exécution et arrêter dès l'origine l'atteinte portée à ses droits[2].

392. — La fabrication achevée, mais partielle, c'est-à-dire portant sur un organe isolé du brevet, doit être, conformément à la règle que

1. V. Exposé des motifs à la Chambre des députés, Huard et Pelletier, p. 147.
2. V. Bédarride, n° 544.

nous avons indiquée plus haut, considérée comme une contrefaçon, si l'organe fabriqué constitue l'un des éléments essentiels de l'objet du brevet.

393. — De même, la simple réparation de l'objet breveté par celui qui l'a acheté peut constituer une contrefaçon, si cette réparation consiste dans le remplacement d'un ou plusieurs des organes essentiels de cet objet, c'est-à-dire, en réalité dans une reconstitution. Il y a là une question d'appréciation pour les tribunaux : aussi tous les arrêts intervenus en cette matière ne constituent-ils que des décisions d'espèce, qui d'ailleurs, dans quelque sens qu'elles aient été rendues, s'inspirent toutes de la règle que nous venons d'énoncer (V. Paris, 11 juill. 1861, Sax, Pataille, 61, 230; Rennes, 4 déc. 1861, et Rej., 5 juill. 1862, Lotz, Pataille, 62, 241 ; Trib. corr. Seine, 16 juill. 1863, Busson, Pataille, 64, 186; Paris, 16 juin 1874, Garaboux, Pataille, 77, 336).

394. — Quel est l'auteur responsable de la contrefaçon résultant de la fabrication de l'objet breveté? En principe, c'est le fabricant qui est le contrefacteur responsable. Mais il se peut que la contrefaçon ait été commandée. Dans ce cas, il est certain que celui qui, en connaissance de cause, a commandé la fabrication est contrefacteur au premier chef. Quant à celui qui a exécuté la commande, est-il également responsable? Si sa personnalité est bien distincte de la personnalité de celui qui a fait la commande, il faut dire qu'il est responsable et co-auteur de la contrefaçon, au même titre que celui qui a fait la commande. Ainsi, il a été jugé qu'un apprêteur, à qui un fabricant de draps a remis des tissus pour qu'il leur fasse subir une opération déterminée, se rend coauteur de la contrefaçon résultant de cette opération avec le fabricant qui l'a commandée (V. Nancy, 27 juin 1875, Frezon, Pataille, 75, 31). Mais, si celui qui a exécuté la commande est, à un titre quelconque, le préposé de celui qui a commandé l'exécution, on admet unanimement qu'il n'encourt aucune responsabilité, par cette raison que sa situation de préposé ne lui a pas permis de se refuser à l'exécution qui lui a été commandée. Ainsi, il a été jugé que la responsabilité de l'exécution sur commande de l'objet contrefait ne s'étend pas : 1° à l'ouvrier (V. Paris, 17 juin 1852, et Rej., 30 mars 1853, Guérin, Dall., 53, 1, 198); 2° au chef ouvrier, même qualifié du titre de directeur des travaux (V. La Réunion, 2 août 1858, Rohlfs-Seyrig, Pataille, 58, 376); 3° au sous-entrepreneur, à qui l'entrepreneur a imposé ses conditions (V. Paris, 24 avril 1867, Gendrol, Pataille, 67, 132).

395. — **2° Usage de l'objet du brevet.** — L'article 40 considère, en second lieu, comme fait de contrefaçon, l'atteinte aux droits du breveté résultant de l'usage des moyens du brevet. Nous avons déjà dit que le mot *moyens* doit être pris ici dans son sens le plus général et comme comprenant tout ce qui fait l'objet du brevet, les produits comme les procédés.

396. — A la différence de la fabrication, l'usage de l'objet du brevet n'est considéré comme constituant une contrefaçon que s'il s'agit d'un usage commercial, c'est-à-dire de celui qui destine l'objet ou ses produits à la consommation ou à la jouissance du public, alors même que cet usage émane d'un non-commerçant. Quant à l'usage, même émanant d'un commerçant, qui a un caractère personnel et privé, il ne saurait constituer une contrefaçon.

397. — Cette distinction justifiée ici par la nature des choses, est unanimement adoptée par la jurisprudence. Ainsi il a été jugé qu'il y a contrefaçon, parce qu'il y a usage commercial, notamment : 1º dans l'emploi par un limonadier d'une pompe à bière brevetée, dont il use pour son industrie (Rej., 27 fév. 1858, Gougy, Dall., 58, 1, 337); 2º dans l'emploi par un propriétaire, même non commerçant de profession, d'un appareil de distillation breveté, dont il se sert pour distiller les produits de ses vignobles (Bourges, 25 avril 1868, Champonnois, Pataille, 69, 266); 3º dans l'emploi par un hôtelier d'un ascenseur breveté qu'il met à la disposition des voyageurs qui logent dans son hôtel (Paris, 25 nov. 1885, Samain, Pataille, 88,215).

Il a été jugé, au contraire, qu'il n'y a pas contrefaçon : 1º dans le fait même par un commerçant d'acheter et d'employer, pour ses besoins personnels, des couverts argentés par un procédé breveté (Paris, 30 avril 1847, Christofle, Dall., 47, 2, 93 et Rej.. 25 mars 1848, même aff., Dall., 49, 1, 24); 2º dans le fait d'acheter et d'employer, pour les besoins de son ménage, un ustensile de cuisine breveté (Douai, 28 juin 1864, Mahieu, Jurispr. Douai, 64, 265).

398. On s'est demandé s'il y avait usage commercial, et par conséquent contrefaçon, dans l'emploi par un ouvrier d'un outil breveté, avec lequel il travaille pour son compte. Il faut bien admettre qu'en droit strict, il y a là un usage en vue de la jouissance du public, c'est-à-dire un usage commercial constituant la contrefaçon[1]. La même solution s'impose, à notre avis, pour l'emploi que ferait un cultivateur, dans l'exploitation de sa culture, d'un instrument agricole breveté : sans doute le cultivateur, même s'il vend ses produits, n'est pas assimilé à un commerçant; mais nous avons vu que l'usage doit être considéré comme commercial, même s'il émane d'un non commerçant, dès qu'il destine l'objet employé ou ses produits à la consommation du public, et c'est bien le cas du cultivateur qui se sert d'un instrument spécial pour son exploitation agricole[2]. La jurisprudence semble

---

1. *Contra :* V. Bédarride, nº 551.
2. V. Pouillet, nº 684.

cependant se prononcer, à l'égard du cultivateur, dans un sens contraire à notre opinion. (V. notamment: Rej., 28 juin 1844, Huyart-Cantrel, *Bull. crim.*, 44, 343; Rej., 12 juill. 1851, Vachon, Dall., 51, 4, 57).

399. — Le fait par un tiers de prendre, postérieurement au brevet, un brevet identique constitue-t-il une contrefaçon? Si le tiers breveté exploite son brevet, il fait évidemment un usage commercial de l'invention du premier breveté, et, par conséquent, il commet une contrefaçon. Mais s'il se borne à copier le brevet, sans se livrer à aucune contrefaçon, il n'y a plus usage, il n'y a pas non plus fabrication, et par conséquent il n'y a pas contrefaçon : le premier breveté pourrait toutefois demander la nullité du second brevet, s'il est identique au sien, et, suivant les circonstances, réclamer des dommages-intérêts. Si cependant le second brevet contenait un perfectionnement, il constituerait un brevet de perfectionnement valable, aux termes de l'article 19, et pourrait être exploité après l'expiration du premier.

400. — De ce que l'usage de l'objet breveté ne constitue une contrefaçon que s'il a un caractère commercial, il résulte que le simple essai fait en vue d'apprécier la valeur du procédé ne doit pas être considéré comme une contrefaçon.

401. — Il appartient, au surplus, aux juges du fait d'apprécier, dans tous les cas, si l'usage est ou non commercial.

402. — Une remarque pour terminer nos explications au sujet de la contrefaçon par usage de l'objet breveté : le fait que celui qui emploie cet objet le détient légitimement n'empêche pas que cet usage, s'il a un caractère commercial, constitue une contrefaçon. Ainsi l'ouvrier, à qui le breveté aurait commandé la construction de sa machine et qui, en cas de non-paiement, userait de son droit de rétention, ne pourrait, sans commettre une contrefaçon, se servir de cette machine pour son industrie. Il en serait de même du gagiste et du dépositaire.

403. — **II. Faits assimilables à la contrefaçon.** — L'article 41 dispose que « ceux qui auront sciemment recélé, vendu ou exposé en vente, ou introduit sur le territoire français un ou plusieurs objets contrefaits, seront punis des mêmes peines que les contrefacteurs. » L'article 43 punit, d'autre part, l'ouvrier ou l'employé qui, après avoir travaillé dans l'établissement du breveté, participe à la contrefaçon organisée contre lui.

404. — Ces divers faits, que la loi assimile à la contrefaçon, constituent, d'une part, de véritables délits, des délits distincts ; d'autre part, à raison de leur caractère et du lien qui les rattache à la contrefaçon proprement dite, ils sont en quelque sorte et en même temps des actes de complicité.

405. — Est-ce à dire que la loi, en énumérant limitativement ces faits, ait entendu exclure par là les autres cas de complicité prévus par le code pénal et exempter ainsi de toute peine ceux qui, par exemple, ont donné des instructions pour commettre la contrefaçon, ceux qui ont sciemment procuré les moyens de la commettre, ceux enfin qui ont sciemment assisté ou aidé l'auteur de la contrefaçon ? Les auteurs repoussent presque unanimement cette interprétation, par ce double motif que, dans le silence de la loi, on ne peut présumer qu'elle ait entendu déroger aux principes généraux du droit pénal et qu'au surplus on ne comprendrait pas pour quelles raisons elle aurait voulu assurer aux complices l'impunité[1]. La jurisprudence se prononce cependant en sens contraire : elle admet que la loi de 1844 a créé une complicité spéciale qui, à raison de son caractère pénal, ne peut être étendue en dehors des cas qu'elle prévoit (V. notamment : Cass., 26 juill. 1850, Duchesne, Dall., 51, 5, 54 ; Paris, 13 fév. 1862, Rouget de l'Isle, Pataille, 62, 358 ; Trib. corr. Seine, 31 déc. 1862, Capelli, Pataille, 63, 213 ; Paris, 15 fév. 1866, Mac-Avoy, Pataille, 66, 173 ; Caen, 23 août 1875, Thierry, Pataille, 83, 141).

406. — A la différence des faits qui constituent la contrefaçon proprement dite, les faits assimilés à la contrefaçon supposent nécessairement la mauvaise foi de leur auteur : l'article 41 dit, en effet, formellement que ces faits ne seront punis que s'ils ont été commis *sciemment*.

La mauvaise foi consiste donc, ici, dans la connaissance du caractère contrefait des objets recélés, vendus ou introduits : la loi ne donne pas d'autre règle et elle s'en remet, à cet égard, à l'appréciation des tribunaux, qui doivent décider d'après les circonstances de la cause[1]. Cette appréciation est souveraine et échappe au contrôle de la Cour de cassation (V. Rej., 24 nov. 1883, Decouflé, Pataille, 88, 266). On admet généralement qu'en cette matière la preuve incombe à celui qui est poursuivi ; d'après le principe de la loi de 1844, la matérialité du fait en fait présumer la criminalité ; il suffit donc que le breveté établisse la réalité de la contrefaçon, et c'est ensuite à celui qui

1. V. en ce sens : Blanc, p. 613 ; Calmels, n° 585 ; Nouguier, n° 789 ; Renouard, n° 16 ; Rendu et Delorme, n° 506 ; Bozérian, *La propr. ind.*, n° 435 ; Pouillet, n° 688. — *Contrà* : Allard, p. 129 et suiv.

2. M. Nouguier enseigne, toutefois, que la bonne foi n'existe, en cette matière, que lorsqu'on a cru que les objets contrefaits ont été fabriqués par le breveté et non par un contrefacteur, par ce motif que la publicité donnée aux brevets ne permet pas d'alléguer l'ignorance du brevet (V. Nouguier, n. 795). Cette opinion ne nous paraît pas conforme à l'intention du législateur, telle qu'elle résulte de l'exposé des motifs, cité plus haut, et où il est dit que, si le breveté est toujours coupable d'imprudence lorsqu'il n'a pas recherché les inventions déjà brevetées, on ne pourrait sans une gêne excessive imposer au commerce, c'est-à-dire aux tiers, la même obligation de recherche (V. *Exposé des motifs à la Chambre des députés*, Huard et Pelletier, p. 147). Il faut donc admettre que c'est l'ignorance de la contrefaçon, alors même qu'elle résulte de l'ignorance du brevet, qui constitue ici la bonne foi (V. Pouillet, n° 693).

est poursuivi à combattre la présomption qui en résulte par la preuve de sa bonne foi.

407. — Ces principes généraux exposés, nous avons maintenant à étudier en détail chacun des différents faits que la loi assimile à la contrefaçon, c'est-à-dire : 1° le recel ; 2° la vente ; 3° l'exposition en vente ; 4° l'introduction en France ; 5° la participation d'un ouvrier du breveté à la contrefaçon.

408. — **1° Recel.** — L'article 41 assimile d'abord à la contrefaçon le recel de l'objet contrefait. D'après les principes généraux, le recel punissable consiste dans la détention matérielle de l'objet avec connaissance de son origine délictueuse. Il faut donc dire qu'ici, il y aura recel, dès qu'on détient un objet contrefait, sachant qu'il est contrefait.

M. Nouguier enseigne, toutefois, en se fondant sur deux arrêts de la Cour de cassation [1], qu'il y a présomption irréfragable de mauvaise foi à l'égard de celui qui détient l'objet contrefait en vue d'un usage commercial [2]. C'est confondre le délit de contrefaçon proprement dite par usage commercial avec le recel, alors que la loi a pris soin de les distinguer l'un de l'autre. D'ailleurs, la jurisprudence de la Cour de cassation est revenue aujourd'hui à l'application en cette matière des principes généraux concernant les éléments constitutifs du recel (V. Rej. 12 mars 1863, Sax, Pataille, 63, 126).

Remarquons d'ailleurs qu'en punissant spécialement le recel, le législateur a eu surtout pour but d'atteindre les faits d'usage personnel, qui, à la différence de l'usage commercial, ne constituent pas des actes de contrefaçon proprement dite.

409. — **2° Vente.** — L'article 41 assimile, en second lieu, à la contrefaçon, le fait de vendre sciemment l'objet contrefait : si celui qui fabrique l'objet breveté est contrefacteur au premier chef, celui qui vend sciemment cet objet mérite d'être également puni.

410. — La vente de l'objet contrefait est punissable, alors même qu'il s'agit d'un acte isolé de vente, alors même que la vente ne produit pas de bénéfices, alors même qu'elle a lieu pour l'exploitation, alors même enfin qu'elle est faite par un non commerçant : la loi ne distingue pas.

411. — La vente de l'objet breveté est-elle encore assimilable à la contrefaçon, lorsqu'elle est faite par un ouvrier impayé qui use de son droit de rétention ? Il est impossible de l'admettre, puisque la loi ne punit que la vente de l'objet contrefait et que, dans notre hypothèse, il n'y a pas de contrefaçon, le breveté ne pouvant être son propre contrefacteur. Il a été jugé, en ce sens, que l'ouvrier, qui, sur le refus du breveté de prendre livraison et de payer la main-d'œuvre d'objets

---

1. V. Rej., 25 mars 1848, Christophle, Sir., 48, 1, 579 ; et Rej., 12 juillet 1851, Vachon. Dall., 51, 5, 56.
2. V. Nouguier, n° 800.

qu'il a confectionnés d'après son ordre, les a mis en vente avec l'intention d'exercer simplement son droit de rétention dans ses conséquences extrêmes, est passible non de poursuites en contrefaçon, mais de l'action ordinaire en dommages-intérêts et en revendication (Rej., 10 fév. 1854, Gariel, Dall., 54, 5, 80).

412. — De même, le créancier du breveté, qui saisit et fait vendre l'objet du brevet, ne peut être poursuivi comme contrefacteur (V. Trib. corr. Seine, 17 mars 1861, Botta, *Propr. ind.*, n° 177).

413. — On admet généralement que l'échange de l'objet contrefait est punissable au même titre que la vente proprement dite de cet objet : l'échange, en effet, se rapproche tellement de la vente, que le code civil déclare, en général, applicables à l'échange les règles de la vente. Par contre, les termes de l'article 41 ne permettent pas, à notre avis, d'assimiler à la vente la cession à titre gratuit, c'est-à-dire le don de l'objet contrefait [1].

414. — De même l'achat de l'objet contrefait ne rentre pas évidemment dans les termes de l'article 41 qui assimilent la vente à la contrefaçon.

415. — Remarquons d'ailleurs que, dans tous les cas où la détention de l'objet contrefait n'est pas punissable en tant que résultant d'une vente, elle peut l'être comme constituant soit un recel, soit même un usage commercial.

416. — 3° **Exposition en vente.** — Aux termes de l'article 41, l'exposition en vente de l'objet contrefait constitue, comme la vente, un fait assimilé à la contrefaçon : exposer en vente, en effet, c'est, comme le dit M. Pouillet, afficher ouvertement l'intention de vendre et nier publiquement l'invention en s'arrogeant le droit d'en disposer sans l'agrément du breveté.

417. — En quoi consiste l'exposition en vente assimilée à la contrefaçon ? Certains auteurs voient une exposition en vente dans le seul fait de posséder l'objet contrefait avec intention de le revendre, alors même qu'on ne le mettrait pas sous les yeux du public [2]. Ce système confond, selon nous, l'exposition en vente avec le recel ou l'usage commercial, et nous estimons qu'il n'y a exposition en vente que si l'objet est publiquement mis sous les yeux de ceux qui peuvent ou doivent l'acheter [3].

418. — L'exposition de l'objet contrefait dans une exposition publique constitue-t-elle par elle-même une exposition en vente punissable ? En principe, celui qui expose est présumé offrir ses produits en vente. En fait, toutefois, il peut résulter des circonstances que l'exposant n'a pas entendu mettre en vente ses produits. Il y a donc là,

1. *Contrà* : V. Blanc, *Inv. brev.*, p. 349 ; Tillière, n° 140.
2. V. Blanc, p. 620 ; Renouard, n° 12 ; Tillière, n° 141.
3. V. Bédarride, n° 567 ; Pouillet, n° 711.

suivant nous, une question de fait qu'il appartient aux tribunaux d'apprécier. Il a cependant été jugé, d'une façon absolue, que les objets qui ont figuré à l'Exposition universelle de 1867 ne peuvent être considérés comme ayant été mis en vente dans le sens de la loi (Trib. corr. Seine, 9 janv. 1868, Desouches, Pataille, 88, 55).

419. — On s'est demandé également si le seul fait de présenter un objet contrefait à un corps savant, afin d'obtenir son avis ou une récompense, constitue un acte assimilable à la contrefaçon. On admet généralement qu'il n'y a là ni une vente, ni une exposition en vente punissable, en dehors, bien entendu, du fait de fabrication qui peut, quant à lui, constituer un acte de contrefaçon.

420. — **4° Introduction en France.** — L'article 41 assimile encore à la contrefaçon le fait d'introduire sciemment sur le territoire français un objet contrefait. La loi qui, ainsi que nous l'avons vu, défend au breveté, à peine de déchéance de son droit, d'introduire en France des objets semblables à ceux de son brevet et fabriqués à l'étranger, devait à plus forte raison interdire et punir cette introduction, lorsqu'elle est le fait des tiers.

Pour que le tiers introducteur soit punissable, il faut et il suffit qu'il ait su que l'objet était contrefait, sans qu'il y ait à distinguer s'il a destiné cet objet à un usage commercial, ou simplement à son usage personnel. Il a été jugé, en ce sens, que le fait d'introduire de l'étranger en France des objets qu'on sait être contrefaits, dans le seul but de les produire en justice à titre d'antériorités et, par ce moyen, d'invalider un brevet, constitue le délit d'introduction prévu et puni par l'article 41 (Paris, 19 juin 1862, Sax, Pataille, 63, 114, et Rej., 12 mars 1863, même aff., Pataille, 63, 126).

421. — Doit-on assimiler à l'introduction le simple transit ? Dans un premier système, on admet cette assimilation, en se fondant sur ce que la loi punit le fait même de l'introduction, abstraction faite de la destination de l'objet introduit [1]. Dans un second système, on refuse de considérer le transit comme une introduction punissable, en s'appuyant surtout sur la fiction légale qui assimile la marchandise voyageant en transit à la marchandise voyageant en dehors des frontières [2]. La jurisprudence est également divisée sur la question [3].

422. — Quant à l'introduction en vue d'une exposition internationale, on admet généralement qu'elle tombe sous le coup de l'article 41.

---

1. V. en ce sens : Bozérian, *Propr. ind.*, n° 172 ; Blanc, p. 351.
2. V. en ce sens : Bédarride, n° 598 ; Tillière, n° 142 ; Picard et Olin, n° 620 ; Allart, p. 135.
3. V. dans le sens de l'assimilation : Rouen, 12 fév. 1874, Teschen et Mangue, Pataille, 75, 132 ; — *Contrà* : Trib. civ. Seine, 23 juin 1860, Lépée, Pataille, 60, 307 ; Trib. civ. Liège, 10 déc., 1862, Rec. de Cloës et Bonjean, t. II, p. 704.

423. — **5° Participation d'un ouvrier ou employé du breveté à la contrefaçon.**
— Aux faits assimilés à la contrefaçon par l'article 41, il faut
ajouter celui que prévoit l'article 43, qui, dans sa disposition finale,
permet de poursuivre comme complice l'ancien ouvrier ou employé
du breveté, c'est-à-dire celui qui a travaillé dans ses ateliers ou dans
son établissement, dans le cas où il a participé à la contrefaçon. L'article 43 prévoit, à cet égard, deux cas de participation punissable :

424. — Le premier cas est celui où l'ancien ouvrier ou employé
du breveté s'est associé avec l'auteur de la contrefaçon : il s'agit évidemment ici, non d'une association commerciale, mais de toute entente
ayant pour but la perpétration du délit de contrefaçon.

425. — Le second cas prévu par l'article 43 est celui où l'ancien
ouvrier ou employé du breveté a révélé au contrefacteur les procédés du
brevet. On admet généralement qu'il ne s'agit ici que de la révélation
qui a précédé la délivrance du brevet, puisque, dès que le brevet est
délivré, les procédés qui y sont décrits sont publiés et ne peuvent plus,
dès lors, devenir l'occasion de la divulgation d'un secret qui n'existe
plus. M. Pouillet enseigne cependant que, même après la délivrance du
brevet, la révélation est encore punissable, si elle porte sur certains secrets, sur certains tours de main qui ne sont pas précisés dans la description et que l'ancien ouvrier ou employé pourra connaître mieux
que tout autre par suite de sa collaboration avec le breveté [1].

426. — La révélation n'est en tous les cas punissable, que si le brevet à l'occasion duquel elle a eu lieu est valable. Si le brevet est nul, on
ne peut évidemment reprocher à l'ouvrier ou employé d'avoir révélé à
un tiers ce que celui-ci aurait pu savoir d'une autre source.

427. — Remarquons d'ailleurs que la participation à la contrefaçon
de l'ancien ouvrier ou employé du breveté n'est pas nécessairement et
dans tous les cas punissable comme acte de complicité : l'article 43, en
disant simplement que l'ouvrier ou employé *pourra* être poursuivi
comme complice, laisse les tribunaux souverains appréciateurs des
faits.

II. Poursuite de la contrefaçon.

428. — Les articles 45 à 48 de la loi de 1844 traitent de la poursuite
en contrefaçon qui peut s'exercer, puisqu'il s'agit d'un délit, soit par la
voie correctionnelle, soit par la voie civile. Nous aurons à voir à cet
égard, avec la loi : 1° à qui appartient le droit de poursuite ; 2° comment se constate la contrefaçon ; 3° quels sont les tribunaux compétents ; 4° quelle est la procédure qui doit être suivie.

1. V. Pouillet, n° 719 bis.

1° *A qui appartient le droit de poursuite.*

429. — Le droit de poursuivre la contrefaçon appartient, comme pour tout délit, d'une part, à la partie lésée, c'est-à-dire au propriétaire du brevet, et d'autre part au ministère public.

430. — I. **Droit du propriétaire du brevet.** — Le droit de poursuite appartient tout d'abord au propriétaire légal du brevet, c'est-à-dire soit au breveté, soit, dans le cas où le breveté a cédé régulièrement son brevet, au cessionnaire. Dans le second cas, le breveté qui a cédé la totalité de ses droits est désormais sans qualité pour se plaindre des usurpations dont le brevet peut être l'objet. Toutefois, si la cession n'est pas régulière, le breveté, restant propriétaire du brevet, peut seul poursuivre les contrefaçons.

Quant au simple licencié, par ce fait qu'il n'acquiert aucun droit à la propriété du brevet, il est sans qualité pour exercer l'action en contrefaçon.

431. — En ce qui concerne les personnes qui, d'après la loi civile, sont incapables, il y a lieu de leur appliquer, en cette matière, les principes de droit commun. Ainsi la femme mariée, le mineur, l'interdit, qui ne peuvent ester seuls en justice, doivent, pour agir en contrefaçon, être assistés du mari ou tuteur. La jurisprudence admet, toutefois, que le failli peut agir sans l'assistance du syndic, sauf au syndic à prendre telles mesures qu'il juge convenable pour le recouvrement de ce qui est dû à la masse (V. Cass., 21 fév. 1859, Journeaux-Leblond, Pataille, 59, 103).

432. — Le breveté peut-il agir en contrefaçon dès le dépôt de sa demande de brevet, ou seulement après la délivrance du titre ? M. Bédarride enseigne que le droit du breveté existe du jour où court la durée du brevet, c'est-à-dire du jour du dépôt[1]. D'après M. Nouguier, au contraire, le breveté ne peut agir qu'après la délivrance du brevet, car c'est ce titre seul qui consacre son droit et c'est sur ce titre seul que le juge doit statuer[2]. Mais, tandis que M. Bédarride convient que la représentation du brevet doit être exigée au jour du jugement, M. Nouguier admet que, sur le vu du procès-verbal de dépôt, le demandeur en brevet peut obtenir une ordonnance à fin de saisie. C'est là qu'est, pour M. Pouillet, la vérité pratique : « Comment, en fait, dit cet auteur, le breveté pourrait-il obtenir jugement contre le contrefacteur avant la délivrance de son brevet ? Sur quelle pièce le juge pourrait-il prononcer ? Où serait la description authentique renfermant et limitant le droit privatif de l'inventeur ? Il est évident que, jusqu'à ce que ces pièces soient mises sous les yeux du juge, il est dans l'impossibilité maté-

---

1. V. Bédarride, nos 152 et 594.
2. V. Nouguier, no 818.

rielle de rendre sa sentence. Concluons donc que le droit de poursuite existe à partir du jour du dépôt de la demande, mais que ce droit, jusqu'à la délivrance du brevet, ne se peut traduire qu'en actes conservatoires, qu'en mesures de constatation » [1].

433. — Lorsque le brevet est expiré, ou atteint de nullité ou de déchéance, le titulaire ne peut plus désormais poursuivre la contrefaçon. Mais on admet qu'il peut encore poursuivre la contrefaçon antérieure, si, à l'époque de cette contrefaçon, le brevet était encore valable : ce qu'il faut considérer, en effet, c'est la valeur du brevet au moment où ont eu lieu les faits qui lui ont porté atteinte. La jurisprudence est unanime en ce sens (V. notamment : Metz, 14 août 1850, Alcan et Péligot, Sir., 50, 2, 604, et Rej., 20 août 1851, même aff., Sir., 51, 1, 648 ; Paris, 12 juin 1869, Hayem, Pataille, 70, 111 ; Poitiers, 16 juin 1870, Gougy, *La Loi*, n° 43 ; Trib. corr. Sables-d'Olonne, 8 juin 1870, Gentil, Pataille, 72, 210 ; Nîmes, 5 mars 1887, Roche, Pand. franç., 88. 1, 394).

434. — Si le breveté vient à décéder pendant l'instance en contrefaçon, celle-ci continue avec ses héritiers ou avec son légataire universel, selon les règles ordinaires du droit commun.

435. — II. Droit du ministère public. — Le ministère public a également le droit de poursuivre la contrefaçon comme tout délit. C'est même à lui seul qu'appartient le droit de requérir l'application des peines édictées par la loi.

436. — L'article 45 dispose, toutefois, par dérogation aux principes généraux, que le ministère public ne peut exercer son droit de poursuite que sur la plainte de la partie lésée, c'est-à-dire du propriétaire du brevet. La contrefaçon est, en effet, un délit d'une nature spéciale, en quelque sorte d'ordre privé, qui atteint moins l'ordre public que l'intérêt particulier du propriétaire du brevet : il était donc juste de laisser ce dernier seul juge de la question de savoir s'il y a lieu ou non de poursuivre. C'est par une plainte au ministère public que le propriétaire du brevet doit, aux termes de l'article 45, mettre en mouvement l'action publique, s'il le juge convenable. M. Nouguier pense toutefois que l'action publique serait également mise en mouvement par une assignation en contrefaçon que le propriétaire du brevet porterait devant le tribunal civil [2].

437. — Lorsque l'action publique a été mise en mouvement, elle ne peut plus être arrêtée par le désistement de la partie lésée. Ce principe de droit commun est appliqué à la poursuite en contrefaçon par une jurisprudence unanime et constante (V. notamment : Cass., 2 juillet 1853. Christofle, Sir., 54, 1, 153 ; Rouen, 27 août 1857, Jackson frères, Pataille, 57, 334 ; Paris, 3 avril 1875, Trassy, Pataille, 75, 279).

---

1. V. Pouillet, n° 750.
2. V. Nouguier, n° 815 ; — *Contrà* : Pouillet, n° 747.

2° *Constatation de la contrefaçon.*

438. — Le propriétaire d'un brevet qui agit en contrefaçon doit, comme tout demandeur, faire la preuve du fait dont il se plaint. La preuve de la contrefaçon peut se faire par tous les moyens ordinaires, c'est-à-dire par des témoignages, par des écrits, notamment par des factures ou correspondances, par l'aveu du prévenu, par le procès-verbal d'une saisie opérée, sur l'ordre du juge d'instruction, par un officier de police judiciaire.

439. — Mais, en dehors de ces divers modes de preuves du droit commun, la loi de 1844 donne au propriétaire du brevet deux moyens spéciaux de faire constater la contrefaçon: l'article 47 dispose, en effet, que le propriétaire du brevet pourra, en vertu d'une ordonnance du président du tribunal de première instance, faire procéder par tous huissiers à la description détaillée, avec ou sans saisie, des objets prétendus contrefaits.

Il résulte de là que le propriétaire du brevet peut se faire autoriser par le président soit à saisir les objets contrefaits, soit simplement à les faire décrire. La saisie réelle a pour effet de mettre sous la main de justice l'objet contrefait, en attendant qu'il soit attribué au propriétaire du brevet, par le jugement, s'il reconnaît la contrefaçon. La description sans saisie a, au contraire, pour but unique de constater la contrefaçon : elle laisse l'objet contrefait à la disposition de son propriétaire, jusqu'à ce que la confiscation en soit prononcée par le jugement qui reconnaît la contrefaçon. Etudions successivement ces deux modes spéciaux de constatation de la contrefaçon.

440. — **I. Saisie.** — Les dispositions de la loi à cet égard concernent : 1° les formalités de la saisie ; 2° les effets de la saisie ; 3° la nullité et la mainlevée de la saisie.

441. — 1° **Formalités de la saisie.** — Les formalités de la saisie sont relatives à la requête, à l'ordonnance, au cautionnement, aux voies de recours contre l'ordonnance et à l'exécution de l'ordonnance.

442. — *Requête.* — C'est par une requête que le propriétaire du brevet doit, aux termes de l'article 47, demander au président l'autorisation de saisir les objets contrefaits. Cette requête, à laquelle doivent être joints le brevet et, s'il y a lieu, les certificats d'addition, est adressée au président du tribunal de première instance dans le ressort duquel doit se faire la saisie.

443. — Dans la requête, le demandeur expose les faits et spécifie en quoi consiste la contrefaçon dont il se plaint ; il indique le nom et le domicile de la personne chez laquelle il demande à saisir, à moins qu'il ne s'agisse de saisir un contrefacteur nomade ou mal connu ; il désigne les objets à saisir, c'est-à-dire les objets contrefaits et aussi, les machines et appareils qui servent à la contrefaçon ; il demande, s'il y a lieu, à faire parafer *ne varietur* les livres du saisi et enlever la correspondance et les papiers qui pourraient contenir la preuve de la contrefaçon. Il peut demander aussi, comme nous le verrons, l'autorisation pour l'huissier chargé de la saisie de se faire accompagner d'un expert, ou encore d'un commissaire de police ou d'un juge de paix.

444. — *Ordonnance.* — Le président statue sur la requête par une ordonnance.

445. — La première question qui se pose, à cet égard, est celle de savoir si le président, à qui est adressée une requête à fin de saisie, est obligé d'ordonner cette saisie. Il est certain, d'abord, que le président peut, si la saisie requise lui paraît inutile ou dangereuse, refuser l'autorisation. Mais peut-il, s'il estime que la constatation de la contrefaçon, tout en étant nécessaire, sera suffisamment assurée par une simple description, se contenter d'ordonner la description sans saisie ? Certains auteurs lui dénient ce droit, en s'appuyant sur les termes de l'article 47 qui, en disposant que le breveté *pourra faire procéder à la description avec ou sans saisie,* semblerait laisser au breveté seul le droit de choisir entre l'un ou l'autre des deux moyens. [1] Dans un second système, on refuse d'attacher aux termes de l'article 47 un sens aussi restrictif et on admet, conformément aux principes généraux, que, si le demandeur a le choix entre les différents moyens de procéder que la loi met à sa disposition, le président a, de son côté, le choix entre les différentes mesures qu'il est autorisé à prendre, et qu'il peut ainsi soit ordonner la saisie avec description de tous les objets pour lesquels elle est demandée, non-seulement des objets contrefaits, mais des instruments servant à les produire, soit ordonner simplement la description sans saisie de ces mêmes objets, soit même ordonner la saisie, à titre d'échantillons, de quelques-uns seulement des objets prétendus contrefaits, dont il confie alors la garde au saisi, ou dont il ordonne le dépôt, avec ou sans apposition de scellés, soit entre les mains du saisissant, soit plutôt au greffe du tribunal[2]. Dans la pratique c'est ce dernier système qui est suivi.

446. — Le président peut également, ainsi que nous l'avons déjà indiqué, ordonner la saisie des livres, correspondances, papiers, et de tous autres documents pouvant servir de preuves à la contrefaçon. Certains auteurs lui contestent ce droit comme n'étant pas compris dans ceux que lui accorde l'article 47[3]. Mais la jurisprudence admet cette extension des pouvoirs du président (V. notamment : Lyon, 30 nov. 1865, et Rej., 15 juin 1866, Raffard et consorts, Pataille, 66, 313).

---

1. V. Blanc. p. 648 ; Bédarride, no 627.
2. V. Nouguier, no 844; Renouard, no 236 ; Pouillet, no 773 ; Pelletier et Defert, no 53.
3. V. Picard et Olin, no 648; Pouillet, no 792.

On reconnaît unanimement, en tous les cas, que le président peut autoriser la saisie en tous lieux, même dans une exposition publique, en douane, dans une maison particulière, ou dans un établissement militaire.

447. — Mais le président peut-il également autoriser la saisie sans désigner nominativement les personnes chez lesquelles elle aura lieu, c'est-à-dire en rendant une ordonnance générale ? Il semble bien qu'un pareil pouvoir soit contraire à l'esprit et au texte de l'article 47, qui, d'une part, dispose que la saisie doit être demandée pour des objets prétendus contrefaits et d'autre part, autorise comme nous le verrons, le président à imposer au demandeur un cautionnement, dont le montant ne peut être évidemment apprécié que si l'on connaît, à ce moment, le nombre et la situation des contrefacteurs. Aussi la plupart des auteurs refusent-ils d'admettre la validité des ordonnances générales [1]. La Cour de Paris s'est prononcée dans le même sens (V. Paris, 13 août 1853, cité par Nouguier, n° 870). Néanmoins la Cour de cassation a jugé, à la suite de la Cour de Lyon, que le président a, en cette matière, un pouvoir discrétionnaire qui lui permet d'ordonner la saisie, sans spécifier ni les lieux où elle pourra être faite, ni les personnes qui pourront en être l'objet (V. Lyon, 30 nov. 1865, et Rej., 15 juin 1866, Raffard et consorts, Pataille, 66, 313).

448. — Il n'appartient pas au président de désigner, à moins que le demandeur ne le requière, l'huissier qui sera chargé de saisir : il résulte, en effet, des termes de l'article 47 que la saisie peut être faite par *tous huissiers*.

Par contre, l'article 47 permet au président, ainsi que nous l'avons déjà indiqué, de désigner, en ordonnant la saisie, un expert chargé d'aider l'huissier dans ses descriptions pour en assurer l'exactitude technique. L'expert doit se borner à cette aide : il ne peut procéder à aucune constatation présentant le caractère d'une expertise, et le président ne peut lui donner aucune mission à cet effet (V. Paris, 22 juillet 1885, Languereau, Pataille, 85, 361).

449. — Aux termes de l'article 47, le président ne peut délivrer l'ordonnance que sur la présentation du brevet et, s'il y a lieu, des certificats d'addition. Il résulte de là que si le brevet est expiré au moment où l'ordonnance est requise, l'autorisation de saisir ne peut plus être accordée [2]. Il en serait de même si le brevet était frappé de nullité ou de déchéance (V.Trib. corr. Sables-d'Olonne, 8 juin 1870, Gentil, Pataille, 72, 210).

450. — *Cautionnement.* — Aux termes de l'article 47, le président peut, en autorisant la saisie, ordonner le dépôt d'un cautionnement par

1. V. Bertin, Ordonn. sur requête, n°s 540 et suiv. ; Pouillet, n° 790.
2. *Contrà* : V. Nouguier, n° 841.

le demandeur. Ce cautionnement est obligatoire, lorsque le demandeur est étranger, à moins qu'il ne soit admis à jouir en France de ses droits civils.

451. — Le cautionnement doit être consigné préalablement à la saisie, à peine de nullité. Il est versé, à Paris, à la Caisse des dépôts et consignations, et, dans les départements, à la Caisse publique qui en tient lieu, à moins que le président n'ait ordonné que le versement se ferait ailleurs.

452. — On admet généralement que le demandeur peut se soustraire à l'obligation de consigner le cautionnement qui lui a été imposé, en ne pratiquant pas la saisie et en procédant simplement à la description : d'une part, en effet, c'est son droit de se borner à la description sans saisie, et, d'autre part, la description ne donne pas lieu, comme la saisie, à la consignation d'un cautionnement.

453. — *Recours contre l'ordonnance.* — On admet généralement que l'ordonnance qui statue sur la requête à fin de saisie, constituant un acte de juridiction gracieuse, n'est sujette à aucun recours, et n'est pas notamment susceptible d'appel (V. Paris, 11 fév. 1846, Caron, Blanc, p. 647 ; Rej., 13 août 1862, Masse. Pataille, 62, 387). On reconnaît. toutefois, au président le droit de modifier ou de compléter son ordonnance sur un référé introduit devant lui à cet effet (V. Douai, 27 fév. 1856, Villard, Jurispr. Douai, 56, 64). Le président peut ainsi, par une ordonnance de référé, étendre ou restreindre la portée de la saisie, augmenter ou diminuer l'importance du cautionnement, ou même ordonner la consignation du cautionnement, s'il a négligé de le faire lors de la première ordonnance.

Le référé ainsi introduit ne saurait, toutefois, arrêter la saisie, et l'on admet généralement qu'elle doit être provisoirement pratiquée avant qu'il ne soit statué sur le référé.

454. — L'ordonnance de référé, à la différence de la première ordonnance, constitue un acte de juridiction contentieuse : elle est donc susceptible d'appel [1]. La jurisprudence de la Cour de cassation, autrefois hésitante. est aujourd'hui fixée en ce sens (V. Rej., 31 mai 1886, Placet, Pataille, 87, 48).

455. — *Exécution de l'ordonnance.* — L'ordonnance autorisant la saisie n'a d'effet légal qu'à l'égard de la poursuite en vue de laquelle elle est rendue et que contre la personne ou les personnes qu'elle désigne. Ainsi le breveté autorisé par l'ordonnance à pratiquer une saisie chez une personne ne peut, en vertu de la même ordonnance, opérer ultérieurement de nouvelles saisies soit chez d'autres personnes, soit chez la même personne. Il doit, pour pratiquer une nouvelle saisie, solliciter du président une nouvelle ordonnance d'autorisation.

---

1. *Contrà* : V. Nouguier, n° 859 *in fine*; Sirey, 62, 1, 929, notes 1 et 2.

456. — Si le brevet vient à expirer, ou à être frappé de nullité ou de déchéance, postérieurement à l'ordonnance qui autorise la saisie mais antérieurement aux opérations de la saisie, on admet généralement que la saisie ne peut plus être valablement opérée, l'article 47 n'admettant, en effet, la saisie que dans le cas où le saisissant est propriétaire du brevet (V. Trib. corr. Sables-d'Olonne, 8 juin 1878, Gentil, Pataille, 72, 210)[1].

457. — Bien que la loi soit muette sur le point de savoir si le breveté peut assister à la saisie, il y a lieu d'admettre que l'ordonnance du président peut l'y autoriser. Mais, à défaut de cette autorisation, la personne chez laquelle a lieu la saisie peut s'opposer à ce que le breveté pénètre dans ses ateliers ou magasins.

458. — Aux termes de l'article 47, il doit être laissé copie au saisi de l'ordonnance qui autorise la saisie et, s'il y a lieu, de l'acte constatant le dépôt de cautionnement. On admet également qu'il doit, conformément aux règles du droit commun, lui être laissé copie du procès-verbal de saisie. L'inobservation de ces formalités est une cause de nullité de la saisie.

459. — La saisie est toujours pratiquée sous la responsabilité du demandeur, et, si elle est vexatoire et non justifiée, le saisissant peut être condamné à des dommages-intérêts.

460. — 2° **Effets de la saisie.** — Ainsi que nous l'avons déjà indiqué, la saisie a pour effet, non-seulement de constater la contrefaçon, mais encore de mettre sous la main de la justice l'objet contrefait, en attendant qu'il soit attribué au propriétaire du brevet, par le jugement, s'il reconnaît la contrefaçon : cette attribution constitue la confiscation.

461. — 3° **Nullité et main-levée de la saisie.** — Nous venons de dire que l'inobservation des formalités prescrites par l'article 47 est une cause de nullité de la saisie. L'article 48 édicte une seconde cause de nullité : il dispose, en effet, que la saisie est nulle, de plein droit, si le requérant ne la fait pas suivre d'une assignation civile ou correctionnelle, dans le délai de huitaine, outre un jour par trois myriamètres de distance entre le lieu où se trouvent les objets saisis et le domicile du saisi. On admet généralement qu'il s'agit d'un délai de huit jours francs et que ce délai court, si la saisie a duré plusieurs jours, du dernier jour de la saisie[2].

462. — La nullité de la saisie doit être prononcée par un jugement, qui ordonne alors la main-levée de la saisie ainsi déclarée nulle. La demande en main-levée est naturellement de la compétence exclusive du tribunal civil, soit de celui du domicile du saisissant, soit de celui

1. *Contrà :* V. Nouguier, n° 841.
2. V. Pouillet, n° 806.

du lieu de la saisie. Elle peut être intentée soit par le saisi, soit par toute personne autre que le saisi qui a été lésée même indirectement par la saisie.

463. — Le jugement qui prononce la nullité de la saisie n'atteint pas, bien entendu, l'action intentée par le breveté, puisque la saisie n'est pas le préliminaire obligé de l'action (V. Paris, 15 déc. 1865, Bouquié, Pataille, 68, 7 : Paris, 14 mai 1870, Gougy, Pataille, 72, 385 ; Chambéry, 9 mai 1881, Frankfeld, Pataille, 81, 268).

Si donc le breveté ne peut plus invoquer la saisie pour prouver la contrefaçon, il peut toujours invoquer d'autres preuves (V. Paris, 15 juin 1860, Sax, Pataille, 60, 241 ; Amiens, 28 déc. 1850, Jérosme, Dall., 51, 2, 76 ; Douai, 5 août 1851, Jérosme, Dall., 54, 2, 72). Le breveté pourrait même faire pratiquer une nouvelle saisie sur le même objet, à la condition qu'elle fût motivée par un fait nouveau n'ayant pas été l'objet d'une décision antérieure (V. Paris, 10 juin 1864, Beckers, Pataille, 65, 51).

464. — II. Description. — La simple description sans saisie des objets contrefaits peut, ainsi que nous l'avons dit, être ordonnée par le président, lorsqu'elle est demandée par le breveté, ou encore lorsque, celui-ci demandant l'autorisation de saisir, le président estime que la constatation de la contrefaçon peut être suffisamment assurée par une simple description.

465. — Les formes dans lesquelles la description est demandée et autorisée sont les mêmes que celles qui concernent la saisie. Il y a donc lieu d'appliquer ici les règles que nous avons indiquées relativement à la requête, à l'ordonnance, à la désignation d'un expert, aux voies de recours contre l'ordonnance et à l'exécution de l'ordonnance. Notons seulement que le dépôt d'un cautionnement ne peut plus être ordonné par le président : l'article 67 n'autorise, en effet, ce dépôt qu'en cas de saisie.

466. — Quant aux effets de la description, ils diffèrent de ceux de la saisie en ce que la description qui a pour but unique la constatation de la contrefaçon, laisse à la disposition du prétendu contrefacteur les objets auxquels elle s'applique et se borne à en préciser la nature, le caractère, les éléments, de façon à permettre ensuite au juge de les comparer avec l'objet du brevet. Les objets décrits sont d'ailleurs, dans le cas où la contrefaçon est reconnue, soumis à la confiscation, comme les objets saisis.

467. — Enfin les causes de nullité de la description sont les mêmes que celles qui concernent la saisie : l'article 47, qui fait un cas de nullité de l'inobservation des formalités qu'il prescrit, et l'article 48, qui prononce également la nullité en cas de non assignation dans la huitaine, visent tous deux formellement la description comme la saisie. Il y a donc lieu d'appliquer également ici les règles que nous avons indiquées concernant les formes et conditions dans lesquelles se demande et se prononce la nullité ainsi que les effets de la nullité prononcée.

3° *Tribunaux compétents.*

468. — Ainsi que nous l'avons déjà indiqué, la contrefaçon peut être, conformément aux principes généraux, poursuivie, au choix du breveté, soit comme délit, par la voie correctionnelle, soit à titre de simple fait dommageable, par la voie civile [1]. Dans le premier cas, l'action est, bien entendu, soumise à la juridiction des tribunaux correctionnels ; dans le second cas, elle doit, aux termes de l'article 34 de la loi de 1844, être déférée aux tribunaux civils, à l'exclusion des tribunaux de commerce (V. Rouen, 26 juill. 1864, Levasseur, Pataille, 55, 53 ; Rouen, 14 fév. 1870, Joly, Pataille, 73, 38 ; Lyon, 13 déc. 1871, Train, Pataille, 73, 297). On admet, toutefois, que la compétence des tribunaux civils n'exclut pas celle de la juridiction arbitrale [2].

469. — Quant à la compétence *ratione personæ*, elle est soumise aux règles du droit commun, c'est-à-dire qu'elle est déterminée par l'article 63 du code d'instruction criminelle, s'il s'agit d'une action portée devant la juridiction correctionnelle, et par l'article 59 du code de procédure civile, s'il s'agit d'une action portée devant la juridiction civile. Dans le premier cas, le tribunal correctionnel compétent est celui du lieu où a été commise la contrefaçon, ou celui de la résidence du prévenu ; dans le second cas, le tribunal civil compétent est celui du domicile du défendeur, ou, s'il n'a pas de domicile, celui de sa résidence.

---

1. Chacune de ces deux juridictions a ses avantages et ses inconvénients. La voie correctionnelle est plus rapide et plus économique et elle permet au breveté d'obtenir une double satisfaction, puisqu'il peut faire condamner le contrefacteur non seulement à des réparations civiles, mais encore aux peines édictées par la loi. En revanche, la voie correctionnelle permet au contrefacteur de faire entendre à l'audience et sans aucune garantie sérieuse tous les témoins qu'il peut se procurer ; elle autorise des expertises qui peuvent, d'après la jurisprudence, avoir lieu en dehors de la présence des parties ; enfin la décision à laquelle elle aboutit n'a jamais qu'une portée restreinte, puisqu'elle se borne à condamner ou à acquitter le prévenu de contrefaçon, sans pouvoir statuer sur la validité ou la nullité du brevet contrefait.

La voie civile, au contraire, tout en étant plus longue et plus coûteuse et en n'assurant au demandeur que des réparations civiles, lui offre toute garantie contre les abus par le contrefacteur de la preuve testimoniale en soumettant celui-ci aux formalités rigoureuses des enquêtes civiles ; elle ne peut donner lieu qu'à des expertises faites en présence des parties ; enfin elle peut aboutir à une décision statuant sur la validité du brevet et ayant, à cet égard, entre les parties autorité de la chose jugée,

2. *Contrà:* V. Nouguier, n° 909.

4º *Procédure*.

470. — Nous avons vu que le demandeur en contrefaçon peut agir, à son choix, soit devant la juridiction civile, soit devant la juridiction correctionnelle. S'il recourt à la voie correctionnelle, il peut, conformément au droit commun, soit citer directement le contrefacteur devant le tribunal correctionnel, soit porter plainte au ministère public et se constituer partie civile sur l'action intentée par celui-ci. Dans la pratique, le parquet n'exerce jamais son droit d'action directe et il laisse à l'intéressé le soin d'agir lui-même par la voie de la citation directe, comme étant plus à même de réunir les pièces de comparaison, les documents et renseignements techniques, qui sont nécessaires pour établir la preuve de la contrefaçon.

471. — Nous n'avons donc à nous occuper, ici, que des règles de procédure qui concernent l'action directement intentée par le breveté, soit devant la juridiction correctionnelle, soit devant la juridiction civile. La loi de 1843 n'indiquant aucune règle de procédure spéciale pour l'exercice de l'action en contrefaçon, il y a lieu d'appliquer à cette action, d'une manière générale, toutes les règles de procédure du droit commun. Il importe, toutefois, d'entrer dans quelques détails au sujet de l'application de ces règles à l'assignation en contrefaçon, à l'instruction de la demande, à l'intervention des tiers, aux moyens de défense du prévenu, au jugement et à la prescription.

472. — **I. Assignation.** — Les règles qui concernent l'assignation en contrefaçon diffèrent évidemment selon qu'il s'agit d'une assignation civile ou d'une assignation correctionnelle.

1º Assignation civile. — L'assignation civile est en principe soumise aux règles ordinaires de forme édictées par l'article 61 du Code de procédure civile.

Il est généralement admis que l'assignation en contrefaçon ne doit pas être précédée du préliminaire de conciliation, par ce motif qu'il s'agit d'une demande qui requiert célérité et qui, à ce titre, est dispensée du préliminaire, conformément à l'article 49 du code de procédure civile (V. Trib. civ. Marseille, 11 fév. 1872, Gougy, Pataille, 75 174 ; Trib. civ. Seine, 10 fév. 1875, Deschamps, *Gaz. Trib.*, 15 avril ; Nancy, 26 mai 1883, Herbillon; Pataille, 83, 256).

473. — Conformément à l'article 67 du code de procédure civile, l'assignation doit indiquer clairement la personne du demandeur, par son nom, ses prénoms, ses qualités et son domicile.

Si l'action est intentée par plusieurs copropriétaires d'un brevet, chacun d'eux doit être désigné dans l'assignation.

Si l'action est intentée au nom d'une société, propriétaire d'un brevet, l'assignation doit être délivrée à la requête de celui qui est légalement chargé de l'administrer, par exemple, du gérant, ou du directeur, ou, lorsque la société est en liquidation, du liquidateur. Si la société a, non la propriété du brevet, mais simplement sa jouissance, c'est l'inventeur qui doit figurer dans l'assignation.

Si le demandeur est un failli, l'assignation doit être délivrée au nom de son syndic en même temps qu'en son nom.

474. — L'assignation doit encore indiquer nettement et qualifier la personne du défendeur. S'il y a plusieurs défendeurs, chacun d'eux doit être l'objet d'un exploit distinct. S'il s'agit d'une société, elle est assignée en sa raison sociale.

475. — L'assignation doit également indiquer le brevet ou les brevets sur lesquels le demandeur fonde son action. Les brevets non indiqués dans l'assignation ne peuvent pas, à notre avis, être ultérieurement invoqués dans la même instance, car le fait de les invoquer constituerait, en réalité, une demande nouvelle qui devrait, conformément aux principes de notre procédure, faire l'objet d'une assignation nouvelle, sauf au tribunal à joindre cette seconde demande à la première, s'il y a connexité (V. Trib. civ. Seine, 24 juill. 1885, Baunier, Pataille, 87, 227)[1]. Toutefois, les certificats d'addition peuvent être invoqués dans l'instance, bien qu'ils n'aient pas été indiqués dans l'assignation, pourvu qu'ils se rattachent aux brevets indiqués et qu'ils aient été pris antérieurement à l'assignation : si, en effet, ils n'avaient été pris qu'au cours de la poursuite, ils constitueraient un titre nouveau, qui devrait faire l'objet d'une demande nouvelle (V. Rej., 1er mars 1862, Vve André, Pataille, 62, 215 ; Paris, 31 juillet 1886, Villardier, Pataille, 66, 273).

476. — L'assignation doit enfin indiquer, en les précisant, les faits de contrefaçon dont se plaint le demandeur ; en principe le demandeur ne peut relever contre le défendeur que les faits de contrefaçon indiqués dans l'assignation.

477. — Toutes ces mentions sont prescrites par l'article 61 du code de procédure civile à peine de nullité de l'assignation.

478. — Lorsque le demandeur est étranger, il ne peut assigner qu'en fournissant la caution *judicatum solvi* dans les conditions déterminées par le code de procédure. Cette caution est, bien entendu, indépendante du cautionnement auquel peut être astreint le demandeur, en cas de saisie[2].

479. — 2° **Assignation correctionnelle.** — L'assignation correctionnelle en matière de contrefaçon est soumise aux règles ordinaires de formes édictées par le code d'instruction criminelle.

480. — Ici, toutefois, à la différence de ce que nous avons dit à l'é-

---

1. V. en ce sens : Picard et Olin, n° 686 ; Pouillet, n° 850. — V. pourtant : Paris, 15 déc. 1865, Bouquié, Pataille, 68, 7 ; Paris, 21 juin 1883, Chapotat, Pataille, 83, 360.
2. *Contrà :* V. Renouard, n° 98.

gard de l'assignation civile, il n'y a nullité de l'exploit qu'autant que les irrégularités qu'il peut contenir doivent être considérées comme substantielles pour l'exercice du droit de défense. Il suffit donc, pour la validité de l'assignation, qu'elle indique clairement l'identité du demandeur, la qualité en laquelle il agit, l'identité du prévenu et la nature des faits incriminés.

481. — D'autre part, l'assignation correctionnelle, à la différence de l'assignation civile, ne peut, à peine de nullité, être délivrée à une société nominativement, à raison du caractère essentiellement personnel de la responsabilité pénale (V. notamment : Paris, 23 juill. 1859, Popelin-Ducarre, Pataille, 60, 120) : la citation doit être donnée aux associés individuellement, ou du moins à ceux d'entre eux qui ont personnellement participé aux faits de contrefaçon. La jurisprudence admet, toutefois, que, dans ce cas, la société même à laquelle appartiennent les prévenus peut être appelée en cause comme civilement responsable ; mais la condamnation ne porte que sur les dommages-intérêts et non sur l'amende (V. Paris, 12 avril 1878, et Cass., 30 nov. 1878, Fargue, Pataille, 78, 311).

482. — **II. Instruction de la demande.** — Au civil comme au correctionnel, la demande s'instruit dans les formes ordinaires, et le tribunal peut prescrire les mesures d'instruction spéciales qu'il juge nécessaires, telles qu'une comparution de parties, ou une expertise.

483. — L'expertise est la mesure d'instruction le plus fréquemment employée. Elle est ordonnée et elle a lieu suivant les formes prescrites par le code de procédure civile.

C'est ainsi notamment que les experts nommés doivent être au nombre de trois, à moins que les parties ne soient d'accord pour n'en nommer qu'un seul. La jurisprudence admet, toutefois, que les tribunaux correctionnels, qui ne sont pas liés par les prescriptions du code de procédure civile, peuvent légalement ne nommer qu'un seul expert.

Il y a lieu d'appliquer également ici la règle du code de procédure qui exige que les parties soient présentes ou au moins dûment appelées aux expertises. La jurisprudence admet encore, toutefois, que cette règle n'est pas applicable aux expertises ordonnées par les tribunaux correctionnels.

484. — Le tribunal civil peut aussi ordonner une enquête, qui a lieu en la forme ordinaire, c'est-à-dire devant un juge commis à cet effet. En matière correctionnelle, l'enquête a lieu à l'audience.

485. — Les jugements qui ordonnent ces diverses mesures d'instruction sont dits *d'avant faire droit*. On les divise en jugements *préparatoires* et en jugements *interlocutoires*.

Le jugement est préparatoire lorsqu'il ne fait pas dépendre de la

1. V. Pataille, 59, 161, *la note.*

mesure d'instruction ordonnée la solution définitive du procès, lorsqu'il ne préjuge pas le fond. Il est, au contraire, interlocutoire, lorsqu'il lie la solution du procès à la mesure ordonnée, lorsqu'il préjuge le fond.

Le jugement préparatoire n'est pas susceptible d'appel et ne peut faire l'objet d'un pourvoi en cassation, tant que le jugement définitif n'a pas été rendu. Le jugement interlocutoire, au contraire, peut être frappé d'appel ou porté en cassation dès qu'il a été rendu et avant toute solution au fond.

486. — III. Intervention. — L'intervention est la voie ouverte à toute personne qui a intérêt à venir défendre, dans un procès auquel elle n'est pas elle-même appelée, ses droits éventuellement menacés.

487. — Les articles 466 et suivants du code de procédure, qui règlent l'intervention devant les tribunaux civils, sont naturellement applicables à l'action en contrefaçon.

488. — Nos lois criminelles ne parlent nulle part d'intervention, et la question se pose de savoir si, en matière correctionnelle et notamment en matière de contrefaçon de brevet poursuivie correctionnellement, l'intervention est recevable. Nous pensons qu'il y a lieu d'admettre, suivant la distinction proposée par M. Pouillet, que, s'il s'agit d'une personne qui intervient à côté du demandeur, s'il s'agit, par exemple, du copropriétaire du brevet ou du cessionnaire partiel, qui tient à s'associer à la poursuite, l'intervention est recevable, puisqu'elle n'aggrave ni ne modifie en rien la situation du prévenu ; mais que, au contraire, s'il s'agit d'un plaideur qui intervient à côté du prévenu pour prendre son fait et cause, aucune condamnation ne peut être prononcée contre lui, puisque l'action publique n'a pas été régulièrement mise en mouvement en ce qui le concerne [1] (V. Dijon, 18 juill. 1856, et Rej., 20 mars 1857, Villard, Pataille, 57, 414 ; Bordeaux, 6 juin 1877, Meunier, Pataille, 78, 33) [2]. Il convient d'admettre, en outre, que, lorsque l'intervention est recevable au correctionnel, elle l'est en appel, comme en première instance [3].

489.— IV. Moyens de défense du prévenu.— Le prévenu de contrefaçon peut opposer à la poursuite, indépendamment des moyens de forme dont nous n'avons pas à nous occuper spécialement, quatre moyens principaux de défense au fond. Il peut soutenir, ainsi que l'indique M. Pouillet, ou bien qu'il était autorisé par le breveté à faire ce qu'il a fait, ou bien qu'il n'est ni l'auteur ni le complice du fait qui lui est reproché, ou bien que l'acte incriminé ne constitue pas une contrefaçon, ou bien enfin que le brevet, en vertu duquel il est

1. V. Pouillet, nos 912 et suiv.
2. *Contrà* : V. Paris, 29 mars 1856, Gâche, Pataille, 57, 69 ; Amiens, 25 avril 1858, Manceaux, Sir., 56, 2, 535.
3. V. Pouillet, n° 219 ; — *Contrà* : Nouguier, n° 941.

poursuivi, est sans valeur à son égard, soit parce qu'il est lui-même propriétaire de l'invention, soit parce que ce brevet est frappé de nullité ou de déchéance.

490. — Dans le cas où le prévenu conteste ainsi la propriété ou la validité du brevet, il appartient au tribunal correctionnel, comme au tribunal civil, de statuer sur cette exception : l'article 46 de la loi le déclare formellement, ainsi que nous l'avons dit en traitant de l'action en nullité ou en déchéance. Nous avons vu, toutefois, que, lorsque le tribunal statue sur une exception de cette sorte, sa décision à cet égard n'a autorité de la chose jugée qu'au point de vue de la constatation de l'existence ou de l'inexistence du délit de contrefaçon et qu'elle ne fait pas ainsi obstacle à ce que la même question de propriété ou de validité du brevet soit ultérieurement jugée entre les mêmes parties par un autre tribunal correctionnel ou civil (V. n° 321). Au contraire, lorsque c'est le tribunal civil qui statue sur la question de propriété ou de validité du brevet, cette décision a, à cet égard, autorité de la chose jugée d'une façon absolue, ce qui n'empêche pas, bien entendu, le tribunal correctionnel, saisi ensuite de la question de contrefaçon, d'apprécier librement la question de l'existence du délit, en dehors des limites de la première décision [1] (V. Rej., 23 mars 1861, de Coster, Pataille, 61, 147 ; Paris, 17 janv. 1884, Chambaron, Pataille, 84, 271 ; Paris, 24 juill. 1884, Gérard-Mang, Pataille, 85, 80).

491. — Nous avons dit, en outre, en traitant de l'action en nullité ou déchéance, que, lorsque le ministère public intervient devant le tribunal civil pour demander la nullité ou la déchéance, le jugement qui admet la nullité ou la déchéance a, par exception aux principes généraux, autorité de la chose jugée, non seulement à l'égard des parties en cause, mais à l'égard de tous (V. n°s 325 et suiv.).

492. — Il se peut que, soit avant la poursuite correctionnelle en contrefaçon, soit au cours de cette poursuite, le tribunal civil soit saisi, par une demande principale, de la question de la propriété ou de la validité du brevet. Il est généralement admis, dans ce cas, que le tribunal correctionnel peut surseoir à statuer sur l'existence du délit de contrefaçon, jusqu'à ce que la question de propriété ou de validité du brevet soit tranchée par la décision du tribunal civil. Le sursis est d'ailleurs facultatif pour le juge correctionnel (V. Lyon, 5 déc. 1865, et Rej., 15 juin 1866; Œhler et Ramser, Pataille, 66, 326 ; Trib. corr. Nice, 10 mai 1884, Société de Sospel, Pataille, 85, 252).

493. — **V. Jugement.** — Le jugement qui statue définitivement sur l'action en contrefaçon est soumis aux règles ordinaires relatives aux jugements civils ou correctionnels, en ce qui concerne sa forme, ses effets, son exécution, ses dépens et les voies de recours dont il est susceptible.

1. V. Pouillet, n° 897.

494. — L'article 49 de la loi de 1844, appliquant expressément à la matière de la contrefaçon de brevets la règle générale de l'article 1036 du code de procédure, autorise le tribunal civil ou correctionnel à ordonner, s'il le juge utile et dans les conditions et limites qu'il croit convenables, la publication de son jugement ; cette mesure constitue une réparation civile, un supplément de dommages-intérêts. et nous en parlerons avec plus de détails en traitant de la répression de la contrefaçon.

495. — **VI. Prescription.** — Comme tout délit, la contrefaçon est couverte par la prescription. Conformément au droit commun, l'action publique à laquelle donne lieu le délit de contrefaçon se prescrit par trois ans, et l'action civile en réparation du préjudice causé par le délit s'éteint en même temps que l'action publique ; peu importe d'ailleurs que cette action civile soit portée devant le tribunal correctionnel, en même temps que l'action publique, ou séparément devant le tribunal civil.

496. — Le délai de trois ans court du jour où le délit est consommé.

Si donc il s'agit du délit de fabrication, le point de départ du délai est le jour où la fabrication est achevée. Toutefois, la fabrication de chacun des objets contrefaits constitue un délit distinct, qui peut être séparément poursuivi et qui se prescrit séparément (V. Cass., 8 août 1857, Sax, Pataille, 57, 263 ; Rouen, 24 juin 1858, Sax, Pataille, 59, 33) [1].

S'il s'agit de l'usage de l'objet contrefait, chacun des faits dont le renouvellement successif constitue l'usage est encore un délit distinct, qui se prescrit séparément (V. Rej., 6 déc. 1861, de Bergue, Pataille, 62, 209 ; Bourges, 28 déc. 1869, Champonnois, Dall., 70, 2, 153 ; Rej., 14 août 1871, Champonnois, Dall., 71, 1, 282) [2].

S'il s'agit de la vente ou de l'introduction de l'objet contrefait, il y a également lieu de considérer séparément chaque fait de vente ou d'introduction.

La règle est la même pour l'exposition en vente, qui peut toujours se diviser en plusieurs faits journaliers d'exposition.

Enfin, quant au recel de l'objet contrefait, qui suppose au contraire une possession ininterrompue, il y a lieu d'admettre qu'il constitue un délit continu et qu'en conséquence la prescription ne court que du jour où la possession a cessé.

---

1. *Contrà* : **V.** Nouguier, n° 1081.
2. *Contrà* : V. Metz, 11 fév. 1869, Gougy, Sir., 69, 2, 204.

III. Répression de la contrefaçon.

497. — Aux termes des articles 40 à 44 de la loi de 1844, la contrefaçon des brevets donne lieu aux pénalités et réparations suivantes : 1° à l'amende et à l'emprisonnement ; 2° à la confiscation ; 3° à des dommages-intérêts ; 4° à la publication du jugement. En étudiant successivement ces quatre sortes de pénalités ou réparations, nous verrons dans quels cas elles sont successivement applicables.

1° *Amende et emprisonnement.*

498. — L'amende est la peine principale de la contrefaçon de brevet. L'emprisonnement n'est édicté par la loi qu'en cas de récidive ou de contrefaçon commise par un ancien ouvrier ou employé du breveté.

L'article 40, § 2, punit d'une amende de 100 fr. à 2,000 fr. tout fait de contrefaçon. L'article 41 punit de la même peine tout fait assimilé à la contrefaçon.

Cette unité de peine rend inutile la disposition finale de l'article 42 qui prescrit que « la peine la plus forte sera seule prononcée pour tous les faits antérieurs au premier acte de poursuite. » Cette disposition s'expliquait dans le système du projet primitif de la loi qui admettait des différences dans la peine suivant la gravité de l'acte : lors de la rédaction définitive, on a négligé de la corriger.

499. — L'emprisonnement n'est édicté, ainsi que nous venons de le dire, que dans les deux cas de circonstance aggravante résultant soit de ce que le contrefacteur est en état de récidive, soit de ce qu'il est un ouvrier ou employé ayant travaillé dans les ateliers ou dans l'établissement du breveté.

500. — Il y a récidive, en cette matière, aux termes de l'article 43, « lorsqu'il a été rendu contre le prévenu, dans les cinq années antérieures, une première condamnation pour un des délits prévus par la présente loi. » Or les délits prévus par la loi de 1844 comprennent non seulement la contrefaçon et les faits qui y sont assimilés, mais encore les infractions à l'article 33, c'est-à-dire l'usurpation de la qualité de breveté et la non mention des mots *sans garantie du gouvernement*. Ainsi ce que le législateur punit comme récidive, ce n'est pas la réitération, dans un intervalle de cinq années, du délit de contrefaçon, mais le fait de commettre dans le même intervalle deux des délits prévus par la loi, sans distinction entre eux. Il n'y a d'ailleurs récidive qu'autant que le premier délit a été constaté par une condamnation correctionnelle : une première condamnation prononcée par un tribunal civil ne suffirait pas à constituer en état de récidive celui qui commettrait dans les cinq ans un nouveau délit.

L'emprisonnement édicté par l'article 43 en cas de récidive est d'un mois à six mois. La condamnation à l'emprisonnement est obligatoire pour le juge, à moins qu'il n'admette l'application des circonstances atténuantes, ainsi que nous le verrons.

501. — Le second cas de circonstance aggravante, dans lequel l'article 43 édicte également l'emprisonnement, est celui où le contrefacteur est un ouvrier ou un employé ayant travaillé dans les ateliers ou dans l'établissement du breveté; l'article assimile à ce cas celui où le contrefacteur, s'étant associé avec l'ouvrier ou employé du breveté, a eu connaissance par ce dernier des procédés décrits au brevet, et il punit alors également le contrefacteur et l'ouvrier. Nous avons déjà examiné ces deux cas de participation de l'ouvrier ou employé du breveté à la contrefaçon et nous avons indiqué les conditions dans lesquelles elle est punissable (V. nos 423 et suiv.).

L'emprisonnement édicté dans ces deux cas est encore d'un mois à six mois. Il est toutefois, ici, facultatif pour le juge. Il peut d'ailleurs être prononcé, ainsi que nous venons de le dire, contre l'ouvrier complice aussi bien que contre le contrefacteur.

502. — Si le même individu a commis antérieurement à la poursuite plusieurs faits de contrefaçon ou assimilés à la contrefaçon, les diverses peines d'amende ou d'emprisonnement encourues ne peuvent, aux termes de l'article 42, être cumulées : une peine unique est prononcée. Le cumul cesse toutefois d'être interdit si, la poursuite étant engagée pour un premier fait, de nouveaux faits viennent ensuite à se révéler au cours de cette poursuite : dans ce cas, les nouveaux faits donnent lieu à une nouvelle poursuite et, si les deux instances sont jointes, rien ne s'oppose à ce qu'une peine soit prononcée sur chacune d'elles (V. Rej., 2 sept. 1853, Duchesne, *Bull. crim.*, 53, 505).

503. — Dans tous les cas, l'article 463 du code pénal relatif à l'admission des circonstances atténuantes peut être appliqué : l'article 44 de la loi le déclare expressément.

504. — L'amende et l'emprisonnement ne peuvent, bien entendu, à raison de leur caractère essentiellement pénal, être prononcés que par la juridiction répressive et jamais par la juridiction civile.

505. — Ces peines se prescrivent, conformément au droit commun, par cinq années, qui commencent à courir soit du jour où est rendue la décision qui les prononce, s'il s'agit d'une décision en dernier ressort, soit du jour où l'appel n'est plus recevable, s'il s'agit d'un jugement en premier ressort

2º Confiscation.

506. — Dans tous les cas où le tribunal reconnaît la contrefaçon ou un fait assimilé à la contrefaçon, l'article 49 lui prescrit d'ordonner la confiscation, c'est-à-dire l'attribution et la remise au propriétaire du brevet des objets contrefaits et des instruments ou ustensiles destinés à leur fabrication. Nous avons à examiner à ce sujet : 1º sur quels objets porte la confiscation ; 2º quels sont ses caractères et ses effets.

507. — I. **Sur quels objets porte la confiscation**. — Aux termes de l'article 49, la confiscation porte d'abord sur l'objet contrefait.

508. — Lorsqu'il s'agit d'un objet complexe, comprenant outre l'élément contrefait un ou plusieurs éléments appartenant au domaine public et dont la reproduction est licite, la partie contrefaite doit être séparée des autres pour être seule frappée par la confiscation, si cette séparation peut être effectuée sans dommage sérieux. Il a ainsi été jugé que, lorsque l'objet contrefait est une serrure appliquée aux portières de voiture, la confiscation ne doit porter que sur la serrure, et non sur la portière et encore moins sur la voiture (Paris, 13 déc. 1867, Desouches, Pataille, 69, 28). Mais si la séparation ne peut être effectuée sans que l'objet soit atteint et perde son application et sa valeur industrielle, la confiscation doit porter sur l'objet entier. Ainsi il a été jugé : 1º que, lorsque l'objet contrefait est un appareil, la confiscation doit comprendre tous les organes utiles et nécessaires à son fonctionnement dont il est composé (Rej., 27 déc. 1851, Thomas et Laurens, Dall., 53, 5, 55 ; Rej., 30 janv. 1863, Grassal et Richard, Pataille, 63, 130 ; Rej., 5 juin 1863, Mathias, Dall., 69, 5, 39 ; Paris, 27 juill. 1864, Bernot, Pataille, 64, 265) ; 2º que, lorsque l'objet contrefait est un procédé ayant pour effet de donner un apprêt nouveau à un tissu, la confiscation doit comprendre le tissu lui-même, qui est inséparable du procédé (Cass. 31 déc. 1822, Delarue, Sir., 23, 1, 225 ; Nancy, 27 fév. 1875, Frezon. Pataille, 75, 12).

509. — La confiscation peut porter, en second lieu, aux termes de l'article 49, sur les instruments ou ustensiles destinés spécialement à la fabrication de l'objet contrefait. La loi laisse, ici, aux tribunaux le soin de décider, d'après les circonstances, si cette confiscation doit être prononcée. Il appartient également aux tribunaux d'apprécier souverainement, en fait, si les instruments ou ustensiles ont réellement servi à la fabrication de l'objet contrefait : il importerait peu d'ailleurs qu'ils eussent pu servir en même temps à d'autres usages parfaitement licites (V. Nancy, 27 janv. 1875, Frezon, Pataille, 75, 12).

510. — Quant aux produits obtenus par l'objet contrefait, peuvent-ils aussi être compris dans la confiscation ? La règle admise jusqu'ici par la jurisprudence est que, en principe, le seul fait qu'un produit

ait été obtenu à l'aide d'un procédé ou d'un appareil contrefait ne
suffit pas pour en entraîner la confiscation, mais qu'il faut de plus
qu'il soit reconnu que ce produit a. par l'emploi du brevet, subi une
transformation telle qu'il doit être lui-même réputé contrefait. Cette
règle est notamment appliquée aux tissus obtenus par des procédés
brevetés (V. Cass. 13 mai 1853, David Labbez, *Bull. crim.* 53, 247 ;
Metz, 14 août 1850, Alcan et Péligot, Dall. 51, 2, 163 ; Rej., 20 août
1851, même aff., Dall. 54, 5, 79 ; Nancy, 27 janv. 1875, Frezon, Pataille, 75, 12). La Cour de cassation décide pourtant aujourd'hui qu'il
suffit qu'un objet ait été obtenu à l'aide d'un appareil ou d'un procédé
contrefait, pour qu'il soit lui-même considéré comme contrefait (V.
Rej., 10 fév 1880, Grandry, Pataille, 81, 113 ; Rej., 30 mars 1881,
Boucher, Pataille. 81, 115).

511. — La confiscation est-elle restreinte aux objets qui ont été
saisis ou décrits ? Cette question, qui divise les auteurs et la jurisprudence, a donné lieu à trois systèmes.

512. — D'après un premier système, la confiscation ne peut
atteindre que les objets réellement saisis, sauf, bien entendu, aux
juges à arbitrer en argent le préjudice résultant de la contrefaçon des
objets non saisis et dont la confiscation ne peut être ordonnée (V. Paris,
27 janv. 1865, Sax, Pataille, 69, 289) [1].

513. — Suivant un second système, la confiscation doit porter, non
seulement sur les objets réellement saisis, mais encore sur ceux qui
ont été simplement décrits (V. Metz, 14 août 1850, Alcan et Péligot ;
Sir., 50, 2, 604 ; Rej., 20 avril 1851, même aff., Sir., 51, 1, 648 ; Dijon,
18 juill. 1856, Villard, Pataille, 57, 414 ; Trib. corr. Marseille. 18 fév.
1859, Pichet, *Propr. ind.*, no 74) [2].

514. — Enfin, d'après un troisième système auquel nous nous rallions comme étant le seul qui nous paraisse conforme au texte de
la loi, la confiscation peut et doit porter sur tous les objets contrefaits
qui seront reconnus être en la possession du contrefacteur, sans distinction entre ceux qui ont été saisis ou décrits et ceux qui ne l'ont
pas été : l'article 49 se borne, en effet, à prescrire la contrefaçon des
objets reconnus contrefaits et à autoriser celle des instruments de
fabrication, sans exiger que ces objets ou instruments aient été préalablement décrits ou saisis ; il suppose seulement que les objets ou instruments sont en la possession du contrefacteur puisqu'il en ordonne
la *remise* au propriétaire du brevet (V. Rej., 18 août 1853, Thomas et
Laurens, *Bull. crim.*, 53, 461 ; Bourges, 28 déc. 1869, Champonnois,
Pataille. 70, 239 ; Rej., 14 août 1871, même aff., Dall., 71, 282) [3].

1. V. en ce sens : Blanc, p. 681.
2. V. en ce sens : Renouard, n• 259 ; Calmels. n° 659.
3. V. en ce sens : Pouillet, n° 979.

515. — La confiscation n'étant possible qu'autant que les objets exis- tent en nature entre les mains du contrefacteur, si celui-ci s'en est des- saisi ou s'il les a détruits ou endommagés, le breveté fera apprécier par le juge l'importance du préjudice qui lui a été ainsi causé et s'en fera indemniser par une allocation pécuniaire.

516. — **Quels sont les caractères et les effets de la confiscation.** — La confiscation n'est pas une peine proprement dite, mais un mode de réparation du préjudice causé au breveté par la contrefaçon. Cela ressort non seulement de la discussion de la loi[1], mais encore du texte même de l'article 49 qui dispose que les objets confisqués *seront remis au propriétaire du brevet, même en cas d'acquittement* du prévenu et sans préjudice *de plus amples dommages-intérêts*, s'il y a lieu.

517. — De ce que la confiscation a ainsi le caractère d'une répara- tion civile, il résulte :

1° Que la confiscation peut être prononcée par la juridiction civile, aussi bien que par la juridiction correctionnelle (V. Rej., 9 mai 1859, Villard, Dall., 59, 1, 205; Rouen, 28 août 1857, Delaunay, Pataille, 57, 329 : Cass., 22 juin 1860, Jubel, Dall., 60, 1, 292 ; Lyon, 25 fév. 1863, Delharpe, Pataille, 64. 308; Rej., 29 juin 1875, Paillasson, Pataille, 75. 413);

2° Que la confiscation peut et doit être prononcée par la juridiction correctionnelle, même en cas d'acquittement du prévenu, notamment à raison de sa bonne foi, dans les cas où elle peut être invoquée ; l'ar- ticle 49 le dit formellement; il suffit donc que le fait matériel de la con- trefaçon soit reconnu ;

3° Que les frais d'enlèvement et de remise au breveté de l'objet con- trefait sont à la charge du contrefacteur (V. Cass., 5 janv. 1876, Bou- cher, Pataille, 77, 31. et, sur le renvoi, Amiens, 14 août 1877. Pataille, 77. 364).

518. — La confiscation. ainsi que nous l'avons déjà indiqué, est obligatoire pour le juge, à moins qu'il ne s'agisse des instruments ou ustensiles de fabrication ou des produits obtenus au moyen de l'objet contrefait ; nous avons vu que, dans ces deux cas, les tribunaux ont le pouvoir d'apprécier s'il y a lieu ou non d'ordonner la confiscation.

519. — Si, en dehors de ces deux cas, la confiscation est de droit, il n'en faut pas moins, pour qu'elle puisse être exécutée, qu'elle soit prononcée par le juge, et, s'il avait omis de statuer à cet égard, le bre- veté devrait se pourvoir à nouveau, soit par la voie d'appel, si elle était encore ouverte, soit par une action principale. à l'effet de l'obtenir.

520.—Ainsi que nous l'avons déjà dit, la confiscation est prononcée tant contre le recéleur, l'introducteur ou le débitant, que contre le con- trefacteur même.

1. V. Pouillet, n° 966.

521. — La confiscation a pour effet de placer les objets qu'elle atteint hors du commerce à l'égard de toutes personnes autres que le breveté, à qui seul ils doivent être remis. Il a été jugé notamment que les objets confisqués ne constituent pas le gage des créanciers du contrefacteur (V. Trib. civ. Seine, Ordonn. référé Prélard, Nouguier, n° 1029 ; Trib. civ. Seine, 3 avril 1861, Visseau, Pataille, 61, 380).

3° *Dommages-intérêts.*

522. — En outre de la confiscation, l'article 48 autorise expressément les tribunaux, conformément au droit commun, à allouer au propriétaire du brevet, dans le cas où ils reconnaissent la contrefaçon, des dommages-intérêts, c'est-à-dire une indemnité pécuniaire, pour la réparation du préjudice résultant de la contrefaçon. Il appartient aux juges d'apprécier souverainement si les dommages-intérêts sont dus et à quel chiffre ils doivent être fixés.

523. — En ce qui concerne la fixation du chiffre des dommages-intérêts, le tribunal a deux façons de procéder : il peut soit fixer immédiatement, par le jugement même qui reconnaît la contrefaçon, le chiffre des dommages-intérêts d'après les documents de la cause, soit, si ces documents ne fournissent pas d'ores et déjà les éléments de cette fixation, ordonner que les dommages-intérêts seront fixés par état, c'est-à-dire qu'il lui sera ultérieurement présenté un état indiquant, par le détail, le montant de la somme à allouer ; dans ce dernier cas, le tribunal peut charger un expert de relever les livres du demandeur.

524. — Les éléments qui doivent servir de base à la fixation des dommages-intérêts comprennent en premier lieu les bénéfices dont le breveté a été privé par la concurrence déloyale du contrefacteur (V. notamment : Paris, 21 juill. 1865, Nazier, Pataille, 65, 308 ; Paris, 26 déc. 1883, Balin, Pataille, 84, 321), en second lieu les bénéfices illégitimes réalisés par le contrefacteur (V. notamment : Trib. corr. Seine, 8 août 1851, Masse-Tribouillet, cité par Blanc, p. 683), enfin les pertes et dépenses occasionnées au breveté par la surveillance et les démarches de toutes sortes qu'a rendues nécessaires la constatation de la contrefaçon (V. notamment : Trib. civ. Lyon, 28 avril 1869 ; Agnellet, *Monit. des inv.*, mai 1869 ; Paris, 26 déc. 1883, Balin, Pataille, 84, 321 ; Paris, 4 août 1887, Vieillemard, Pataille, 88, 273).

525. — La condamnation à des dommages-intérêts est fondée sur le principe général de l'article 1382 du code civil, qui oblige l'auteur même involontaire d'un dommage à le réparer ; elle constitue donc une réparation essentiellement civile. Il en résulte : 1° que les dommages-intérêts peuvent être alloués par la juridiction civile, comme par la juridiction correctionnelle ; 2° qu'ils peuvent être alloués, même en cas d'acquittement, pourvu qu'un fait matériel de contrefaçon dommageable soit reconnu.

526. — Il est généralement admis que la condamnation aux dommages-intérêts que le breveté obtient contre le contrefacteur a un caractère commercial, en ce sens qu'elle représente le bénéfice illicite obtenu par le contrefacteur exploitant indûment dans son commerce l'objet du brevet et qu'en conséquence elle peut servir de base à une demande en déclaration de faillite (V. Paris, 21 mars 1863, Dumery, Teul., 64, 311).

527. — Il appartient également aux tribunaux civils ou correctionnels, lorsqu'ils rejettent une demande en contrefaçon, de condamner le demandeur à réparer le préjudice que son action téméraire a pu causer au défendeur, alors même que cette action aurait été engagée de bonne foi (V. Paris, 8 mars 1882, Durand, Pataille, 82, 67 ; Dijon, 2 déc. 1885, Alain Chartier. Pataille, 87, 24).

Le défendeur peut d'ailleurs, au lieu de demander immédiatement au tribunal qui rejette la demande en contrefaçon les dommages-intérêts qui peuvent lui être dus, former ultérieurement devant la juridiction civile une action principale en réparation du préjudice que lui a causé le premier procès.

4° *Publication du jugement.*

528. — L'article 49 de la loi de 1844, confirmant la disposition générale édictée par l'article 1036 du code de procédure civile, autorise les tribunaux à ordonner, s'ils le jugent utile, la publication de leur jugement. L'article 49 ne parle que de la publication par *affiche* ; mais il est unanimement admis que cet article doit être complété par la disposition générale de l'article 1036 du code de procédure qui autorise également la publication par *impression*, c'est-à-dire par insertion dans les journaux : c'est même ce second mode de publication qui, dans la pratique, est le plus fréquemment ordonné par les tribunaux.

529. — La publication du jugement est ainsi, à la différence de la confiscation, facultative pour le juge qui peut, d'ailleurs, ordonner soit l'affichage, soit l'insertion, soit ces deux mesures simultanément.

530. — Lorsque le tribunal ordonne l'affichage, il lui appartient de déterminer le nombre des affiches qui peuvent être apposées, les lieux où elles doivent l'être, le temps pendant lequel elles peuvent l'être. Il a été jugé à cet égard : 1° que, si le jugement a déterminé le nombre des affiches, on ne peut, en outre, en faire imprimer et distribuer des exemplaires supplémentaires, sans commettre un abus donnant lieu à des dommages-intérêts (Paris, 1er juin 1831, Sommier, Dall., 31, 2, 219 ; Trib. corr. Seine, 6 juin 1844, Demarson, Dall., v° *Brev. d'inv.*, n° 383) ; 2° que, si le jugement n'a pas déterminé les lieux d'affichage, les affiches peuvent être disséminées dans différentes villes (Lyon, 17 mars 1875, David, Pataille, 75, 375) ; 3° que, si le jugement n'a pas déterminé la durée des affiches, ni leur mode d'apposition, le fait de rendre les affiches permanentes en les collant sur un carton qu'on exhibe tous les jours ne constitue pas nécessairement un abus (Trib. civ. Seine, 25 oct. 1837, Mottard-Demilly, *Le Droit*, 26 octobre).

531. — Lorsque le tribunal ordonne l'insertion dans les journaux, il en règle également les conditions.

532. — A moins de disposition contraire, l'affichage et l'insertion comprennent le texte entier du jugement, tel qu'il résulte de l'expédition délivrée par le greffier.

533. — Les frais de l'affichage ou de l'insertion sont, bien entendu, à la charge de la partie contre laquelle ces mesures sont ordonnées.

534. — On admet généralement que la publication du jugement ne peut être ordonnée d'office, mais seulement lorsqu'elle est requise soit par la partie intéressée, soit par le ministère public.

535. — Si la publication du jugement est requise par la partie intéressée, elle est réclamée à titre de réparation supplémentaire du préjudice causé et elle constitue ainsi une mesure purement civile.

536. — Il résulte de là que la publication peut être ordonnée par la juridiction civile comme par la juridiction correctionnelle.

537. — En résulte-t-il aussi que la publication puisse être ordonnée par le tribunal correctionnel en cas d'acquittement ? La question doit, selon nous, se résoudre par une distinction : le tribunal peut ordonner la publication du jugement sur la demande et au profit du prévenu acquitté, comme il pourrait lui accorder des dommages-intérêts (V. Rej., 12 déc. 1856, Popelin-Ducarre, Pataille, 57, 101); mais il ne peut ordonner cette publication sur la demande et au profit du plaignant, car il est de principe que le tribunal correctionnel, lorsqu'il acquitte, est incompétent pour statuer sur les réparations auxquelles le fait matériel peut encore donner lieu [1].

538. — Si la publication du jugement est requise par le ministère public, elle affecte alors le caractère d'une peine, en même temps que celui d'une réparation civile (V. Aix, 20 mars 1879, Fumouze, Pataille, 81, 179).

539. — La partie à laquelle le juge a refusé d'accorder la publication du jugement aux frais de son adversaire peut toujours, suivant nous, faire procéder à cette publication à ses propres frais (V. Toulouse, 25 mars 1885, Provost, Pataille, 86, 24). Toutefois, si les conditions dans lesquelles cette publication est faite lui donnent un caractère abusif, elle peut constituer un acte de concurrence déloyale donnant lieu à une action en dommages-intérêts [2].

540. — La même règle doit être appliquée au cas où, la publication étant ordonnée, il y est procédé en dehors des limites déterminées par le jugement.

1. V. Pouillet, n° 1013.
2. V. Pouillet, n° 1009 ; Nicolas et Pelletier, n° 211.

LIVRE II

DES MARQUES DE FABRIQUE ET DE COMMERCE

CHAPITRE I

NATURE ET CARACTÈRES DES MARQUES

I. Notions générales.

541. — C'est un usage depuis longtemps consacré et protégé par la loi que celui qui consiste à apposer sur les objets fabriqués ou vendus un signe servant à les désigner et à recommander ainsi au public le fabricant ou le vendeur : c'est ce signe qui constitue la marque de fabrique ou de commerce, selon qu'il est apposé par le fabricant, c'est-à-dire par celui qui crée le produit, ou par le commerçant, c'est-à-dire par celui qui, ayant reçu du fabricant le produit, le vend, le débite au consommateur.

La marque de fabrique ou de commerce est ainsi une garantie tout à la fois pour le consommateur, qui est assuré qu'on lui livre le produit qu'il entend acheter, et pour le fabricant ou le commerçant qui trouve le moyen de se distinguer de ses concurrents et d'affirmer la valeur de ses produits.

542. — Le fabricant ou le commerçant qui s'approprie ainsi une marque en devient seul propriétaire et il a le droit de poursuivre les tiers qui usurperaient cette marque : cette usurpation constitue même une atteinte aux principes sociaux qui régissent le commerce et, à ce titre, elle donne lieu à une répression pénale en même temps qu'à une réparation pécuniaire.

C'est sur ces bases qu'est organisée, dans notre législation, la protection des marques de fabrique et de commerce.

543. — Dès le commencement du siècle, la loi du 25 germinal an XI punissait l'usurpation des marques et noms des fabricants des peines édictées contre le faux en écriture privée. Le code pénal de 1810 s'était approprié cette disposition. Mais l'excessive sévérité de la peine n'avait eu d'autre effet que de rendre la répression presque impossible. La loi du 28 juillet 1864, *relative aux altérations ou suppositions de noms* *dans les produits fabriqués*, apporta un premier adoucissement à la législation existante, en réduisant aux proportions d'un simple délit, puni de peines correctionnelles, l'usurpation du nom d'un fabricant ou d'une localité. La loi du 24 juin 1857, *sur les marques de fabrique et de commerce*, qui constitue la législation actuellement en vigueur, a consommé l'abrogation de la loi de germinal ; cette loi a été déclarée exécutoire dans les colonies par un décret du 8 août 1873.

544. — A côté de la loi de 1857, qui est avant tout une loi pénale, les règles du droit commun continuent de subsister : elles obligent celui qui, en usurpant la marque ou le nom d'un fabricant ou commerçant, a commis un acte de concurrence déloyale, à réparer le préjudice qu'il a ainsi causé.

545. — Si la protection de la loi s'étend à tous les fabricants ou commerçants qui possèdent des marques, il ne s'en suit pas que tous les fabricants ou commerçants soient obligés de posséder une marque : la marque est, en principe, facultative et non obligatoire. Outre qu'il existe un très grand nombre de produits sur lesquels il serait matériellement impossible d'apposer une marque, il serait contraire au principe de la liberté du commerce d'imposer au fabricant ou au commerçant l'obligation de marquer ses produits, au lieu de lui laisser la faculté de les avouer ou de les renier à son gré.

L'article 1er de la loi de 1857 pose donc tout d'abord le principe que la marque de fabrique ou de commerce est facultative. Il apporte, toutefois, une exception à ce principe, en disposant que des décrets rendus en la forme d'administration publique peuvent déclarer la marque obligatoire pour certains produits qu'ils déterminent : cette obligation ne peut, du reste, être imposée qu'à titre exceptionnel et dans un intérêt de police ou de fiscalité.

La loi de 1857 a d'ailleurs laissé subsister, ainsi que cela résulte des travaux préparatoires[1], les actes législatifs qui avaient antérieurement rendu la marque ou le nom obligatoire pour certains produits, notamment pour les objets en or, en argent, en plaqué ou en ruolz, les étoffes d'or ou d'argent fin, mi-fin ou faux, les tissus français similaires aux tissus étrangers prohibés, les eaux minérales artificielles, les substances vénéneuses, les cartes à jouer, les ouvrages d'imprimerie[2]. L'industriel tenu à une marque obligatoire peut, d'ailleurs, y ajouter une marque facultative qu'il choisit à son gré, afin de différencier sa fabrication de celle des autres.

546. — Nous avons ainsi indiqué les principes généraux sur

---

1. V. Rapport de la Commission, Pouillet, Appendice, p. 876.
2. Les armes de guerre ou de commerce, qui étaient aussi assujetties à la marque obligatoire, en sont affranchies depuis la loi du 14 août 1885 sur la liberté de la fabrication des armes.

lesquels repose la loi qui protège les marques. Avant d'étudier en détail les mesures de protection qu'elle édicte, il importe de déterminer tout d'abord quelles sont les marques auxquelles s'applique cette protection. Cette question générale se subdivise en trois questions spéciales, qui sont les suivantes : 1° quelle est la définition des marques de fabrique et de commerce ; 2° quels sont les caractères généraux que doivent revêtir les marques ; 3° quels sont les signes qui peuvent constituer des marques.

II. Définition des marques.

547. — La définition des marques de fabrique et de commerce est donnée par l'article 1er de la loi de 1857, qui dispose que « sont considérés comme marques de fabrique et de commerce tous signes servant à distinguer les produits d'une fabrique ou les objets d'un commerce. »

La loi distingue ainsi, dans sa définition, la marque de fabrique, qui sert à distinguer les produits d'une fabrique, et la marque de commerce qui sert à distinguer les objets d'un commerce. Bien que, dans la pratique, les marques de fabriques soient plus usitées que les marques de commerce, le législateur admet et protège les secondes, comme les premières. « L'extension de la marque de commerce, dit M. Rendu, désirée et favorisée par la loi nouvelle sera peut-être le moyen le plus efficace de prévenir les falsifications opérées dans la transmission de certains objets, qui livrés en bon état par le fabricant, parviennent dénaturés au consommateur. Tout commerçant honnête peut mettre sa maison à l'abri des soupçons de manipulation frauduleuse, en attachant à ses marchandises un signe par lequel il prendra hautement la responsabilité de leur intégrité complète. C'est là un moyen de crédit et partant de fortune que nous ne saurions trop recommander à l'attention des commerçants ».

Si la marque de fabrique et la marque de commerce diffèrent par l'objet auquel elles s'appliquent, elles ne diffèrent pas par leur nature : toutes deux consistent dans un signe, quel qu'il soit, servant à distinguer cet objet des objets fabriqués ou vendus par d'autres.

548. — La marque peut d'ailleurs s'appliquer à tous les objets fabriqués ou vendus, à quelque genre d'industrie ou de commerce qu'ils appartiennent. Il en a été jugé ainsi notamment pour les produits pharmaceutiques (V. Trib. comm. Seine, 27 mars 1856, Gage, Pataille, 60, 85).

549. — Quant aux produits de l'agriculture, la loi de 1857, consacrant une jurisprudence antérieure, admet formellement qu'ils peuvent, comme les produits industriels, recevoir une marque. L'article 20 décide, en effet, que toutes les dispositions de la loi sont applicables aux vins, eaux-de-vie et autres boissons, aux bestiaux, grains, farines et généralement à tous les produits de l'agriculture.

III. Caractères généraux des marques.

550. — Les marques, pour être protégées par la loi, doivent revêtir un double caractère : il faut qu'elles soient : 1° *spéciales* ; 2° *nouvelles*.

551. — I. La marque doit être *spéciale*, c'est-à-dire de nature à ne pouvoir se confondre avec aucune autre. Cette condition résulte nécessairement de la définition même de la loi, aux termes de laquelle la marque sert à distinguer les produits d'un fabricant ou commerçant des produits d'un autre fabricant ou commerçant : il faut ainsi que la marque de l'un soit distincte de la marque de l'autre, c'est-à-dire qu'elle soit spéciale.

552. — II. De ce que la marque doit être spéciale, il s'en suit qu'elle doit être, en second lieu, *nouvelle*, sans quoi elle ne se distinguerait pas d'une marque déjà existante. La nouveauté toutefois est ici essentiellement relative, en ce sens qu'elle suppose, non pas que le signe employé comme marque est nouveau par lui-même, mais simplement que le signe n'est pas déjà actuellement employé comme marque par un autre fabricant ou commerçant pour un produit similaire et de la même façon : il suffit ainsi que l'application soit nouvelle.

Il résulte de là :

1° Que la marque est nouvelle, alors même qu'elle a été déjà employée pour le même produit, si, depuis, elle a été abandonnée, à la condition toutefois que l'abandon soit certain et définitif.

2° Que la marque est également nouvelle, alors même qu'elle est déjà actuellement employée, si elle est appliquée à un produit différent. Il a été ainsi jugé notamment : 1° que la dénomination *des friands* peut être valablement adoptée pour marque par un fabricant de sardines, alors même qu'elle a été antérieurement appliquée à des produits alimentaires d'une autre espèce, tels que des sirops (Trib. corr. Seine, 6 mars 1877. Hillerin-Tertrais. Pataille, 78, 12 ; 2° qu'une marque, employée à frapper des fers, aciers ou cuivres jaunes, peut être considérée comme nouvelle, quand on l'applique à des ouvrages de coutellerie (Riom, 13 juin 1888, Grange, *La Loi*, 6 janv.).

3° Qu'à l'inverse, la marque n'est pas nouvelle lorsqu'elle consiste dans le même signe appliqué au même produit, alors même que cette application a lieu dans une localité différente : rien dans la loi n'indique, en effet, que le législateur ait entendu restreindre la propriété d'une marque à la localité dans laquelle elle est déposée ou exploitée [1].

---

1. M. Rendu enseigne que la question doit se résoudre par les circonstances de chaque espèce et que si, en fait, les produits rivaux ne sont pas destinés à se rencontrer sur le même marché, à se faire concurrence, la marque peut être employée simultanément, même pour des produits similaires, dans des localités différentes (V. Rendu, nos 29 et 144).

4º Que la marque est nouvelle, alors même qu'elle est employée pour un produit similaire, si elle se compose d'éléments déjà connus, mais combinés d'une façon différente. Il a été ainsi jugé notamment : 1° que deux mots, tels que *Royal Victoria*, bien qu'ils aient été déjà employés, mais séparément, comme marques, peuvent, par leur réunion, constituer une marque nouvelle, même dans une industrie similaire (Trib. civ. Seine, 6 avril 1866, Sargent, Bataille, 66, 170) ; 2° que lorsqu'un commerçant en vins a adopté pour marque une feuille de vigne imprimée en couleur, il ne peut empêcher d'autres commerçants en vins de se servir à leur tour d'une feuille de vigne, présentant même une grande analogie, si d'ailleurs ils les différencient d'une manière formelle, tant par la dissemblance des noms qui y sont mentionnés que par l'addition d'ornements importants et qui, très apparents par la grandeur, les détails, la couleur, la signification, attirent forcément les yeux et ne laissent pas la possibilité d'une confusion (Bordeaux, 9 août 1865, Denis et Mounier, Bataille, 66. 430).

553. — Si la marque, nouvelle en France, est employée à l'étranger, cet usage antérieur fait-il obstacle à ce qu'elle devienne l'objet d'une propriété privative en France ? Les auteurs et la jurisprudence admettent généralement que la loi ne peut obliger le fabricant français à connaître toutes les marques usitées dans chaque pays étranger, et qu'en conséquence, il suffit, pour qu'il devienne propriétaire d'une marque, qu'elle ne soit pas employée en France, sans que, dans ce cas, l'étranger qui a employé la marque dans son pays puisse la revendiquer en France (V. notamment : Trib. civ. Seine, 1er juill. 1885, Bergmann, Bataille, 85, 338). Il y a lieu, toutefois, d'admettre une exception à ce principe, dans le cas où le pays dans lequel la marque était usitée a conclu avec la France un traité ayant pour effet de faire réputer les marques de ce pays légalement connues en France (V. Paris, 26 mai 1868, Holtzer, Bataille, 68, 167 ; Riom, 13 juin 188, Grange, Bataille, 89, 140).

554. — La spécialité et la nouveauté sont les deux seules conditions exigées des marques pour qu'elles puissent faire l'objet d'une propriété exclusive.

555. — Ainsi, il n'est pas nécessaire que la marque soit apparente, la loi ne déterminant pas le mode d'après lequel la marque doit être apposée sur les produits. Il a été jugé, à cet égard, que, l'usage dans le commerce des vins de Champagne étant d'apposer la marque sur la partie du bouchon qui entre dans la bouteille, cette marque, encore bien que non apparente, n'en constitue pas moins un signe distinctif à l'aide duquel le fabricant garantit l'origine de ses produits et dont il doit conserver la propriété exclusive (Rej., 12 juill. 1845, Ouvrard, *J. Pal.*, 45, 2, 655).

556. — On discutait de même, avant la loi de 1857, la question de savoir si la marque devait être adhérente aux produits, c'est-à-dire faire corps avec eux. L'article 1er de la loi nouvelle a tranché la difficulté dans le sens de la négative, qui d'ailleurs avait déjà prévalu, en considérant comme marque, d'une manière générale, tout signe quelconque servant à distinguer les produits d'une fabrique ou les objets d'un commerce, et en indiquant même spécialement les enveloppes dans l'énumération des principaux signes qui peuvent servir de marques.

557. — Il importe peu également que la marque soit destinée à un objet illicite ou contraire à l'ordre public ou aux bonnes mœurs. À la différence de la loi de 1844 sur les brevets d'invention, la loi de 1857 ne frappe d'aucune déchéance les marques apposées dans de pareilles conditions. Sans doute, si la marque est apposée sur des objets dont le commerce est prohibé, comme des médicaments secrets, ou qui ne peuvent être fabriqués ou vendus que par des personnes investies d'un privilège, comme les produits pharmaceutiques, il peut résulter de cette fabrication ou de cette vente illicite une poursuite pour contravention aux lois et règlements. Mais la marque n'aura pas, pour cela, cessé d'être la propriété de celui qui se l'est appropriée : si elle reste alors inerte entre les mains de son propriétaire, on peut pourtant prévoir des cas où, par suite de modifications dans la législation ou par d'autres circonstances, notamment par une cession intervenue entre le propriétaire de la marque et un fabricant ou vendeur autorisé, son application ne rencontrera plus dans l'avenir les obstacles qui s'opposaient d'abord à son usage légal. La marque est donc indépendante de l'objet auquel elle s'applique (V. Rej., 8 mai 1868, Boyer, Pataille, 69, 162; Rej., 12 mars 1880, Dunesme, Pataille, 80, 245; Trib. corr. Seine, 3 mars 1877, Bobœuf, Pataille, 78, 138).

558. — Il appartient aux tribunaux d'apprécier en fait si la marque est, à raison de ses caractères généraux, susceptible de faire l'objet d'une propriété exclusive, de décider par conséquent si la marque est spéciale et nouvelle : cette appréciation de fait est souveraine et échappe au contrôle de la Cour de cassation (V. Rej., 15 juin 1870, Bardou et Cie, Pataille, 70, 282; Rej., 18 mai 1872, Bobot-Descoutures, Pataille, 72, 305).

IV. Signes constitutifs des marques.

559. — L'article 1er dispose que tous les signes quelconques servant à distinguer des produits peuvent constituer une marque. L'article énumère, en outre, les signes le plus généralement usités comme marques ; mais il résulte des termes mêmes de la loi que cette énumération n'est pas limitative.

Etudions d'abord en détail les signes énumérés par la loi ; nous verrons ensuite quels sont ceux qui, en dehors de cette énumération, sont également usités comme marques.

1° *Signes énumérés par la loi.*

560.   L'article 1er cite, comme pouvant servir de marques : 1° les noms sous une forme distinctive ; 2° les dénominations ; 3° les emblèmes et vignettes ; 4° les enveloppes ; 5° les lettres et chiffres ; 6° les empreintes, reliefs, timbres et cachets.

561.—I. Noms. — La loi considère d'abord, comme pouvant constituer une marque, le nom, notamment celui du fabricant ou commerçant, à la condition toutefois qu'il affecte une forme distinctive, c'est-à-dire qu'il revète, par la disposition ou la couleur des caractères employés, une figure particulière servant à le distinguer du même nom appartenant à autrui.

Ce que la loi protège ici, ce n'est pas le nom pris en lui-même : c'est la forme, la figure qu'il revêt ; quant au nom, abstraction faite de sa forme, il demeure protégé par la loi du 28 juillet 1824, *relative aux altérations ou suppositions des noms dans les produits fabriqués.* La jurisprudence a notamment considéré comme constituant des marques de fabrique à raison de leur forme distinctive : 1° un nom écrit en caractères chinois (Besançon, 30 nov. 1861, Lorimier, Pataille, 62, 297) ; 2° un nom accompagné d'un écusson orné servant d'emblème (Trib. civ. Charleville, 17 août 1878, Gendarme, *Gaz. Trib.*, p. 981).

562. — Le nom d'une localité peut, comme celui du fabricant ou commerçant, servir de marque, à la condition, ici encore, qu'il revète une forme distinctive, car les noms de localités, abstraction faite de la forme qu'ils peuvent revêtir, appartiennent à tous et ne peuvent devenir l'objet d'aucun droit privatif. La jurisprudence se prononce en ce sens (V. Paris, 3 juin 1859, Bisson-Aragon, Pataille, 59, 216 ; Dijon, 8 mai 1867, Avril, Pataille, 67, 345).

563. — Quant au nom d'un tiers, il peut être également employé comme marque[1] ; mais Il y a alors une appellation arbitraire du produit, qui rentre dans la catégorie des dénominations et qui, par conséquent, ainsi que nous le verrons, est protégée, abstraction faite de sa forme distinctive. Il en est de même des noms imaginaires.

564. — **II. Dénominations.** — L'article 1er range, en second lieu, au nombre des marques, la dénomination adoptée par un fabricant ou commerçant pour désigner ses produits. Il faut distinguer toutefois

---

1. Il faut remarquer, toutefois, que le nom d'un tiers ne peut être employé comme marque qu'avec l'autorisation de la personne qui porte ce nom, ou, après sa mort, à quelque époque qu'elle ait eu lieu, avec l'autorisation de ses héritiers : le nom patronymique constitue, en effet, une propriété imprescriptible.

entre la dénomination *arbitraire* ou *de fantaisie*, qui est protégée comme marque, indépendamment de la forme qu'elle reçoit, et la dénomination *nécessaire* ou *vulgaire* qui ne constitue une marque que si elle revêt une forme distinctive.

La dénomination *arbitraire* ou *de fantaisie* est celle qui, créée ou non par le fabricant ou commerçant, n'éveille pas nécessairement l'idée de l'objet auquel elle est appliquée, de telle sorte que cet objet pourrait être reconnu et désigné sous une autre dénomination. Les juges du fait ont, à cet égard, un pouvoir souverain d'appréciation. La jurisprudence a notamment considéré comme des dénominations arbitraires ou de fantaisie, susceptibles à ce titre de faire l'objet d'un droit privatif, les appellations suivantes : *Papier Job* (Trib. comm. Seine, 26 sept. 1852, Bardou, Teulet, 1,496) ; *Encre classique* (Trib. comm. Seine, 10 fév. 1863, Lebœuf, Teulet, 13, 244) ; *La Luciline* (Paris, 28 nov. 1863, Cohen, Pataille, 64, 105) ; *Fil d'Alsace* (Paris, 5 janv. 1865, Dollfus-Mieg, Pataille, 65, 109) ; *Bougie de l'Etoile* (Trib. corr. Epernay, 30 avril 1872, de Milly, Pataille, 72, 338) ; *La Veloutine* (Trib. civ. Seine, 8 mai 1875, Fay, Pataille, 75, 245 ; *La Bénédictine* (Trib. civ. Nice, 24 fév. 1879, Legrand, Pataille, 81, 77) ; *Savon minéral* (Paris, 31 oct. 1885, Pataille, 86, 313).

La dénomination *nécessaire* est celle qui tient à la nature même de l'objet désigné, de telle sorte qu'elle soit l'expression, sinon unique, du moins la plus naturelle et la plus exacte, pour le désigner [1]. La dénomination nécessaire devient *vulgaire*, lorsque, consacrée par l'usage, elle est entrée dans le langage. Les juges du fait ont, ici encore, un pouvoir souverain d'appréciation. La jurisprudence a notamment considéré comme des dénominations nécessaires ou vulgaires, non susceptibles par conséquent de faire l'objet d'un droit privatif : 1° les appellations tirées d'une des qualités essentielles de l'objet, telles que les expressions : *Cartes opaques* (Paris, 1 juill. 1845, Grimault, Teulet, 2, 323) ; *Acier extra mi-dur, extra dur* (Douai, 13 avril 1885, Bohler frères et Cⁱᵉ, Pataille, 85, 277) ; *Insecticide foudroyant* (Lyon, 14 avril 1884, Galzy, Pataille, 85, 84) ; 2° les appellations génériques, c'est-à-dire tirées du genre du produit, telles que : *Phosphoguano* (Caen, 20 janv. 1874, Dior, Pataille, 75, 318) ; 3° les appellations générales, telles que : *Boules au réglisse* (Trib. comm. Seine, 4 mai 1867, Eustache, Teulet, 16, 500) ; 4° les appellations tirées du langage vulgaire, telles que : *Corsets sans coutures* (Nancy, 7 juill. 1855, Verly, *J. Pal.*, 56, 2, 196).

565. — La règle que la dénomination n'est susceptible d'un droit privatif qu'autant qu'elle n'est pas une dénomination nécessaire

---

1. D'après M. Blanc, la dénomination n'est nécessaire qu'autant qu'elle est l'appellation unique de l'objet.

s'applique également à la dénomination donnée à un objet breveté qui, à l'expiration du brevet, tombe dans le domaine public. Si la dénomination donnée par l'inventeur à l'objet breveté s'est incorporée à cet objet, pendant la durée du brevet, au point qu'elle en soit devenue la désignation nécessaire, on admet généralement que la dénomination tombe avec l'objet breveté dans le domaine public : dans ce cas, en effet, ce serait indirectement prolonger, contrairement à la loi, le monopole de l'inventeur que de lui réserver, après l'expiration du brevet, la propriété exclusive de la dénomination sous laquelle il a créé le produit [1]. Si, au contraire, la dénomination n'est pas indispensable à la désignation de l'objet breveté, il faut admettre que le breveté conserve, à l'expiration du brevet, la propriété de la dénomination qu'il a donnée à l'objet breveté [2].

566. — Cette distinction est également appliquée aux produits pharmaceutiques, qui, ne pouvant être brevetés, tombent, aussitôt qu'ils sont inventés, dans le domaine public (V. notamment : Paris, 10 nov. 1843, Boyer, Pataille, 76, 15 ; et Trib. comm. Seine, 16 mars 78, Clin, Pataille, 78, 78).

567. — La même distinction s'impose, avec plus de raison encore, lorsque la dénomination donnée à l'objet breveté, au lieu d'être un mot du langage ordinaire, consiste dans le nom même du breveté. Il a été jugé, à cet égard : 1° que le nom de l'inventeur, après l'expiration du brevet, reste la propriété de ses héritiers, alors que ce nom n'est pas devenu la désignation nécessaire de l'objet breveté (Trib. civ. Seine, 21 fév. 1873, Jouvin, *Gaz. Trib.* 3 avril) ; 2° mais que, lorsque le nom de l'inventeur s'est incorporé à l'objet breveté, de manière à devenir, en réalité, de nom propre nom commun, comme, par exemple, pour les métiers dits *Jacquards*, les lampes dites *Quinquets*, il appartient à tous de vendre cet objet sous le nom que l'usage a consacré (Trib. comm. Seine, 26 déc. 1832, Hochsterrer, *J. Pal.*, 41, 1,561, *la note*).

568. — Doit-on considérer comme une dénomination de fantaisie ou comme une dénomination vulgaire celle qui consiste en un mot emprunté à une langue étrangère et servant, dans cette langue, à désigner le même objet ? La jurisprudence admet que si le mot étranger, même devenu vulgaire à l'étranger, n'est pas entré dans les habitudes du commerce français, il doit être considéré comme constituant une dénomination de fantaisie susceptible de faire, en France, l'objet d'un droit privatif (V. Paris, 15 janv. 1863, Lloyd français, Pataille, 63, 221 ; Trib. civ. Seine, 31 mars 1873, Grossmann, *Gaz Trib.*, 1er avril ; Trib. comm. Seine, 4 sept. 1878, Lavérie, Pataille, 79, 71).

---

1. V. en ce sens : Gastambide, p. 470 ; Bédaride, n° 825 ; Pouillet, n° 54 ; — *Contrà* : Blanc, p. 722.
2. *Contrà* V. Rendu, n° 39.

569. — III. **Emblèmes et vignettes.** — Les emblèmes et vignettes sont également rangés par la loi au nombre des signes qui constituent une marque. Toutefois le droit privatif de celui qui a choisi pour marque un emblème ou une vignette ne s'étend qu'aux formes et aux dispositions qui sont de nature à faire confusion avec celles qu'il a adoptées. Il a ainsi été jugé que le fabricant, qui a pris pour marque une image de la Vierge avec les mots *A la Vierge*, ne peut se plaindre qu'un de ses concurrents adopte de son côté pour marque une image représentant également la Vierge, mais dans une attitude et avec une inscription différentes, et telle en un mot que la confusion soit impossible (Aix, 27 nov. 1876, Eydoux, Pataille, 76, 252).

La règle est la même s'il s'agit d'un emblème tiré de la nature de l'objet. Ainsi, il a été jugé qu'un commerçant en vins qui a adopté pour marque une feuille de vigne imprimée en or, en argent ou en couleur, ne peut empêcher d'autres commerçants en vins de prendre, à leur tour, pour marque une feuille de vigne, imprimée en une autre couleur et ornementée différemment, de telle sorte qu'une confusion soit impossible (Bordeaux, 9 août 1865, Denis et Mounier, Pataille 66, 430).

La même règle doit être encore appliquée aux portraits, qui sont évidemment des emblèmes.

Les armoiries d'un particulier, d'une ville, d'un Etat, qui constituent aussi des emblèmes, sont la propriété de ce particulier, de cette ville, de cet Etat et ne peuvent, en principe, être employées comme marques de commerce que par leur propriétaire ou avec l'assentiment de leur propriétaire. Dans la pratique, cependant, les fabricants s'emparent fréquemment des armoiries de certaines villes pour en faire des marques, sans que ces villes élèvent aucune réclamation.

570. — IV. **Enveloppes.** — La loi cite encore les enveloppes comme pouvant constituer des marques. Le mot enveloppe est pris, ici, dans son sens le plus général et doit s'entendre de tous les récipients quelconques qui contiennent la marchandise, tels que les enveloppes de papier (V. Paris, 25 janv. 1866, Fouillet, Teulet, 15 508), les boîtes (V. Trib. civ. Seine, 6 fév. 1835), les capsules qui enveloppent le fil à coudre (V. Douai, 30 avril 1881, Dayez, Pataille, 84, 335), les flacons et bouteilles de verre, etc. Ce qui constitue ici la marque, c'est l'enveloppe elle-même, c'est-à-dire sa forme, sa disposition, sa couleur.

571. — V. **Lettres et chiffres.** — On peut encore prendre pour marques, aux termes de l'article 1er, des lettres ou des chiffres. Bien que les initiales d'un nom ne soient pas, à notre avis, protégées, comme le nom, par la loi de 1824, ces initiales constituent évidemment une marque en lettres protégée par la loi de 1857.

572. — VI. **Empreintes, reliefs, timbres et cachets.** — L'article 1er, cite enfin, comme pouvant constituer des marques, les empreintes, les reliefs, les timbres et les cachets. Ces quatre mots désignent un signe de même nature, avec cette différence que le signe est tantôt en creux tantôt en relief. L'*empreinte* est un signe en creux pouvant contenir soit un nom, soit une dénomination, soit un emblème, soit des lettres ou chiffres ; le *relief*, tout en étant le contraire de l'empreinte, peut de même s'appliquer à tous les signes servant de marques. Le *timbre* rentre dans la catégorie des empreintes ou des reliefs, suivant la façon dont il est gravé et peut de même s'appliquer à toute espèce de signes. Enfin le *cachet* est une sorte de timbre destiné à laisser son empreinte, non sur l'objet à marquer lui-même, mais sur l'enveloppe de cet objet.

2° *Signes usités comme marques et non énumérés par la loi.*

573. — Nous avons dit que l'énumération de l'article 1ᵉʳ n'est pas limitative, et que, aux termes mêmes de cet article, tous les autres signes que ceux qu'il énumère peuvent être employés comme marques, dès qu'ils servent à distinguer des produits. Il appartient aux tribunaux d'apprécier le caractère distinctif des signes employés.

Parmi les signes auxquels on s'accorde ainsi à reconnaître le caractère de marques, les plus usités sont :

1° *Les étiquettes*, qui peuvent contenir un nom, une dénomination, un emblème, des lettres ou chiffres et qui sont protégées à raison de leur forme, de leur disposition et de leur couleur ;

2° Les *estampilles*, habituellement employées dans l'industrie de la quincaillerie et qui consistent dans des petites feuilles de cuivre, de configuration particulière, incrustées dans les objets de ce genre d'industrie ;

3° Les *plaques* apposées sur certaines voitures ;

4° Les *panonceaux* ou *écussons* composés de signes héraldiques peints sur certains objets d'ébénisterie.

5° Les *liserés* universellement employés dans l'industrie des tissus et qui consistent en une ou plusieurs raies placées au long des lisières.

574. — La forme même du produit peut-elle, par son caractère distinctif, constituer une marque ? Les auteurs et la jurisprudence sont divisés sur ce point. Un premier système, refuse d'admettre que la forme du produit puisse constituer une marque par ce motif que la loi suppose que le signe qui constitue une marque est appliqué sur le produit et par conséquent indépendant du produit lui-même (V. Paris, 24 juin 1865, Prudon, *J. Pal.* 65, 1125 ; Paris, 23 mars 1870, Vilcox, Pataille, 74, 31) [1]. Dans un second système, auquel nous nous rallions, pour notre part, on admet, au contraire, que la généralité des termes

---

1. V. en ce sens : Calmels, n° 35 ; Bédarride, n° 841 ; Pataille, 57, 226.

de l'article 1ᵉʳ n'implique nullement que la marque doit être indépendante du produit, qu'elle peut être constituée par tout signe distinctif et par conséquent par la forme même du produit, à la condition qu'il ne s'agisse pas d'un produit dont la forme est nécessaire (V. Trib. cor. Seine, 10 mars 1858, Bleuze, Pataille, 58, 219 ; Trib. civ. Seine, 14 juill. 1858, Boilley, Le Hir, 58, 2, 572) [1].

575. — La même solution doit être donnée, à notre avis, lorsqu'il s'agit d'une marque tirée de la couleur du produit, s'il s'agit non d'une nuance nécessaire, c'est-à-dire uniforme, mais d'une combinaison de couleurs arbitraires et de fantaisie (V. Douai, 1ᵉʳ avril 1881, Pouillier-Longhaye, Pataille, 81, 92 ; Douai, 30 avril 1881 ; Vrau, Pataille, 81, 335).

1. V. en ce sens : Rendu, nº 54 ; Pouillet, nº 41.

CHAPITRE II.

PROPRIÉTÉ DE LA MARQUE

576. — Nous aurons à examiner, au sujet de la propriété de la marque de fabrique ou de commerce : 1º comment s'acquiert cette propriété ; 2º comment elle se conserve ; 3º comment elle se transmet ; 4º comment elle se perd ; 5º enfin quelles sont les règles spéciales à la copropriété de la marque.

I. Comment s'acquiert la propriété de la marque.

577. — Il résulte de ce que nous avons dit, en étudiant la nature et les caractères de la marque, que la propriété d'une marque appartient au premier occupant, c'est-à-dire à celui qui se l'approprie le premier ; cette appropriation de fait suffit à créer un droit de propriété, qui est protégé par la loi, dès que le signe qui en fait l'objet réunit les caractères constitutifs d'une marque. Il faut, toutefois, que cette appropriation soit sérieuse, usuelle, continuelle ; il ne suffirait pas d'un apposition accidentelle ou intermittente (V. Paris, 14 avril 1877, Dupont, Pataille, 78, 5 ; et Rej. 22 déc. 1877, même affaire, Pataille, 78, 11).

578. — Nous verrons plus loin que la loi, dans l'article 2, permet au fabricant ou commerçant qui adopte une marque, de déposer cette marque au greffe du tribunal de commerce. Mais ce dépôt, aux termes mêmes de l'article 2, n'a d'autre effet que de permettre à celui qui l'a effectué de revendiquer la propriété de la marque contre les tiers qui viennent à l'usurper ; c'est ce qu'on exprime, en disant que le dépôt est simplement déclaratif et non attributif de propriété.

Ainsi, celui qui s'est approprié le premier une marque ne peut exercer l'action en revendication spécialement instituée par la loi de 1857 que s'il dépose cette marque. Mais, s'il n'effectue pas le dépôt, il n'en est pas moins, indépendamment de toute formalité et par le seul fait de son appropriation, propriétaire exclusif de la marque, et, si des tiers viennent à l'usurper, il peut toujours, conformément à l'article

1382 du Code civil, agir contre eux en réparation du préjudice qu'ils lui ont causé par cet acte de concurrence déloyale.

579. — Remarquons, en terminant sur ce point, que rien ne s'oppose à ce qu'un fabricant ou commerçant possède plusieurs marques à la fois : il est même dans l'usage que les fabricants ou commerçants aient une marque différente pour chacun de leurs produits [1].

II. Comment se conserve la propriété de la marque.

580. — La propriété de la marque se conserve, comme elle s'acquiert, indépendamment de toute formalité. Il suffit d'en jouir pour en garder la propriété, à la condition, toutefois, qu'il s'agisse d'une jouissance continue : ainsi que le dit M. Pouillet, le seul exercice du droit le perpétue et le maintient intact.

III. Comment se transmet la propriété de la marque.

581. — La marque étant une propriété, celui à qui elle appartient peut en disposer à son gré, soit en totalité, soit en partie, soit à titre onéreux, soit à titre gratuit, soit isolément, soit avec le fonds de commerce dont elle dépend. Ce sont là les divers cas de cession volontaire de la marque. Remarquons d'ailleurs, dès maintenant, qu'il n'y a pas en cette matière de cession forcée, c'est-à-dire que la marque ne peut être saisie par les créanciers séparément de l'objet auquel elle s'applique. La marque est, en effet, le signe de la personnalité du fabricant ou du commerçant, et l'on ne conçoit pas la saisie d'une personnalité, d'un nom, d'une signature indépendamment de l'objet sur lequel est apposé ce nom, ou cette signature. Si la cession volontaire de la marque est admise, c'est que le propriétaire qui cède sa marque communique en même temps à son cessionnaire ses procédés de fabrication et le met ainsi en mesure de continuer la réputation que cette marque s'est acquise. Cette communication n'étant pas possible en cas de saisie, il n'y a pas lieu d'admettre que la saisie puisse porter sur la marque sans porter sur les produits auxquelles elle s'applique [2].

La cession spéciale de la marque ne peut donc être que volontaire : nous avons maintenant à étudier les divers modes de cession volontaire, qui sont, en principe, régis par les conventions des parties.

---

1. L'État, qui est dans certains cas fabricant, peut comme un simple particulier, se rendre propriétaire d'une marque de fabrique et exercer les actions attachées à cette propriété.
2. V. en ce sens : Bédarride, n° 878 ; Pouillet, n° 91 ; — *Contrà* ; Rendu, n° 110.

582. — I. Cession totale et cession partielle. — La cession est totale lorsque le propriétaire de la marque se dépouille d'une façon absolue du droit d'en jouir ou d'en faire jouir d'autres que le cessionnaire. Dans ce cas, le cessionnaire est subrogé à tous les droits du cédant et, si celui-ci a déposé la marque, il jouit de plein droit des avantages attachés au dépôt, de même qu'il est seul soumis à l'obligation de le renouveler après quinze ans ; quant au cédant, il devient, à l'égard du cessionnaire, un véritable tiers, passible, s'il se sert de la marque, des peines qui atteignent son usurpation.

La cession est partielle, lorsque le propriétaire de la marque partage la propriété avec le cessionnaire, en lui cédant par exemple le droit de jouir de la marque dans un lieu ou pour un temps déterminé. Si le propriétaire, au lieu de céder la propriété ou la copropriété de la marque, conférait simplement au cessionnaire le droit d'en user, il y aurait alors un contrat analogue à ce qu'est la licence en matière de brevet : le cessionnaire n'aurait aucune action contre les contrefacteurs.

582. — II. Cession à titre onéreux et cession à titre gratuit. — La cession à titre onéreux d'une marque est soumise, quant à la formation du contrat et à sa preuve, aux règles générales qui régissent la vente. A la différence de la cession en matière de brevets, la cession des marques est opposable aux tiers indépendamment de toute formalité d'enregistrement. Les auteurs conseillent néanmoins au cessionnaire, à titre de simple mesure de prudence, de faire enregistrer la cession, afin de lui donner une date certaine, qui lui permettra évidemment de primer toute autre cession, même antérieure, de la même marque.

583. — III. Cession de la marque isolément ou cession avec le fonds de commerce. — La marque peut être cédée sans les produits auxquels elle s'applique et sans le fonds de commerce qui a pour objet l'exploitation de ces produits. Mais la vente du fonds de commerce emporte de plein droit, à moins de stipulation contraire, la vente de la marque, qui n'est qu'un des signes extérieurs de ce fonds et par conséquent un de ses accessoires nécessaires. Les auteurs et la jurisprudence se prononcent unanimement en ce sens (V. notamment : Paris, 13 juin 1854, et Rej. 13 fév. 1855, Bajou, 3, 405).

IV. Comment se perd la propriété de la marque.

584. — La propriété d'une marque se perd par l'abandon exprès ou tacite qui en est fait.

Il y a abandon exprès de la marque, lorsque le propriétaire renonce par une déclaration explicite à s'en prévaloir. L'article 16 du décret réglementaire du 27 février 1891, rendu en exécution de la loi de 1857, modifiée par celle du 3 mai 1890, dispose que lorsque le propriétaire qui a déposé une marque entend renoncer à l'emploi de cette marque, il en fait la déclaration au greffe du tribunal où le dépôt a été effectué. Cette déclaration est inscrite par le greffier en marge du procès-verbal de dépôt et avis en est donné au ministre du commerce, qui la publie dans le *Bulletin officiel de la propriété industrielle*.

Il y a abandon tacite, lorsque le propriétaire laisse, sans revendication, le domaine public s'emparer de sa marque (V. Paris, 23 juill. 1863, Calmel, Pataille, 64, 193). Il faut, bien entendu, pour qu'il en soit ainsi, que l'inaction du propriétaire se soit prolongée pendant un certain temps, qu'elle soit définitive, qu'elle ne puisse, en un mot, s'expliquer que par l'intention de renoncer à la propriété de la marque. L'abandon ne saurait ainsi résulter d'un fait isolé de tolérance (V. Paris, 12 juin 1874, Liebig et Cⁱᵉ, Pataille, 74, 83).

Il y aurait encore abandon tacite de la marque dans le cas où le propriétaire viendrait à cesser son commerce pour ne plus le reprendre, ou, sans cesser son commerce, à ne plus fabriquer le produit auquel s'appliquait sa marque. Il faudrait, ici encore, un abandon prolongé et définitif.

Il appartient, dans tous les cas, aux tribunaux d'apprécier souverainement, en fait, la question de savoir s'il y a eu de la part du propriétaire abandon de sa marque.

585. — Ainsi que nous l'avons dit, en étudiant le caractère de nouveauté de la marque, la marque abandonnée par son propriétaire tombe dans le domaine public, et il est permis à un autre fabricant ou commerçant de se l'approprier et d'acquérir de nouveau sur elle un droit exclusif.

V. Règles spéciales à la copropriété de la marque.

586. — Il se peut qu'une marque soit la propriété de plusieurs personnes à la fois.

587. — Il en est ainsi d'abord lorsque celui qui s'est approprié la marque meurt laissant plusieurs héritiers : dans ce cas, il y a indivision, et cette indivision ne peut cesser que par un partage, qui a pour effet d'attribuer à un seul la propriété de la marque.

588. — Les copropriétaires indivis peuvent encore convenir qu'ils exploiteront la marque chacun de leur côté ; dans ce cas encore, l'indivision cesse par suite de cette convention, et la marque devient l'objet d'autant d'exploitations indépendantes l'une de l'autre qu'il y a de propriétaires : chaque copropriétaire peut donc poursuivre les contrefacteurs à son seul profit, comme à ses seuls risques.

589. — La même règle doit être suivie, lorsque plusieurs personnes, par exemple les fabricants d'une même localité, s'entendent pour adopter une marque commune à tous : cette convention est d'ailleurs absolument licite (V. Paris, 28 nov. 1861, Forge et Quentin, Pataille, 62, 35 ; Paris, 13 juillet 1883, Arnould et autres, Pataille, 84, 353) [1].

Il se peut que la marque appartienne à une société. Dans ce cas, tant que la société existe, c'est le gérant qui exerce les droits et actions résultant de la propriété de la marque ; lorsque la société est dissoute, ces droits et actions sont exercés par le liquidateur. Si la société dissoute est *in bonis*, les anciens associés peuvent soit anéantir la marque, soit la céder avec ou sans le fonds de commerce. Si la société n'est pas *in bonis*, les créanciers peuvent, ainsi que nous l'avons déjà dit, faire vendre la marque, mais seulement avec le fonds de commerce.

1. Le quatrième protocole de la Conférence de Madrid, de 1890, consacre formellement la protection des marques collectives et même municipales. Ce protocole n'a par réuni, toutefois, l'adhésion de tous les Etats de l'Union, et sa ratification en France a été ajournée.

CHAPITRE III.

DÉPOT DE LA MARQUE

---

590. — L'article 2 de la loi du 23 juin 1857, modifié par la loi du 3 mai 1890, dispose que « nul ne pourra revendiquer la propriété exclusive d'une marque s'il n'a déposé au greffe du tribunal civil de son domicile trois exemplaires du modèle de cette marque et le cliché typographique de cette marque. Étudions successivement : 1° quels sont le but et l'utilité du dépôt ; 2° quels en sont les caractères et les effets ; 3° quelles en sont les formes.

I. But et utilité du dépôt.

591. — Le rapporteur de la la loi de 1857 a défini en ces termes le but et l'utilité du dépôt : « Il est nécessaire de faire connaître à tous que tel signe, hier dans le domaine public, est devenu maintenant une propriété particulière et exclusive. S'il convient de protéger cette propriété, il convient aussi de prévenir les contrefaçons involontaires. Le dépôt est la constatation officielle de cette prise de possession, la notification au public de ce droit de propriété : il ne le crée pas, il le révèle »[1]. Ainsi le dépôt a pour but de mettre les tiers en garde contre une usurpation; et, s'il importe aux tiers d'être ainsi avertis, c'est que le dépôt a en même temps et surtout pour effet, ainsi que nous l'avons déjà indiqué, d'attacher à la marque une garantie spéciale, la garantie d'une répression pénale à l'égard des contrefacteurs, alors que le propriétaire d'une marque non déposée n'a, pour se faire protéger, qu'une action civile, fondée sur l'article 1382. Le dépôt a encore pour utilité de donner une date certaine à la prise de possession de la marque et de fournir ainsi un élément de certitude dans les questions qui peuvent s'élever relativement à la date de son origine et au caractère qu'elle présentait à cette date.

Enfin, au cas de contrefaçon, la marque déposée constitue une pièce de comparaison irrécusable.

---

1. V. Pouillet, Appendice, 1re partie, chap. II, section 1re, art. 2.

II. Caractères et effets du dépôt.

592. — Nous avons déjà indiqué que le dépôt, tel que l'organise la loi de 1857, est simplement déclaratif et non attributif de la propriété de la marque, c'est-à-dire qu'il a pour but de constater cette propriété et non de la créer. Cela résulte formellement des travaux préparatoires. Le projet primitif disposait que nul ne pourrait *acquérir* la propriété d'une marque qu'en en effectuant le dépôt ; dans la rédaction définitive le mot *revendiquer* a été substitué au mot *acquérir*, et le rapporteur a nettement expliqué la différence résultant de cette substitution : « Il nous a paru dangereux, a-t-il dit, de faire dépendre de l'accomplissement d'une formalité, de soumettre à la chance d'une diligence plus ou moins active, la propriété d'une marque, qui, le plus souvent, tire son importance de son ancienneté et n'a pas été déposée à cause de son ancienneté même... Ainsi donc, au propriétaire d'une marque déposée, le bénéfice de la loi actuelle, des garanties spéciales qu'elle institue et des actions qu'elle organise ; à celui qui n'effectue pas le dépôt, le droit commun ; il se servira de sa marque sans pouvoir en être dépouillé, et il demandera à l'article 1382 du code civil les moyens de se défendre contre toute concurrence déloyale ».

Ainsi, le dépôt a pour effet principal de rendre recevable l'instance correctionnelle, instituée par la loi de 1857, en cas d'usurpation de la marque par les tiers.

Cette interprétation est admise par la majorité des auteurs [1] ; elle est presque unanimement adoptée aussi par la jurisprudence (V. notamment : Rej. 10 mars 1864, Calmel, Pataille, 64, 193 ; Paris, 19 mai 1870, Louis Garnier, Pataille, 70; 219 ; Aix, 29 déc. 1877, Bull. de la Cour d'Aix, 77, 66) [2].

593. — De ce que le dépôt est ainsi déclaratif et non attributif de la propriété de la marque et a simplement pour effet de rendre recevable l'action correctionnelle, il résulte :

1º Que le propriétaire de la marque qui en fait usage avant de la déposer ne compromet pas pour cela son droit ;

2º Que le dépôt n'empêche pas les tiers d'user de la marque si elle appartient au domaine public et ne met pas obstacle à ce qu'ils fassent, en cas de poursuite, la preuve des antériorités sur lesquelles ils prétendent se fonder ;

3º Que le propriétaire de la marque peut poursuivre les faits d'usurpation antérieurs à son dépôt, s'il intente sa poursuite devant la juridiction civile (V. Trib. civ. Lyon, 31 juill. 1872, Ménier, Pataille, 73, 24); mais qu'il ne peut pas poursuivre correctionnellement les faits

1. V. *Contrà*: Bédarride, nº 860 ; Duvergier, 1857, p. 188, note 3.
2. V. *Contrà*: Paris, 13 nov. 1861, Dalbanne et Petit, Pataille, 61, 414.

d'usurpation antérieurs : le dépôt étant nécessaire pour que l'action correctionnelle puisse être exercée, il est impossible d'admettre que le seul fait du dépôt permette de poursuivre correctionnellement une contrefaçon antérieure, jusque là considérée comme involontaire et innocente au point de vue pénal (V. notamment : Paris, 30 juin 1865, Vix, Pataille, 65, 344 ; Paris 29 juin 1882, Sasclehner, *La Loi*, 16 juill.)[1];

4° Que le dépôt effectué sans droit par une personne qui n'est ni l'auteur ni le propriétaire de la marque ne fait pas obstacle à l'action du légitime propriétaire en revendication ou en dommages-intérêts, à la condition que cette action soit fondée sur une possession publique et certaine (V. Paris, 16 déc. 1858, Bardou, Pataille, 59, 402 ; Trib. corr. Seine, 3 mars 1877, Bobœuf, Pataille, 77, 308) ;

5° Que, si le dépôt n'est effectué qu'au cours de l'instance correctionnelle, la procédure antérieure est nulle et l'action par conséquent non recevable.

594. — Le dépôt a encore pour effet de déterminer l'étendue du droit du propriétaire de la marque. C'est, en effet, l'acte de dépôt, qui constitue le contrat qui se forme entre le déposant qui fixe lui-même l'étendue de son droit exclusif et la société qui lui en assure la jouissance dans les limites qu'il a ainsi fixées ; c'est pour cela que la marque déposée doit, comme nous le verrons, être mise à la disposition de tous, soit au greffe du tribunal de commerce, soit au conservatoire des arts et métiers, où chacun peut s'en faire délivrer une copie.

III. Formes du dépôt.

595. — Les formes du dépôt sont régies par l'article 2 de la loi de 1857 modifié par la loi du 3 mai 1890, par les articles 3 et 4, par l'instruction ministérielle du 4 mars 1887 relative à l'exécution de la loi de 1857 et par le décret du 27 février 1891.

Voyons successivement 1° par qui peut être effectué le dépôt; 2° où il doit être effectué ; 3° à quelles formalités il donne lieu ; 4° quelles sont les règles relatives à son renouvellement.

596. — I. Par qui peut être effectué le dépôt. — Aux termes de l'instruction ministérielle du 4 mars 1887, le dépôt peut être effectué soit par le fabricant ou commerçant qui s'est approprié la marque, soit par son fondé de pouvoir ; dans ce second cas, la procuration peut être dressée sous seing privé, mais elle doit être enregistrée et laissée au greffier, pour être annexée au procès-verbal de dépôt.

597. — II. Où doit être effectué le dépôt. — L'article 2 dispose formellement que le dépôt doit être effectué au greffe du tribunal de

---

1. Comp. toutefois : Paris, 29 nov. 1873, et Rej. 29 juin 1874, Guillou, Pataille, 74, 321.

commerce du domicile du fabricant ou commerçant. A défaut de tribunal de commerce, c'est, bien entendu, au greffe du tribunal civil qui en fait fonction, que le dépôt doit être fait. La loi, comme on le voit, s'attache, pour déterminer la compétence du greffe qui doit recevoir le dépôt, à la personne et non à l'établissement. Le dépôt qui serait fait au greffe du tribunal dans le ressort duquel le fabricant a un établissement devrait donc être considéré comme irrégulier et inefficace, à moins, comme nous le verrons, qu'il ne s'agisse d'un fabricant étranger non domicilié en France mais y ayant son établissement.

598. — III. Formalités du dépôt. — Les formalités relatives au dépôt sont déterminées par l'instruction ministérielle du 4 mars 1887 et par le décret réglementaire du 27 février 1891, rendu en exécution de la loi de 1857 modifiée par celle du 3 mai 1890.

Le déposant doit fournir, en trois exemplaires, sur papier libre, le modèle de la marque qu'il a adoptée. L'article 2 de la loi de 1857 n'exigeait que deux exemplaires ; c'est la loi du 3 mai 1890, portant modification de l'article 2 de la loi de 1857, qui a prescrit la remise d'un troisième exemplaire ; un exemplaire reste au greffe qui reçoit le dépôt et où il est collé sur un registre spécial, à son rang de présentation ; un autre est transmis par le greffier, dans les cinq jours de la date du procès-verbal, au ministère du commerce [1], où il reste déposé pour être communiqué sans frais à toute réquisition. Le troisième exemplaire est remis au déposant, revêtu du visa du greffier et portant l'indication du jour et de l'heure du dépôt : c'est cet exemplaire qui forme le titre du déposant.

Le modèle déposé doit consister en un dessin, une gravure ou une empreinte exécutée de manière à représenter la marque avec netteté et à ne pas s'altérer. Le papier sur lequel le modèle est tracé ou collé doit présenter la forme d'un carré de 18 centimètres de côté et la marque occuper le milieu du papier, de manière à laisser les espaces nécessaires pour les mentions à insérer [2]. Le déposant ne peut inscrire aucune mention sur les trois exemplaires. Toutefois, si la marque est en creux ou en relief sur les produits, si elle a dû être réduite pour ne pas excéder les dimensions prescrites, ou si elle présente quelque autre particularité, le déposant doit l'indiquer sur les trois exemplaires, soit par une ou plusieurs figures de détail, soit par une légende explicative. Ces indications doivent occuper la gauche du papier ; la droite est réservée aux mentions qui doivent être ajoutées par le greffier.

---

1. Antérieurement au décret du 27 février 1891, les marques étaient déposées au conservatoire des arts et métiers.

2. Il va sans dire que la marque peut, au lieu d'être reproduite, être placée elle-même sur le papier, si, par exemple, elle consiste dans une étiquette dont la dimension n'excède pas celle où elle doit être renfermée.

599. — La loi du 3 mai 1890 exige, en outre, innovant, à cet égard, sur la loi de 1857, que le déposant joigne aux trois exemplaires du modèle de sa marque le cliché typographique de cette marque. Ce cliché n'est déposé que momentanément : il doit servir à la publication officielle de la marque conformément à une clause de la Convention d'Union de 1883, et il est rendu au déposant dès que la marque a été publiée au *Bulletin officiel de la propriété industrielle et commerciale.*

600. — Le greffier doit rédiger un procès-verbal du dépôt qu'il reçoit. Ce procès-verbal, qui est dressé sur un registre en papier timbré, coté et parafé par le président du tribunal, indique : 1° le jour et l'heure du dépôt; 2° le nom du propriétaire de la marque et, le cas échéant, de son fondé de pouvoir ; 3° la profession du propriétaire, son domicile et le genre d'industrie ou de commerce pour lequel il a l'intention de se servir de la marque.

Le greffier inscrit, en outre, un numéro d'ordre sur chaque procès-verbal, et reproduit ce numéro dans l'espace réservé à la droite de chacun des trois exemplaires. Il mentionne également sur chaque exemplaire le nom, le domicile et la profession du propriétaire de la marque, le lieu, le jour et l'heure du dépôt et le genre d'industrie ou de commerce auquel la marque est destinée. De plus, lorsque le dépôt est fait en vue de conserver, ainsi que nous le dirons, pour une nouvelle période de quinze ans, une marque déjà déposée, cette circonstance doit être mentionnée au procès-verbal de dépôt, ainsi que sur les trois exemplaires du modèle.

Le déposant ou son fondé de pouvoir ainsi que le greffier doivent, l'un et l'autre, apposer leurs signatures: 1° au bas du procès-verbal ; 2° sur les trois exemplaires du modèle, au-dessous des mentions portées à droite et au-dessous de celles portées à gauche. Si le déposant ne sait ou ne peut signer, il doit se faire représenter par un fondé de pouvoir qui signe à sa place.

Le greffier doit délivrer au déposant une expédition du procès-verbal de dépôt.

En cas de dépôt de plusieurs marques appartenant à une même personne, la loi du 3 mai 1892 dispose qu'il n'est dressé qu'un procès-verbal, mais qu'il doit être déposé autant de clichés qu'il y a de marques distinctes.

601. — Le coût du dépôt est de 1 fr. par marque pour frais de rédaction du procès-verbal et de délivrance de l'expédition, non compris les droits de timbre et d'enregistrement [1].

1. Le détail des droits totaux à percevoir pour le dépôt d'une marque de fabrique est fixée comme suit, par l'article 22 de l'instruction ministérielle du 4 mars 1887 :

A. Dépôt de la marque de fabrique et délivrance de l'expédition :
1° Timbre de la minute du procès-verbal........................ 0.60
2° Enregistrement de la minute du procès-verbal............... 5.63

602. — Les modèles de marque déposés au greffe, ainsi que les procès-verbaux dressés par le greffier, doivent être communiqués sans frais à toute réquisition. Il en est de même des modèles déposés au ministère du commerce. Toute personne peut, en outre, se faire délivrer, au greffe ou au ministère, un fac-simile certifié conforme des modèles déposés, et, au greffe, une expédition du procès-verbal de dépôt ; la délivrance de cette expédition donne lieu à un droit fixe de 1 fr. Enfin le greffier est autorisé à délivrer au déposant un certificat d'identité de sa marque, moyennant le droit de 1 fr.

603. — Le greffier ne peut refuser de recevoir le dépôt, sous prétexte que la marque n'est pas susceptible d'être protégée par la loi. Sous l'empire de l'ancienne législation, les conseils de prud'hommes, qui étaient chargés de recevoir les dépôts de marques, étaient investis d'un droit d'examen préalable : ils pouvaient refuser le dépôt, si la marque ne paraissait pas nouvelle. Il résulte des termes de la loi de 1857 qu'en confiant aux greffiers des tribunaux de commerce le soin de recevoir les dépôts, elle n'a nullement entendu leur attribuer un pareil droit d'examen préalable. Il appartient aux tribunaux seuls d'apprécier si la marque est ou non susceptible d'être protégée par la loi.

Si le modèle présenté est contraire aux lois ou aux bonnes mœurs, ou s'il contient, contrairement aux instructions de la Grande-Chancellerie, l'indication de la croix de la légion d'honneur, le greffier ne peut, aux termes de l'instruction ministérielle du 4 mars 1887, qu'en faire l'observation au déposant, et si le déposant insiste, il doit recevoir le dépôt et aviser immédiatement le procureur de la République.

Le ministre serait de même sans pouvoir pour annuler le dépôt d'une marque non susceptible d'être protégée par la loi (V. Cons. d'Etat, 22 janv. 1863, Raspail, Pataille, 63, 32).

604. — Toutefois, il résulte du décret réglementaire du 27 février 1891 que le greffier doit refuser de recevoir le dépôt, lorsque les formalités matérielles prescrites ne sont pas observées par le déposant, notamment: lorsque le modèle présenté n'est pas en triple exemplaire, lorsque les trois exemplaires ne sont pas semblables ou n'ont pas les dimensions voulues, lorsque le modèle n'adhère pas complètement au

3° Rédaction du procès-verbal............................. 1
4° Mention sur le répertoire et remboursement du timbre.......... 0.35
5° Timbre de l'expédition..................................... 1.80

B. Délivrance du certificat d'identité de la marque de fabrique:

1° Timbre du certificat..................................... 1.28
2° Enregistrement de la minute............................. 1.80
3° Délivrance du certificat................................. 1
4° Mention sur le répertoire et remboursement de timbre.......... 0.35
5° Législation... 0.25

papier sur lequel il est appliqué, lorsque le modèle est en relief, en métal ou en cire ou autrement et de nature à détériorer le registre sur lequel doit être collé l'exemplaire qui reste au greffe, lorsque le modèle est tracé au crayon, lorsque le cliché typographique n'est pas joint aux trois exemplaires.

605. — Si, par suite d'un défaut de vigilance, le greffier reçoit le dépôt, malgré l'inobservation de l'une ou de l'autre de ces formalités, ce dépôt irrégulier est-il nul ? La majorité des auteurs admet la nullité de ce dépôt, en se fondant sur ce que le décret réglementaire du 26 juillet 1858, rendu en exécution de la loi de 1857, prescrit impérieusement ces formalités pour permettre au déposant de *jouir des droits résultant de la loi du 23 juin 1857*. Il a toutefois été jugé, en sens contraire, que, la loi de 1857 n'ayant déterminé aucune forme sacramentelle pour la rédaction de l'acte de dépôt, il y a lieu de déclarer valable et suffisant le dépôt reçu irrégulièrement (V. Trib. corr. Seine, 17 janv. 1865, Michel, Pataille, 65, 284).

606. — **IV. Renouvellement du dépôt.** — Aux termes de l'article 3 de la loi de 1857, le dépôt n'a d'effet que pour quinze années et doit, pour continuer à produire ses effets, être renouvelé. « Les avantages du dépôt seraient illusoires, a dit le rapporteur, si, pour connaître une marque, les recherches devaient embrasser un grand nombre d'années. Il importe également à tous de savoir si une marque est conservée ou si, au contraire, elle est tombée dans le domaine public. C'est donc avec raison que la loi limite à une période de quinze années l'effet du dépôt » [1].

L'article 21 décide, à titre de disposition transitoire, que tout dépôt de marques opéré au greffe du tribunal de commerce antérieurement à la loi aura effet pour quinze années à dater de la mise à exécution de la loi.

L'article 3 permet de renouveler le dépôt indéfiniment tous les quinze ans [2].

Le défaut de renouvellement dans le délai prescrit a simplement pour effet de replacer le déposant dans la situation de celui qui n'a pas effectué de dépôt : l'ancien déposant reste donc propriétaire de la marque ; seulement il ne pourra plus poursuivre les contrefacteurs par l'action correctionnelle instituée par la loi de 1857 : il devra recourir à l'action civile du droit commun. Il pourra, toutefois, recouvrer le bénéfice de la loi de 1857, en effectuant un nouveau dépôt.

607. — Aux termes du décret réglementaire du 27 février 1891, le dépôt doit être renouvelé dans les mêmes formes que celles où il a été effectué pour la première fois ; il doit être, en outre, mentionné sur le procès-verbal et sur les trois exemplaires du modèle que le dépôt est fait en renouvellement d'un premier dépôt.

1. V. Pouillet, Appendice, 1re partie, chap. II, art. 2, p. 878.
2. V. la critique de cette disposition par M. Blanc, dans le *Droit* du 1er juin 1857, et par M. Rendu, n° 81.

CHAPITRE IV

DROITS DES ÉTRANGERS

608. — Les droits des étrangers, en matière de marques de fabrique et de commerce, sont déterminés par les articles 5 et 6 de la loi de 1857 et par la Convention d'Union du 20 mars 1883, modifiée par les protocoles des conférences de Rome et de Madrid. Ces droits varient ainsi selon qu'il s'agit d'étrangers appartenant à des États faisant partie de l'Union pour la protection de la propriété industrielle ou d'étrangers appartenant à des États qui ne font pas partie de l'Union. Étudions successivement les droits qui appartiennent à chacune de ces deux catégories d'étrangers.

I. — Droits des étrangers appartenant à des États qui ne font pas partie de l'Union.

609. — Les droits des étrangers qui appartiennent à des États autres que ceux qui font partie de l'Union pour la protection de la propriété industrielle sont déterminés exclusivement par les articles 5 et 6 de la loi de 1857. L'article 5 règle les droits de ceux de ces étrangers qui possèdent en France un établissement industriel ou commercial ; l'article 6 concerne ceux de ces étrangers qui n'ont pas d'établissement en France.

610. — I. Étrangers possédant un établissement en France. — L'article 5 de la loi de 1857 dispose que les étrangers qui possèdent en France des établissements d'industrie ou de commerce jouissent, pour les produits de leurs établissements, du bénéfice de cette loi, à la condition de remplir les formalités qu'elle prescrit.

Ainsi, l'étranger, qui possède en France un ou plusieurs établissements d'industrie ou de commerce, jouit de la protection spéciale de la loi de 1857 pour les marques relatives aux produits de ces établissements français, alors même qu'il aurait son domicile ou sa résidence hors de France. Dans le cas où l'étranger n'a pas son domicile en France, on admet généralement que le dépôt peut être effectué utile-

ment au greffe du tribunal du lieu où est situé l'établissement aux produits duquel est destinée la marque : on considère ainsi le fabricant
ou le commerçant étranger comme domicilié au lieu de son établissement industriel ou commercial [1].

611. — Les auteurs refusent, toutefois, de considérer comme possédant un établissement en France et ayant droit, à ce titre, à la protection de la loi de 1857, l'étranger qui a simplement en France un correspondant français, chargé de recevoir en dépôt les produits fabriqués à l'étranger et de les vendre en France [2].

La disposition de l'article 5 s'applique, d'un façon générale, aux
étrangers et par conséquent, aux personnes morales, comme les sociétés, aussi bien qu'aux individus (V. par analogie : Rej., 12 août 1865,
Bass, Pataille. 66, 161 ; Paris, 26 mai 1876, Brion, Pataille, 76, 170).

612. — **II. Étrangers ne possédant pas d'établissement en France.**
— L'article 6 de la loi de 1857 dispose que les étrangers et les français,
dont les établissements sont situés hors de France, jouissent du bénéfice de la loi de 1857, pour les produits de ces établissements, si, dans
les pays où ils sont situés des conventions diplomatique ont établi la
réciprocité pour les marques françaises.

Ainsi, aux termes de la loi de 1857, la réciprocité ne peut résulter
que d'une convention diplomatique. Mais, depuis la loi du 26 novembre
1873 relative à l'établissement d'un timbre sur les marques commerciales et de fabrique, la réciprocité peut encore résulter de la législation
du pays dans lequel est situé l'établissement : l'article 9 de cette loi
décide en effet, que les dispositions des lois en vigueur concernant la
propriété industrielle et notamment celle des marques de commerce
ou de fabrique seront appliquées au profit des étrangers, si, dans leur
pays, des traités internationaux *ou la législation* assurent aux Français
les mêmes garanties ».

Ici encore, la protection de la loi est applicable aux sociétés étrangères, comme aux étrangers individuellement (V. Rej., 12 août 1865,
Bass, Pataille, 66, 161 ; Paris, 26 mai 1873, Brion, Pataille, 76, 170).

Aux termes de l'article 6, le commerçant français ou la société française ayant son établissement hors de France, dans un pays qui accorde la réciprocité aux Français, est, de tous points, assimilé à
l'étranger.

613. — L'étranger ou le Français, qui a son établissement situé
dans un pays étranger qui accorde la réciprocité aux marques françaises, peut-il revendiquer en France, en vertu de la loi de 1857, une
marque qui, étant nouvelle en France, appartient au domaine public
dans le pays étranger ? On admet généralement que celui qui, étant

---

1. V. Darras, p. 153 ; Pouillet, n° 327.
2. V. Bédarride, n° 882 ; Pouillet, n° 329.

établi hors de France, vient en France revendiquer sa marque, doit commencer par établir que ce qu'il revendique en France lui appartient dans le pays où il est établi : comme le dit M. Pouillet, la loi française n'a à protéger et le commerce français n'a à respecter que la marque étrangère, la marque reconnue et protégée à l'étranger [1].

Ce principe souffre exception, lorsqu'il existe des traités internationaux, qui ont pour effet de supprimer toute barrière entre les pays contractants et, pour ainsi dire, de les confondre en un seul : dans ce cas, la condition de nouveauté s'étend au-delà des frontières et doit être appréciée non plus seulement d'après la législation française, mais encore d'après la législation du pays avec lequel la France a conclu le traité,

614. — L'étranger ou le Français établi à l'étranger dans un pays qui accorde la réciprocité aux Français ne peut, bien entendu, invoquer la disposition de l'article 6 que s'il a effectué le dépôt de la même façon et dans les mêmes conditions que le Français établi en France. Seulement, dans ce cas, le dépôt doit, aux termes de la loi de 1857 et du décret du 27 février 1891, être effectué au greffe du tribunal de commerce du département de la Seine.

615. — Si le dépôt n'est pas effectué, l'étranger ou le Français établi à l'étranger ne peut exercer l'action correctionnelle instituée par la loi de 1857 ; mais il peut toujours exercer l'action civile fondée sur l'article 1382 du code civil : l'étranger a, en effet, tous les droits du Français, lorsque son pays accorde la réciprocité aux Français.

616. — Quant à l'étranger ou au Français établi dans un pays étranger qui, ni par sa législation, ni par une convention diplomatique, n'accorde la réciprocité aux marques françaises, il ne peut, aux termes de l'article 6, exercer l'action correctionnelle spéciale de la loi de 1857, pour faire respecter en France, la propriété de sa marque. Quant à l'action civile du droit commun, elle peut être exercée par l'étranger, ayant son établissement hors de France, s'il a été admis à domicile en France (art. 13 c. civ.) ou si son pays accorde aux Français la réciprocité à cet égard (art. 11, c. civ.) ; elle peut, dans tous les cas, être exercée par le Français établi à l'étranger.

617. — Il se peut que, lorsque la marque étrangère est exclue de la protection de la loi de 1857, l'industrie française s'en empare et que, plus tard, un traité intervienne qui rende à l'étranger créateur de cette marque le droit d'user du bénéfice de la loi française. Cet étranger pourra-t-il alors, en déposant sa marque en France, la revendiquer en vertu de la loi de 1857 ? Les auteurs l'admettent généralement, en appliquant à ce cas la maxime : *Contrà non valentem agere non currit præscriptio.* La jurisprudence considère, au contraire, la marque

---

1. V. Pouillet, n° 333 *bis* ; — *Contrà*, Bozérian, *Journal du droit international privé*, 1890, p. 193.

comme étant tombée dans le domaine public et ne pouvant plus faire, de la part de l'étranger, l'objet d'une revendication en vue d'un droit exclusif (V. notamment : Paris, 29 août 1864 et Rej., 4 fév. 1865, Peter Stubs, Pataille, 65, 81 ; Paris, 16 déc. 1863, et Rej., 30 avril 1864, Spencer, Pataille, 64, 197 ; Rouen, 5 juin 1883, Lauman, Pataille, 84, 200 ; Rej., 30 juill. 1884, même aff., Pataille 87, 205 ; Paris, 27 janv. 1886, Naze, Pataille, 87, 207).

II. Droits des étrangers appartenant à des États qui font partie de l'Union.

618. — La Convention internationale du 20 mars 1883, qui a eu pour objet, ainsi que nous l'avons déjà dit, l'établissement d'une Union entre les pays qui y ont adhéré pour la protection de la propriété industrielle [1], a profondément modifié, à l'égard des étrangers, les règles des articles 5 et 6 de la loi de 1857. Cette Convention a été ratifiée en France par le décret du 8 juillet 1884 rendu en exécution de la loi d'approbation du 26 janvier 1884. Examinons successivement 1° à quelles conditions les étrangers sont, au point de vue de leurs marques, protégés par cette Convention ; 2° comment ils sont protégés.

619. — **I. A quelles conditions les étrangers sont protégés par la Convention d'Union.** — La Convention protège, au point de vue des marques : 1° les étrangers appartenant par leur nationalité à l'un des États de l'Union, en quelque lieu que soit leur établissement, et alors même que cet État, tout en faisant partie de l'Union, n'accorde pas la réciprocité aux marques françaises (art. 2) ; 2° les étrangers qui, sans appartenir par leur nationalité à un des États de l'Union, sont domiciliés ou ont des établissements industriels et commerciaux sur le territoire de l'un de ces États (art. 3). La Conférence de Rome, de 1886 [2] interpréta dans un sens restrictif cette condition d'un éta-

---

1. La Convention de 1883 a été conclue, à Paris, entre la France et les dix nations suivantes : la Belgique, le Brésil, l'Espagne, le Guatémala, l'Italie, les Pays-Bas, le Portugal, le Salvador, la Serbie et la Suisse, qui se sont constitués à l'état d'*Union* pour la protection de la propriété industrielle. Depuis 1883, de nouvelles puissances, la Grande-Bretagne, la Tunisie, la Suède, la Norvège, la République Dominicaine, les États-Unis d'Amérique, ont adhéré à la Convention. Par contre, le Salvador a cessé de faire partie de l'Union.

2. La Conférence de Rome a eu lieu en exécution de l'article 14 de la Convention de 1883. Cet article prescrit, en effet, que la convention sera soumise à des révisions périodiques, en vue d'y introduire les améliorations de nature à perfectionner le système de l'Union, et que, à cet effet, des conférences auront lieu successivement dans l'un des États contractants, entre les délégués desdits États. C'est ainsi que la conférence de Rome a été suivie, en 1890, d'une nouvelle conférence tenue à Madrid,

blissement industriel ou commercial possédé dans l'un des Etats de l'Union : il fut décidé que, pour être assimilés aux nationaux des États contractants, les étrangers non domiciliées, ne faisant pas partie de l'Union devraient être propriétaires exclusifs de l'établissement qu'ils posséderaient dans l'un des Etats de l'Union, ou y être représentés par un mandataire général, ou justifier, en cas de contestation, qu'ils y exercent d'une manière réelle et continue leur industrie ou leur commerce. La Conférence de Madrid, de 1890, modifia encore les conditions de cette assimilation, en décidant qu'à l'avenir les étrangers n'appartenant pas par leur nationalité à l'un des États de l'Union ou n'y étant pas domiciliés devraient, pour y être protégés, posséder dans l'un de ces États ses principaux établissements industriels ou commerciaux : cette disposition fait partie du 4ᵐᵒ protocole de la Conférence qui, n'ayant pas réuni l'adhésion de toutes les puissances contractantes, n'a pas encore été ratifié par le Parlement français.

620.— II. Comment sont protégées les personnes auxquelles s'applique la Convention. — Les personnes auxquelles s'applique la Convention de 1883 jouissent, pour la protection de leurs marques, du bénéfice de la législation du pays de l'Union dans lequel elles veulent faire protéger leurs marques. Ainsi, en France, les étrangers qui appartiennent par leur nationalité à l'un des pays de l'Union ou qui y ont leur domicile ou leur établissement, dans les conditions indiquées par la Convention, peuvent, en déposant leurs marques, exercer contre les contrefacteurs l'action spéciale de la loi de 1857; ils peuvent également, même sans avoir déposé leurs marques, exercer contre les contrefacteurs l'action civile fondée sur l'article 1382.

621. — L'article 4 de la Convention accorde, en outre, à celui qui a déposé régulièrement sa marque dans un des États de l'Union un droit de priorité pour effectuer le même dépôt dans les autres États, de telle sorte que le dépôt ultérieurement opéré dans l'un des autres États ne peut être invalidé par des faits accomplis dans l'intervalle, notamment par un dépôt ou par l'emploi qu'un tiers aurait fait de la même marque dans un des autres États. Toutefois, ce droit de priorité doit être exercé dans un délai de trois mois, qui court du jour du dépôt dans le pays d'origine et qui est augmenté d'un mois pour les pays d'outremer.

622. — Aux termes de l'article 6 de la Convention, toute marque régulièrement déposée dans le pays d'origine est admise au dépôt et protégée *telle quelle* dans les autres pays de l'Union. Ainsi que l'explique l'article 4 du protocole de clôture, la clause de l'article 6 doit être entendue en ce sens qu'aucune marque ne peut être exclue de la protection des États de l'Union, par le fait seul qu'elle ne satisferait pas, au point de vue des signes qui la composent, aux conditions de la législation de cet État, pourvu qu'elle satisfasse, sur ce point, à la législation du pays d'origine et qu'elle ait été l'objet d'un dépôt régulier. Ainsi, les marques françaises, quel que soit le signe qui les constitue, sont admises au dépôt dans tous les autres États de l'Union, alors même que ces États ne protégeraient pas de pareils signes pour leurs nationaux. La Convention entend, d'ailleurs, par pays d'origine soit le lieu du principal établissement, s'il est situé dans l'Union, soit en cas contraire le pays auquel le déposant appartient par sa nationalité.

623. — L'article 7 de la Convention déclare que la nature du produit sur lequel la marque est apposée ne peut, en aucun cas, faire obstacle au dépôt de la marque. Cette disposition est conforme à la jurisprudence des tribunaux français. La Convention, dans l'article 6, y apporte, toutefois, une restriction : les États de l'Union peuvent refuser le dépôt de la marque, si l'objet pour lequel il est demandé est considéré comme contraire à la morale ou à l'ordre public ; et l'article 4 du protocole de clôture, pour éviter toute fausse interprétation sur ce point, déclare que l'usage des armoiries publiques et des décorations, peut être considéré comme contraire à l'ordre public [1].

Telle est la protection accordée par la Convention de 1883 aux marques des fabricants et commerçants qu'elle concerne [2].

1. M. le député Vallé, dans le remarquable rapport qu'il a fait au nom de la commission chargée d'examiner le projet de loi portant approbation des trois premiers protocoles de la Conférence de Madrid, a apprécié en ces termes les avantages que la France a retirés de l'adoption des articles 6 et 7 de la Convention d'Union, qui n'ont pas, d'ailleurs, été révisés par la Conférence de Madrid : « Nos marques, dit l'honorable rapporteur, devront être admises *telles quelles*, et sans égard à la nature du produit, chez nos cocontractants, et elles trouveront là les mêmes garanties que dans le pays de provenance. Elles n'échappent pas d'une façon absolue à l'examen préalable, dans les pays où il est pratiqué ; mais cet examen ne devra porter que sur la question de savoir si la marque déposée est contraire à l'ordre public ou si elle n'est pas primée par des antériorités. Envisagés dans leurs conséquences, les articles 6 et 7 constituent au profit de notre industrie et de notre commerce une conquête des plus appréciables. C'est, en somme, notre législation que nous avons fait admettre par les États de l'Union. Et, si l'on considère que la France est de tous les pays celui qui a le plus de marques connues et appréciées à l'étranger, on jugera mieux encore du résultat obtenu. Il faut bien se persuader, au surplus, que la cause qu'ont fait triompher nos délégués était la bonne, car, aussitôt après la Convention, l'Angleterre, la Suisse, le Portugal ont adopté de nouvelles lois sur les marques qui se rapprochent beaucoup des nôtres. C'est là un pas considérable fait vers l'unité de législation si désirable pour un meilleur fonctionnement de la Convention. »

2. Aux termes de l'article 11 de la Convention, les États contractants s'engagent, en outre, à accorder une protection temporaire aux marques de fabrique ou de commerce appliquées aux produits qui figurent dans les expositions internationales. L'article 5 du 4me protocole de la Conférence de Madrid, de 1890, a formellement stipulé que les sursis accordés, aux termes de l'article 11, pendant la durée des expositions, ne se confondraient pas avec les délais de priorité résultant de l'article 4 de la Convention. Ce 4me protocole n'est pas, toutefois, compris dans ceux qui ont été, après approbation du Parlement, ratifiés et rendus exécutoires, en France, par le décret du 15 juillet 1892.

624. — Le 2ᵐᵉ protocole de la Conférence de Madrid, de 1890, ratifié et déclaré exécutoire en France par le décret du 15 juillet 1892, assimile, au point de vue de cette protection, aux dépôts effectués dans chaque État de l'Union le dépôt fait au bureau international établi à Berne, conformément à l'article 13 de la Convention [1].

Aux termes de ce protocole, en effet, les fabricants et commerçants admis à bénéficier de la Convention de 1883 peuvent, après avoir déposé leurs marques dans le pays d'origine, s'assurer la protection de ces marques dans tous les autres États contractants, en effectuant, au lieu des dépôts multiples exigés par la Convention, un dépôt unique au bureau international de Berne, par l'entremise de l'administration du pays d'origine. Le bureau international enregistre immédiatement les marques ainsi déposées et notifie cet enregistrement aux administrations des États contractants. A partir de cet enregistrement, la protection dans chacun des États contractants est la même que si la marque y avait été directement déposée. Cette protection dure vingt ans à partir de l'enregistrement au bureau international ; elle ne peut plus, toutefois, être invoquée en faveur d'une marque qui a cessé d'être protégée dans le pays d'origine. L'enregistrement peut toujours, d'ailleurs, être renouvelé.

625. — Lorsque le bureau international notifie l'enregistrement d'une marque aux administrations des États contractants, celles-ci ont la faculté de déclarer, si leur législation les y autorise, que la protection ne peut être accordée à cette marque sur leur territoire. Cette faculté doit être exercée dans l'année de la notification de l'enregistrement. La déclaration ainsi notifiée au bureau international est transmise par lui, sans délai, à l'administration du pays d'origine et au propriétaire. L'intéressé a les mêmes moyens de recours que si la marque avait été par lui directement déposée dans le pays où la protection est refusée.

Le protocole de clôture explique d'ailleurs que cette faculté de refus accordée aux États ne porte aucune atteinte aux dispositions de l'article 6 de la Convention du 20 mars 1883 et de l'article 4 du protocole de clôture qui l'accompagne : ces dispositions stipulent, on le sait, qu'une marque ne peut être exclue de la protection dans l'un des États de l'Union par le seul fait qu'elle ne satisferait pas, au point de vue des signes qui la composent, anx conditions de la législation de cet État, pourvu qu'il satisfasse sur ce point à la législation du pays d'origine [2].

1. Ce protocole a été conclu entre la France, la Belgique, l'Espagne, le Guatémala, l'Italie, les Pays-Bas, le Portugal, la Suisse et la Tunisie (V. Annexes I).
2. M. Vallé, en commentant, dans son rapport, la disposition qui accorde aux États cette faculté de refus, conclut ainsi : « Nos marques continueront donc, dit-il, à être protégées *telles quelles*, et, quand elles ne sont pas annulées par des antériorités, elles ne pourront être refusées que si elles sont contraires à la morale et à l'ordre public ou si elles contiennent des armoiries ou des décorations que l'étranger refuse de laisser apposer sur des marchandises. »

626. — Lorsque l'enregistrement international est demandé, l'administration du pays d'origine perçoit sur le propriétaire une taxe qu'elle fixe à son gré. A cette taxe s'ajoute un émolument international de 100 fr., dont le produit annuel est, après déduction des dépenses, réparti par parties égales entre les États contractants par les soins du bureau international.

627. — L'administration du pays d'origine notifie au bureau international les annulations, radiations, renonciations, transmissions et autres changements qui se produisent dans la propriété de la marque. Le bureau international enregistre ces changements et les notifie aux administrations des États contractants.

628. — Les marques enregistrées sont publiées dans un supplément au journal du bureau international, au moyen soit d'un dessin, soit d'une description présentée en langue française par le déposant. Les changements survenus dans la propriété de la marque sont également, après leur enregistrement, publiés dans le même journal.

CHAPITRE V.

USURPATION DES MARQUES

---

629. — La loi de 1857 traite, dans les articles 7 à 16, de l'usurpation des marques, des faits qui la constituent, des actions et des pénalités auxquelles elle donne lieu. Etudions donc successivement les dispositions de la loi concernant : 1° les faits qui constituent l'usurpation d'une marque ; 2° les actions auxquelles donne lieu l'usurpation ; 3° les pénalités édictées contre l'usurpation.

I. Faits qui constituent l'usurpation.

630. — L'usurpation des marques peut se produire sous différentes formes que la loi de 1857; dans ses articles 7 et 8, considère et punit comme délits. La loi distingue ainsi : 1° la contrefaçon proprement dite ; 2° l'usage de la marque contrefaite ; 3° l'apposition frauduleuse d'une marque appartenant à autrui ; 4° la vente ou la mise en vente de produits revêtus d'une marque contrefaite ou frauduleusement apposée ; 5° l'imitation frauduleuse de nature à tromper l'acheteur ; 6° l'usage de la marque frauduleusement imitée ; 7° la vente ou la mise en vente de produits revêtus d'une marque frauduleusement imitée.

631. — En dehors des règles qui leur sont propres, ces différents modes d'usurpation sont soumis à certains principes généraux qu'il importe tout d'abord de dégager : nous étudierons ensuite, dans le détail, chacun des modes d'usurpation.

1° Principes généraux.

632. — Les délits qui résultent des différents modes d'usurpation des marques sont soumis, en général, à toutes les règles du droit commun, en matière pénale et d'instruction criminelle.

C'est ainsi notamment que, à défaut d'un texte formel, la tentative de l'usurpation ne doit pas être considérée comme punissable.

13

C'est ainsi également que les règles ordinaires de la prescription sont applicables en cette matière ; le délai de la prescription est donc de trois ans à partir du jour où le délit a été commis. Chaque fait délictueux se prescrit d'ailleurs spécialement. La prescription éteint en même temps l'action pénale et l'action civile.

C'est ainsi encore que l'usurpation commise à l'étranger par un étranger n'est pas punissable en France. Mais, si le produit revêtu de la marque contrefaite à l'étranger est introduit en France, l'étranger qui a coopéré à cette introduction est justiciable des tribunaux français (V. Trib. corr. le Hâvre, 14 janv. 1860, Staempfli, Pataille, 60, 303). Si la contrefaçon a été commise à l'étranger par un français, elle est également punissable en France, lorsque la loi du pays où elle a été commise la déclare elle-même punissable (art. 5, cod. inst. crim., modifié par la loi du 27 juin 1866).

C'est ainsi enfin que les règles ordinaires de la complicité sont applicables en cette matière : si la loi a tenu ici, comme en matière de brevets d'invention, à énumérer les faits qui doivent être assimilés à la contrefaçon, il n'en résulte pas qu'elle ait entendu créer, ici, non plus, une complicité spéciale et exclusive (V. Trib. corr. Lyon, 2 avril 1868, Louis Garnier, Pataille, 68, 381 ; Paris, 15 mai 1868, Martell et Cie, Pataille, 68, 126) [1],

633. — Les délits résultant des différents modes d'usurpation sont en outre soumis à certaines règles spéciales à ce genre d'infractions et que nous avons déjà exposées, en traitant de la contrefaçon des brevets d'invention.

C'est ainsi que l'usurpation des marques n'est, pas plus que la contrefaçon des brevets, excusée par la tolérance du propriétaire, à moins que cette tolérance ne revête les caractères de la prescription.

C'est ainsi encore que l'usurpation est, au contraire, excusée par la provocation du propriétaire à commettre le délit (V. Paris, 13 janv. 1864, Boucher, Pataille, 64, 135). Le propriétaire a néanmoins le droit d'employer tels moyens qu'il juge convenables pour découvrir et faire constater le délit : il s'agit alors, dans ce cas, non plus de faire naître un délit, mais d'établir la preuve d'un fait existant (V. Paris, 19 mars 1875, Juteau, Pataille, 75, 74 ; et Rej., 13 janv. 1876, même aff., Pataille, 76, 5).

2° Contrefaçon proprement dite.

634. — L'art. 7 de la loi de 1857 punit d'abord, dans son paragraphe 1er, la contrefaçon proprement dite.

Il y a contrefaçon proprement dite, lorsque la marque est, sans au-

---

1. *Contrà :* V. Bédarride, n° 933 ; Rendu, n°s 611 et suiv.

torisation du propriétaire, reproduite par un tiers dans la même industrie ou le même commerce, soit en totalité, soit même en partie, si les éléments essentiels de la marque ont été copiés.

635. — La contrefaçon proprement dite consiste dans l'exécution matérielle de la marque en dehors de son apposition sur une marchandise. Elle existe ainsi, abstraction faite de l'emploi que le contrefacteur peut faire ultérieurement de la marque (V. trib. corr. Hâvre, 14 janvier 1860, Staempfli, Pataille, 60, 303), et indépendamment du préjudice plus ou moins important qu'il peut causer au propriétaire (V. Paris, 19 mars 1875, Juteau, Pataille, 75, 74).

La contrefaçon, consistant dans la reproduction de la marque, suppose nécessairement la fabrication d'une autre marque semblable à la première.

Il résulte de là que la reproduction d'une marque sous forme d'enseigne ne peut être considérée comme une contrefaçon, puisque l'enseigne diffère de la marque en ce qu'elle sert à désigner non un produit, mais un établissement de commerce.

Quant au fait de reproduire la marque sur des circulaires ou prospectus annonçant la vente d'un produit, il peut, à notre avis, constituer une contrefaçon, si les circulaires ou prospectus servent d'enveloppe au produit ; dans le cas contraire, le fait ne pourrait être punissable que comme usage d'une marque contrefaite.

On admet généralement que, si la marque consiste en une dénomination écrite en français, il y a contrefaçon à la reproduire dans une langue étrangère (V. Trib. comm. Seine, 30 mai 1862, Burdel, Pataille, 62, 239).

636. — Il appartient aux tribunaux d'apprécier souverainement en fait si la reproduction d'une marque constitue ou non une contrefaçon (V. Rej., 18 janv. 1854, Salignac, *J. Pal.*, 55, 2, 398).

637. — Le délit de contrefaçon suppose-t-il nécessairement que son auteur a agi de mauvaise foi ? Le mot *sciemment* ou *frauduleusement*, qui se trouve dans les deux derniers paragraphes de l'article 7, ne figure pas dans le premier : on en conclut généralement que la loi a entendu punir la contrefaçon, alors même qu'elle n'est pas commise frauduleusement ou sciemment, en d'autres termes que la contrefaçon existe indépendamment de la bonne ou mauvaise foi de son auteur (V. Paris, 15 mai 1868, Martel et Cⁱᵉ, Pataille, 68, 126 ; Alger, 29 mai 1879, Prot et Cⁱᵉ, Pataille, 79, 345)[1]. Il n'y a même pas lieu d'admettre à notre avis, l'exception que propose M. Bédarride en faveur de celui, ouvrier, imprimeur ou graveur, qui exécute, sur commande et pour le compte d'autrui, la marque contrefaite[2]. Si le délit existe

---

1. *Contrà:* V. Bozérian, *Propr. ind.*, n° 325 ; Huard, *Prop. ind.*, n° 157.
2. V. Bédarride, n° 910.

sans intention frauduleuse à l'égard du contrefacteur, il doit en être de même à l'égard de tous. Il en serait toutefois autrement, si celui qui a exécuté la contrefaçon n'avait été que l'instrument du contrefacteur, par exemple son préposé : dans ce cas, les principes généraux du droit ne permettraient pas de le considérer comme pénalement responsable.

3° Usage de la marque contrefaite.

638. — L'article 7 § 1er assimile au contrefacteur proprement dit celui qui fait usage de la marque contrefaite. Le mot *usage* dont se sert la loi doit être pris ici dans son sens le plus général et le plus étendu : il comprend tout acte qui, sans être ni une contrefaçon proprement dite, ni une apposition frauduleuse, ni une imitation frauduleuse, ni la vente ou la mise en vente, est cependant relatif à l'emploi de la marque contrefaite. On peut citer comme exemples, le fait de colporter la marque contrefaite, le fait de la mettre sous les yeux des commissionnaires et d'en faire valoir l'importance, le fait de s'en servir en France pour organiser à l'étranger une concurrence contre le commerçant français, le fait de reproduire la marque sur des circulaires ou prospectus.

639. — La loi punit l'usage en lui-même et sans qu'il soit nécessaire que celui qui fait usage de la marque contrefaite ait été directement l'auteur de la contrefaçon ou l'ait commandée. Il a été notamment jugé qu'il y a délit d'usage de la part de celui qui, ayant acheté un fonds de commerce, et y ayant trouvé une étiquette toute faite, se sert de cette étiquette alors qu'elle est contrefaite (V. Paris, 3 fév. 1872, Ménier, Pataille, 73, 18).

Il appartient d'ailleurs, ici encore, aux juges de fait d'apprécier souverainement s'il y a ou non usage délictueux.

Pas plus pour l'usage que pour la contrefaçon, le paragraphe 1er de l'article 7 n'exige qu'on ait agi frauduleusement ou sciemment : il faut donc admettre, ici encore, que le délit existe indépendamment de la bonne ou de la mauvaise foi de son auteur.

4° Apposition frauduleuse d'une marque appartenant à autrui.

640. — L'article 7 punit, dans son paragraphe deuxième, ceux qui ont frauduleusement apposé sur leurs produits ou les objets de leur commerce une marque appartenant à autrui. Cette disposition ne fait pas, comme le pense M. Bédarride, double emploi avec celle du paragraphe premier [1]. En effet, tandis que le paragraphe premier prévoit

[1. V. Bédarride, n° 911.](#)

le fait de fabriquer une marque semblable, il résulte des travaux préparatoires que, dans le paragraphe deuxième, le législateur a entendu
viser le fait de prendre non plus une marque imitée, mais la marque
véritable, pour l'apposer sur d'autres produits que ceux auxquels elle
était destinée [1]. La jurisprudence a ainsi considéré, comme constituant
le délit d'apposition frauduleuse de la marque d'autrui, notamment :
1° le fait de celui qui, recevant le produit d'un fabricant dans des sacs
revêtus de la marque de fabrique, substitue en partie à ce produit un
produit de qualité inférieure et vend ensuite le mélange dans les mêmes
sacs, toujours revêtus de leur marque originaire (Caen, 13 mai 1867,
et Rej., 1er août 1867, Savignac, Pataille, 68, 164) ; 2° le fait d'employer à la construction de voitures neuves des débris provenant de
vieilles voitures et d'y laisser le nom du fabricant originaire (Paris,
25 mars 1854, Gouillon, Le Hir, 54, 2, 681) ; 3° le fait de prendre des
bouteilles vides d'un fabricant et de les employer avec leurs étiquettes
pour contenir des produits qui ne proviennent pas de ce fabricant
(Paris, 11 juin 1875, Chédeville et Buisson, Pataille, 75, 260).

641. — L'article 7 exige formellement, pour que l'apposition de la
marque d'autrui constitue un délit, qu'elle ait été commise frauduleusement : le prévenu pourra donc invoquer ici l'excuse de bonne foi, en
établissant par exemple que c'est par erreur qu'il a employé la marque
d'autrui [2].

*5° Vente ou mise en vente de produits revêtus d'une marque contrefaite
ou frauduleusement apposée.*

642. — L'article 7, dans son paragraphe 3me, punit ceux qui ont
sciemment vendu ou mis en vente un ou plusieurs produits revêtus
d'une marque contrefaite ou frauduleusement apposée.

643. — La vente est punissable, dans ce cas, alors même qu'elle
résulte d'un fait isolé, alors même qu'elle n'a procuré au débitant aucun bénéfice, alors même qu'elle a eu lieu en vue de l'exportation du produit à l'étranger ou dans un marché sur lequel le propriétaire de la
marque n'envoie pas ses produits.

La mise en vente s'entend du fait de conserver en magasin des produits destinés à être vendus, alors même qu'ils ne sont pas exposés
aux regards du public : les mots *mis en vente*, qui figurent dans l'article, ont été, en effet, substitués, dans la rédaction définitive, aux mots
exposés en vente d'abord proposés, afin de bien marquer qu'on voulait
atteindre même et surtout ceux qui, sans les exposer, mais plutôt en
les cachant, gardent dans leurs magasins des produits revêtus d'une
marque contrefaite et destinés à être vendus.

1. V. Pouillet, n° 196.
2. *Contrà* : V. Bédarride, n° 912.

644. — Quant au fait d'exhiber dans une exposition industrielle des produits revêtus d'une marque contrefaite ou frauduleusement apposée, il ne peut en principe, pas plus ici qu'en matière de brevets, être assimilé à une mise en vente ; mais il peut évidemment constituer le délit d'usage.

645. — Aux termes de l'article 7, la vente ou la mise en vente n'est punissable que si son auteur a agi sciemment, c'est-à-dire en sachant que la marque dont le produit était revêtu était soit une marque contrefaite, soit la marque d'autrui frauduleusement apposée.

6° *Imitation frauduleuse de nature à tromper l'acheteur*.

646. — L'article 8, dans son paragraphe 1er, punit ceux qui, sans contrefaire une marque, en ont fait une imitation frauduleuse de nature à tromper l'acheteur. Le législateur a voulu ainsi atteindre la fraude sous laquelle les usurpateurs dissimulent le plus souvent la contrefaçon, en reproduisant la marque non copiée servilement, mais imitée habilement, avec de légères différences, insuffisantes néanmoins pour empêcher la confusion dans l'esprit de l'acheteur.

Il résulte des termes de cette disposition que deux conditions sont nécessaires pour constituer le délit qu'elle prévoit :

647. — 1° Il faut d'abord qu'il y ait une imitation de la marque d'autrui, de nature à rendre possible une confusion dans l'esprit d'un consommateur d'intelligence et d'attention ordinaires (V. Bordeaux, 19 avril 1853, Salignac, J. Pal., 54, 1, 129 ; Caen, 11 déc. 1871, Bobot-Descoutures, Pataille, 72, 305). La loi n'exige pas d'ailleurs que l'imitation ait eu réellement pour effet de produire la confusion, mais simplement qu'elle soit de nature à la produire, qu'elle la rende possible.

Il appartient aux tribunaux d'apprécier souverainement, en fait, si l'imitation est de nature à produire la confusion et à constituer ainsi un délit.

648. — La jurisprudence a ainsi reconnu ce caractère, notamment : 1° dans le fait de copier une marque qui se compose des armes d'Angleterre avec une inscription circulaire, en reproduisant les mêmes marques, en donnant à l'inscription la même forme circulaire et en changeant seulement les mots (Trib. civ. Seine, 30 juin 1869, Christy, Pataille, 70, 31) ; 2° dans le fait de reproduire une marque telle que *Bougie de l'Etoile*, en y ajoutant simplement le mot *belge* (Trib. corr. Epernay, 30 avril 1872, de Milly, Pataille, 72, 338) ; 3° dans le fait de remplacer sur une étiquette de mêmes dispositions et de même couleur les mots *Café des gourmets* par les mots *Moka des gourmets* ou *Café des gourmeurs* (Paris, 26 août 1874, Trébucien, Pataille, 77, 301).

649. — 2° Il faut, en second lieu, pour que l'imitation de nature à produire la confusion constitue un délit, qu'elle soit frauduleuse, c'est-à-dire que son auteur ait su que la marque qu'il imitait était la propriété d'autrui.

7° Usage de la marque frauduleusement imitée.

650. — Le paragraphe 1er de l'article 8 assimile à l'imitation frauduleuse de la marque d'autrui l'usage de la marque, frauduleusement imitée.

L'usage résultera, ici, des mêmes faits que ceux qui peuvent constituer l'usage de la marque contrefaite.

651. — Bien que l'article 8 n'exige pas formellement pour l'usage de la marque frauduleusement imitée, comme pour l'imitation frauduleuse elle-même, que le fait ait été commis frauduleusement, on admet généralement que l'usage de la marque imitée n'est punissable que si l'on a su que la marque était frauduleusement imitée : il est impossible en effet que le législateur ait entendu se montrer plus sévère pour celui qui fait simplement usage de la marque que pour celui qui l'imite [1].

8° Vente ou mise en vente de produits revêtus d'une marque frauduleusement imitée.

652. — Le paragraphe 3me de l'article 8 punit ceux qui ont sciemment vendu ou mis en vente un ou plusieurs produits revêtus d'une marque frauduleusement imitée. Il y a lieu d'appliquer ici toutes les règles qui concernent le délit de vente ou de mise en vente de produits revêtus d'une marque contrefaite.

II. Actions auxquelles donne lieu l'usurpation.

653. — Ainsi que nous l'avons déjà indiqué, le propriétaire d'une marque peut, alors même qu'il n'a pas déposé cette marque, agir contre l'usurpateur conformément au droit commun, c'est-à-dire en exerçant contre lui l'action civile fondée sur l'article 1382 du code civil. En outre, le propriétaire qui a déposé sa marque peut recourir contre l'usurpateur à l'action correctionnelle qui naît du délit prévu par la loi de 1857, soit qu'il exerce lui-même cette action, par voie de citation directe, soit qu'il provoque, par une plainte, l'action du ministère public et se porte partie civile à cette action.

654. — Nous avons à examiner, au sujet de cette double action, mais en nous attachant surtout à celle qui naît du délit prévu par la

1. *Contrà* : V. Bédarride, nos 923 à 925.

loi de 1857 : 1º par qui l'action peut être intentée ; 2º comment se constate l'usurpation ; 3º dans quelles formes l'action doit être exercée.

1º Par qui l'action doit être exercée.

655. — Le droit de poursuite appartient ici, comme en matière de contrefaçon de brevets, au propriétaire et au ministère public.

656. — I. **Droit du propriétaire de la marque.** — Le droit de poursuite appartient d'abord au propriétaire actuel de la marque, c'est-à-dire soit au déposant, s'il a conservé la propriété de la marque, soit au cessionnaire, si la marque a été cédée en totalité. Lorsque la marque a été cédée partiellement, pour un temps ou pour un lieu déterminé, le droit de poursuite appartient en même temps au cessionnaire et au cédant qui est resté copropriétaire de la marque (V. Rej., 3 janv. 1878, Birkin frères, Pataille, 78, 214 ; Paris, 5 mai 1883 ; Lefebvre, Pataille, 83, 316).

657. — Si le propriétaire actuel de la marque n'usait pas de son droit de poursuite, on admet généralement qu'il appartiendrait à tout consommateur, lésé par l'usurpation, d'exercer à sa place l'action, en vertu de ce principe général de notre droit criminel que l'action civile appartient à toute personne lésée par un délit, quelle que soit d'ailleurs la nature de ce délit. Le consommateur lésé serait, d'ailleurs, protégé, en outre, par la loi du 27 mars 1851 et l'article 423 du code pénal qui répriment la tromperie sur la nature des marchandises vendues.

658. — Lorsque, au bout de quinze ans, le dépôt n'a pas été renouvelé, les usurpations ne peuvent plus, ainsi que nous l'avons dit, être poursuivies en vertu de la loi de 1857. Mais s'il s'agit d'usurpations commises antérieurement à la date à laquelle le dépôt aurait dû être renouvelé, c'est-à-dire à une époque où le propriétaire était encore protégé par la loi de 1857. le propriétaire a encore qualité pour agir conformément à cette loi, même après l'expiration des quinze ans, si d'ailleurs le fait n'est pas couvert par la prescription.

659. — II. **Droit du ministère public.** — Le droit de poursuite appartient, en second lieu, en vertu des principes généraux, au ministère public, qui peut soit se porter partie jointe dans la poursuite intentée par la partie lésée, soit même agir directement par voie principale, sur la plainte de la partie lésée.

660. — Il résulte, toutefois, des travaux préparatoires de la loi de 1857 que, dans ce second cas, l'action du ministère public n'est pas subordonnée, comme en matière de contrefaçon de brevets, à la plainte de la partie lésée[1]. Il en est autrement lorsqu'il s'agit de poursuivre un fait d'usurpation commis à l'étranger par un Français, en vertu de l'ar-

_____

1. V, Pouillet, nº 213,

ticle 5 du Code d'instruction criminelle modifié par la loi du 27 juin 1866 ; cet article, en effet, subordonne expressément, dans ce cas, la poursuite du ministère public à la plainte de la partie lésée[1].

2° *Comment se constate l'usurpation.*

651. — L'usurpation des marques se constate par les mêmes moyens et dans les mêmes formes que la contrefaçon des brevets. En dehors des preuves de droit commun, l'article 17 autorise, comme pour la contrefaçon des brevets, le mode de constatation spécial de la description avec ou sans saisie. Il nous suffira de rapporter ici les termes de cet article et de signaler ensuite les quelques différences de forme qui en résultent entre la description des brevets contrefaits et la description des marques usurpées.

652. — L'article 17 est ainsi conçu : « Le propriétaire d'une marque peut faire procéder par tous huissiers à la description détaillée, avec ou sans saisie, des produits qu'il prétend marqués à son préjudice, en contravention aux dispositions de la présente loi en vertu d'une ordonnance du président du tribunal civil de première instance, ou du juge de paix du canton, à défaut de tribunal dans le lieu où se trouvent les produits à décrire ou à saisir. L'ordonnance est rendue sur simple requête et sur la présentation du procès-verbal constatant le dépôt de la marque. Elle contient, s'il y a lieu, la nomination d'un expert, pour aider l'huissier dans sa description. Lorsque la saisie est requise, le juge peut exiger du requérant un cautionnement, qu'il est tenu de consigner avant de faire procéder à la saisie. Il est laissé copie aux détenteurs des objets décrits ou saisis, de l'ordonnance et de l'acte constatant le dépôt du cautionnement, le cas échéant ; le tout à peine de nullité et de dommages-intérêts contre l'huissier ».

Cette disposition reproduit, à peu près, on le voit, l'article 47 de la loi de 1844 concernant la description, ou la saisie des objets contrefaits. Nous renvoyons donc à ce que nous avons dit à cet égard, pour toutes les questions de détail, auxquelles peut donner lieu en notre matière, l'application de cette disposition.

653. — Nous nous bornerons à signaler les modifications que l'article 17 de la loi de 1857 apporte aux règles édictées par la loi de 1844 pour la description ou la saisie des objets contrefaits. Ces modifications sont les suivantes : 1° tandis que la loi de 1844 attribue au président du tribunal seul le droit de rendre l'ordonnance autorisant la description ou la saisie, la loi de 1857 accorde le même droit au juge de paix, dans le cas où il n'y a pas de tribunal dans le lieu où se trou-

---

1. Dans la pratique, le ministère public laisse toujours aux intéressés le soin d'agir directement.

vent les produits à décrire ou à saisir. Lorsque l'ordonnance est ainsi rendue par le juge de paix, les parties ne peuvent revenir devant lui pour lui demander soit la rétractation, soit la modification de la mesure qu'il a ordonnée ; elles ne peuvent que se pourvoir en référé.

2° Tandis que la loi de 1844 exige impérieusement le cautionnement, lorsque le saisissant est un étranger, la loi de 1857 laisse au magistrat, dans tous les cas, le pouvoir d'en apprécier la nécessité.

664. — En matière d'usurpation de marques comme en matière de contrefaçon de brevets, la saisie est nulle, si, dans un certain délai, le requérant n'a pas donné suite à ses premières poursuites en agissant au correctionnel ou au civil. Seulement, tandis que la loi de 1844 n'accorde au requérant qu'un délai de huitaine pour se pourvoir au correctionnel ou au civil, l'article 18 de la loi de 1857 porte ce délai à quinze jours. Ce délai est d'ailleurs augmenté d'un jour par cinq myriamètres entre le lieu où se trouvent les objets décrits ou saisis et le domicile du saisi.

La nullité de la saisie est prononcée de plein droit, sans préjudice des dommages-intérêts qui peuvent être réclamés d'après le droit commun.

665. — La nullité et la main-levée de la saisie peuvent encore être demandées avec des dommages-intérêts, soit par le saisi, s'il peut établir que la saisie a été faite irrégulièrement ou sans droit [1], soit par toute toute personne autre que le saisi qui a été lésée, même indirectement, par la saisie.

3° Devant quels tribunaux l'action doit être portée.

666. — Nous avons vu que le propriétaire d'une marque usurpée peut poursuivre l'usurpation par la voie civile ou par la voie correctionnelle. S'il a déposé sa marque, conformément à la loi de 1857, il a le choix entre l'une et l'autre voie. S'il n'a pas effectué de dépôt, il ne peut qu'agir au civil, en exerçant l'action de droit commun fondée sur l'article 1382 du code civil. L'action correctionnelle spécialement instituée par la loi de 1857 ne protège, en effet, que les propriétaires de marques qui ont déposé, conformément à cette loi : le rapport le déclare en propres termes : « Au propriétaire de la marque déposée, y est-il dit, le bénéfice de la loi actuelle, des garanties spéciales qu'elle institue et des actions qu'elle organise ; à celui qui n'effectue pas le dépôt, le droit commun ».

---

1. On admet dans ce cas, que, le saisissant ayant, pour la validité de sa procédure, fait nécessairement une élection de domicile au lieu de la saisie, le saisi peut valablement l'assigner en mainlevée devant le tribunal du lieu de la saisie, par exploit donné au domicile élu (V. Pouillet, n° 237).

667. — L'action correctionnelle fondée sur la loi de 1857 est, bien entendu, de la compétence des tribunaux correctionnels : quant à l'action civile, elle est de la compétence soit des tribunaux civils soit des tribunaux de commerce. Si la marque n'a pas été déposée, l'action civile est fondée sur le droit commun et elle est soumise aux règles de compétence du droit commun ; elle peut ainsi, suivant les cas, être de la compétence soit de la juridiction civile soit de la juridiction commerciale. Si la marque a été déposée, l'action civile est alors fondée sur la loi de 1857 et, aux termes de l'article 16 de cette loi, elle est de la compétence exclusive des tribunaux civils [1] ; les tribunaux de commerce ne restent alors compétents que pour statuer sur les faits d'usurpation qui constituent non une atteinte au droit privatif, mais un acte de concurrence déloyale.

Lorsque l'action civile est jointe à une action correctionnelle intentée par le ministère public, elle est bien entendu, conformémemt aux principes généraux, soumise à la juridiction correctionnelle, comme l'action principale.

4° Dans quelles formes l'action doit être exercée.

668. — L'action civile ou correctionnelle intentée par le propriétaire d'une marque contre un usurpateur est soumise aux règles de procédure ordinaire.

669. — Nous nous contenterons de signaler la disposition formelle du paragraphe 2° de l'article 16, aux termes de laquelle, « en cas d'action intentée par la voie correctionnelle, si le prévenu soulève pour sa défense des questions relatives à la propriété de la marque, le tribunal de police correctionnelle statue sur l'exception ». Cette disposition, on le voit, reproduit en notre matière l'article 46 de la loi de 1844 relatif à la poursuite en contrefaçon de brevets. Si elle ne parle que des exceptions relatives à la propriété des marques, c'est parce qu'il n'y avait de difficulté que pour celles-là : toutes les autres exceptions, celles, par exemple, qui sont tirées du défaut ou de l'irrégularité du dépôt, ou du défaut de nouveauté de la marque, ne sont que des moyens de défense qui, à ce titre, doivent nécessairement être appréciés par le tribunal correctionnel.

670. — On reconnait d'ailleurs unanimement qu'ici, comme en matière de contrefaçon de brevets, la décision par laquelle la juridiction

---

1. En matière de marques comme en matière de brevets, la compétence exclusive des tribunaux civils n'empêche pas que la juridiction arbitrale ne puisse être valablement saisie de la contestation : et même, tandis que, en matière de brevets, les questions de contrefaçon seules peuvent être soumises à des arbitres, en matière de marques on peut leur déférer en outre les questions de propriété, que la loi de 1857 ne déclare pas communicables au ministère public.

correctionnelle statue ainsi sur une question relative à la propriété, n'a d'effet qu'au point de vue de la constatation de l'existence ou de la non-existence du délit poursuivi, et qu'en conséquence, le prévenu qui a succombé dans son exception peut la reproduire dans une nouvelle poursuite correctionnelle ou civile, sans qu'on puisse lui opposer l'autorité de la chose jugée (V. Cass., 22 fév. 1862 et, sur le renvoi, Montpellier 27 juin 1862, Bardou, Pataille, 62, 81 et 273 ; Rej., 26 avril 1872, Louis Garnier, Pataille, 62, 257 ; Trib. civ. Seine, 9 mai 1874, Torchon, Pataille, 77, 247).

III. Pénalités édictées contre l'usurpation des marques.

671. — Lorsque l'usurpation constitue un délit, c'est-à-dire lorsqu'elle porte sur une marque qui a été déposée conformément à la loi de 1857, elle donne lieu aux pénalités et réparations suivantes : 1° à l'amende et à l'emprisonnement ; 2° à la privation de certains droits civils ; 3° à la confiscation ; 4° à la destruction de la marque ; 5° à des dommages-intérêts ; 6° à la publication du jugement.

1° *Amende et emprisonnement.*

672. — La loi de 1857 divise en deux catégories, au point de vue des peines édictées, les divers faits d'usurpation des marques.

673. — L'article 7 punit d'une amende de 50 fr. à 300 fr. et d'un emprisonnement de trois mois à trois ans ou de l'une de ces peines seulement : 1° ceux qui ont contrefait une marque ou fait usage d'une marque contrefaite ; 2° ceux qui ont frauduleusement apposé sur leurs produits ou les objets de leur commerce une marque appartenant à autrui ; 3° ceux qui ont sciemment vendu ou mis en vente un ou plusieurs produits revêtus d'une marque contrefaite ou frauduleusement apposée.

L'article 8 punit d'une amende de 50 fr. à 2000 fr. et d'un emprisonnement d'un mois à un an ou de l'une de ces deux peines seulement : 1° ceux qui sans contrefaire une marque, en ont fait une imitation frauduleuse de nature à tromper l'acheteur, ou ont fait usage d'une marque frauduleusement imitée ; 2° ceux qui ont sciemment vendu ou mis en vente un ou plusieurs produits revêtus d'une marque frauduleusement imitée.

L'article 12 admet d'ailleurs formellement l'application des circonstances atténuantes en cette matière.

L'article 10 dispose, conformément au droit commun, que les peines établies par la loi ne peuvent être cumulées et que la peine la plus forte doit être seule prononcée pour tous les faits antérieurs au premier acte de poursuite.

674. — En cas de récidive, l'article 11 décide que les peines édictées peuvent être portées au double : il y a récidive, aux termes de cet article, lorsqu'il a été prononcé contre le prévenu, dans les cinq dernières années antérieures, une condamnation pour l'un quelconque des délits prévus par la loi en matière de marques.

675. — L'amende et l'emprisonnement édictés par la loi de 1857 ne peuvent, bien entendu, à raison de leur caractère essentiellement pénal, être prononcés que par la juridiction répressive, et jamais par la juridiction civile.

2° *Privation de certains droits civils.*

676. — En outre de l'emprisonnement et de l'amende, l'article 13 de la loi de 1857 dispose que les délinquants peuvent être privés du droit de participer aux élections des tribunaux et des chambres de commerce, des chambre consultatives des arts et manufactures et des conseils de prud'hommes, pendant un temps qui n'excédera pas dix ans.

Cette mesure constitue une peine dans le sens légal et rigoureux du mot, elle ne peut donc être prononcée que par la juridiction repressive, et jamais par la juridiction civile.

Elle est d'ailleurs facultative pour le juge.

3° *Confiscation.*

677. — L'article 14 permet, en outre, au tribunal de prononcer la confiscation. Voyons à ce sujet : 1° sur quels objets porte la confiscation ; 2° quels sont ses caractères.

678. —**I. Sur quels objets porte la confiscation.** — La confiscation porte non seulement sur la marque contrefaite, mais encore sur le produit revêtu de la marque contrefaite, alors même qu'il ne serait pas adhérent à cette marque [1].

La confiscation peut également porter sur les instruments et ustensiles ayant servi spécialement à commettre la contrefaçon poursuivie, notamment sur les timbres, cachets, moules, matrices, poinçons, au moyen desquels la marque contrefaite a été apposée ou pourrait l'être de nouveau.

La confiscation peut, selon nous, être appliquée à tous ces objets, alors même qu'ils n'auraient pas été compris dans une saisie, ou une description : ici, comme en matière de brevets, ce qui détermine la confiscation c'est la constatation du fait de la contrefaçon.

679. — **II. Caractères de la confiscation.** — Lorsque la confisca-

1. *Contrà :* V. Calmels, n° 146.

tion est requise par le ministère public, elle a un caractère pénal. Mais lorsqu'elle est demandée par la partie civile, elle a le caractère d'une réparation civile et peut être prononcée même par la juridiction civile (V. Aix, 20 mars 1879, Fumouze, Pataille, 81, 179).

L'article 14 ajoute formellement que la confiscation peut être prononcée même en cas d'acquittement.

La confiscation est, d'ailleurs, purement facultative pour le juge : nous avons vu qu'il en est autrement en matière de contrefaçon de brevets.

Le juge peut soit refuser d'ordonner la confiscation, soit l'ordonner au profit du trésor, soit, enfin, lorsqu'elle est demandée par le propriétaire de la marque usurpée, ordonner, ainsi que le permet formellement l'article 14, que les objets confisqués seront remis au propriétaire de la marque.

4º Destruction de la marque contrefaite.

680. — L'article 14 dispose que, dans tous les cas, le tribunal doit ordonner la destruction de la marque reconnue contraire aux dispositions de la loi.

Voyons, ici encore : 1º sur quels objets porte la destruction ; 2º quels en sont les caractères.

681. — **I. Sur quels objets porte la destruction**. — S'il s'agit d'une marque adhérente aux produits, la destruction obligée de la marque entraîne nécessairement la destruction des produits ou tout au moins leur dénaturation. S'il s'agit d'une étiquette imprimée, les tribunaux n'hésitent pas à ordonner la destruction de la pierre lithographique qui sert à l'imprimer (V. Bordeaux, 7 juill. 1871, Martell, Pataille, 73, 263).

Il y a lieu d'ordonner la destruction de la marque non seulement sur les objets saisis, mais encore sur ceux qui sont restés libres entre les mains de l'usurpateur et qui portent la même trace de fraude.

682. — **II. Caractères de la destruction**. — Le destruction de la marque constitue une pénalité accessoire, lorsqu'elle est demandée par le ministère public, et une réparation civile lorsqu'elle est réclamée par la partie lésée (V. Rej., 13 avril 1877, Reithel, Sir., 78, 1, 439).

A la différence de la confiscation, la destruction doit être obligatoirement ordonnée par le juge, même en cas d'acquittement, dès qu'il reconnaît que la marque est contraire aux dispositions de la loi.

5º Dommages-intérêts.

683. — Outre la remise des objets confisqués et la destruction des marques, l'article 14 autorise expressément le tribunal, conformément au droit commun, à accorder à la partie lésée des dommages-intérêts, dont il évalue souverainement le chiffre, en réparation du préjudice causé par les faits qui sont l'objet de la poursuite et même par ceux qui se sont produits depuis la poursuite et avant le jugement.

Les dommages-intérêts constituant une réparation civile peuvent être accordés par la juridiction civile comme par la juridiction correctionnelle.

Même en cas d'acquittement du prévenu, il peut y avoir lieu à une condamnation à des dommages-intérêts fondée sur l'article 1382 du code civil, qui oblige celui qui a causé un dommage, même involontairement, à le réparer (V. Trib. corr. Epernay, 30 avril 1872, de Milly, Pataille, 72, 338).

6° *Publication du jugement.*

684. — Le paragraphe deuxième de l'article 13 autorise expressément le tribunal à ordonner, en outre, l'affichage du jugement dans les lieux qu'il détermine et son insertion intégrale ou par extrait dans les journaux qu'il désigne, le tout aux frais du condamné.

L'insertion et l'affichage constituent une pénalité accessoire lorsqu'elles sont ordonnées sur les réquisitions du ministère public et dans l'intérêt général ; elles gardent, au contraire, un caractère réparatoire, lorsqu'elles sont ordonnées à la requête de la partie lésée et dans un intérêt particulier (V. Aix, 20 mars 1879, Fumouze, Pataille, 81, 179).

La publication du jugement est facultative pour le juge, qui peut, d'ailleurs, ordonner soit l'affichage, soit l'insertion, soit ces deux mesures simultanément.

La publication du jugement peut-elle être ordonnée même en cas d'acquittement ? Ici, comme en matière de contrefaçon de brevet, nous admettrons que cette mesure peut être ordonnée sur la demande et au profit du prévenu acquitté, mais qu'elle ne peut pas l'être sur la demande et au profit du plaignant.

CHAPITRE VI

AUTRES DÉLITS SPÉCIAUX PRÉVUS PAR LA LOI DE 1857

685. — En dehors des différents modes d'usurpation des marques, la loi de 1857 prévoit deux autres délits spéciaux qui peuvent être commis dans l'emploi des marques. Le premier consiste dans l'infraction aux dispositions de la loi concernant les marques déclarées obligatoires ; le second consiste dans la tromperie sur la nature du produit à l'aide d'une marque.

I. Infraction aux dispositions concernant les marques obligatoires.

686. — Nous avons dit déjà que la loi de 1857 admet exceptionnellement des marques obligatoires. Elle a d'abord laissé subsister, ainsi que cela résulte des travaux préparatoires, les actes législatifs qui avaient, antérieurement à sa promulgation, rendu la marque ou le nom obligatoire. Elle dispose formellement, en outre, dans son article 1er, que des décrets rendus en la forme des règlements d'administration publique peuvent exceptionnellement déclarer la marque obligatoire pour les produits qu'ils déterminent. Il va sans dire qu'une loi peut également prescrire sur certains produits l'apposition d'une marque obligatoire.

687. — Les marques actuellement obligatoires sont celles qui doivent être apposées sur les produits suivants :

1º Les objets en or, argent, plaqué ou doublé, fabriqués par les joailliers (loi du 19 brumaire an VI) ;

2º Les étoffes d'or ou d'argent fin, mi-fin, ou faux (décret du 28 floréal an XII) ;

3º Les savons (décrets des 1er avril et 18 septembre 1811) ;

4º Les savons spéciaux fabriqués à Marseille (décret du 22 décembre 1812) ;

5º Les fils et tissus de coton de fabrication française (loi du 28 avril 1816) ;

6º Les eaux minérales artificielles (ordonnance du 18 juin 1823) ;

7º Les substances vénéneuses (ordonnance du 29 octobre 1846) ;

8° Les cartes à jouer (décret du 9 février 1860);

9° Les ouvrages d'imprimerie (loi du 29 juillet 1881) [1].

688. — L'article 9 de la loi de 1857 sanctionne les dispositions qu'elle édicte relativement aux marques obligatoires, en punissant d'une amende de 50 à 1000 francs et d'un emprisonnement de quinze jours à six mois ou de l'une de ces deux peines seulement ; 1° ceux qui n'ont pas apposé sur leurs produits une marque déclarée obligatoire ; 2° ceux qui ont vendu ou mis en vente un ou plusieurs produits ne portant pas la marque déclarée obligatoire pour cette espèce de produits ; 3° ceux qui ont contrevenu aux dispositions des décrets rendus en exécution de l'article 1er de la loi, c'est-à-dire déclarant une marque obligatoire.

689. — On admet généralement que ces pénalités sont applicables aux contraventions prévues par les lois antérieures à celle de 1857 et qui déclarent certaines marques obligatoires, alors même que ces lois édicteraient à cet égard d'autres pénalités : si ces lois, comme nous l'avons dit, restent en vigueur dans leur principe, il n'en est pas de même des pénalités qu'elles édictent, la loi de 1857 ayant eu précisément pour but de rendre, en cette partie, la législation uniforme et de punir désormais de la même façon et dans la même mesure toute infraction à une loi prescrivant l'apposition d'une marque obligatoire.

690. — L'article 10 de la loi de 1857 relatif au non-cumul des peines, l'article 11 relatif à l'élévation de la peine en cas de récidive dans les cinq années, l'article 12 relatif à l'application des circonstances atténuantes, l'art. 13 relatif à l'interdiction de certains droits civils et à la publication du jugement, et l'article 14 relatif à la confiscation et à la destruction des marques sont applicables au délit prévu par l'article 9.

Toutefois, aux termes de l'article 15, la confiscation des produits non revêtus de la marque déclarée obligatoire ne peut être prononcée qu'en cas de récidive, si le prévenu a encouru, dans les cinq années antérieures, une condamnation pour infraction aux dispositions concernant les marques obligatoires.

691. — L'article 15 dispose, en outre, que le tribunal, en condamnant pour une infraction à l'article 9, doit prescrire que la marque déclarée obligatoire sera apposée sur le produit qui y était assujetti.

On admet généralement que l'infraction prévue par l'article 9 est un délit contraventionnel, punissable indépendamment de la bonne ou mauvaise foi de son auteur : la loi n'emploie ici, en effet, aucune expression de laquelle on puisse induire qu'elle admet l'excuse de bonne foi.

1. Les armes de guerre et de commerce, qui étaient aussi assujetties à la marque obligatoire, en sont affranchies depuis la loi du 14 août 1885 sur la liberté de la fabrication des armes.

II. Tromperie sur la nature du produit à l'aide d'une marque.

692. — Le second délit spécial prévu par la loi de 1857, en dehors des usurpations de marques, consiste dans la tromperie sur la nature du produit à l'aide d'une marque. L'article 8 punit, en effet « ceux qui ont fait usage d'une marque portant des indications propres à tromper l'acheteur sur la nature du produit et ceux qui ont sciemment vendu ou mis en vente un ou plusieurs produits revêtus d'une marque portant des indications propres à tromper l'acheteur sur la nature du produit ». Il ne s'agit plus ici d'une atteinte portée à la propriété d'un fabricant ou commerçant, mais d'une fraude commise par le fabricant ou commerçant lui-même au préjudice des consommateurs, c'est-à-dire du public : c'est ainsi un délit public, plutôt que privé, que l'article 8 a pour objet de réprimer.

693. — Voyons successivement, au sujet de ce délit : 1o quels en sont les éléments constitutifs ; 2o quels en sont les caractères ; 3o Quelles en sont les peines.

694. — I. Eléments constitutifs du délit. — Il résulte des termes de l'article 8 que trois éléments sont nécessaires pour constituer le délit qu'il prévoit.

695. — 1o Il faut d'abord qu'il y ait une indication mensongère. Ce que la loi entend punir, c'est cette indication mensongère ; c'est l'usage qui en est fait, alors même qu'elle n'aurait pas eu pour effet de tromper réellement l'acheteur, alors même qu'aucune vente n'aurait été effectuée. Ainsi que nous l'avons vu, en effet, l'article 8 assimile à la vente ou mise en vente du produit portant l'indication mensongère le simple usage de cette indication, c'est-à-dire l'apposition de la marque sur le produit. Ainsi la tentative de tromperie est punie comme la tromperie consommée : cela résulte d'ailleurs formellement des travaux préparatoires.

A ce point de vue, l'article 8 de la loi de 1857 diffère de l'article 423 du code pénal qui punit, de son côté, la tromperie sur la nature de la chose vendue commise par un autre moyen que l'emploi d'une marque et qui n'atteint que la tromperie consommée.

696. — 2o Il faut, en second lieu, pour constituer le délit prévu par l'article 8, que l'indication mensongère soit contenue dans une marque de fabrique ou de commerce : autrement elle tomberait, ainsi que nous venons de le dire, sous l'application de l'article 423 du code pénal. Est-il nécessaire que cette marque ait été déposée ? On admet généralement que la disposition de l'article, ne se rattachant pas d'une façon intime au reste de la loi et ayant pour but de protéger le consommateur contre le fabricant, ne se réfère pas nécessairement à la marque déposée telle que l'entend la loi dans ses autres articles[1].

---

1. V. Mayer, nos 133 et suiv.; Pouillet, no 361.

697. — 3º Il faut enfin que l'indication mensongère qui constitue le délit soit propre à tromper l'acheteur sur la nature du produit. La nature d'un produit doit s'entendre de tous caractères distinctifs de ce produit, au nombre desquels se trouve la provenance française ou étrangère. Quant à la tromperie sur l'origine spéciale et proprement dite du produit, elle est punie, comme nous le verrons, par la loi du 28 juillet 1824 ; la tromperie sur la qualité donne lieu à l'application de l'article 423 du code pénal.

698. — Il appartient d'ailleurs aux juges du fait d'apprécier souverainement, d'après les circonstances de chaque espèce, si les trois éléments constitutifs du délit se trouvent réunis. La jurisprudence a ainsi reconnu l'existence du délit prévu par l'article 8, notamment : 1º dans le fait de marquer comme provenant d'une fabrique déterminée des produits qui n'en proviennent pas (Trib. corr. Seine, 5 déc. 1860, Christofle, Pataille, 61, 88); 2º dans le fait de vendre, sous le nom de *poudre métallique*, un produit autre que celui que protège cette marque de fabrique (Trib. corr. Seine, 25 août 1863, Baumgartner, *Dr. comm.* 63, 528).

699. — **II. Caractères du délit.** — On admet généralement que le délit prévu par l'article 6 n'existe que s'il est commis avec une intention frauduleuse: s'il s'agit, en effet, de la vente du produit revêtu d'une marque contenant une indication mensongère, l'article exige formellement que le vendeur ait agi *sciemment* ; s'il s'agit du simple usage de la marque, l'article exige que cet usage ait été de nature à tromper l'acheteur, ce qui implique nécessairement une intention frauduleuse [1].

700. — **III. Peines du délit.** — L'article 8 édicte contre le double délit qu'il prévoit une amende de 50 à 2000 fr. et un emprisonnement d'un mois à un an, avec faculté pour le tribunal d'appliquer l'une de ces deux peines seulement. Les dispositions de la loi concernant le non-cumul des peines, l'application des circonstances atténuantes, l'interdiction de certains droits civils, la publication du jugement, la confiscation et la destruction des marques sont applicables en cette matière.

701. — En dehors de l'action correctionnelle tendant à l'application de ces peines, le délit prévu par l'article 8 donne lieu, conformément aux principes généraux, à une action civile, qui peut être soit jointe à une poursuite correctionnelle, soit intentée par voie principale. Dans ce second cas, on admet généralement que l'action civile est de la compétence exclusive du tribunal civil, s'il s'agit d'une marque déposée conformément à la loi de 1857, et que, si au contraire, il ne s'agit pas d'une marque déposée, l'action peut être portée devant le tribunal civil ou devant le tribunal de commerce conformément aux règles ordinaires de compétence [2].

1. *Contrà* : V. Bédarride, nº 928.
2. V. Pouillet, nº 370.

PROHIBITION RELATIVE A L'INTRODUCTION EN FRANCE DE PRODUITS ÉTRANGERS REVÊTUS DE MARQUES FRANÇAISES

I. — Objet de la prohibition.

702. — L'article 19 de la loi de 1857 a pour objet d'empêcher qu'on ne fasse entrer en France, pour leur donner l'apparence de produits français, des produits fabriqués à l'étranger et portant la marque d'une fabrique française. A cet effet, l'article dispose que « tous les produits étrangers portant soit la marque, soit le nom d'un fabricant résidant en France, soit l'indication du nom ou du lieu d'une fabrique française, sont prohibés à l'entrée et exclus de transit et de l'entrepôt, et peuvent être saisis en quelque lieu que ce soit, soit à la diligence de l'administration des douanes, soit à la requête du ministère public ou de la partie lésée. »

L'exposé des motifs expliquait ainsi le but et la portée de l'article 19 : « L'article 19, y était-il dit, a pour objet de combattre un abus qui a soulevé de vives réclamations dans divers centres manufacturiers. Il arrive fréquemment que des produits étrangers portant frauduleusement soit la marque, soit le nom d'un fabricant résidant en France, soit l'indication du lieu d'une fabrique française, sont présentés pour le transit et gagnent le bureau de sortie, sans que l'administration des douanes puisse agir, et avant que les intéressés aient pu intervenir. Ces fraudes, qui ont pour but d'enlever des débouchés à notre commerce, peuvent avoir des effets d'autant plus fâcheux que les produits sont souvent de mauvaise qualité et servent à discréditer les marques et les noms dont ils sont revêtus : afin de combattre cet abus, l'article 19 autorise la saisie de tout produit de cette nature à la requête du ministère public ou de la partie lésée. »

La prohibition de l'article 19 a pris de nos jours une importance considérable et mérite, pour cette raison, de faire l'objet d'un examen spécial et approfondi. Nous étudierons successivement : 1° à quels produits s'applique la prohibition ; 2° en quoi consiste la prohibition ; 3° quels sont les sanctions de la prohibition ; 4° quelles extensions ont été apportées à la prohibition par la Convention d'Union de 1883.

II. — A quels produits s'applique la prohibition.

703. — Aux termes de l'article 19, la prohibition qu'il édicte relativement à l'introduction et au transit sur le territoire français s'applique à tous les produits qui, bien que fabriqués à l'étranger, portent soit la marque, soit le nom d'un fabricant résidant en France, soit l'indication du nom ou du lieu d'une fabrique française : ainsi l'article 19 ne vise plus seulement les marques proprement dites, mais encore les noms de personne et de lieu, alors même que, ne revêtant pas la forme distinctive exigée par l'article 1er, ils seraient protégés par la loi de 1824 restée en vigueur.

704. — On admet généralement que l'article 19 est applicable, même dans le cas où les produits, au lieu de porter la marque ou le nom d'un fabricant ou d'un lieu existant réellement en France, portent soit une marque indiquant un nom ou un lieu imaginaires, soit une marque n'indiquant ni un nom ni un lieu déterminés, si cette marque tend à faire croire à l'origine française des produits : les motifs qui ont déterminé le législateur à édicter la prohibition de l'article 19 s'appliquent à ce genre de fraude autant, si ce n'est plus, qu'à celui qui est expressément visé dans l'article (V. Rouen, 25 fév. 1859, Klein, Pataille, 64, 66 ; Rouen, 23 oct. 1863, Froman, Pataille, 64, 66 ; Rouen, 23 oct. 1863, Boursier et Cie, Pataille, 64, 69).

705. — On admet également, comme conséquence de ce qui précède, que l'article 19 est applicable alors même que la marque apposée sur les produits étrangers n'aurait pas été déposée.

706. — L'article 19 doit-il encore s'appliquer aux produits sur lesquels la marque indiquant faussement l'origine d'une fabrique française a été apposée du consentement et par ordre du fabricant français lui-même ? En d'autres termes, le législateur a-t-il entendu interdire au fabricant français de s'approvisionner, s'il y trouve son avantage, sur les marchés étrangers et de faire apposer sur les marchandises ainsi fabriquées pour lui à l'étranger son nom ou sa marque ?

Les auteurs sont divisés sur ce point : les uns soutiennent que l'article 19 est inapplicable dans ce cas, par ce motif qu'il n'y a pas alors de fraude envers le consommateur qui n'a pas à se demander où a été fabriqué le produit, mais seulement s'il a été fabriqué par celui dont le produit porte la marque, en quelque lieu qu'il ait été fabriqué [1]; les autres répondent que les termes de l'article 19 ne font aucune distinc-

---

1. V. Pouillet, n° 313.

tion, aucune exception, et que l'intérêt général du commerce, qui doit prévaloir sur l'intérêt particulier du prévenu, réclame une stricte exécution de la loi [1].

La jurisprudence de la Cour de cassation a également varié sur la solution de cette question. Après avoir tout d'abord adopté, en 1863, conformément à la doctrine d'un arrêt de la Cour de Rouen, le système de la non-applicabilité à notre cas de la prohibition de l'article 19 (V. Rouen, 29 janv. 1864, et Rej., 9 avril 1864, Schmitt et Navare, Pataille, 64, 71 et 256) [2], la Cour suprême est revenue, en 1884, au système de l'application rigoureuse de l'article 19 (V. Cass., 23 fév. 1884, Potié, Pataille, 84, 208). Puis, en 1887, elle a jugé qu'il n'y a pas contravention à l'article 19 dans le fait d'avoir introduit en France du papier dit *anglais* fabriqué à Vienne, dans des boîtes portant, outre des inscriptions en langue anglaise indiquant la nature et la qualité de la marchandise, une mention désignant l'établissement du vendeur en France (V. Cass., 30 avril 1887).

Ce dernier arrêt de la Cour de cassation ne paraît pas, à première vue du moins, avoir modifié la jurisprudence inaugurée en 1884: cet arrêt, en effet, se borne à déclarer licite l'introduction en France d'objets fabriqués à l'étranger et portant non la marque, mais l'adresse d'une maison de vente française [3]; il ne porte, d'ailleurs, aucune atteinte au principe de l'interdiction absolue concernant les produits étrangers revêtus d'une marque de fabrication française destinée à faire croire qu'ils ont été fabriqués en France.

Des circulaires du ministre du commerce sont intervenues à la suite de chacun des deux arrêts de la Cour de cassation fixant la jurisprudence sur cette question, afin d'en donner un commentaire pratique à

---

1. V. Nicolas et Pelletier, n° 266.

2. V. dans le même sens : Paris, 6 nov. 1863, Claudin, Pataille, 63, 353 ; Paris, 21 fév. 1883, Van Guindertœle, Pataille, 84, 212.

3. Cette concession, disent MM. Nicolas et Pelletier, peut avoir des conséquences que la Cour n'a pas entrevues. Dans l'espèce qui lui était soumise, il s'agissait évidemment d'une simple adresse : les mentions en langue anglaise indiquaient clairement que le vendeur français ne voulait pas faire croire qu'il vendait des produits fabriqués en France. Mais en sera-t-il toujours de même ? N'arrivera-t-il pas souvent que les objets d'origine étrangère porteront seulement et sans autre indication la prétendue adresse d'un commerçant français. Ces objets échapperont-ils à l'application de l'article 19 de la loi de 1857? La Cour de cassation nous semble s'être prononcée affirmativement, du moins pour le cas où, de notoriété publique, le vendeur ne serait pas fabricant et pour celui où il n'y aurait pas dans la ville qu'il habite d'industrie similaire à celle des objets importés. Cette opinion laisse malheureusement une large place à l'interprétation des juges, c'est-à-dire à l'arbitraire. Il importe donc qu'une loi, claire et précise, vienne, à bref délai, fixer les droits de tous les intéressés. Cette loi serait d'autant plus nécessaire et urgente que ce qu'on appelle l'adresse n'est, au fond, que la marque de commerce (V. Nicolas et Pelletier, n°s 277 et 278).

l'usage des commerçants et industriels et des préposés de la douane : les déclarations et instructions contenues dans ces circulaires ont varié avec la jurisprudence suivie par chacun des deux arrêts.

III. — En quoi consiste la prohibition.

707. — L'article 19 interdit, pour les produits de provenance étrangère auquel il s'applique, non seulement l'introduction en France, mais encore le transit et l'entrepôt.

C'était une question controversée, avant la loi de 1857, que celle de savoir si la loi française ne devait pas respecter le transit ou l'entrepôt des marchandises venant de l'étranger et traversant la France sous le couvert d'une marque française. La jurisprudence, s'appuyant sur le texte de la loi de 1824, qui interdisait *la mise en circulation* de ces produits ainsi contrefaits, avait fini par décider que ces mots s'appliquaient d'une façon générale et absolue à toute circulation, quelles qu'en fussent la nature, les conditions ou la destination [1]. L'article 19 de la loi de 1857 n'a fait que consacrer ces principes en prohibant, en même temps que l'introduction en France, le transit et l'entrepôt.

IV. — Quelles sont les sanctions de la prohibition.

708. — La sanction spéciale que l'article 19 attache à la prohibition qu'il édicte consiste dans la saisie suivie de confiscation des produits étrangers introduits, transités ou entreposés en France contrairement à cette prohibition.

Aux termes de l'article 19, la saisie doit être opérée soit à la diligence de l'administration des douanes, soit à la requête du ministère public, soit enfin à la requête de la partie lésée, c'est-a-dire du fabricant, français ou étranger, résidant en France, dont le nom ou la marque a été contrefaite. Il peut être d'ailleurs procédé à la saisie en quelque lieu que ce soit, par conséquent à l'intérieur du territoire comme à la frontière. Dans le cas où la saisie est faite à la diligence de l'administration des douanes, le procès-verbal de saisie doit être immédiatement adressé au ministère public.

709. — Il appartient au tribunal civil ou correctionnel de statuer sur la saisie, conformément à l'article 18 ; l'article 19 dispose, toutefois, que le délai dans lequel le tribunal doit être saisi est de deux mois, à peine de nullité de la saisie : ce délai est imposé au ministère public comme à la partie lésée.

1. V. Paris, 14 janv. 1854, et Rej., 7 déc. 1854. Gaupillat, Pataille, 56, 209.

710. — Lorsque le tribunal civil ou correctionnel statue sur la saisie, s'il reconnaît l'existence de la contravention, il peut prononcer la confiscation des objets saisis, soit au profit du Trésor, soit au profit de la partie lésée, et il doit ordonner la destruction des marques contrefaites : l'article 19 déclare, en effet, expressément applicables au cas qu'il prévoit les dispositions de l'article 14 relatives à la confiscation et à la destruction des objets et marques du contrefacteur.

711. — En outre de la confiscation, on admet généralement que le tribunal peut prononcer les peines d'amende et d'emprisonnement édictées par la loi de 1857 contre ceux qui font usage en France d'une marque contrefaite ou frauduleusement imitée, l'article 19 ayant eu simplement pour but de déclarer la loi de 1857 applicable même au cas d'introduction en France de produits étrangers [1]. Nous pensons, toutefois, conformément à ce que nous avons dit, que les pénalités de la loi de 1857 ne pourraient être appliquées que si la marque contrefaite avait été déposée.

V. Extensions apportées à la prohibition de l'article 19 par la Convention d'Union de 1883.

712. — La Convention d'Union du 20 mars 1883 a étendu aux autres pays de l'Union le principe de la prohibition édictée par l'article 19 de notre loi.

713. — L'article 9 de la Convention dispose, en effet, que « tout produit portant illicitement une marque de fabrique ou un nom commercial pourra être saisi à l'importation dans ceux des États de l'Union dans lesquels cette marque ou ce nom commercial ont droit à la protection légale, et que, dans ce cas, la saisie aura lieu à la requête soit du ministère public, soit de la partie intéressée, conformément à la législation intérieure de chaque État.

Cet article, on le voit, consacre l'extension aux États de l'Union des prescriptions édictées par l'article 19 de la loi de 1857. Comme la Convention d'Union a été ratifiée en France par une loi [2], l'article 9 de cette Convention a remplacé vis-à-vis des États de l'Union les dispositions des lois françaises qui leur seraient contraires, mais seulement en ce qui concerne la saisie à l'importation, la seule visée par la Convention. Ainsi le fabricant français, qui a rempli dans les autres États de l'Union, les formalités voulues pour assurer la protection de sa marque, pourra faire saisir à la frontière de chacun de ces États les marchandises portant indûment sa marque ou son nom.

_____

1. _Contrà :_ V. Rédarride, nº 987.
2. Cette loi est, comme nous l'avons déjà dit, celle du 26 janvier 1884, rendue exécutoire par le décret du 8 juillet 1884.

714. — L'article 10 de la Convention ajoute que « les dispositions de l'article 9 seront applicables à tout produit portant faussement, comme indication de provenance, le nom d'une localité déterminée, lorsque cette indication sera jointe à un nom commercial fictif ou emprunté dans une intention frauduleuse. » L'article répute, dans ce cas, partie intéressée tout fabricant ou commerçant engagé dans la fabrication ou le commerce de ce produit et établi dans la localité faussement indiquée comme provenance.

715. — Cet article 10, qui ne permet ainsi la saisie à l'importation des produits portant de fausses indications de provenance que si à ces fausses indications est joint, en outre, un nom commercial fictif ou emprunté dans une intention frauduleuse, fait-il échec à l'article 19 de la loi de 1857 ? D'abord, il est certain que la saisie à l'intérieur du territoire, c'est-à-dire en dehors des bureaux de la douane est toujours régie par l'article 19 de la loi de 1857, la Convention de 1883 ne visant que la saisie à l'importation. Mais, même pour la saisie à l'importation, l'article 10 de la Convention ne doit pas être considéré comme ayant modifié l'article 19 de la loi de 1857 et comme autorisant, à l'encontre de cette loi, l'introduction en France de produits étrangers portant faussement l'indication d'un lieu de provenance française, dès que cette indication n'est pas accompagnée d'un nom commercial fictif ou emprunté dans une intention frauduleuse.

716. — D'après l'opinion manifestée à plusieurs reprises par le gouvernement français, l'article 10 s'est trouvé rédigé d'une façon qui ne reproduit pas fidèlement les intentions des auteurs de la Convention. Il résulte, en effet, de la discussion à laquelle a donné lieu, à la Conférence de Paris de 1880, la rédaction de l'article 10, qu'on n'a nullement entendu faire échec, par cette disposition, à la législation de chacun des pays contractants et qu'on a seulement voulu, dans les cas où ces législations seraient insuffisantes ou inefficaces, fournir aux intéressés de nouveaux moyens pour combattre les fraudes contre lesquelles ils ont à se défendre. Il en résulte également qu'on n'a pas entendu, d'ailleurs, limiter aux seules hypothèses prévues les cas où la saisie pourrait être pratiquée, mais qu'on a visé les espèces les plus probables, celles où la fraude serait établie d'une manière indiscutable, sans exclure les autres [1].

---

1. L'historique de la discussion à laquelle a donné lieu, à la Conférence de Paris, la rédaction de l'article 10 de la Convention a été très exactement exposé par M. Vallé, député, dans son rapport à la Chambre sur le projet de loi portant approbation des arrangements signés à la Conférence de Madrid de 1890. « L'article 10, dit M. Vallé, est celui qui, avec l'article 5, a déchaîné les plus grosses tempêtes. La Conférence de Madrid en a fort heureusement élagué ce qu'il contenait de mauvais ; mais, comme il subsiste encore vis-à-vis des États

Ainsi, l'article 10 de la Convention constitue un minimum de protection exigé de tous les États contractants et n'empêche pas chacun d'eux
de demander davantage ; il laisse notamment à notre loi du 23 juin
1857 toute sa vigueur.

de l'Union qui n'ont pas accepté tous les arrangements de Madrid il importe et
d'en faire voir les défauts et d'en préciser la portée... Le projet soumis aux délibérations de la Conférence avait compris sous un seul article les mesures à prendre pour réprimer les usurpations de marques et les fausses indications de provenance. Cet article, qui avait le numéro 6 dans le projet, était ainsi conçu :
« Tout produit portant illicitement soit la marque d'un fabricant ou d'un com-
« merçant établi dans l'un des pays de l'Union, soit une indication de provenance
« dudits pays, sera prohibé à l'entrée dans tous les autres États contractants,
« exclu du transit et de l'entrepôt, et pourra être l'objet d'une saisie suivie, s'il y
« a lieu, d'une action en justice. »
    Quand cet article vint en discussion, tous les membres présents déclarèrent à
l'envi qu'on ne saurait se montrer trop sévère pour les contrefacteurs, et qu'on
était nécessairement d'accord pour réprouver l'introduction d'un produit ayant
un caractère frauduleux.
    De plus, un grand nombre de délégués affirmèrent, sans soulever la moindre
protestation, qu'en dehors des mesures à imposer aux nations qui n'avaient pas
de législation visant ce genre de fraude, chaque État conserverait, pour la répression chez lui, sa législation intérieure.
    La discussion ne porta donc pas de ce côté.
    Elle s'engagea exclusivement sur les deux points suivants :
    1o Fallait-il maintenir l'obligation pour tous les États de prohiber à l'entrée,
d'exclure du transit et de l'entrepôt les objets revêtus d'une marque frauduleuse?
    2o Comment définir les fausses indications de provenance?
    Ces deux questions étant distinctes, on dédoubla l'article 6 du projet, et on
commença par faire l'article 9, qui contient la solution de la première question.
    Puis on passa aux fausses indications de provenance.
    Mais là, on fit ressortir, avec raison d'ailleurs, que certains noms pourraient
être employés sans mauvaise foi, comme contenant des désignations de localités
purement génériques, telles que *pâtes d'Italie, taffetas d'Angleterre, gants de
Suède, bleu de Prusse, velours d'Utrecht, eau de Cologne*, etc., etc.
    Il y avait là une difficulté. On se trouvait dans l'embarras pour définir exacte-
ment les cas dans lesquels la fausse indication de provenance révèlerait, par
elle seule, une intention frauduleuse.
    L'article fut, à deux reprises différentes, renvoyé à la Commission.
    Celle-ci, animée des meilleures intentions, considérant que, la plupart du
temps, le contrefacteur qui applique sur ses produits une fausse indication de
provenance se sert en même temps d'un faux nom ou d'un nom d'emprunt, crut
avoir trouvé la vraie formule en disant que le délit apparaîtrait clairement quand,
à la fausse indication de provenance viendrait s'ajouter un nom fictif ou emprunté dans une intention frauduleuse.
    Et voilà la genèse de l'article 10 qui fut adopté pour ainsi dire sans discus-
sion.
    Préoccupé qu'on était par les seules désignations génériques, et la fraude
n'ayant été envisagée que sous un seul aspect, on ne s'aperçut pas qu'on décou-
vrait les localités justement renommées par leurs produits, et qu'on livrait leurs
noms à quiconque voudrait s'en servir, sans pousser l'audace jusqu'à y ajouter
un nom fictif ou frauduleusement emprunté.

717. — Cette interprétation avait, d'ailleurs, été admise par la Conférence de Rome, en 1886 ; mais les décisions de cette Conférence ne furent pas ratifiées en France.

La Conférence de Madrid, de 1890, aboutit à des résultats plus efficaces. Dans son premier protocole, contenant l'arrangement relatif à la répression des fausses indications de provenance, la Conférence a formellement admis, sous la réserve de la ratification par les Etats contractants, que la saisie peut atteindre les produits portant une fausse indication de provenance, bien qu'à cette fausse indication ne soit pas joint un nom commercial fictif ou emprunté dans une intention frauduleuse. Cet arrangement est ainsi conçu : « Tout produit provenant d'une fausse indication de provenance, dans laquelle un des États contractants ou un lieu situé dans l'un d'entre eux serait directement ou indirectement indiqué, comme pays ou comme lieu d'origine, sera saisi à l'importation dans chacun des dits États. Néanmoins, ces dispositions ne font pas obstacle à ce que le vendeur indique son nom ou son adresse sur les produits provenant d'un pays différent de celui de la vente. Mais, dans ce cas, l'adresse ou le nom doit être accompagné de l'indication précise et en caractères apparents du pays ou du lieu de fabrication ou de production [1] ».

D'autre part, on considéra que c'était déjà un pas considérable fait dans le sens de la répression au regard de certaines nations qui, comme le Brésil, l'Italie, la Suisse, la Suède, la Norvège, n'avaient pas de loi prévoyant et punissant la fausse indication de provenance.

Aux yeux de tous, l'article 10 ne constituait qu'un minimum de garantie a exiger de ces nations ; chaque Etat conservant la faculté d'appliquer sa loi, si elle est plus rigoureuse.

Le doute n'est pas possible sur ce point. »

1. M. Vallé apprécie en ces termes, dans son rapport, les avantages qui résultent pour la France de l'arrangement contenu dans le premier protocole adopté à Madrid. « Cet arrangement, dit-il, est l'œuvre capitale de la conférence de Madrid. Notre industrie et notre commerce y trouvent-ils leur compte ?

L'industrie ? Oui, assurément, puisque tout objet de fabrication française vendu à l'étranger devra nécessairement porter notre marque et propager ainsi notre bonne renommée.

Le commerce ? Il faut faire ici une distinction.

Le commerce des vins, et surtout de nos grands vins qui n'ont pas de rivaux dans le monde entier, applaudit à cet arrangement.

On ne pourra plus désormais mettre sur des vins de Californie les mots de « *Bordeaux* » ou de « *Bourgogne* ».

Et le Champagne ! ce vin français par excellence, léger, pétillant, enjoué, qui laisse partout où il passe un peu de notre gaieté, de notre franchise, de notre esprit, il va pouvoir enfin, et sans difficultés, se faire respecter au dehors, chez les peuples amis, lui qui lutte si courageusement en France pour maintenir sa vieille réputation !

Hélas ! il reste d'autres commerçants, non pas tous, assurément, tant s'en faut, mais plusieurs, qui ne sont pas entièrement satisfaits.

Ne sera-ce pas gênant, en effet, quand on a eu la bonne fortune d'habiter

Le protocole qui contient cet arrangement est un de ceux qui ont été, après approbation du Parlement, ratifiés et rendus exécutoires en France, par le décret du 15 juillet 1892. Il n'a pas été, toutefois, accepté par tous les États qui se sont fait représenter à la Conférence de

Lyon, d'y être négociant en soieries et qu'on peut faire venir des étoffes du Zurich ou d'Eberfeld, de n'avoir plus la faculté de les vendre avec cette seule mention : *X...*, *négociant à Lyon*, et d'être, à l'avenir, obligé d'ajouter : *fabriqué en Suisse, fabriqué en Allemagne* ?

N'aura-t-il pas le droit de s'indigner, l'industriel domicilié à Paris, qui fait venir des jouets d'Allemagne, s'il est contraint de mettre sur l'étiquette qui portera son nom : *fabriqué à Nuremberg*, quand il est si facile de les vendre comme des jouets français et de faire concurrence à l'industrie parisienne, qui, elle aussi, défend chaque jour, et pied à pied, sa bonne renommée ?

A ceci nous répondrons, si tant est que ces arguments aient besoin d'une réponse, que tout n'est pas perdu pour l'honnête négociant qui se livre au commerce dont nous venons de parler ; il aura toujours la ressource de vendre dans son pays tous les produits étrangers qu'il voudra, à la seule condition de ne les recouvrir d'aucune indication. Pas de nom, pas d'adresse, pas de provenance.

A un autre point de vue, pourrions-nous admettre qu'un commerçant étranger appose son nom et son adresse sur des produits fabriqués en France sans y ajouter l'indication du pays de provenance. Le nom et l'adresse figurant seuls sur le produit ne faisaient-ils pas croire que celui-ci avait été fabriqué dans le pays du commerçant ? Il fallait enrayer cette manière de faire qui, pour ne point avoir recours à une usurpation de nom, n'en arrivait pas moins à tromper l'acheteur sur la véritable origine de l'objet mis en vente.

Cette nouvelle mesure fut vivement combattue au sein de la Conférence. Les Pays-Bas proposèrent une transaction. Ne suffisait-il pas, disaient-ils, d'exiger qu'on mit sur les produits de fabrication étrangère ces seuls mots : *produit étranger, produit importé* ? Nos délégués repoussèrent ce moyen terme, qui ne valait pas mieux que la liberté absolue, car, dans un cas comme dans l'autre, on dissimule à dessein la véritable provenance, on cache le produit qui est originaire de France. La clientèle peut croire qu'il vient de n'importe où, et nos concurrents arriveraient ainsi peu à peu à faire oublier sur les marchés étrangers nos noms de fabrique qui forment un des éléments les plus précieux de notre richesse nationale.

Quand on passa au vote de ce premier protocole, huit nations seulement l'adoptèrent.

Notons qu'à la différence de ce qui avait été décidé à Rome, la saisie est obligatoire à l'importation dans chaque Etat de l'Union restreinte, mais elle est facultative à l'intérieur.

D'autre part, il est de la dernière évidence que tous les produits qui viennent nécessairement de l'étranger, comme le thé, le café, les épices, ne tombent pas sous le coup des dispositions votées à Madrid.

Interprété sans esprit de vexation, ce premier protocole est un acte de haute probité commerciale.

Il n'a pas réuni l'adhésion de tous les Etats de l'Union, c'est vrai : mais la civilisation n'est pas la même partout et l'exemple donné par les huit puissances contractantes fera tomber un jour ou l'autre la résistance des récalcitrants.

La contagion du bien a déjà fait d'autres prodiges.

Madrid ; l'article 18 de la Convention d'Union de 1883 continue donc à être applicable, en France, aux États dissidents[1].

718. — En outre des prohibitions et des mesures de garanties édictées par l'article 19 de la loi de 1857, la fraude est encore visée par l'article 15 de la loi du 11 janvier 1892, *relatif à l'établissement du tarif général des douanes*. Cet article est ainsi conçu : « Sont prohibés à l'entrée, exclus de l'entrepôt, du transit et de la circulation tous produits étrangers, naturels ou fabriqués, portant soit sur eux-mêmes, soit sur des emballages, caisses, ballots, enveloppes, bandes ou étiquettes, etc., une marque de fabrique ou de commerce, un nom, un signe ou une indication quelconque de nature à faire croire qu'ils ont été fabriqués en France ou qu'ils sont d'origine française. Cette disposition s'applique également aux produits étrangers, fabriqués ou naturels, obtenus dans une localité de même nom qu'une localité française, qui ne porteront pas, en même temps que le nom de cette localité, le nom du pays d'origine et la mention « importé » en caractères manifestement apparents. »

Cette disposition complète, en la rendant plus sévère encore, la prohibition édictée par les textes précédemment analysés.

---

1. Les États qui ont ainsi refusé d'adhérer au protocole 1er adopté par la Conférence de Madrid sont : la Belgique, les États-Unis, l'Italie, les Pays-Bas, la Suède et la Norvège.

CHAPITRE VIII.

TIMBRAGE OU POINÇONNAGE DES MARQUES

---

719. — Aux termes de la loi du 26 novembre 1873 *relative à l'éta-tablissement d'un timbre ou signe spécial destiné à être apposé sur les marques commerciales et de fabrique*, tout propriétaire d'une marque déposée conformément à la loi de 1857 peut, moyennant le paiement d'une taxe, être admis, sur sa réquisition, à faire apposer par l'Etat, soit sur les étiquettes, bandes ou enveloppes en papier, soit sur les étiquettes ou estampilles en métal, un timbre ou poinçon spécial, destiné à affirmer l'authenticité de cette marque.

720. — La loi de 1873 a ainsi pour but, d'une part, d'assurer au Trésor des ressources nouvelles provenant de l'acquittement de la taxe qu'elle institue, et d'autre part, d'offrir aux fabricants ou commerçants qui ont déposé leur marque un surcroit de garantie, puisque le timbre ou le poinçon apposé sur la marque en affirme l'authenticité et que, dès lors, l'usurpateur en imitant la marque imitera en même temps le timbre de l'Etat et commettra ainsi, non plus seulement un délit lésant surtout un intérêt particulier, mais un crime contre l'Etat passible d'une répression plus étendue et nécessitant obligatoirement l'intervention de l'administration et du ministère public.

721. — Voyons successivement, au sujet de cette loi, que son article 8 déclare applicable en Algérie et dans les colonies comme sur le territoire continental : 1° en quoi consiste le timbrage ou le poinçonnage ; 2° qui peut demander le timbrage ou poinçonnage ; 3° quelles sont les formalités à remplir pour le demander ; 4° quels sont ses effets.

I. En quoi consistent le timbrage et le poinçonnage.

722. — Le timbrage et le poinçonnage, qui consistent tous deux dans un signe apposé par l'Etat, ne sont qu'une seule et même chose : seulement la loi appelle *timbre* le signe apposé sur les étiquettes, bandes ou enveloppes en papier, et *poinçon* le signe apposé sur les étiquettes ou estampilles en métal. La loi permet également d'apposer le poinçon sur l'objet lui-même, lorsque la marque fait corps avec lui, comme il arrive le plus souvent.

II. Qui peut demander le timbrage et le poinçonnage.

723. — C'est au propriétaire de la marque déposée qu'il appartient de demander le timbrage ou le poinçonnage. La loi le dit formellement. Le décret réglementaire du 25 juin 1874, rendu en exécution de la loi, ajoute qu'en cas de transmission, à quelque titre que ce soit, de la propriété de la marque, le nouveau propriétaire doit justifier de son droit par le dépôt des actes et pièces qui établissent cette transmission.

III. — Quelles sont les formalités à remplir pour demander le timbrage ou le poinçonnage.

724. — Les formalités relatives au timbrage ou poinçonnage sont déterminées par le décret réglementaire du 25 juin 1874.

Aux termes de ce décret, le propriétaire d'une marque qui veut être admis à user de la faculté ouverte par la loi du 26 novembre 1873, doit préalablement en faire la déclaration, s'il s'agit de timbrage, à l'un des bureaux spéciaux établis dans les chef-lieux de département désignés par le décret comme centre d'une circonscription, et s'il s'agit de poinçonnage, à l'un des bureaux de garantie des matières d'or et d'argent également désignés par le décret. Dans le premier cas, la déclaration doit être faite au bureau de la circonscription dans laquelle la marque a été déposée au greffe, conformément à la loi de 1857 ; dans le second cas, la déclaration peut être faite dans n'importe quel bureau de garantie au choix du déclarant.

En faisant cette déclaration, le propriétaire de la marque doit déposer en même temps : 1° une expédition du procès-verbal du dépôt de la marque ; 2° un exemplaire du dessin, de la gravure ou de l'empreinte qui représente sa marque, ledit exemplaire revêtu d'un certificat du greffier, attestant qu'il est conforme au modèle annexé au procès-verbal de dépôt; 3° l'original de sa signature dûment légalisé.

725. — Toutes les fois que le propriétaire d'une marque qui a fait cette déclaration et ce dépôt veut faire apposer sur sa marque le timbre ou le poinçon, il remet au receveur du bureau qui a reçu la déclaration et le dépôt une réquisition accompagnée d'un spécimen des étiquettes, bandes, ou estampilles à timbrer ou poinçonner. La réquisition, dressée au bureau sur une formule fournie gratuitement par l'administration, est datée et signée.

726. — L'administration est autorisée à refuser de timbrer ou poinçonner les marques apposées sur des étiquettes, bandes ou enveloppes ne présentant pas les dimensions exigées par le décret règlementaire de 1874, et en général toutes les marques qui ne lui paraissent pas rentrer dans les conditions exigées par la loi de 1873.

727. — En ce qui concerne le prix du timbrage ou du poinçonnage, la loi se borne à fixer, pour chaque apposition du poinçon un droit de 5 centimes à 5 francs : le décret réglementaire de 1874 établit les prix sur ces bases.

IV. Quels sont les effets du timbrage et du poinçonnage.

728. — Ainsi que nous l'avons dit, le timbrage ou poinçonnage donne lieu, en cas d'usurpation de la marque timbrée ou poinçonnée, à une extension de la répression. La loi de 1873 prévoit, en effet, deux sortes d'infractions : la contrefaçon ou falsification du timbre ou poinçon de l'état, et l'usage frauduleux du timbre on poinçon véritable.

729. — La contrefaçon ou falsification du timbre ou poinçon de l'État est punie de la peine édictée, pour ce cas, par l'article 140 du code pénal : cette peine est celle des travaux forcés à temps, dont le maximun doit toujours être appliqué, à moins qu'il n'y ait admission de circonstances atténuantes. La contrefaçon ou falsification constitue ainsi un crime qui rend son auteur justiciable de la Cour d'assises. L'usage des timbres ou poinçons ainsi falsifiés ou contrefaits constitue également un crime de même nature et est puni de la même peine.

730. — La seconde infraction prévue par la loi de 1873 consiste dans l'usage frauduleux du timbre ou poinçon véritable, ou des étiquettes, bandes, enveloppes ou estampilles qui en seraient revêtues. Il y aura usage frauduleux, par exemple, lorsqu'un employé de l'administration, soudoyé par un contrefateur, appose le timbre ou le poinçon sur des étiquettes contrefaites, ou lorsqu'un concurrent se procure des étiquettes timbrées ou poinçonnées et les appose sur ses propres produits.

L'usage frauduleux constitue seulement un délit, puni de la peine édictée par l'article 142 du code pénal, c'est-à-dire d'un emprisonnement de deux à cinq ans, sans préjudice de la faculté pour le tribunal de prononcer, en outre, l'interdiction des droits mentionnés en l'article 42 du même code et l'interdiction de séjour.

731. — Les pénalités édictées par la loi de 1873 atteignent les infractions commises à l'étranger dans les conditions prévues par les articles 5 et 7 du code d'instruction criminelle. La loi donne d'ailleurs mission à nos consuls à l'étranger de dresser les procès-verbaux des usurpations de marque et de les transmettre à l'autorité compétente.

732. — La loi de 1873 dispose qu'à défaut par l'État de poursuivre en France ou à l'étranger la contrefaçon ou la falsification des timbres ou poinçons, la poursuite pourra être exercée par le propriétaire de la marque. Ce droit de citation directe de la partie lésée est accordé par le code d'instruction criminelle, en matière de délit, et il est bien certain qu'en cas d'usage frauduleux du timbre ou poinçon, il pourra être exercé par le propriétaire de la marque. Mais le code d'instruction criminelle refuse au contraire aux simples particuliers le droit de poursuivre directement les crimes devant la Cour d'assises, et on ne peut admettre que, par quelques mots jetés incidemment dans un article de loi, le législateur ait entendu introduire une aussi grave innovation.

Dans la pratique, d'ailleurs, il n'y a pas lieu à l'application de ce prétendu droit, puisque le propriétaire de la marque, lésé par le crime de contrefaçon, a, comme en tout autre cas, le droit de déposer une plainte et de se porter ensuite partie civile devant la Cour d'assises.

733. — Dans le but d'empêcher que le fabricant ou le commerçant, qui fait timbrer ou poinçonner sa marque, n'abuse du timbre ou poinçon pour rançonner le public, la loi de 1873 lui interdit de vendre les objets dont la marque a été timbrée ou poinçonnée à un prix supérieur à celui correspondant à la quotité du timbre et du poinçon, sous peine, par chaque contravention, d'une amende de 100 fr. à 5000 fr. On conçoit que cette disposition est, en fait, d'une application fort difficile [1].

---

1. La loi de 1873 n'a pas réalisé tous les avantages que ses auteurs en attendaient. Elle devait procurer au Trésor des ressources importantes. Or, la recette après avoir atteint, en 1883, son maximum avec le chiffre de 49,000 fr., est, depuis, allée constamment en décroissant. Les produits pharmaceutiques ou chimiques sont à peu près les seuls pour lesquels on ait recours à la loi de 1873. Il n'y a pas eu, depuis la promulgation, un seul poinçonnage officiel réclamé pour les estampilles en métal. L'extrême rigueur de la repression qu'édicte la loi contribue pour beaucoup à la rendre en quelque sorte inapplicable.

En présence de ces résultats insuffisants, certains fabricants ont cherché à rendre plus efficace la protection de la loi de 1857, en créant des timbres spéciaux, propriétés des syndicats eux-mêmes et dont l'apposition sur les marques peut être demandée par tous les membres du syndicat. C'est ainsi notamment, que l'*Union des fabricants*, société déclarée d'utilité publique, est arrivée par la diffusion de son timbre, dont la contrefaçon est poursuivie par elle en France et à l'étranger, à assurer le respect de la marque des nombreux fabricants qui en font partie.

LIVRE III

DU NOM COMMERCIAL

CHAPITRE I

NOMS PROTÉGÉS PAR LA LOI

I. Notions générales.

734. — La propriété du nom commercial est protégée par la loi du 28 juillet 1824, *relative aux altérations ou suppositions de noms dans les produits fabriqués*, qui érige en délit correctionnel le fait d'apposer ou de faire apparaître sur des objets fabriqués le nom d'un fabricant autre que celui qui en est l'auteur, ou la raison commerciale d'une fabrique autre que celle où lesdits objets ont été fabriqués, ou enfin le nom d'un lieu autre que celui de la fabrication.

Le législateur s'est ainsi proposé pour but, d'une part, de protéger le fabricant contre la fraude employée pour usurper sa clientèle avec son nom, et. d'autre part, de protéger les consommateurs contre les fausses indications.

735. — La loi de 1824, ainsi que cela résulte de ses termes, protège exclusivement le nom considéré au point de vue commercial. Quant au nom considéré au point de vue, civil. et qui constitue une propriété imprescriptible, inaliénable, en dehors de toute spéculation, il est protégé par les actions de droit commun auxquelles donne lieu la propriété.

736. — La loi de 1824 protège, d'ailleurs. le nom commercial en dehors de la forme distinctive qu'il peut revêtir. Si le nom affecte une forme distinctive, il constitue une marque et est, à ce titre, protégé par la loi du 23 juin 1857, mais seulement contre l'usurpation de la forme distinctive qu'il revêt. Si l'usurpateur s'empare du nom lui-même ou lui donne une autre forme que celle sous laquelle il a été déposé, ce n'est plus dans la loi de 1857, mais dans celle de 1824, que le propriétaire puisera son action contre lui. Le propriétaire d'une marque nominale jouit ainsi, pour cette marque, d'une double protection : d'abord de celle de la loi de 1857, s'il a effectué le dépôt, pour la disposition spéciale de sa marque, et, en outre, de celle de la loi de 1824, pour son nom, abstraction faite de toute disposition spéciale.

737. — Enfin, la loi de 1824 protège le nom commercial indépendamment de tout dépôt ou de toute formalité quelconque.

738. — Ces observations générales étant faites, il nous faut étudier successivement, dans le détail, les conditions dans lesquelles sont protégées les deux sortes de noms commerciaux auxquelles s'applique la loi de 1824, c'est-à-dire, d'une part, le nom du fabricant ou de sa raison commerciale et, d'autre part, le nom du lieu de fabrication.

II. Nom ou raison commerciale du fabricant.

739. — La loi protège tout d'abord le nom du fabricant, c'est-à-dire son nom de famille, qu'il soit employé seul ou accompagné de prénoms. Le pseudonyme, qui n'est autre chose qu'un nom qu'on s'approprie, doit être, à cet égard, assimilé au nom (V. Paris, 12 déc. 1857, et Cass., 6 juin 1859, Nadar, Pataille, 58, 83 et 59, 214). Mais il n'en est pas de même des simples initiales, qui ne constituent pas un nom [1], ni des chiffres (V. Cass., 12 juill. 1851, Christofle, Dall., 52, 1, 160), ni des noms imaginaires désignant, non le fabricant, mais son produit (V. Paris, 27 juin 1854, Dreyfus, *Le Droit*, 28 juin).

Le nom même du fabricant n'est plus protégé par la loi de 1824, lorsque, par un long usage ou du consentement exprès ou tacite de son propriétaire, il est devenu la désignation usuelle et nécessaire d'un produit (V. Cass. 24 déc. 1855, Bricard, Pataille, 56, 18; Paris, 19 nov. 1868, et Rej., 22 juin 1869, Bournhonet et Bassile, Pataille, 69, 235; Rej., 13 janv. 1880, Vᵛᵉ Beissel et fils, Pataille, 80, 113). Cette règle s'applique notamment aux produits pharmaceutiques.

Remarquons, à cet égard, que si l'inventeur d'un nouveau produit le fait breveter sous son nom patronymique, le nom ne tombe pas dans le domaine public, en même temps que l'invention, à l'expiration du brevet : en effet, le nom du breveté et le brevet lui-même constituent deux propriétés distinctes, entre lesquelles il n'existe aucune solidarité. De même, bien que l'inventeur d'une composition pharmaceutique ne puisse la faire breveter de telle sorte que, aussitôt qu'elle est publiée, elle tombe dans le domaine public, il peut toujours interdire aux tiers de préparer et de vendre la composition sous le nom qu'il lui a donné, alors même que ce nom figure au Codex (V. Paris, 12 janv. 1857, Albespeyre, Pataille, 60, 86; Paris, 15 mai 1858, Grandeau, Pataille, 60, 100) [2].

740. — La loi protège, en second lieu, la raison commerciale du fabricant, c'est-à-dire le nom qu'il a donné à son établissement, comme, par exemple, le nom de *Louvre*, de *Bon-Marché*, de *Gagne-Petit*, etc. [3]. La raison commerciale n'est, toutefois, protégée qu'au-

---

1. *Contrà :* V. Blanc, p. 775.
2. V. Pouillet, nᵒˢ 387 à 389.
3. Bien que la raison commerciale constitue une propriété, comme elle est le nom d'un établissement, on admet qu'elle n'est ni cessible, ni saisissable, indépendamment de l'établissement lui-même (V. Paris, 16 janv. 1868, Goulet, Pataille, 69, 336).

tant qu'elle n'est pas générique et, par conséquent de nature à s'appliquer à toute une catégorie d'établissements similaires.

II. — Nom du lieu de fabrication.

741. — La loi de 1824 protège non seulement le nom ou la raison commerciale du fabricant, mais encore le lieu de fabrication. « Il est des villes de fabrique, dit l'exposé des motifs, dont les produits ont atteint une réputation qu'on peut appeler collective, et c'est encore une propriété. Les draps de Louviers ou de Sedan sont distingués dans le commerce comme des espèces particulières, et il importe aux fabricants de ces villes d'empêcher que d'autres tissus, plus ou moins semblables, ne se confondent avec les leurs, à la faveur d'une déclaration mensongère, qui aurait le double inconvénient de les discréditer et de tromper le consommateur. »

742. — Le lieu de fabrication, dont le nom est ainsi protégé, peut être, non seulement une localité, c'est-à-dire une ville, un bourg, ou un hameau, mais encore une région, un cru, un clos, un domaine, etc. On admet même que le droit de se servir du nom d'une localité appartient à ceux qui, fixés en dehors des murs et dans les environs de cette localité, se livrent à la fabrication qui en fait le renom (V. Rej. 28 mars 1844, Fortier, *J. Pal.*, 44, 1, 794; Paris, 3 juin 1859, Aragon, Pataille, 59, 216 ; Aix, 27 mai 1862, Michel, Pataille, 63, 328).

743. — Au sujet des vins et eaux-de-vie, qui sont évidemment des produits fabriqués, la question se pose de savoir si le lieu de fabrication est celui où le raisin a été récolté, ou bien celui où le raisin a été pressuré et transformé en vin ou eau-de-vie. On admet unanimement que les vins et eaux-de-vie peuvent être désignés, au point de vue de la loi de 1824, par le nom du lieu où le raisin a été pressuré (V. Paris, 24 août 1854, Chrétien, cité par Blanc, p. 776 ; Grenoble, 8 fév. 1886, Grézier, Pataille, 87, 151). La jurisprudence de la Cour de Cassation exige même, s'il s'agit non plus d'une localité, mais d'une région, que le raisin soit à la fois récolté et pressuré dans cette région, pour qu'elle puisse être considérée comme lieu de fabrication (V. Rej., 12 juill. 1845, Ouvrard, *J. Pal.*, 45, 2, 655).

744. — Il appartient, d'ailleurs, aux tribunaux de déterminer souverainement, en fait, ce qui est lieu de fabrication (V. Rej. 2 juill. 1888, Martell, Pataille, 63, 328).

745. — Le nom d'une localité ou d'une région ne peut évidemment appartenir d'une façon exclusive à personne ; il appartient à tous les fabricants qui y sont établis, quelle que soit l'époque à laquelle il se sont établis, pourvu, bien entendu, que leur établissement soit réel et sérieux et non pas seulement apparent et fictif.

Le caractère collectif de la propriété du nom d'une localité ou d'une

région est unanimement reconnu par la jurisprudence comme par la
doctrine (V. notamment : Paris, 3 juin 1859, Aragon, Pataille, 59, 216 ;
Aix, 27 mai 1862, et Rej., 15 juill. 1863, Michel, Pataille, 63, 328 ;
Trib. comm. Seine, 8 oct. 1863, Tilleul-Bataillier, Teulet, 14, 186 ;
Lyon, 6 déc. 1866, Chabrier, Pataille, 70, 73 ; Grenoble, 11 fév. 1870,
Duru, Pataille, 70, 355).

Par exception à ce principe, il faut évidemment admettre que le nom
d'un domaine privé appartient exclusivement à son propriétaire, de
telle sorte qu'un produit d'une autre provenance ne pourrait être, sans
délit, vendu sous le même nom (V. Paris, 30 déc. 1854, Chrestien,
Pataille, 56, 332).

746. — Comme le nom de l'établissement, c'est-à-dire la raison commerciale, le nom du lieu de fabrication n'est, bien entendu, protégé par
la loi de 1824, qu'autant qu'il n'est pas devenu générique, comme il en
est, par exemple, des noms de *savon de Marseille, eau de Cologne* : de
telles appellations désignent, en effet, non plus la provenance du produit, mais simplement son genre de fabrication (V. Paris, 11 mai
1852, Allegri, *Le Droit*, 14 mai ; Paris, 24 janv. 1883, Longchamp,
Pataille, 84, 157).

747. — Il appartient aux tribunaux d'apprécier souverainement,
en fait, quels sont les noms devenus génériques et tombés ainsi dans
le domaine public [1].

---

1. Il est intéressant de noter, à cet égard, une décision de fait de la Cour
d'Angers, qui déclare que le nom de *Champagne* ou vin de *Champagne* n'est pas
tombé dans le domaine public et ne peut s'entendre que d'un vin tout à la fois
récolté et fabriqué en Champagne, ancienne province de France, géographique-
ment déterminée et dont les limites ne sauraient être ni étendues ni restreintes
(Angers, 3 août 1889, Heidsieck, *Gaz. Pal.* 12 avril).

CHAPITRE II

USURPATION DES NOMS PROTÉGÉS PAR LA LOI

748. — Après avoir vu quels sont les noms que protège la loi de 1824, nous avons à examiner maintenant comment elle protège ces noms. Nous avons déjà indiqué que la loi érige en délit correctionnel l'usurpation d'un des noms protégés. Etudions donc en détail : 1° quels sont les éléments constitutifs du délit d'usurpation ; quels sont les faits que la loi assimile au délit d'usurpation ; 3° quel est le caractère du délit ; 4° à quelles actions il donne lieu ; 5° quelles sont les pénalités édictées.

I. Éléments constitutifs du délit.

749. — Le délit d'usurpation de nom prévu par la loi de 1824 consiste, aux termes de l'article 1er, dans le fait d'apposer ou faire apparaître un des noms qu'elle protège sur des objets fabriqués : ce délit suppose ainsi deux éléments ; il faut qu'il y ait : 1° un objet fabriqué ; 2° l'apposition sur cet objet fabriqué d'un des noms protégés par la loi. Examinons successivement ces deux éléments du délit.

750. — I. Apposition d'un nom. — Aux termes de l'article 1er, l'usurpation d'un nom doit, pour constituer un délit, consister dans le fait d'apposer ou de faire apparaître le nom sur l'objet. Ainsi, l'emploi du nom sous une autre forme, par exemple sous forme de prospectus ou annonces, ou sous forme d'enseigne, ne constituerait pas le délit prévu par la loi de 1824, mais simplement un fait de concurrence dommageable donnant lieu à une action en réparation civile.

751. — La loi n'exige pas, d'ailleurs, que l'apposition du nom sur l'objet soit telle que le nom soit adhérent ou apparent : on peut dire, du reste, que le nom est apposé, dès qu'il apparaît sur l'objet, alors même qu'il n'est apposé et n'apparaît que sur l'enveloppe qui contient l'objet (V. Trib. corr. Seine, 10 mars 1858, Bleuze, Pataille, 58, 219 ; Alger, 29 mai 1879, Prot et Cie, Pataille, 79, 345). On admet même que la loi atteint également l'apposition qui aurait lieu, non sur l'objet,

mais sur un de ses accessoires, comme si, par exemple, un tailleur
mettait à un pantalon confectionné par lui des boutons portant le nom
d'un autre tailleur, ou si un carrossier employait, dans la fabrication
de ses voitures, des écroux ou des chapeaux d'essieux sur lesquels
serait inscrit le nom d'un autre carrossier (V. Paris, 6 mars 1878,
Renat, Pataille, 48, 332) [1].

752. — Il n'est pas nécessaire, pour qu'il y ait apposition délictueuse, que le nom apposé constitue la reproduction identique de celui
qui est usurpé : il suffit que l'imitation, quelles que soient les combinaisons plus ou moins habiles sous lesquelles elle cherche à se dissimuler,
soit de nature à produire une confusion préjudiciable à celui dont le
nom est usurpé. Ainsi, il y aurait apposition délictueuse dans le cas où
le nom reproduit serait accompagné d'un prénom autre que le véritable (V. Paris, 27 juill. 1828, Farina, *Gaz. Trib.*, 28 juill.), dans le cas
où une lettre serait substituée à une autre (V. Trib. corr. Seine, 29
juill. 1828, et Paris, 12 janv. 1829, Couté, cités par Gastambide, p.
455) ; dans le cas où le nom serait légèrement défiguré, tout en gardant
son aspect général et sa principale consonnance (V. Trib. comm. Seine,
22 janv. 1833, et Toulouse, 26 mars 1836).

On admet également, par application de la même règle, qu'il y a
apposition délictueuse dans le cas où le nom usurpé serait reproduit
même identiquement mais précédé des mots : *dit de, système de, procédé
de, façon de, imité de*, à la condition, bien entendu, que le nom ne soit
pas devenu une application nécessaire. Il est vrai que l'article 17 de la
loi du 22 germinal an XI, qui punissait, comme contrefaçon, les applications de ce genre, a été abrogé ; mais il est certain que l'abrogation a porté uniquement sur la peine, et non pas sur le délit,
qui n'a pas cessé d'exister. La jurisprudence se prononce généralement en ce sens (V. notamment : Cass. 24 déc. 1855, Bricard, Pataille, 56, 18 ; Landon, Pataille, 74, 68 ; Agen, 20 juill. 1875 Pons,
Pataille, 78, 234 ; Trib. civ. Seine, 3 avril 1878, Lambert, Pataille,
78, 145 ; Trib. corr. Seine, 29 mai 1878, Gérard, Pataille, 78, 149 ;
Aix, 20 mars 1879, Fumouze, Pataille, 81, 179 ; Cass., 14 mars 1881,
et Orléans, 4 août 1881, Leroux, Pataille, 82, 183) [2].

753. — L'apposition du nom cesse évidemment d'être délictueuse,
lorsque son auteur a la propriété ou la possession de ce nom. Il est
certain d'abord qu'il ne peut y avoir délit d'usurpation d'un nom de la
part de celui qui, portant le même nom, l'appose sur ses produits,
même dans un but de concurrence déloyale : l'abus qu'il fait ainsi de
son nom peut seulement l'exposer, envers l'homonyme avec lequel il

---

1. V. Calmels, n° 123.
2. V. en sens contraire : Paris, 16 janvier 1851, Landon, cité par Blanc, p.
732 ; Bordeaux, 6 fév. 1873, Torchon, Pataille, 77, 226 ; Paris, 14 mars 1876,
Pauliac, Pataille, 78, 243 ; Paris, 28 mars 1878, Leroux, Pataille, 78, 239.

cherche à se faire confondre, à une réparation civile (V. Paris, **25** nov. 1868, Garnier, *Grand Dictionnaire international*, p. 507). De même, il ne peut y avoir délit d'usurpation de nom de la part de celui qui emploie ce nom, alors qu'il l'a acquis comme accessoire d'un fonds de commerce (V. Trib. corr. Seine, 9 déc. 1875, Leniet, Pataille, 76, 27). De même enfin, il ne peut y avoir délit de la part de celui qui appose sur ses produits le nom d'un tiers, alors que ce nom a servi de tout temps à désigner un domaine dont l'auteur de l'apposition est propriétaire (V. Trib. corr. Seine, 29 janv. 1879, Detang, Pataille, 79, 313).

754. — L'article 1er assimile à l'apposition proprement dite le fait de faire apparaître le nom sur l'objet par addition ou retranchement ou par une altération quelconque. Ainsi, on doit considérer comme rentrant dans les termes de cette disposition le fait de couper sur le chef d'une pièce d'étoffe les indications propres à empêcher la confusion des noms, le fait de plier l'enveloppe de façon à ne laisser apparaître qu'un nom, qui, pris isolément, se confond avec le nom d'un concurrent (V. Anal. Lyon, 12 juin 1873, David. Pataille, 74, 248) ; le fait par le contrefacteur d'ajouter son nom au nom usurpé (V. Trib. corr. Grenoble, 2 avril 1857, Garnier, Pataille, 58, 119).

Il appartient aux tribunaux d'apprécier souverainement, en fait, s'il y a apposition ou altération illicite du nom d'autrui (V. Rej., 27 fév. 1880, Crocius, Pataille, 80, 179 ; Rej., 2 juill. 1888, Martell, Pataille, 88, 342).

755. — II. Objet fabriqué. — L'article 1er exige, en second lieu, pour que le délit existe, que le nom usurpé soit apposé cu reproduit avec altération sur un « objet fabriqué. » Cette expression d'objet fabriqué doit être prise ici dans son sens le plus général et s'entendre de toute chose produite par l'activité humaine. Toutefois, comme le fait remarquer M. Rendu, c'est essentiellement la fabrication et son origine, au point de vue de la personne ou du lieu, que la loi a entendu protéger, ainsi que cela résulte de l'exposé des motifs et des expressions mêmes de l'article 1er, où il n'est parlé que d'*objets fabriqués* et de noms de fabricants. La loi de 1824, étant d'ailleurs une loi pénale, ne saurait donc être étendue au cas où il s'agit du nom apposé, non plus par un fabricant, mais par un débitant, aux objets de son commerce [1]. La jurisprudence se prononce généralement dans le sens de cette interprétation restrictive (V. notamment : Orléans, 20 fév. 1882, Chauchard et Cie, Pataille, 82. 209).

Par application de ce principe, on admet généralement que la loi de 1824 est inapplicable : 1° aux produits naturels, tels que les eaux minérales (V. Paris, 29 juin 1882, Saxlehner, Pataille, 83, 187) ; 2° à ceux des produits agricoles qui ne subissent aucune transformation ; nous

1. V. Rendu, nº 329 ; — *Contrà :* Pouillet, nº 423.

avons déjà indiqué, toutefois, que les vins et eaux-de-vie sont considérés comme des produits fabriqués (V. notamment: Rej., 8 juin 1847, Rieunègre, *J. Pal.*, 47, 2, 100); il en est de même des mélanges combinés de cafés de différentes provenances (V. Paris, 23 juill. 1887, Potin, Pataille, 88, 99).

756. — D'autre part, on reconnaît généralement qu'il y a lieu de comprendre parmi les objets fabriqués, visés par la loi de 1824, les œuvres artistiques et littéraires, qui, d'ailleurs, deviennent entre les mains de l'éditeur de véritables produits industriels [1] (V. Paris, 1er sept. 1848, Colas et Barbedienne, *J. Pal.*, 48, 2, 440 ; Paris, 10 mars 1855, Ghilardi, Pataille, 55, 19 ; Paris, 26 juill. 1879, et Rej., 29 nov. 1879, Mathurin-Moreau, Pataille, 80, 375). Il est, en tous les cas, unanimement admis que l'usurpation du nom d'un auteur constitue un acte dommageable donnant lieu à l'action en dommages-intérêts (V. Paris, 20 mars 1826, Fouché, Dall., 2, 55 ; Trib. comm. Seine, 1er avril 1834, Defrance, *Gaz. trib.*, 6 avril).

C'est encore aux juges du fait qu'il appartient d'apprécier souverainement s'il s'agit d'un objet fabriqué rentrant dans les termes de la loi.

II. Faits assimilés au délit.

757. — Le paragraphe 2 de l'article 1er dispose que « tout marchand, commissionnaire ou débitant quelconque sera passible des effets de la poursuite, lorsqu'il aura sciemment exposé en vente ou mis en circulation les objets marqués de noms supposés ou altérés. » Ainsi, la loi, après avoir puni le délit commis par le fabricant, punit le délit commis par le débitant, et elle assimile à l'apposition ou altération de nom sur l'objet fabriqué l'exposition en vente ou la mise en circulation de cet objet par le débitant.

L'exposition en vente et la mise en circulation sont deux faits d'un ordre particulier qui, suivant le délit au lieu de le précéder, ne pouvaient rentrer dans les termes généraux des articles 59 et 60 du code pénal relatifs à la complicité par assistance.

758. — En tous les cas, le débitant, qui expose en vente ou met en circulation l'objet portant un nom supposé ou altéré, peut être poursuivi et puni, indépendamment du fabricant qui est l'auteur de l'apposition ou de l'altération. Si la loi dispose que ce débitant sera *passible des effets de la poursuite*, il y a là seulement une rédaction défectueuse qui ne peut prévaloir contre l'intention très marquée du législateur de faire du débit un fait distinct et indépendant de la fabrication [2] (V. Trib.

---

1. *Contrà* : V. Gastambide, p. 451.
2. V. Gastambide, p. 461.

corr. Seine, 8 avril 1827, cité par Gastambide, p. 461 ; Paris, 6 nov. 1854, Paillard, Pataille, 58, 126).

759. — En quoi consistent les deux faits assimilés par la loi à l'apposition ou altération de nom ?

Nous avons déjà dit, ailleurs, ce qui constitue l'exposition en vente. Bien que la loi ne vise formellement, ici, que l'exposition en vente, il est évident qu'elle atteint également et à plus forte raison la vente ; il est impossible que la vente reste impunie, alors que la simple exposition en vente est frappée par la loi.

La vente ou exposition en vente, en France, d'un objet fabriqué à l'étranger peut être, bien entendu, poursuivie et punie en France, alors même que l'auteur de la fabrication à l'étranger ne tombe pas sous le coup de la loi française : nous avons vu, en effet, que la poursuite contre le débitant est absolument distincte et indépendante de la poursuite contre le fabricant.

Quant à la mise en circulation visée par la loi, on admet généralement qu'elle consiste dans le fait d'introduire en France l'objet fabriqué, soit pour l'y débiter, soit simplement pour l'y faire passer en transit. La loi de 1857, par son article 19, est venue, depuis, éclaircir et compléter, sur ce point, la loi de 1824.

La vente ou la mise en circulation de l'objet portant un nom supposé ou altéré peut constituer également le délit de tromperie sur la nature de la marchandise vendue prévu et puni par l'article 423 du code pénal (V. Paris, 9 nov. 1857, Paillard, Pataille, 58, 126).

760. — En assimilant à l'apposition ou altération de nom les deux faits de vente et de mise en circulation, la loi de 1824 n'a pas entendu exclure, pour cela, l'application des règles générales sur la complicité : rien dans le texte de la loi, ni dans sa discussion n'autorise à le penser.

III. Caractère du délit.

761. — Le délit de supposition ou altération du nom d'autrui exclut toute excusabilité tirée de la bonne foi de son auteur. Le fait même par un fabricant d'apposer ou altérer sur ses produits un nom qui n'est pas le sien, emporte la preuve de sa mauvaise foi. C'est, au surplus, ce que décide formellement le texte de l'article 1er, puisque le mot « sciemment » qui figure dans la disposition relative au délit commis par le débitant, ne se lit pas dans la disposition relative au fabricant.

Ainsi, le débitant, qui a vendu ou mis en circulation un objet marqué d'un nom supposé ou altéré, n'est punissable, aux termes du paragraphe 2 de l'article 1er, que s'il a agi sciemment, c'est-à-dire en sachant que le nom apposé ou altéré n'était pas celui du fabricant de l'objet : c'est à lui qu'il appartient de justifier de sa bonne foi, et les tribunaux apprécient, selon les circonstances, si cette excuse doit être ou non admise.

IV. Actions auxquelles donne lieu le délit.

762. — L'usurpation de nom par supposition ou altération constitue, tout d'abord, un acte dommageable, qui donne lieu à l'action en revendication et en dommages-intérêts de droit commun ; elle constitue, en outre et en même temps, un délit, donnant lieu à l'action correctionnelle établie par la loi de 1824.

763. — Nous avons à examiner, au sujet de cette double action, mais en nous attachant surtout à celle qui naît du délit prévu par la loi de 1824 : 1° par qui l'action peut être intentée ; 2° comment se constate l'usurpation ; 3° devant quels tribunaux l'action doit être portée ; 4° dans quelles formes elle doit être exercée.

1° Par qui l'action peut être intentée.

764. — Le droit de poursuite appartient ici, comme en matière de contrefaçon de brevets et de marques, à la partie lésée et au ministère public : il n'est, d'ailleurs, ni pour l'une ni pour l'autre, subordonné à aucun dépôt ni à aucune autre formalité analogue.

765. I. Droit de la partie lésée. — Le droit de poursuite appartient, en premier lieu, à toute personne lésée par le délit, c'est-à-dire d'abord à celui dont le nom a été usurpé, et aussi au consommateur lui-même, qui a été trompé par cette usurpation sur la nature de la marchandise à lui vendue : la loi de 1824 est en effet à cet égard que le complément de l'article 423 du code pénal, relatif au délit de tromperie sur la marchandise vendue.

766. — Si le nom usurpé est celui d'une localité ou d'une région, le droit de poursuite appartient individuellement à chacun des fabricants qui habitent cette localité ou cette région ; mais il n'appartient qu'à eux, et les fabricants d'une autre localité ou région seraient sans qualité pour agir. Cette double règle est unanimement admise par la doctrine et la jurisprudence (V. Rej., 12 juill. 1845, Ouvrard, *J. Pal.*, 45, 2, 655 ; Trib. corr., Rouen, 24 juill. 1846, Souchet, cité par Blanc, p. 777 ; Paris, 13 juill. 1847, Colas, *Gaz. trib.*, 14 juill. ; Angers, 4 mars 1870, Landais-Cathelineau, Pataille, 70, 231).

767. — La partie lésée peut, soit poursuivre elle-même par voie de citation directe, soit porter plainte au ministère public et se porter partie civile dans la poursuite engagée sur cette plainte par le ministère public.

768. — **II. Droit du ministère public.** — Le droit de poursuite appartient également, en effet, au ministère public, conformément aux règles du droit commun. Aucune disposition de la loi ne subordonne, en cette matière, le droit de poursuite du ministère public à une plainte de la partie lésée. D'ailleurs, comme le remarque M. Pouillet, le délit, surtout lorsqu'il résulte de l'usurpation du nom d'un lieu de fabrication française, porte atteinte à l'honneur national, c'est-à-dire à l'intérêt public.

2° *Comment se constate l'usurpation.*

769. — La constatation du délit d'usurpation de nom se fait dans les formes ordinaires. Si l'action est intentée par le ministère public, une saisie des objets portant le nom usurpé peut être ordonnée conformément aux règles du code d'instruction criminelle ; si l'action est intentée par la partie lésée, la preuve du délit se fait par témoins, par factures et correspondances, ou par la représentation de marchandises achetées chez le délinquant, la réalité de l'achat étant, dans ce cas, établie par un procès-verbal de constat.

770. — La loi de 1824 ne prévoit, en dehors du droit commun, aucun mode spécial de constatation du délit. Néanmoins, on admet généralement qu'il est dans les pouvoirs du président du tribunal civil d'autoriser, en cette matière, comme en matière d'usurpation de marques, sinon une saisie réelle, du moins une simple description[1].

3° *Devant quels tribunaux l'action doit être portée.*

771. — L'action correctionnelle fondée sur la loi de 1824, est, bien entendu, de la compétence des tribunaux correctionnels. Quant à l'action civile, intentée séparément de l'action correctionnelle, doit-elle être portée nécessairement devant les tribunaux civils, comme la loi le prescrit en matière d'usurpation de marques, ou peut-elle être déférée aux tribunaux de commerce conformément aux règles de compétence du droit commun ? Les auteurs sont divisés sur cette question ; quant à la jurisprudence, elle admet généralement la compétence des tribunaux de commerce (V. Rej., 26 fév. 1845, Saint-Bris, *Gaz. Trib.*, 28 fév.; Colmar, 1er mai 1867, Wein, *J. Pal.*, 68, 443).

4° *Dans quelles formes l'action doit être intentée.*

772. — L'action correctionnelle ou civile fondée sur la loi de 1824 est soumise aux règles de procédure du droit commun.

Nous pensons, bien que la loi ne le dise pas formellement, qu'il y a lieu d'admettre encore ici, en vertu des principes généraux, que, dans le cas d'une action intentée par voie correctionnelle, si le prévenu soulève pour sa défense des questions relatives à la propriété du nom, le juge de l'action est également juge de l'exception, mais que sa déci-

---

1. *Contrà* : V. Rendu, n° 461.

sion à cet égard n'a d'effet qu'au point de vue de la constatation de l'existence ou de la non-existence du délit poursuivi.

V. Pénalités édictées contre le délit.

773. — L'article 1er de la loi de 1824 déclare purement et simplement applicables au délit spécial d'usurpation de nom les pénalités qu'édicte l'article 423 du code pénal contre le délit général de tromperie sur la marchandise vendue.

774. — Quelles sont donc les pénalités établies par l'article 423 ? Cet article édicte d'abord un emprisonnement de trois mois au moins et d'un an au plus et une amende qui ne peut excéder le quart des restitutions et dommages-intérêts, ni être au-dessous de cinquante francs ; l'article 463 relatif à l'admission des circonstances atténuantes est applicable.

775. — L'article 423 prononce, en outre, la confiscation des objets du délit, s'ils appartiennent encore au prévenu ou si la valeur lui en est encore due : les objets du délit consistent, ici, dans les étiquettes ou enveloppes qui portent le nom usurpé. La confiscation est obligatoire : elle doit donc être prononcée, malgré l'admission des circonstances atténuantes (V. Montpellier, 3 juin 1844, Audier, *Gaz. Trib.* 28 juill.) ; elle doit également être prononcée, d'après certains auteurs, même en cas d'acquittement [1].

On admet généralement qu'il appartient aux juges d'apprécier s'il ne convient pas d'ordonner, en outre de la confiscation des étiquettes et enveloppes et à titre de réparation supplémentaire, la confiscation des produits sur lesquels elles étaient apposées.

Dans tous les cas, le tribunal peut prononcer la confiscation, soit au profit du Trésor, soit au profit de la partie lésée, si c'est le propriétaire du nom usurpé. L'article 423 du code pénal ne prévoit sans doute que la confiscation au profit du Trésor ; mais la majorité des auteurs admet, par analogie avec ce que décide, à cet égard, la loi de 1857, que la remise des objets confisqués au propriétaire lésé peut être ordonnée à titre de réparation supplémentaire [2].

776. — L'article 423 autorise enfin le tribunal à ordonner l'affichage du jugement dans les lieux qu'il désigne et son insertion intégrale ou par extrait dans tous les journaux qu'il indique, le tout aux frais du condamné.

777. — Toutes ces pénalités sont applicables au délit d'usurpation de nom, sans préjudice, ainsi que le déclare formellement l'article 1er de

1. V. Bédarride, n° 727.
2. V. Bédarride, n° 728 ; Pouillet, n° 448 ; — *Contrà* : Rendu, n° 458.

la loi de 1824, des dommages-intérêts qui peuvent être légitimement dus. Dans le cas d'usurpation du nom d'une localité, si l'action a été intentée par un seul des fabricants de cette localité, comment se calculeront les dommages-intérêts qui devront être alloués à ce fabricant ? Le tribunal devra-t-il évaluer le dommage causé à l'universalité des fabricants établis dans cette localité et apprécier ensuite la proportion dans laquelle en a souffert le poursuivant ? Un arrêt en a décidé ainsi (V. Paris, 12 août 1864, Blaise, Pataille, 65, 38). Nous pensons, avec la majorité des auteurs, qu'il appartient aux tribunaux de fixer, d'après les faits de chaque cause, la base d'évaluation à admettre pour l'allocation des dommages-intérêts [1] ; du reste, de quelque manière que se fasse le calcul, l'appréciation des juges du fait à cet égard est souveraine et échappe au contrôle de la Cour de cassation.

1. V. Nicolas et Pelletier, n° 332 ; Pouillet, n° 450 ; — *Contrà* : Bédarride, n° 796.

CHAPITRE III

DROITS DES ÉTRANGERS

778. — Il importe, à raison de l'extension qu'ont prises en ces derniers temps, les relations industrielles et commerciales entre les différentes nations, d'examiner, dans un chapitre spécial, quels sont, en matière de propriété du nom commercial, les droits des étrangers en France. Peuvent-ils invoquer la loi de 1824, pour poursuivre en France les usurpations de leur nom ?

La loi de 1824 était muette à cet égard, et la question a été vivement controversée, jusqu'à ce qu'elle ait été tranchée incidemment par la loi du 26 novembre 1873, *relative à l'établissement d'un timbre destiné à être apposé sur les marques commerciales et de fabrique*. L'article 9 de cette loi dispose, en effet, que les lois en vigueur concernant la propriété industrielle et notamment celle du nom commerciale seront appliquées au profit des étrangers non établis en France. si, dans leur pays, la législation ou des traités internationaux assurent aux Français les mêmes garanties.

Cette disposition n'a fait d'ailleurs que consacrer le système de la jurisprudence, qui, antérieurement à la loi de 1873, refusait d'une façon constante à l'étranger, même établi en France. le droit d'y poursuivre l'usurpation de son nom, à défaut de réciprocité pour les Français dans son pays (V. notamment : Cass., 14 août 1844. Guéland, *J. Pal.*, 44, 2,339 ; Cass., 11 juill. 48, Guéland, *J. Pal.*, 48, 2, 36 ; Rej., 12 avril 1854. Kirby-Béard, *J. Pal.*, 55, 2, 137 ; Cass., 16 nov. 1857, Warton, Pataille, 57, 361).

Cette jurisprudence était, toutefois, contraire à l'opinion de la presque unanimité des auteurs, qui considérait l'usurpation du nom d'un fabricant étranger non seulement comme une atteinte à la propriété de ce fabricant, mais encore comme une fraude à l'égard des consommateurs français, justiciable par conséquent des tribunaux français sans condition de réciprocité [1].

1. V. en ce sens : Rendu, n° 121 ; Calmels, n° 218 ; Blanc, p. 739 ; Massé, Dr. comm., t. 2, n° 35 ; Pataille, 55, 33, 56, 328, 59, 64 ; — Contrà : Nicolas et Pelletier, n° 324.

779. — L'article 9 de la loi de 1873 exige formellement la condition de réciprocité. Ainsi donc l'étranger dont les produit sont fabriqués à l'étranger ne peut poursuivre en France l'usurpation de son nom que si l'État auquel il appartient accorde aux Français, soit par sa législation, soit par un traité diplomatique, des droits réciproques pour la protection de leur nom.

780. — Quant à l'étranger qui a un établissement en France, on admet généralement qu'il y a lieu de lui appliquer par analogie la disposition de l'article 5 de la loi de 1857, qui le protège sans condition de réciprocité : cette disposition, quoique spéciale aux marques, s'étend virtuellement aux noms, qui ne sont, en définitive, que des marques nominales.

781. — Depuis la Convention d'Union du 20 mars 1883, la situation à cet égard des nationaux des États de l'Union ou de ceux qui y sont domiciliés ou établis est régie par l'article 8 de la Convention, qui dispose que « le nom commercial sera protégé dans tous les pays de l'Union, sans obligation de dépôt, qu'il fasse ou non partie d'une marque de fabrique ou de commerce ». Jusqu'en 1883, la jurisprudence avait décidé que les conventions diplomatique faites en vue de la protection des marques pouvaient, si leurs termes étaient suffisamment généraux, s'étendre vituellement au nom commercial. Cette interprétation extensive avait soulevé de vives critiques. L'article 8 de la Convention d'Union a eu pour objet de supprimer toute difficulté sur ce point entre les pays contractants. Il n'a d'ailleurs fait qu'appliquer les principes des lois françaises.

782. — Les droits qui appartiennent ainsi aux étrangers pour la protection de leur nom appartiennent-ils également aux localités étrangères. On refuse généralement de l'admettre : ni la loi de 1824, ni celle de 1883 ne prévoient l'usurpation d'un nom de localité étrangère, et il n'y a aucune assimilation possible entre les noms d'individus qui sont la propriété exclusive de ceux qui les portent et les noms de localité qui n'appartiennent à personne privativement[1].

---

1. Les dispositions concernant le droit des étrangers sur le nom commercial sont, au surplus, complétées par les prescriptions de la Convention d'Union et des actes qui l'ont suivie ainsi que par l'article 15 de la loi du 11 janvier 1892 (**V.** § 712 à 718).

LIVRE IV

DES DESSINS ET MODÈLES DE FABRIQUE

CHAPITRE I.

DÉFINITION ET CARACTÈRES
DES DESSINS ET MODÈLES DE FABRIQUE

I. Notions générales.

783. — Le *dessin de fabrique*, qu'on appelle encore *dessin industriel*, consiste dans toute disposition ou combinaison de lignes ou de couleurs destinée à varier l'aspect de certains produits industriels en vue de leur ornementation. Le modèle de fabrique n'est que le dessin de fabrique en relief.

Comme on l'a dit, le dessin ou modèle de fabrique sert avant tout à parer la marchandise à laquelle il est associé et à décider ainsi le consommateur.

Les auteurs des dessins ou modèles de fabriques ont, en vertu du droit naturel, la propriété de ces dessins ou modèles, c'est-à-dire spécialement le droit exclusif de les reproduire.

784. — La législation qui protège en France cette propriété est absolument insuffisante : elle se compose, en effet, d'une part de quelques dispositions contenues dans une loi du 18 mars 1806, *portant établissement d'un conseil de prud'hommes à Lyon* et dont une ordonnance du 17 août 1825 et la jurisprudence ont étendu l'application à toute la France, et, d'autre part, des articles 425 à 427 du code pénal, qui punissent la contrefaçon de tous dessins et que la jurisprudence a encore déclarés applicables aux modèles comme aux dessins de fabrique.

785. — Déjà, sous l'ancien régime, des arrêts du Conseil d'État, des 19 juin 1764 et 14 juillet 1787, approuvant des règlements de fabrique, avaient reconnu et protégé le droit exclusif des fabricants d'étoffes d'or, d'argent ou de soie sur leurs dessins, et spécialement des fabricants de la ville de Lyon, qui avait été, en France, le premier marché et qui était resté le centre de cette importante industrie.

De même, des règlements de 1730 et de 1766 avaient reconnu et protégé la propriété des modèles de fabrique, mais seulement pour la corporation des fondeurs.

La Révolution abolit toutes les corporations ainsi que les règlements qui les régissaient et établit la liberté du commerce et de l'industrie.

Cependant la loi du 19 juillet 1793 sur la propriété littéraire et artistique fut bientôt appliquée, à défaut d'autre disposition législative, aux auteurs de dessins industriels.

786. — Les plaintes que provoqua de la part des fabricants Lyonnais l'insuffisance de cette législation amenèrent le vote de la loi du 18 mars 1806, *portant établissement d'un conseil de prud'hommes à Lyon.* Le titre 1er de cette loi institue et organise un conseil de prud'hommes dans la ville de Lyon ; le titre 2e règle les attributions de ce conseil, en le chargeant spécialement des mesures conservatrices de la propriété des dessins de fabrique ; il établit la formalité du dépôt pour la conservation de cette propriété ; enfin, le titre 4e dispose qu'il pourra être établi, par un règlement d'administration publique délibéré en Conseil d'Etat, un conseil de prud'hommes ayant les mêmes attributions, dans les villes de fabrique où le gouvernement le jugera convenable.

787. — La loi de 1806, faite en vue de l'industrie lyonnaise, ne s'applique qu'aux étoffes de cette industrie ; mais la faculté qu'elle laisse au gouvernement de créer des conseils de prud'hommes dans toutes les villes où il le juge convenable et sans limitation aux villes qui fabriquent des étoffes, a permis d'étendre la protection de cette loi à d'autres industries que celle qu'elle a originairement prévue.

C'est ainsi qu'un avis du Conseil d'Etat du 30 mai 1823 déclara là loi applicable aux dessins destinés aux papiers de tenture.

788. — Une ordonnance royale du 17 août 1825, portant règlement sur le dépôt des dessins de fabrique, décida que le dépôt des échantillons de dessins qui doit être fait, conformément à la loi de 1806, aux archives des conseils de prud'hommes, pour les fabriques situées dans le ressort de ces conseils, serait reçu, pour les fabriques situées hors du ressort d'un conseil de prud'hommes, au greffe du tribunal de commerce, ou au greffe du tribunal de première instance, dans les arrondissements où les tribunaux civils exercent la juridiction des tribunaux de commerce.

Cette ordonnance étend singulièrement, on le voit, l'application de la loi de 1806, et le reproche d'inconstitutionnalité qu'on lui a adressé est, à notre avis, fort justifié, car il est impossible d'admettre qu'elle ait eu simplement pour effet d'assurer l'exécution de la loi de 1806. Quoi qu'il en soit, la jurisprudence ne cesse, depuis plus d'un demi-siècle, d'appliquer cette ordonnance, et l'on peut dire aujourd'hui, avec M. Pouillet, qu'elle est entrée dans la loi, en entrant dans les mœurs.

Telle est, avec les articles 425 à 427 du code pénal, qui sont relatifs à la contrefaçon des dessins et que la jurisprudence, par une extension un peu forcée, a déclarés applicables aux dessins et aux modèles industriels, toute notre législation en matière de dessins et modèles de fabrique.

789. — Cette législation, faite d'interprétations successives, appelle nécessairement une refonte complète, qui lui assure l'uniformité.

Dès 1845, le gouvernement de Louis-Philippe avait élaboré, en même temps que le projet de loi sur les brevets d'invention, un projet de loi sur les dessins et modèles de fabrique. La révolution de 1848 empêcha ce dernier projet d'aboutir. Etudié de nouveau en 1856, puis en 1869, il fut encore écarté par la révolution de 1870. Il a été repris, en 1877, devant le Sénat, sur l'initiative de M. Bozérian. La nouvelle proposition de loi, modifiée et corrigée à la suite du Congrès de la propriété industrielle de 1878, a été voté par le Sénat, le 29 mars 1879. Il attend, depuis, la ratification de la Chambre des députés.

L'impossibilité d'aboutir rapidement vient, en grande partie, de la difficulté de définir nettement les caractères des dessins et modèles de fabrique et de distinguer les dessins et modèles industriels des dessins et modèles artistiques, qui sont régis par les lois du 19 juillet 1793 et du 14 juillet 1866 sur la propriété littéraire artistique.

790. — Il importe, cependant, au début de cette étude, que nous essayions de dégager, avec les auteurs et la jurisprudence, les caractères distinctifs des dessins de fabrique et des modèles de fabrique. Après avoir ainsi étudié les caractères spéciaux du dessin, puis ceux du modèle, nous examinerons quels sont les caractères généraux que doivent présenter les dessins et modèles pour faire l'objet d'un droit exclusif.

II. Caractères spéciaux des dessins de fabrique.

791. — Le législateur n'ayant donné aucune définition du dessin de fabrique, l'usage a dû suppléer au silence de la loi. On est aujourd'hui généralement d'accord pour reconnaître le caractère de dessin de fabrique à toute disposition ou combinaison quelconque de lignes ou de couleurs, produite même en dehors de l'art du dessin proprement dit et destinée à varier l'aspect de certains produits, en vue de leur ornementation. Le dessin doit être, en effet, considéré dans sa relation avec le produit auquel il s'applique : or il ne peut s'appliquer à un produit que pour lui donner un aspect particulier et nouveau, c'est-à-dire pour l'ornementer. Il suit de là que le dessin doit être apparent.

792. — Le dessin de fabrique existe, d'ailleurs, abstraction faite du mérite ou de l'importance de la disposition ou combinaison dans laquelle il consiste (V. Paris, 7 juin 1844, Eggly-Roux, Blanc, p. 341 ; Lyon, 16 mai 1853, Serre, Dall., 54, 2. 144 ; Cass., 25 nov. 1881, Pérille, Pataille, 82, 133) ; il existe également abstraction faite du mode de fabrication par lequel il a été obtenu, sans qu'il y ait à distinguer si ce mode de fabrication consiste en un travail à la main, ou en un

procédé mécanique, ni en quoi consiste ce procédé mécanique : peu
importe notamment que le dessin soit obtenu par l'impression ou par
le tissage et spécialement par un effet d'armures, c'est-à-dire, par une
combinaison des fils de chaîne d'un tissu avec les fils de trame (V.
Lyon, 18 mars 1863, Bardou et Ritton. Pataille, 63, 243 ; Douai, 29 juin
1867, Dubar-Delespaul. Pataille, 68, 77).

793. — Par application de ces règles, la jurisprudence a reconnu
le caractère de dessins de fabrique, notamment : 1° à une certaine disposition des fils d'un tissu représentant, dans ce tissu, une sorte de
grillage à jour (Lyon, 20 mars 1852, Mazillier, Blanc, p. 324) ; 2° à un
assemblage de points et de lignes disposés sur une dentelle (Riom,
18 mai 1854, Seguin, Dall., 54, 2, 50) ; 3° à une combinaison de fils
donnant à une étoffe un velouté ou un grain qui lui est propre (Lyon,
7 janv. 1862, Chanas, Pataille, 62, 106) ; 4° à des rayures ou côtes
d'un genre particulier produites dans le tissu par un effet d'armure
(Douai, 29 juin 1867, Dubar-Delespaul, Pataille, 68, 77).

794. — Le dessin existe aujourd'hui, quel que soit le genre d'industrie dans lequel il est appliqué. Nous savons que la loi de 1806 ne
s'appliquait originairement qu'aux étoffes de la fabrication lyonnaise ;
mais nous avons dit aussi que, par la création d'un grand nombre de
conseils de prud'hommes dans les industries les plus différentes, la loi
s'est démesurément étendue, et l'on peut dire actuellement, avec
une jurisprudence unanime, qu'elle s'applique non seulement aux
étoffes, mais encore à tous les produits susceptibles d'ornementation,
notamment : à des papiers de tenture (Paris, 27 mars 1862, Desfossé,
Pataille, 64, 254) ; à des tresses en ficelle (Paris, 28 nov. 1863, Defer,
Pataille, 64, 38) ; à des étiquettes (Cass., 30 déc. 1865, Romain et
Palyart, Pataille, 67, 46) ; à des porcelaines et faïences (Trib. civ.
Lunéville, 21 avril 1880, Gallé. Pataille, 80, 235).

795. — Comment le dessin de fabrique ainsi caractérisé se distin-
guera-t-il du dessin artistique ? Cette question présente un grand intérêt pratique : en effet, tandis que le dessin de fabrique est protégé par
la loi de 1806 qui exige le dépôt et accorde à l'auteur un droit exclusif
qui peut être perpétuel, le dessin artistique est protégé par les lois du
19 juillet 1793 et 14 juillet 1866, qui ne prescrivent aucun dépôt et
fixent la durée du droit exclusif à la vie de l'auteur et à cinquante ans
après sa mort en faveur de ses ayants-cause.

De nombreux systèmes se sont formés à cet égard, chacun propo-
sant un *criterium* différent pour la distinction des dessins industriels et
des dessins artistiques.

796. — Dans un premier système, on prétend trouver la base
d'une distinction dans le mode de reproduction des dessins et l'on considère exclusivement comme dessins de fabrique ceux qui sont repro-

duits par un procédé mécanique, abstraction faite de leur caractère intrinsèque et de leur application [1].

797. — Dans un second système, on s'attache, au contraire, exclusivement au caractère intrinsèque des dessins et on les considère comme artistiques ou industriels, selon que leur conception ou destination première, abstraction faite de l'application ultérieure, a été ou non réellement et purement artistique. Ce système, adopté par le Congrès de la propriété industrielle tenu à Paris, en 1878, a été également consacré dans le projet de loi voté par le Sénat en 1879. Mais il est généralement critiqué par les auteurs, comme présentant, dans la pratique, des difficultés d'application insurmontables, par suite de l'impossibilité où seraient les juges du fait de trouver une règle indiquant exactement où finit l'industrie et où commence l'art [2].

798. — Un troisième système s'attache exclusivement à l'application qui est réellement faite du dessin, abstraction faite de sa conception ou destination première, et, selon que cette application est industrielle ou artistique, il considère le dessin lui-même comme industriel ou artistique. Ce système est également critiqué, comme laissant une trop large place à l'arbitraire du juge; il est, en effet, un grand nombre de cas où il est difficile de dire exactement si l'on se trouve en présence d'une exploitation industrielle ou, au contraire, d'une exploitation artistique.

799. — Dans un quatrième système proposé par M. Philipon, et auquel nous nous rallions avec la majorité des auteurs, on considère que le dessin de fabrique est caractérisé par ce fait qu'il n'a aucune existence par lui-même et qu'il n'est que l'accessoire d'un objet, dont il peut augmenter le charme et la valeur, mais dont il ne change pas la destination et n'augmente pas l'utilité, tandis que le dessin artistique, au contraire, a une existence propre et indépendante. « Quand on achète le produit sur lequel le dessin de fabrique a été appliqué, dit M. Philipon, il est possible qu'on se laisse influencer par sa plus ou moins grande beauté, mais ce n'est pas lui qu'on achète, ce n'est pas de lui qu'on prétend se servir. Dépourvu de dessin, l'objet qu'on a choisi pourrait être moins agréable à l'œil, il n'en serait pas moins utile et n'en remplirait pas moins le but qu'on s'est proposé en l'achetant. Le dessin artistique, au contraire, a une existence propre et indépendante : la toile ou le papier sur lequel il est tracé n'ont aucune valeur, aucune utilité par eux-mêmes. Un exemple fera bien comprendre la différence qui existe, à cet égard, entre le dessin industriel et le dessin artistique. Si, par un procédé chimique, vous faites disparaître

---

1. V. Pouillet, *Traité théorique et pratique de la propriété littéraire et artistique*, n⁰ 105 et la note.
2. V. Philipon, n⁰ 19 ; Pouillet, n⁰ 22.

les traits d'une eau-forte de maître, la feuille de papier blanc qui subsistera seule après l'opération ne pourra plus rendre aucun des services que rendait la gravure disparue. Au contraire, si vous parvenez à effacer les dessins qui recouvrent une assiette, par exemple, cet ustensile n'en gardera pas moins après cette opération toute son utilité première. Ce caractère accessoire du dessin industriel est, croyons-nous, le seul caractère vraiment distinctif des dessins de ce genre... Il est vrai que, si on adopte le système que nous venons de proposer, on sera amené à ranger dans la classe des dessins de fabrique des dessins ayant un véritable caractère artistique; mais qu'importe? Le mot dessin industriel n'implique pas, dans notre pensée, non plus que dans la réalité des choses, l'idée d'une œuvre anti-artistique.

Il y a longtemps déjà que l'art et l'industrie se prêtent un mutuel appui et font bon ménage ensemble. Cette liaison de l'art et de l'industrie est devenue de jour en jour plus intime et plus complète. L'art n'y a rien perdu, et l'industrie y a beaucoup gagné » [1].

800. — C'est aux tribunaux qu'il appartient, bien entendu, d'apprécier en fait, le caractère industriel ou artistique d'un dessin : la jurisprudence a toujours attribué, à cet égard, aux juges du fait un pouvoir souverain d'appréciation (V. notamment, Rej., 15 mars 1845, Joyeux, Dall., 45, 1, 283 ; Rej., 8 juin 1860, Thonus-Lejay, Pataille, 60, 393 ; Paris, 19 mai 1879, Pautrot et Vallon ; et Rej., 17 janv. 1882, même affaire, Pataile, 82, 36) [2].

III. Caractères spéciaux des modèles de fabrication.

801. — La loi de 1806 ne définit pas non plus le modèle de fabrique ; elle n'en parle même pas expressément, et c'est la jurisprudence qui, comblant cette lacune de la loi, a assimilé le modèle de fabrique au dessin de fabrique. Les controverses auxquelles a donné lieu cette question ne présentent plus d'intérêt, depuis que la cour de cassation a définitivement consacré l'assimilation du modèle au dessin (V. Cass. 25 nov. 1881, Pérille, Pataille, 82, 133) [3].

1. V. Philipon, no 23 ; V. encore dans le même sens; Pouillet, no 22.
2. En présence du rapprochement chaque jour plus complet de l'industrie et de l'art, la plupart des auteurs demandent que, désormais, la loi soit uniforme pour toutes les œuvres qui tiennent à l'art, de près ou de loin, alors même qu'elles sont appliquées dans l'industrie, et que les dessins et modèles industriels soient ainsi soumis à la même législation que les dessins et modèles artistiques (V. Philipon, no 23, in fine, Pouillet, Introduction de la 2e édition du Traité des dessins et modèles de fabrique). Le Congrès de 1889 a également émis un vœu en ce sens. C'est aussi pour cette solution que se prononce la pétition adressée, en 1892, aux pouvoirs publics par le syndicat des Ingénieur-Conseils.
3. V. Pouillet, nos 28 et 29.

Le modèle de fabrique n'est autre chose, en effet, selon l'expression fort exacte de M. Pouillet, qu'un dessin en relief. Tandis que le dessin est une combinaison de lignes et de couleurs disposées sur une surface plane, le modèle est une combinaison de lignes et de couleurs revêtant une forme géométrique plus saillante dans l'espace, mais destinée également à produire un effet d'ornementation.

802. — La jurisprudence a ainsi reconnu le caractère de modèle de fabrique, notamment : 1° à un bouton en métal affectant une forme spéciale (Trib. comm. Seine, 2 juin 1847, Hesse, Le Hir, 48, 52) ; 2° à un objet de bijouterie tel qu'une chaîne en spirale. (Paris, 18 août 1863, Lion, Pataille, 69, 191) ; 3° à un éventail formé par une réunion de feuilles découpées et coloriées (Trib. corr. Seine, 21 mars 1877, dame Schweich, Pataille, 77, 179) ; 4° à un vase en verre d'une forme spéciale (Paris, 15 mars 1879, Sautter, Pataille, 79, 360) ; 5° à un tire-bouchon (Cass., 25 nov. 1881, Pérille, Pataille, 82, 133) ; 6° à un bouchon en sucre et chocolat affectant la forme d'un obus V. Nancy, 26 mai 1883, Braquier-Simon, Pataille, 83, 279).

803. — La jurisprudence refuse, par contre, de reconnaître le caractère de modèles de fabrique aux articles de mode, tels que : une coiffure en dentelles agencées d'une façon spéciale (Nîmes, 2 août 1844, et Rej., 15 mars 1845, Joyeux, Dall., 45, 1, 283) ; une forme nouvelle de chapeau (Trib. corr. Seine, 16 mai 1860, Erhardt, Pataille, 60, 425) ; des broches et épingles de coiffure (Trib. civ. Seine, 5 juin 1868, Celles, Pataille, 60, 396).

Plusieurs auteurs se prononcent, toutefois, contre cette jurisprudence et refusent d'admettre, avec elle, une distinction, pour l'application de la loi de 1806, entre l'industrie des modes et les autres industries [1].

804. — Lorsque la disposition donnée à l'objet est telle qu'elle produit non plus un simple effet d'ornementation, mais un résultat industriel particulier, il y a alors, non plus création d'un modèle de fabrique, mais une invention industrielle, qui ne peut être protégée que par la loi de 1844 sur les brevets d'invention. Il a ainsi été jugé qu'il peut y avoir lieu à l'application de la loi de 1844 mais non à celle de 1806 : pour l'invention d'une lanterne-phare, dont les dispositions intérieures sont combinées de façon à produire un grossissement et une plus forte projection de lumière (Cass. 10 mars 1858, Schwob, Pataille, 58, 133) ; pour l'invention d'un porte-monnaie ayant son fermoir placé dans le centre d'une cavité dont les rebords le protègent (Trib. corr. Seine, 7 fév. 1877, Girardin, Pataille, 77, 183) ; pour la composition d'une chenille à poils couchés et formant comme un gros fil de soie ; pour l'invention d'une table destinée aux écoles et qui se distingue par des avantages spéciaux concernant la facilité du ba-

---

1. V. Philipon, n° 33 ; Pouillet, n° 30.

layage et la propreté (Trib. civ. Grenoble, 27 mai 1882, Thiervoz, Pataille, 83, 237)[2].

805. — Si la disposition de l'objet produit tout à la fois un résultat industriel et un effet d'ornementation, l'auteur pourra s'assurer une double protection en accomplissant, d'un côté, les formalités prescrites par la loi de 1844, et, de l'autre, celles prescrites par la loi de 1806 ; dans ce cas, la disposition considérée comme invention venant à tomber dans le domaine public à l'expiration du brevet, ne pourra plus faire l'objet d'un droit exclusif à titre de modèle de fabrique.

806. — Comment le modèle industriel se distingue-t-il du modèle artistique ? L'intérêt pratique de la distinction est, ici, le même que pour le dessin. C'est d'ailleurs à propos des modèles que s'est élevée la controverse qui a donné lieu aux différents systèmes exposés plus haut. Appliquant ici également la solution proposée par M. Philipon, nous dirons que, dès que le modèle constitue l'œuvre principale, il doit être considéré comme artistique. Ainsi, en matière de sculpture, même appliquée à l'industrie, c'est la loi de 1793 et non celle de 1806 qui doit, selon nous, être appliquée[1]. Plusieurs décisions judiciaires ont d'ailleurs été rendues en ce sens (V. notamment : Rej., 21 juillet 1855, Jouvencel, Pataille, 55, 73 ; Trib. comm. Seine, 13 octobre 1859, Bion, Pataille, 60.423 ; Paris, 12 déc. 1861, Delacour, Pataille, 62, 61 ; Paris, 8 mars 1866, Christofle, Pataille, 227)[2].

IV. Caractères généraux que doivent revêtir les dessins et modèles pour faire l'objet d'un droit exclusif.

807. — Il en est des dessins et modèles de fabriques comme de toutes les autres inventions qui sollicitent la protection de la loi : l'auteur n'a droit à cette protection, c'est-à-dire au monopole, que s'il fait quelque chose qui n'appartienne pas déjà au domaine public, quelque chose de nouveau. Le rapporteur de la loi de 1806 a dit, du reste, expressément que cette loi avait pour but de protéger « ceux qui inventent ou perfectionnent la partie de la fabrication qui appartient aux arts du dessin ». Le dessin et, par assimilation, le modèle ne sont donc protégés que s'ils sont nouveaux.

808. — Toutefois, la loi n'exige pas une nouveauté absolue. La nouveauté peut résulter, ici, de la combinaison d'éléments déjà connus : ainsi, une forme déjà employée comme dessin ou modèle, par exem-

1. V. en ce sens : Philipon, n° 23 ; Pouillet, n° 35.
2. V. *Contrà* : Cass., 2 août 1854. Tivaux, Pataille, 56, 6 ; Cass., 28 juill. 1856, Ricroch, Pataille, 56, 238 ; Paris, 12 mars 1870, Latry et C°, Pataille, 70, 260 ; Trib. civ. Seine, 30 mai 1877, Aigon, Pataille, 77, 287).

ple, un filet, une rayure, une fleur, peut être encore employée, si elle est représentée d'une autre façon, avec d'autres combinaisons, dans d'autres proportions, sous d'autres couleurs : ce qu'il faut, mais ce qui suffit, c'est que la physionomie particulière du dessin ou modèle soit nouvelle, abstraction faite de la modification en elle-même. Ainsi il a été jugé qu'il y a création nouvelle, notamment : 1° dans la reproduction de dessins des châles de l'Inde, bien que ces dessins soient dans le domaine public, dès que cette reproduction comporte des additions, corrections ou combinaisons particulières (Trib. comm. Seine, 7 juin 1843, Hébert, Dall., 43, 2, 135) ; 2° dans la composition d'un ruban en velours nacré, à effet changeant, bien que ses éléments pris séparément soient du domaine public (Lyon, 16 mai 1854, Serre, Sir., 54, 2, 708) ; 3° dans la disposition d'un ruban composé pour la première fois de trois bandes de peluche, séparées par deux bandes de tour anglais, bien que la peluche et le tour anglais soient connus depuis longtemps (Lyon, 27 mai 1879, Rebourg, Pataille, 81, 42) ; 4° dans la reproduction d'un objet de la nature, tel qu'un animal, si le modèle a été individualisé à raison de l'attitude ou de la forme caractéristique qui lui a été imprimée (Paris, 17 janv. 1883, Aucoc, Pataille, 83, 74).

C'est par application de la même règle qu'on admet que la loi de 1806 protège également l'imitation d'un dessin industriel ou artistique ancien et tombé dans le domaine public, ainsi que l'application à l'industrie d'un dessin connu, pris, par exemple, d'un paysage ou d'un monument public.

809. — Il appartient d'ailleurs aux juges du fait d'apprécier souverainement le caractère nouveau ou non du dessin ou modèle revendiqué (V. Rej., 27 juin 1879, Sautter, Pataille, 79, 350 ; Rej., 23 avril 1880, Perret-Cazebonne, Pataille, 80, 250 ; Rej., 1er mai 1880, Simonnot-Godard, Pataille, 81, 174).

810. — L'auteur d'un dessin ou modèle nouveau a sur son œuvre un droit de propriété absolue : il peut ainsi interdire toute imitation de ce dessin ou modèle, même en vue d'une application nouvelle, c'est-à-dire d'une application à un objet différent : sa création est, en effet, son bien propre et elle lui appartient, par cela même, en dehors de l'usage qu'on en peut faire.

811. — On assimile généralement au dessin ou modèle nouveau l'application nouvelle d'un dessin ou modèle connu, c'est-à-dire l'application de ce dessin ou modèle connu à un objet auquel il n'avait jamais été appliqué et dans un autre genre d'industrie. Il y a, là encore, un effort créateur qui mérite la protection de la loi[1]. Ainsi, la jurisprudence a considéré comme des applications nouvelles protégées

---

1. V. Blanc, *Propr. ind.*, n° 191.

par la loi de 1806 : 1° l'application faite pour la première fois sur des papiers peints des *crêtes* et *lézardes* auparavant connues dans la passementerie (Paris, 24 juin 1837, Brun, Dall., v° *Industrie*, n° 286) ; 2° l'application sur des papiers de tenture de la disposition particulière précédemment donnée aux étoffes dites capitonnées (Trib. corr. Seine, 15 janv. 1862, Desfossé, Pataille, 63, 42) ; l'application à des bonbons en sucre ou chocolat de la forme d'un obus antérieurement donnée aux boîtes de carton destinées à recevoir ces bonbons (Nancy, 26 mai 1883, Braquier-Simon, Pataille, 83, 279).

812. — Il faut, toutefois, distinguer, ici, comme, en matière d'invention brevetable, entre l'application nouvelle et le simple emploi nouveau, auquel on refuse d'étendre la protection de la loi. Tandis que l'application nouvelle consiste à transporter le dessin ou modèle d'une industrie dans une autre, il y a emploi nouveau lorsqu'on se borne à transporter le dessin ou modèle d'un objet à un autre qui lui est analogue : il n'y a plus, dans ce second cas, un effort créateur qui mérite la protection de la loi.

813. — La jurisprudence a ainsi considéré comme de simples emplois nouveaux non protégés par la loi de 1806 : le fait de reproduire sur des lainages un dessin déjà appliqué sur des étoffes de soie (Paris, 29 déc. 1835, Depoully, Dall., 36, 2, 25) ; le fait de transporter un dessin d'un tissu sur un autre (Cass., 16 nov. 1846, Rouvière, Dal¹., 47, 1, 28 ; Trib. comm. Lyon, 10 fév. 1848, Vacher, cité par Blanc, p. 333 ; Rej., 1er mai 1880, Simonnot-Godard, Pataille, 80, 140).

L'application à l'industrie d'une œuvre d'art qui est dans le domaine privé constitue évidemment une contrefaçon, si elle est faite sans l'autorisation du propriétaire, lequel a, en vertu de la loi de 1793, le droit exclusif de la reproduire par tous les moyens qu'il lui convient d'employer. Mais le propriétaire de l'œuvre artistique peut évidemment céder à un industriel le droit de la reproduire sur ses produits : il y a alors création du dessin de fabrique nouveau par application nouvelle.

814. — L'application nouvelle d'un dessin ou modèle ne confère pas un droit de propriété aussi étendu que la création d'un dessin ou modèle nouveau en lui-même : le droit privatif ne porte, en effet, que sur l'application trouvée, et les tiers demeurent libres de reproduire le même dessin ou modèle en vue de l'appliquer à un autre objet, dans un genre d'industrie différent (V. Douai, 25 janv. 1862, Gaillard, Pataille, 62, 397).

CHAPITRE II

DÉPÔT DES DESSINS ET MODÈLES

815. — La loi de 1806 subordonne la protection qu'elle assure aux auteurs de dessins de fabrique à l'obligation d'un dépôt préalable. L'article 15 dispose, en effet, que « tout fabricant, qui voudra pouvoir revendiquer par la suite devant le tribunal de commerce la propriété d'un dessin de son invention, sera tenu d'en déposer aux archives du conseil des prud'hommes un échantillon plié sous enveloppe revêtue de ses cachets et signature, sur laquelle sera également apposé le cachet du conseil des prud'hommes. »

Le législateur a voulu ainsi non seulement réserver des collections où les industriels de l'avenir pourraient aller puiser des idées, mais encore permettre aux tribunaux, en cas de contestation sur la propriété d'un dessin ou de poursuite en contrefaçon, de se livrer aux confrontations nécessaires.

816. — Comme toutes les autres dispositions de la loi de 1806, l'article 15 a été déclaré par la jurisprudence applicable aux modèles, aussi bien qu'aux dessins : nos explications concerneront donc à la fois les dessins et les modèles.

Nous avons à examiner, au sujet de l'article 15 : 1º quelles sont les formes du dépôt qu'il prescrit; 2º où doit être effectué ce dépôt; 3º par qui il peut être fait ; 4º quels sont ses effets ; 5º quelles sont les causes de nullité ou de déchéance admises en cette matière.

I. Formes du dépôt.

817. — Aux termes de l'article 15, le dépôt consiste dans la remise au secrétariat du conseil des prud'hommes d'un échantillon du dessin ou modèle enfermé dans une enveloppe qui doit être revêtue du cachet et de la signature du déposant. Ainsi, en ce qui concerne le déposant, deux formalités sont exigées : la remise de l'échantillon sous enveloppe fermée et l'apposition sur l'enveloppe de son cachet et de sa signature.

818. — 1º C'est l'échantillon même, c'est-à-dire une partie de l'objet auquel le dessin est appliqué, qui doit être déposé. Pour cer-

17

tains objets le dépôt en nature peut présenter des difficultés pratiques:
aussi admet-on que le dépôt d'une esquisse est suffisant (V. Paris,
27 juill. 1876, Deneubourg et Gaillard, Pataille, 76, 206 ; Paris, 17 janv.
1883, Aucoc, Pataille, 83, 71).

L'esquisse ou l'échantillon à déposer doit être enfermé dans une enveloppe ; peu importe d'ailleurs que cette enveloppe soit en papier ou
consiste en une boîte.

La loi ne défend pas de déposer, sous la même enveloppe, plusieurs
dessins.

2° L'article 15 exige que l'enveloppe, quelle qu'elle soit, soit cachetée. Le cachet doit être celui du déposant, qui est tenu, en outre, d'apposer sa signature sur l'enveloppe.

L'échantillon ou esquisse déposé reste enfermé dans l'enveloppe cachetée aussi longtemps que dure le droit privatif du déposant. Nous
verrons, toutefois, que lorsqu'il y a lieu, pour vider un débat relatif à
la propriété du dessin ou modèle, d'ouvrir l'enveloppe, l'article 17
charge le conseil des prud'hommes de procéder à cette ouverture et de
délivrer un certificat indiquant le nom du fabricant qui a la priorité de
date [1].

820. — Nous ne pensons pas que l'inobservation de l'une ou de
l'autre des deux premières formalités que nous venons d'indiquer soit
de nature à entraîner nécessairement la nullité du dépôt; nous croyons
plutôt, avec M. Ruben de Couder, qu'il appartient, dans ce cas, aux
tribunaux d'apprécier d'après les circonstances si le dépôt se rapporte
bien à la date invoquée et à l'objet revendiqué [2].

821. — Le dépôt est reçu par le secrétaire du conseil des prud'-
hommes, aux termes de l'article 15 de la loi de 1806, et, à défaut de

---

1. Le principe du secret du dépôt, tel qu'il est appliqué par la loi de 1806, est
très vivement attaqué par les auteurs : « Il est, en effet, arbitraire, dit M. Philipon, de forcer un inventeur à entourer son œuvre d'un mystère dont il n'a que
faire et, d'un autre côté, exiger que l'on conserve pendant de longues années,
sous enveloppe bien close, l'échantillon d'un dessin, qui court le monde et que
l'on peut se procurer chez le premier commerçant venu, c'est vouloir que l'on
garde avec un soin jaloux un secret, qui, depuis longtemps peut-être, est devenu
le secret de Polichinelle ». Le principe du secret absolu ainsi écarté, les auteurs
se divisent sur la question de savoir si le dépôt doit être immédiatement rendu
public, ou si l'on doit admettre le système du secret temporaire. Les uns récla-
ment la publicité immédiate des dépôts, par ce motif que cette publicité peut
seule empêcher les contrefaçons inconscientes. Les autres proposent de fixer un
délai maximum à l'expiration duquel les dépôts à couvert seront rendus publics,
ce délai devant permettre à l'inventeur du dessin déposé d'attendre, pour le fabriquer, qu'il ait fait les essais nécessaires, sans que ses concurrents puissent,
dans cet intervalle, s'emparer de son dessin. Ce dernier système a été admis par
le projet voté, en 1879, par le Sénat : ce projet fixe à un an la durée maxima du
secret (V. Philipon, n° 65).
2. V. Ruben de Couder, n° 48.

conseil de prud'hommes, par le greffier du tribunal de commerce ou civil, conformément à l'ordonnance du 29 août 1825, qui a complété, ainsi que nous l'avons dit, la loi de 1806.

822. — Le secrétaire du conseil des prud'hommes ou le greffier a à constater seulement si les formalités imposées au déposant sont observées. Si ces formalités ne sont pas observées, il peut et doit refuser le dépôt ; si ces formalités sont observées, il doit recevoir le dépôt, sans avoir à se livrer à aucun examen.

Le secrétaire ou le greffier doit apposer sur l'enveloppe le cachet du conseil ou du tribunal.

823. — Il inscrit ensuite le dépôt à sa date, sur un registre spécial, conformément à l'article 16.

Cette inscription doit relater la déclaration que l'article 18 oblige le déposant à faire concernant la durée qu'il entend assigner aux effets du dépôt : cet article dispose, en effet, que le déposant doit déclarer s'il entend se réserver la propriété exclusive du dessin déposé pendant une, trois ou cinq années, ou à perpétuité. Nous ne pensons pas que le déposant puisse choisir une durée autre que l'une des quatre durées indiquées par la loi [1]. On admet généralement que si le déposant omet de déclarer une de ces quatre durées, le dépôt doit être considéré comme fait pour la durée la plus courte.

C'est l'inscription sur le registre qui détermine la date légale du dépôt.

824. — Le dépôt étant ainsi reçu et inscrit, le secrétaire ou le greffier doit, aux termes de l'article 16, délivrer au déposant un certificat rappelant le numéro d'ordre de l'enveloppe déposée et constatant la réception et la date du dépôt : ce certificat est le titre du déposant.

825. — L'article 19 dispose que le déposant doit acquitter, entre les mains du receveur de la commune, une indemnité qui est réglée par le conseil de prud'hommes et qui ne peut excéder 1 franc pour chacune des années pendant lesquelles il veut conserver la propriété exclusive et est de 10 francs pour la propriété perpétuelle. Le retard dans le paiement ou même le défaut de paiement de cette taxe ne saurait, en l'absence d'une disposition formelle de la loi, constituer une cause de nullité ou de déchéance du dépôt.

Le décret du 20 février 1809 oblige encore le déposant à verser entre les mains du secrétaire du conseil de prud'hommes une indemnité à raison de la délivrance du certificat de dépôt : cette indemnité est calculée sur le pied de 0 fr. 40 le rôle d'expédition de vingt lignes à la page et de dix syllabes à la ligne.

Lorsque le dépôt est effectué au greffe du tribunal, conformément à l'ordonnance de 1825, il est reçu gratuitement, c'est-à-dire sans le paie-

---

1. *Contrà* : V. Pouillet, nᵒ 82.

ment d'une taxe: l'ordonnance le dit formellement. Le droit du greffier pour la délivrance du certificat reste néanmoins dû.

826. — La formalité du dépôt, telle qu'elle est organisée par la loi de 1806, ne peut, bien entendu, être remplacée par aucune autre formalité analogue : ainsi, le dépôt au secrétariat d'une société savante, au greffe d'une justice de paix, serait absolument sans valeur ; il en serait de même du dépôt au greffe du tribunal civil, lorsqu'il existe dans la localité un tribunal de commerce, ou du dépôt au greffe du tribunal de commerce, lorsqu'il existe un conseil de prud'hommes.

827. — La loi du 12 mai 1868, *relative à la garantie des inventions susceptibles d'être brevetées et des dessins de fabrique, qui seront admis aux expositions publiques autorisées par l'Administration,* permet aux auteurs de dessins, comme aux auteurs d'inventions brevetables, de se faire délivrer par l'Administration, lorsqu'ils sont admis dans une exposition publique quelconque autorisée par le gouvernement, un certificat constatant l'admission de l'objet exposé et qui leur assure provisoirement les mêmes droits que ceux que leur conférerait un dépôt légal.

Ce certificat peut être demandé par les étrangers comme par les Français.

La demande doit être faite dans le premier mois, au plus tard, de l'ouverture de l'exposition ; elle est adressée à la préfecture ou à la sous-préfecture du département ou de l'arrondissement dans lequel l'exposition est ouverte ; elle doit être accompagnée d'une description exacte de l'objet à garantir, et, s'il y a lieu, d'un plan ou d'un dessin dudit objet, ou même d'un spécimen en nature.

Le certificat ainsi demandé ne peut être refusé.

Il assure à celui à qui il est délivré les mêmes droits que lui conférerait un dépôt, à dater du jour de l'admission jusqu'à la fin du troisième mois qui suit la clôture de l'exposition, sans préjudice du dépôt que l'exposant peut opérer avant l'expiration de ce terme. Pendant tout ce délai, l'exposant peut, en vertu du certificat qui lui a été délivré, poursuivre les contrefacteurs ; cela résulte de la disposition de la loi qui assimile, sans aucune exception, les droits résultant du certificat à ceux qui résulteraient d'un dépôt régulier. Ce droit de poursuite est-il subordonné à la condition que l'exposant effectuera ensuite, dans les délais, un dépôt régulier? Il semble résulter de la discussion de la loi que le législateur a entendu que le certificat serait essentiellement provisoire et devrait être ensuite complété par l'accomplissement des formalités ordinaires [1].

II. Où doit être effectué le dépôt.

828. — Aux termes de l'article 15 de la loi de 1806, c'est le conseil

---

1. *Contrà* : V. Rendu, *Vade-mecum des exposants*, p. 64 et suiv.

de prud'hommes qui est seul compétent pour recevoir le dépôt. A défaut de conseil de prud'hommes, l'ordonnance du 29 août 1825 permet, ainsi que nous l'avons vu, d'effectuer le dépôt au greffe du tribunal de commerce et, à défaut de tribunal de commerce, au greffe du tribunal civil qui, en ce cas, fait les fonctions de tribunal de commerce.

Ainsi que nous l'avons déjà dit, le dépôt fait devant une juridiction entièrement incompétente pour le recevoir est sans valeur et de nul effet.

829. — La loi ne dit pas à quel conseil de prud'hommes le dépôt doit être effectué. On admet généralement qu'ici, comme pour les autres matières soumises à la juridiction des conseils de prud'hommes, la compétence du conseil est déterminée non par le lieu du domicile, mais par le lieu de la fabrique.

La règle est la même lorsqu'il s'agit d'un dépôt à effectuer au greffe du tribunal de commerce ou civil. Ici, l'ordonnance de 1825 dispose formellement que le tribunal compétent est celui du lieu de la fabrique.

Si le propriétaire du dessin a plusieurs fabriques situées chacune dans un ressort différent, on admet qu'il n'est pas nécessaire d'effectuer autant de dépôts qu'il y a de fabriques, mais qu'il suffit d'un dépôt unique.

Il se peut que le déposant ne soit pas fabricant, que ce soit, par exemple, un dessinateur de profession qui fasse exécuter son dessin par la fabrique d'un tiers : il a été jugé, dans ce cas, que le dépôt est régulier dès qu'il a été effectué au lieu où est la fabrique qui exécute le dessin (V. Paris, 15 mars 1882, Salvador Cahen, Pataille, 83, 286).

830. — Le dépôt fait devant une juridiction qui n'est incompétente que relativement est-il nul, comme le dépôt effectué devant une juridiction entièrement incompétente ? Les auteurs sont divisés sur cette question. Nous pensons que, lorsque l'incompétence n'est que relative, il n'y a pas lieu d'admettre la nullité du dépôt; il ne s'agit plus, en effet, de la violation d'une condition d'existence du dépôt, mais simplement de l'inobservation d'une condition de forme [1].

III. Par qui peut être effectué le dépôt.

831. — En disposant que le dépôt peut être effectué par tout *fabricant* qui veut revendiquer un dessin *de son invention*, l'article 15 semble exiger que le déposant soit à la fois l'auteur réel du dessin et fabricant.

832. — En ce qui concerne la première condition, on admet généralement que le mot *invention* employé par l'article doit être interprété

---

1. V. en ce sens : Et. Blanc, p. 350; Philipon, n° 750. — *Contrà* : Gastambide, n° 338; Rendu et Delorme, n° 588; Pouillet, n° 66.

dans son sens le plus large et qu'on peut être inventeur, dans l'acception de cet article, non seulement par soi-même, mais encore par l'assistance ou l'intermédiaire d'un tiers, par exemple, si on a employé un dessinateur en lui fournissant des indications, ou si on a acquis d'un artiste, moyennant un prix convenu, un travail de son invention (V. Gand, 4 nov. 1853, Nyssen, Dall., 54, 5, 610 ; Trib. corr. Seine, 28 fév. 1877, dame Fourmy-Loriot, Pataille, 77, 174).

833. — En ce qui concerne la profession de fabricant que l'article 15 suppose au déposant, on admet que la loi statue ici sur le cas le plus fréquent et qu'elle n'exclut pas par là le dépôt effectué par l'auteur du dessin, s'il ne le fait pas fabriquer lui-même (V. Paris, 15 mars 1882, Salvador Cahen, Pataille, 83, 286).

834. — S'il n'est pas nécessaire que le déposant soit l'auteur du dessin, il faut, du moins, qu'il en soit le propriétaire : cette condition, évidente par elle-même, ressort des termes formels de l'article 15 qui considère le dépôt non comme un moyen d'acquérir la propriété, mais comme un moyen de revendiquer une propriété préexistante.

835. — Une société, propriétaire d'un dessin, peut, comme un simple particulier, en effectuer le dépôt.

836. — L'auteur ou le propriétaire du dessin peut, suivant les règles du droit commun, se faire représenter par un mandataire pour effectuer le dépôt : un pouvoir sous-seing privé suffit.

La circonstance que le déposant est une personne civilement incapable, n'empêche pas que le secrétaire ne soit obligé de recevoir le dépôt : rien dans la loi n'autorise à en décider autrement.

IV. Effets du dépôt.

837. — L'article 15 n'attribue d'autre effet au dépôt que de permettre au déposant de « pouvoir revendiquer par la suite devant le tribunal de commerce la propriété du dessin déposé ».

Cette disposition implique deux règles essentielles :

838. — 1° Il résulte d'abord des termes de l'article que le dépôt est le préliminaire obligé de l'action en revendication ou en contrefaçon.

Suit-il de là que la poursuite des usurpations antérieures au dépôt ne soit pas permise ? Certains auteurs l'enseignent, en s'appuyant sur les mots « par la suite » de l'article 15, lesquels, disent-ils, semblent bien indiquer que, dans la pensée du législateur, le déposant n'est propriétaire à l'égard des tiers et par conséquent n'a le droit de poursuivre leurs usurpations que du jour du dépôt [1]. D'après un autre système, le déposant a le droit de pour-

1. V. en ce sens : Ch. Lyon-Caen, son cours de 1879-80. — V. également : Cass., 17 mai 1843, *Jour. Pal.*, 1843, p. 498.

suivre les usurpations même antérieures au dépôt ; la propriété existe
du jour de l'invention, dit-on dans ce système, et par conséquent les usurpations même antérieures au dépôt n'en constituent pas moins des atteintes au droit exclusif de l'auteur et doivent, comme telles, tomber sous le
coup de la loi. Si en matière de brevets, il en est autrement, c'est que
le droit exclusif de l'inventeur ne prend naissance que du jour du dépôt
de la demande [1] (V. Cass.. 30 juin 1865, Auclair, Pataille, 65, 332).

839. — 2° D'autre part, il résulte implicitement des termes de l'article 15 que le dépôt ne suffit pas à créer par lui-même au profit du déposant un droit de propriété, mais qu'il suppose ce droit préexistant
et en autorise l'exercice : c'est ce qu'on exprime, en disant que le dépôt est non pas attributif mais simplement déclaratif de la propriété
du dessin.

840. — Toutefois, si le dépôt ne crée pas la propriété, il la fait présumer. Cette présomption peut, d'ailleurs, être combattue par la preuve contraire. Si, par exemple, un tiers abusant de la communication
d'un dessin de fabrique, en profitait pour déposer ce dessin en son
nom, ce dépôt ferait bien naître en sa faveur une présomption de propriété ; mais le véritable propriétaire pourrait toujours détruire cette
présomption en prouvant qu'il est l'auteur ou le cessionnaire du dessin
déposé (V. Paris, 19 fév. 1858, de Germann, Pataille, 58, 212 ; Nancy,
22 fév. 1858, Chardot, Pataille, 58, 209 ; Lyon, 24 juillet 1869, Teul.,
71, 483 ; Trib. corr. Seine, 16 mai 1876, Pataille, 76, 210 ; Trib. corr.
Seine, 28 fév. 1877, Pataille, 77, 174).

841. — L'article 17 prévoit le cas où, le même dessin ayant été
déposé par deux ou plusieurs personnes différentes, une contestation
s'élève sur la propriété de ce dessin : il dispose que, dans ce cas, le
conseil des prud'hommes doit procéder à l'ouverture des diverses
enveloppes déposées et fournir un certificat indiquant le nom de celui
des fabricants qui a la priorité de date. Le premier déposant est donc
présumé seul propriétaire.

Cette présomption peut-elle être combattue par la preuve contraire ?
Dans le silence de la loi les auteurs se sont divisés sur cette question,
qui ne paraît pas d'ailleurs s'être jamais présentée en pratique. D'a-
près les uns, le second déposant peut être reçu à prouver qu'il avait
inventé lui-même le dessin antérieurement au jour où le premier dépôt
a été effectué : cette preuve faite, son dépôt, quoique effectué le second
n'en est pas moins valable ; mais il ne peut s'en prévaloir vis-à-vis du
premier déposant, qui en jouit en quelque sorte à titre personnel [2].
Nous pensons, avec M. Pouillet. que ce système n'est pas celui de
la loi et qu'il résulte des termes de l'article 17 que, entre deux dépo-

---

1. V. Philipon, n° 85 ; Pouillet. n° 143.
2. V. en ce sens : Rendu et Delorme, n° 595 ; Philipon, n° 84.

pour *vices de formes*, lorsqu'il s'est glissé quelque nullité, soit dans la procédure, soit dans le jugement, — enfin, pour *mal jugé*, lorsqu'on prétend que les juges ont mal interprété la loi, ou mal apprécié les faits. Sous ce rapport, l'Appel ressemble à l'Opposition, qui peut être formée également pour n'importe quel grief, mais il diffère de la Requête civile et du Pourvoi en cassation, recours qui ne peuvent être formés que pour des griefs limitativement déterminés.

ESPÈCES D'APPEL. — Les 2 parties peuvent se plaindre du jugement : l'une trouve qu'on lui a accordé trop peu, l'autre qu'on l'a condamnée trop fort. Il peut donc y avoir 2 appels : l'Appel *principal* — et l'Appel *incident*.

L'Appel *principal* est celui qui est fait le premier.

L'Appel *incident* est celui fait par l'intimé dans le cours de l'instance principale en appel, et par conséquent, le second.

On ne voit pas, *à priori*, l'utilité de l'Appel incident : il semble, en effet, que du moment où l'une des parties a fait appel, il devient inutile pour l'autre partie de faire appel à son tour, puisque le tribunal se trouve déjà saisi de l'affaire. Cependant l'utilité de ce second appel est manifeste, car le tribunal d'appel n'a quelquefois la faculté de réformer la décision des 1ers juges que dans une certaine mesure. Et d'abord, il ne peut réformer le 1er jugement que sur les chefs attaqués ; or, il est possible que l'appel principal ne porte que sur certains chefs seulement, ceux, bien entendu, qui sont défavorables à l'appelant ; il faut donc que l'intimé puisse critiquer à son tour et faire réformer les chefs qui lui sont désavantageux. En outre, le tribunal d'appel ne peut réformer la sentence des 1ers juges, même sur les chefs soumis à son examen, qu'en faveur de celui qui a fait appel, et nullement en faveur de l'adversaire, l'intimé a donc encore intérêt à faire appel incident. Ainsi, sur une demande de 2,000 fr. de dommages-intérêts, par ex., le demandeur a obtenu 1,000 fr. ; si, mécontent de cette solution, il en demande la réformation, le tribunal d'appel pourra bien lui adjuger les 2,000 fr., mais il ne pourra pas lui accorder moins de 1,000 fr., car ce serait réformer la sentence au profit de l'adversaire, qui ne s'est pas plaint. Que si, au contraire, l'intimé a fait également appel, alors le tribunal pourra adjuger seulement 500 fr., ou même décider qu'il n'est dû aucuns dommages-intérêts, et condamner le demandeur aux frais.

— D'un autre côté, elles ont lieu pour des motifs *déterminés*, sauf, toutefois, la Tierce opposition, laquelle exige, d'une manière générale, l'intérêt de l'opposant. — En outre, elles ne donnent en général au tribunal saisi que le droit de casser la 1re sentence, mais non celui de la remplacer par une autre. — Enfin, on ne peut recourir aux voies extraordinaires qu'à défaut des voies ordinaires.

Le Recours est une voie de RÉTRACTATION lorsqu'on s'adresse au tribunal même qui a rendu le jugement attaqué : *Opposition*, — *Requête civile*, — *Tierce opposition* (principale et quelquefois incidente).

Il est une voie de RÉFORMATION lorsqu'on en réfère à un autre tribunal : *Appel*, — *Tierce opposition* (quand elle est incidente devant un tribunal supérieur).

La *Cassation* ne rentre pas dans cette classification.

LIVRE III. — DES COURS D'APPEL.

De l'Appel et de l'instruction sur l'Appel.

L'APPEL est le recours qui a pour but de faire réformer par un tribunal supérieur le jugement d'un tribunal inférieur (a).

On nomme Appelant le demandeur en appel (qu'il ait été gagnant ou perdant en 1re instance).

Intimé, le défendeur en appel (quand même il formerait appel à son tour).

On peut faire appel pour toute sorte de motifs : — pour *incompétence*, soit *ratione materiæ*, soit *ratione personæ*, même lorsque la solution sur le fond serait en dernier ressort, —

(a) Dans l'*Ancien droit*, l'Appel fut d'abord incompatible avec le système des combats judiciaires Plus tard, le perdant était autorisé, dans certains cas, à porter un défi au juge (espèce de prise à partie). A partir de saint Louis, l'usage s'introduisit de porter la sentence devant un tribunal supérieur; mais la multiplicité des juridictions finit par rendre les appels ruineux (il y avait quelquefois 5 ou 6 jugements successifs).

Sous la *Constituante*, on contesta l'utilité de l'appel, qui fut cependant admis; mais, pour éviter la prédominance des tribunaux supérieurs, on établit une seule classe de tribunaux (ceux de district, aujourd'hui d'arrondissement) L'appel est alors porté devant l'un des tribunaux les plus voisins.

Sous la *Constitution* du 5 fructidor an III, on substitua aux tribunaux de district un tribunal unique dans chaque département; l'appel fut également porté à l'un des tribunaux des 3 départements les plus voisins.

La *Constitution* du 20 frimaire an VIII rétablit les tribunaux de district sous le nom de tribunaux d'arrondissement, et créa des tribunaux d'appel. Dès lors, l'appel fut porté à un tribunal supérieur.

Appel. — Les jugements des tribunaux de commerce sont, comme ceux des tribunaux civils, sujets à appel lorsque le taux dépasse 1,500 fr. L'appel est également porté devant la cour d'appel, mais il n'est *pas suspensif,* parce que les jugements de commerce sont de droit exécutoires par provision. Les cours d'appel ne peuvent même pas accorder des défenses afin de surseoir à l'exécution.

Le ministère des avoués d'appel est indispensable.

Le délai est de 2 mois, comme en matière civile, mais l'appel peut être interjeté le jour même où le jugement est prononcé, tandis qu'en matière civile, il ne peut l'être que 8 jours après.

— 14ᵐᵉ *Leçon.* —

RECOURS CONTRE LES JUGEMENTS

Les voies de recours contre les décisions des tribunaux sont au nombre de 6, savoir :

L'OPPOSITION, pour les jugements par défaut.

L'APPEL, pour ceux en 1ᵉʳ ressort (contradictoires ou par défaut).

La TIERCE OPPOSITION, au profit des tiers étrangers au procès.

La REQUÊTE CIVILE, pour les jugements en dernier ressort.

La PRISE A PARTIE, contre les juges.

La CASSATION, pour les jugements en dernier ressort (contradictoires ou par défaut).

On divise ces voies de 2 manières :

1° En voies Ordinaires — et voies Extraordinaires.
2° En voies de Rétractation — et voies de Réformation.

Les voies ORDINAIRES sont : l'*Opposition* — et l'*Appel.*

Elles suspendent de droit l'exécution, sauf exception. En second lieu, elles sont formées pour toute sorte de motifs.

Enfin, elles donnent au tribunal la plénitude de la juridiction, c.-à-d. qu'après avoir cassé la 1ʳᵉ sentence, il doit en prononcer une seconde.

Les voies EXTRAORDINAIRES sont : la *Tierce opposition,* la *Requête civile,* — la *Prise à partie,* — la *Cassation.*

Elles ne suspendent pas l'exécution de droit ; une seule, la tierce opposition, peut être déclarée suspensive par les juges.

appartient aux tribunaux de commerce eux-mêmes. Ainsi, les enquêtes, les expertises, les descentes sur les lieux sont faites par ces tribunaux. Toutefois, lorsqu'il s'agit d'incidents dont la procédure est compliquée, comme le faux incident civil ou la vérification d'écritures, la connaissance en appartient aux tribunaux civils.

Le tribunal civil compétent, pour connaître de l'exécution des jugements commerciaux, n'est pas celui de l'arrondissement du tribunal de commerce qui a rendu le jugement, mais celui du lieu où l'exécution se poursuit.

VOIES DE RECOURS. — Les voies ordinaires pour attaquer les décisions des tribunaux de commerce sont, comme en matière civile, l'Opposition et l'Appel.

Opposition. — On a vu, page 173, les particularités de l'Opposition en matière commerciale (a).

(a)   DIFFÉRENCES

Entre la **Procédure civile**	et la **Procédure commerciale**.
Le préliminaire de conciliation est de principe.	Il n'y a jamais lieu à conciliation.
Le délai d'ajournement est de 8 jours.	L'ajournement est donné à 1 jour seulement.
Le ministère des avoués est indispensable.	Il n'y a pas d'avoués, mais des agréés dont le ministère est facultatif.
Il y a une série d'actes de procédure: constitution,—défenses,—réponse,—avenir.	Aucun acte de procédure n'est exigé en dehors de l'ajournement.
Il peut y avoir en général 2 *tribunaux compétents*: celui du domicile du défendeur et celui de la situation de l'immeuble.	Il y a 3 tribunaux compétents: 1° celui du domicile du défendeur; 2° celui dans le ressort duquel la promesse a été faite et la marchandise livrée; 3° celui dans le ressort duquel le paiement devait être effectué.
Les tribunaux d'arrondissement ne jugent qu'à partir de 200 fr. (au-dessous c'est le juge de paix).	Les tribunaux de commerce jugent tous les procès exceptés ceux déférés aux prud'hommes.
L'*Enquête* est tantôt ordinaire, tantôt sommaire, suivant la nature des affaires.	L'enquête est toujours sommaire.
Il y a quelquefois lieu à *Communication* au ministère public.	Il n'y a pas de ministère public.
La question de *Compétence* est jugée préalablement et séparement du fond.	La question de compétence peut être jointe à l'examen du fond, afin de statuer sur le tout par un seul jugement
Les *Qualités* du jugement sont rédigées par l'un des avoués.	Les Qualités sont rédigées par le greffier.
L'*Exécution* des jugements appartient aux tribunaux d'arrondissement qui ont statué.	L'exécution n'appartient jamais aux tribunaux de commerce, mais aux tribunaux d'arrondissement
Il y a 2 *Défauts* contre le défendeur. 1° contre partie,—ou faute de comparaître; 2° contre avoué, ou faute de conclure. En outre, il y a le défaut profit joint.	Suivant la doctrine, il n'y a qu'un seul défaut, celui faute de comparaître, et il n'y aurait pas de défaut profit joint. La jurisprudence admet les mêmes défauts.
L'exécution du jugement par défaut est suspendue de droit pendant 8 *jours* après la signification.	L'exécution du défaut n'est suspendue que pendant 1 jour, après signification.
L'*Opposition* faite sur le procès-verbal d'exécution doit être réitérée dans les 8 jours.	L'opposition sur le procès-verbal doit être réitérée dans les 3 jours.
L'*Appel* est suspensif, sauf les cas où il y a exécution provisoire.	L'appel n'est jamais suspensif, l'exécution provisoire étant de droit.
Il ne peut être interjeté que 8 *jours* après la sentence.	Il peut être interjeté le *jour même* du jugement.

que le tribunal ait pouvoir de dispenser le gagnant de fournir caution à l'appelant (a).

Quant aux jugements *par défaut*, sont-ils également exécutoires par provision nonobstant *opposition* ? On a longtemps prétendu que non, en s'appuyant d'abord sur l'art. 439, lequel ne permet l'exécution provisoire que nonobstant appel, et, en outre, sur l'art. 643, C. com., qui ne déclare pas applicable aux jugements commerciaux l'art. 115, C. pr., sur l'exécution provisoire. Mais la jurisprudence permet aux juges de commerce d'ordonner l'exécution provisoire nonobstant opposition : elle se base sur ce que l'art. 643 déclare applicable aux jugements commerciaux l'art. 159 ; or, cet article dit que l'opposition suspend l'exécution *si elle n'a été ordonnée nonobstant opposition*.

Les tribunaux de commerce ne connaissent pas de l'exécution de leurs jugements. Cette règle ne signifie pas qu'ils n'ont pas le pouvoir d'ordonner l'exécution de leur sentence, car les tribunaux de commerce ont, comme les tribunaux civils, le droit d'imprimer à leurs décisions la force exécutoire, et le greffier en délivre des copies revêtues de la formule exécutoire. Mais il est de principe que les tribunaux d'exception (justices de paix et tribunaux de commerce), aussitôt leurs jugements rendus et expédiés, ne sont plus compétents pour connaître des difficultés relatives à l'exécution, par ce motif que ces difficultés sont des questions de procédure dont la connaissance leur est étrangère.

Toutefois, cette règle doit s'entendre avec restriction, car elle ne s'applique qu'à l'exécution sur les biens ou sur la personne, et, par conséquent qu'aux jugements définitifs ou provisoires, qui seuls contiennent des condamnations proprement dites. Ainsi, les contestations relatives à la signification des jugements, — au commandement, — à la saisie des biens, seront portés devant les tribunaux civils ; cependant, il y a une exception relativement à la réception des cautions exigées comme garantie de l'exécution provisoire : bien qu'il s'agisse, en effet, dans ce cas, de l'exécution d'un jugement définitif ou provisoire, l'admission ou le rejet de ces cautions appartient aux tribunaux de commerce.

Quant aux jugements *préparatoires* et *interlocutoires*, comme ils n'ordonnent que des mesures d'instruction, leur exécution

a En matière *civile*, la solvabilité de la caution ne s'estime que eu égard à ses immeubles. — En matière *commerciale*, on tient compte de la fortune mobilière et du crédit des commerçants (2019, c. civ.).

Dans les 2 cas, ou plutôt dans les 2 systèmes, l'opposition peut être faite de 2 manières : — 1° par exploit d'huissier ; — 2° par déclaration sur le procès-verbal de l'huissier à l'instant de l'exécution. Dans ce dernier cas, l'opposition doit être réitérée dans les *3 jours* (en matière civile, on a 8 jours). Elle est, comme en matière civile, suspensive de l'exécution.

L'exécution du jugement par défaut peut avoir lieu 1 *jour* après la signification (en matière civile, il faut 8 jours). La célérité qu'exigent les matières commerciales a fait abréger le délai ; mais comme l'exécution est suspendue dès que l'opposition est formée, la loi veut que le demandeur fasse *élection de domicile* dans la commune du défendeur, s'il n'y est pas lui-même domicilié, afin que le défendeur puisse signifier son opposition au domicile élu, et arrêter ainsi immédiatement l'exécution, sans avoir à s'inquiéter de l'éloignement du demandeur, ce qui eût souvent rendu son opposition tardive, et, par conséquent, illusoire.

Le défaut *profit joint* doit-il être admis en matière commerciale ? Controverse. La doctrine, en général, le repousse, sous prétexte de célérité des affaires commerciales et de silence de la loi, qui ne rappelle pas l'art. 153 ; mais la jurisprudence l'admet comme en matière civile, car il y a même intérêt d'éviter la contrariété de jugements.

EXÉCUTION DES JUGEMENTS.— Tous les jugements *contradictoires* des tribunaux de commerce sont DE PLEIN DROIT *exécutoires par provision*, c'est-à-dire qu'ils doivent être exécutés malgré l'*appel* interjeté. Cette règle, un instant contestée, est aujourd'hui généralement reçue. A la première lecture de l'art. 439, on pourrait croire que cette exécution provisoire, au lieu d'être prononcée par la loi, est laissée à la volonté des juges, mais il y a un vice de rédaction, car la faculté que la loi accorde aux juges porte seulement sur la *caution* à exiger de l'appelant, et non sur l'exécution provisoire. En effet, d'après la loi du 24 août 1790, art. 4, l'exécution provisoire était de droit dans tous les cas, mais dans tous les cas aussi, il y avait, pour les juges, obligation d'exiger caution ; or, il est reconnu que le Code a voulu modifier ce dernier point seulement, c.-à-d. permettre aux juges de dispenser de la caution dans les 2 cas : 1° s'il y a *titre non contesté*, — 2° s'il y a *condamnation précédente sans appel*. Dans ces 2 cas, en effet, il y a une grande présomption en faveur de la sentence, et il est juste

sants, il ne peut y avoir qu'un dépôt valable, celui qui a la priorité de date [1].

Toutefois, en cas de fraude, c'est-à-dire en cas d'usurpation du dessin par le premier déposant, le second déposant a évidemment le droit de demander la nullité du dépôt frauduleux et la confirmation du sien, sans préjudice des poursuites pénales qu'il peut également intenter contre l'usurpateur : tous les auteurs sont d'accord sur ce point [2].

842. — Les effets du dépôt durent selon l'intention qu'a déclarée le déposant, un an, trois ans, cinq ans ou à perpétuité.

Lorsque le dépôt est temporaire, à l'expiration du délai fixé, l'enveloppe déposée doit, aux termes de l'article 18, être transmise au conservatoire des arts de la ville de Lyon, et l'échantillon y contenu doit être joint à la collection du conservatoire. Ce que la loi a ainsi prescrit pour la ville de Lyon est naturellement devenu applicable à toute ville dans laquelle a été créé un conseil de prud'hommes, à la condition, bien entendu, qu'elle possède un conservatoire analogue à celui de Lyon [3].

V. Nullités et déchéances.

843. — Le dépôt des dessins ou modèles peut, dans certains cas, être frappé de nullité.

Nous avons déjà signalé, à propos des brevets, la différence qui existe entre la nullité et la déchéance. Ainsi que nous l'avons dit, la nullité et la déchéance diffèrent d'abord quant à la nature de leurs causes, la nullité prenant sa source dans un fait antérieur à la naissance du droit exclusif, la déchéance dérivant au contraire de faits postérieurs à la naissance de ce droit. La nullité et la déchéance diffèrent, en second lieu, par la nature des effets qu'elles produisent : le jugement qui prononce la nullité a un effet rétroactif absolu et anéantit le droit dans le passé comme dans l'avenir, tandis que le jugement qui prononce la déchéance n'a d'effet que pour l'avenir.

Etudions successivement les causes de nullité admises en matière de dessins ou modèles de fabrique ; nous verrons ensuite s'il y a lieu d'admettre également des causes de déchéance.

1° *Nullités.*

844. — Bien que la loi de 1806 n'ait pas spécifié d'une manière précise les cas dans lesquels il y a nullité du dépôt, on admet unani-

---

1. V. Pouillet, n° 85.
2. V. Gastambide, n° 350 ; Philipon, n° 84 ; Pouillet, n° 87.
3. Pendant longtemps le conservatoire national des arts et métiers a reçu les échantillons provenant des dépôts faits à Paris et expirés : cette pratique est tombée en désuétude.

mement, comme conséquence naturelle et nécessaire de l'application des dispositions de cette loi, que le dépôt est nul lorsqu'il est effectué en dehors des conditions explicitement ou implicitement exigées par ces dispositions, c'est-à-dire lorsqu'il est fait soit pour un objet autre qu'un dessin, soit pour un dessin qui n'est pas nouveau, soit dans un lieu autre que ceux prescrits par la loi.

845. — 1° En premier lieu, il est évident que, si le dépôt porte sur un objet qui constitue non pas un dessin ou un modèle de fabrique, mais une véritable invention industrielle, le dépôt est sans valeur et sans effet.

846. — 2° En second lieu, il ressort de ce que nous avons dit, en étudiant la condition de nouveauté exigée pour le dépôt, que si le dessin déposé ne remplit pas cette condition essentielle, le dépôt est encore nul.

847. — A ce propos, la question s'est élevée de savoir si la divulgation du dessin avant tout dépôt, par exemple sa mise en vente, constitue une publicité destructive de la nouveauté et ayant, par conséquent, pour effet d'entacher de nullité le dépôt qui serait ultérieurement effectué.

Suivant un premier système, la divulgation ou mise en vente antérieure au dépôt ne fait pas perdre à l'auteur son droit de propriété. Ce droit dérive, en effet, de l'invention même, et non du dépôt qui n'a d'autre effet que de donner ouverture au droit de poursuite. Or, la loi n'imposant au propriétaire d'un dessin aucun délai pour poursuivre, il en résulte que le dépôt. simple formalité préalable à l'action en revendication, peut être effectué à toute époque, après comme avant la divulgation ou mise en vente [1].

Dans un second système, la divulgation ou mise en vente antérieure au dépôt constitue une publicité destructive de la nouveauté. Sans doute, dit-on, ce n'est pas le dépôt, mais l'invention qui crée le droit de propriété ; sans doute encore, le dépôt n'est qu'une formalité préalable à l'action en revendication ; mais la question est de savoir si celui qui, ayant inventé un dessin, le divulgue, le met en vente, le livre ainsi au public, ne doit pas être présumé avoir renoncé au droit d'en revendiquer « par la suite » la propriété exclusive. Poser la question n'est-ce pas la résoudre, alors que l'on admet que le droit privatif n'existe ici, comme pour toute découverte, que si l'invention est nouvelle ? Et pourquoi n'en serait-il pas ici comme en matière de brevets ? Là encore, le droit de propriété de l'inventeur existe préalablement au dépôt de la demande de brevet, et pourtant le

1. V. en ce sens : Rendu et Delorme, n° 590 ; Calmels, n° 223 ; Pouillet, n°s 89 et suiv.

dépôt de cette demande doit être effectué avant toute exploitation publique pour que l'invention puisse être considérée comme nouvelle [1].

848. — La jurisprudence a d'abord admis le premier système (V. Rej., 14 janv. 1828, Bouillet, Dall., v° *Industrie*, n° 290 ; Paris. 29 déc. 1835, Depoully, Godmard et Cie, Dall., 36, 2, 26 ; Rej., 17 mai 1843, Delon. Dall., 43, 1, 327). Mais, par arrêt du 1er juillet 1850, la Cour de cassation s'est prononcée pour le système de la nullité du dépôt effectué après la mise en vente (V. Rej., 1er juill. 1850, Valansot, Dall., 50, 1, 203), et, depuis, la jurisprudence semble définitivement fixée en ce sens (V. notamment: Paris, 23 déc. 1868. Chancel, Pataille, 69, 59 ; Paris, 22 avril 1875. Tiersot-Ziegler, Pataille, 83, 206 ; Paris 17 mai 1879, Ulman, Pataille, 81, 71 ; Trib. corr. Seine, 25 mai 1882, Aigon. Pataille, 83, 62) [2].

849. — La divulgation antérieure au dépôt ne fait tomber le dessin dans le domaine public que si elle émane de l'inventeur lui-même et peut être ainsi considérée comme. une renonciation de sa part à l'exercice de son droit d'action. Si donc, avant qu'un dessin été déposé et mis en vente par son auteur, un tiers s'en empare et le met lui-même en vente. cette usurpation frauduleuse non seulement n'invalidera pas le dépôt ultérieur, mais constituera même une contrefaçon qui pourra être poursuivie par l'auteur dès qu'il aura effectué le dépôt.

850. — Il y a lieu, dans le second système, de considérer comme une divulgation exclusive de la nouveauté de l'invention l'exhibition du dessin dans une exposition publique. Nous avons vu, toutefois, que la loi du 23 mai 1868 autorise les exposants, pour échapper à l'application de cette règle, à se faire délivrer, dans les conditions qu'elle détermine, un certificat, qui leur assure, pendant un certain délai, les mêmes droits qu'un dépôt légal et leur permet d'effectuer valablement le dépôt avant l'expiration de ce délai, malgré la divulgation antérieure résultant de l'exhibition du dessin.

851. — Par contre, on ne doit pas considérer comme une divulgation exclusive de la nouveauté de l'invention la simple communication d'échantillons ou même de pièces de type, faite antérieurement au dépôt du dessin, mais à titre confidentiel et dans le but d'obtenir des commandes (Paris, 6 avril 1853, Teulet, 53, 251 ; Rej., 15 nov. 1853, Valansot, Dall., 54, 1. 316).

852. — 3° Le dépôt est encore nul, en troisième lieu; lorsqu'il est fait devant une juridiction entièrement incompétente pour le recevoir.

---

1. V. en ce sens : Et. Blanc, p. 336 et 366 ; Gastambide, n° 341 ; Philipon, n° 117.

2. Le projet de loi voté par le Sénat, en 1879, fait de la « publicité industrielle » antérieure au dépôt une cause de nullité du dépôt.

Nous nous bornons à renvoyer à cet égard à ce que nous avons dit en traitant de la juridiction compétente pour recevoir les dépôts (V. nos 825, 827 et 829). Rappelons seulement que l'incompétence simplement relative n'est pas, à notre avis, une cause de nullité (V. no 829).

853. — En dehors de ces trois causes de nullité qui consistent dans la violation des conditions essentielles de l'existence légale du dépôt, nous ne pensons pas qu'il y ait lieu d'en admettre d'autres, les nullités ne se suppléant pas et tout, en cette matière, étant de droit étroit.

854. — C'est donc à tort, selon nous, que la jurisprudence considère comme une cause de nullité du dépôt le fait par le déposant de n'avoir fait fabriquer son dessin qu'à l'étranger (V. Paris, 10 juill. 1846, Lubiensky, Dall., 47, 2, 13 ; Paris, 6 avril 1853, Rosset et Normand, Dall., 54, 2, 35 ; Paris, 13 fév. 1880, Jollivard et Villain, Pataille, 80, 2, 76) [1]. Le système de la jurisprudence à cet égard semble, d'ailleurs, aujourd'hui inconciliable avec les nombreux traités de commerce qui ont été conclus dans ces dernières années et qui permettent aux étrangers de déposer en France et d'y revendiquer les dessins et modèles de fabrique qu'ils ont créés et qu'ils fabriquent dans leur pays, sans que ce droit soit subordonné à l'obligation d'y exploiter ces dessins et modèles [2].

855. — Nous n'admettrions pas de même que le défaut de paiement de la taxe légale pût, en l'état de la législation actuelle, entacher le dépôt de nullité [3].

856. — La nullité du dépôt, dans les cas où elle est admise, peut être invoquée, soit par voie d'action principale, soit, comme cela a lieu le plus souvent, par voie d'exception, par toute personne y ayant un intérêt né et actuel, notamment par celle qui est poursuivie en contrefaçon, par le concurrent du déposant et aussi par le consommateur. La loi n'admet pas ici, comme en matière de brevet, de nullité absolue, prononcée à l'égard de tous à la requête du ministère public.

Si la nullité est invoquée par voie d'action principale, le tribunal compétent est en principe, le tribunal de commerce, ainsi que le dit l'article 15 : nous pensons toutefois qu'en déclarant ainsi le tribunal de commerce compétent, l'article statue simplement sur le *plerumque fit*, c'est-à-dire pour le cas où les parties sont commerçantes, et que si les parties ne sont pas commerçantes, la juridiction compétente est celle de droit commun, c'est-à-dire le tribunal civil [4].

---

1. V. en ce sens : Gastambide, no 345 ; Calmels, no 237 ; Rendu et Delorme, no 585 ; Defert, Pataille, 80, 280.

2. V. en ce sens : Philipon, no 124 ; Pouillet, no 118.

3. Le projet de loi voté par le Sénat, en 1879, fait du non-paiement de la taxe une cause de déchéance.

4. V. en ce sens : Pouillet, no 122 ; *Contrà* : Philipon, no 136.

Si la nullité est invoquée par voie d'exception, il y a lieu d'appliquer la règle que le juge de l'action est juge de l'exception ; toutefois, le jugement qui statue, dans ce cas, sur la nullité n'a d'autorité que relativement au procès dans lequel l'exception a été opposée : le même prévenu peut donc invoquer, dans un nouveau procès, la même nullité en se fondant sur la même cause.

2º Déchéances.

857. — Si les trois causes de nullité du dépôt que nous avons admises sont implicitement contenues dans la loi de 1806, il est absolument impossible d'y trouver aucune cause de déchéance.

On ne saurait donc, dans le silence de la loi, voir une cause de déchéance du dépôt ni dans l'introduction en France d'objets fabriqués à l'étranger sur le dessin ou modèle déposé [1], ni dans la cessation d'exploitation prolongée pendant un certain temps [2], ni enfin dans le défaut absolu d'exploitation [3].

1. V. Philipon, nº 130.
2. V. Philipon, nº 131.
3. V. Philipon, nº 132 ; Pouillet, nº 120.

CHAPITRE III.

PROPRIÉTÉ ET TRANSMISSION DES DESSINS ET MODÈLES

I. Propriété des dessins et modèles.

858. — Le droit de propriété que la loi reconnaît à l'auteur d'un dessin ou modèle sur ce dessin ou sur ce modèle consiste dans la faculté exclusive de reproduire, vendre ou faire vendre son œuvre.

Ainsi que nous l'avons dit, le droit de propriété dérive du seul fait de l'invention ; toutefois, s'il y est porté atteinte par des tiers, il ne peut être revendiqué contre eux, aux termes de l'article 15 de la loi de 1806, qu'après que la formalité du dépôt a été remplie dans les conditions déterminées par cette loi.

859. — L'inventeur qui a ainsi effectué le dépôt peut exercer sa revendication même contre ceux qui auraient, sans droit, déposé le dessin ou modèle : nous savons, en effet, que le dépôt n'est pas attributif, mais simplement déclaratif de la propriété du dessin ou modèle.

860. — En fait, ce sont le plus souvent des fabricants qui sont propriétaires des dessins ou modèles, soit qu'il les aient eux-mêmes composés, soit qu'il les aient fait composer par des spécialistes qu'ils emploient à leur service et qui leur ont par avance cédé tacitement la propriété de tous les dessins ou modèles qu'ils inventeraient, soit enfin qu'ils se soient rendus cessionnaires de dessins ou modèles composés par un artiste indépendant.

861. — Le droit de l'auteur d'un dessin ou modèle est un droit mobilier incorporel, susceptible non seulement de s'exercer comme droit de propriété, mais encore de faire l'objet d'un usufruit ou d'un nantissement. Il peut également être l'objet d'une copropriété ou d'un apport en société.

862. — Comme tous les droits mobiliers incorporels, le droit de jouissance exclusive de l'auteur d'un dessin ou modèle peut être saisi et vendu à la requête des créanciers, à la condition, toutefois, que l'auteur ait clairement manifesté l'intention de publier le dessin ou modèle. On admet généralement que la saisie-exécution est la seule forme de saisie applicable en cette matière.

863.—Quels sont les tribunaux compétents pour statuer sur les actions relatives à la propriété des dessins ou modèles de fabrique? L'article 15 de la loi de 1806 dispose, ainsi que nous l'avons déjà vu, que la propriété doit être revendiquée devant les tribunaux de commerce. Mais nous avons dit aussi que cette disposition, à notre avis, statue sur le *plerumque fit*, c'est-à-dire pour le cas où les deux parties sont commerçantes, et qu'elle n'exclut pas. lorsque les parties ne sont pas commerçantes, la compétence de la juridiction de droit commun, c'est-à-dire des tribunaux civils [1].

II. Cession des dessins et modèles.

864. — Le droit de l'auteur d'un dessin ou modèle se transmet, comme toute autre propriété. d'une part par succession ou testament et, d'autre part, par convention à titre gratuit ou onéreux.

La cession s'opère, ici, sans aucune formalité et se constate conformément au droit commun.

865. — La cession peut être totale ou partielle : elle est totale, lorsqu'elle comprend l'intégralité des droits appartenant au cédant ; elle est partielle, lorsqu'elle est restreinte à un temps, à un lieu ou à un article déterminé.

866. — Les actions relatives à la cession d'un dessin sont comme celles relatives à la propriété. de la compétence du tribunal de commerce ou du tribunal civil. selon que la contestation a lieu ou non entre commerçants (V. n° 863).

---

1. V. en ce sens : Le Hir, 1863, 1, 267 ; Pouillet, n° 111. — *Contrà* : Philipon, nos 183 et suiv.

CHAPITRE IV

USURPATION DES DESSINS ET MODÈLES

---

867. — Nous avons déjà indiqué que l'usurpation des dessins et modèles de fabrique est régie par les articles 425, 426 et 427 du code pénal. L'article 425 dispose que toute édition d'un dessin, au mépris des lois relatives à la propriété des auteurs, est une contrefaçon qui constitue un délit, et l'article 426 assimile à la contrefaçon le débit du dessin contrefait et l'introduction en France du dessin contrefait à l'étranger. La jurisprudence a constamment décidé que le mot *dessin* employé par l'article 425 doit être pris dans son sens le plus général et comme comprenant le dessin industriel aussi bien que le dessin artistique. Elle applique ainsi, en cas d'usurpation de dessins ou modèles de fabrique, les pénalités édictées par l'article 427 contre les auteurs des délits prévus par les articles 425 et 426 (V. notamment : Paris, 9 déc. 1835, Rondeau-Pouchet. Dall.. v° *Industrie*, n° 307 ; Paris 24 juin 1837. Brun. Dall.. v° *Industrie*, n° 307 ; Riom, 18 mai 1853, Seguin, Dall., 54, 2. 50).

868. — Nous avons à examiner, au sujet de l'usurpation des dessins et modèles : 1° quels sont les faits constitutifs de ce délit ; 2° quel est le caractère du délit ; 3° à quelles actions il donne lieu ; 4° quelles sont les pénalités édictées.

I. Faits constitutifs du délit.

869. — Ainsi que nous venons de le dire, les articles 425 et 426 distinguent divers modes d'usurpation : la contrefaçon proprement dite et deux autres délits spéciaux qu'elle assimile à la contrefaçon, c'est-à-dire le débit du dessin contrefait et l'introduction sur le territoire français du dessin qui, après avoir été édité en France, a été contrefait à l'étranger.

1° *Contrefaçon proprement dite.*

870. — La contrefaçon proprement dite consiste dans la reproduction du dessin ou modèle faite par un tiers, dans une industrie similaire, contrairement au droit de l'auteur. Il n'est pas nécessaire, pour qu'il y ait contrefaçon, que cette reproduction soit servile : il suffit que, malgré les changements de détail apportés au dessin ou modèle original, elle lui maintienne son aspect général, sa physionomie propre, de manière à rendre possible une confusion dans l'esprit du public (V. notamment : Paris, 27 juill. 1876, Deneubourg et Gaillard, Pataille, 76, 206 ; Paris, 15 mars 1879, Sautter, Pataille, 79, 360).

871. — La contrefaçon existe encore, alors même que la reproduction est faite sur une matière autre que celle qui a servi pour le dessin ou le modèle original : ainsi la substitution d'un tissu à un autre, pour les dessins, ou d'un métal à un autre, pour les modèles, ne fait pas disparaître le délit, alors même que le tissu ou le métal employé par le contrefacteur serait moins précieux (V. Paris, 7 juin 1884, Eggly-Roux, cité par Blanc, p. 321 ; Lyon, 26 juill. 1852, Champagne, le Hir, 52, 2, 392 ; Paris, 15 avril 1857, Pagès-Baligot).

872. — Toutefois, aux termes de l'article 425, la reproduction ne constitue une contrefaçon punissable que lorsqu'elle a été éditée, c'est-à-dire lorsque l'objet contrefait a été mis au jour : ainsi, le seul fait d'avoir préparé la planche ou le moule destiné à reproduire le dessin ou le modèle contrefait ne constituerait pas un délit : il faut qu'il y ait eu usage effectif de la planche ou du moule. En d'autres termes, la simple tentative de contrefaçon n'est pas punissable.

2° *Faits assimilés à la contrefaçon.*

873. — L'article 426 assimile à la contrefaçon proprement dite le débit du dessin contrefait et l'introduction en France du dessin contrefait à l'étranger. Ce sont là deux faits d'un ordre particulier, qui, suivant le délit, au lieu de le précéder, ne pouvaient rentrer dans les termes généraux des articles 59 et 60 du code pénal relatifs à la complicité par assistance : ces articles sont, d'ailleurs, également applicables en notre matière, conformément au droit commun. Examinons successivement les deux faits que la loi assimile à la contrefaçon :

874. — **I. Débit du dessin contrefait.** — La loi punit, au même titre que la contrefaçon, le débit du dessin ou modèle contrefait : cette disposition se justifie d'elle-même.

On admet généralement que le mot *débit* comprend, ici, non-seulement le fait de la vente accomplie, mais encore le fait de l'offre au public par la mise en vente.

Quant à l'exhibition du dessin ou modèle contrefait dans une exposition publique, elle constitue également le délit de débit, si, en fait, elle a lieu en vue de vendre les objets exposés.

On est également d'accord pour reconnaître qu'il n'est pas besoin, pour constituer le délit, d'une série d'actes répétés, et qu'il suffit d'un acte même isolé.

875. — II. Introduction en France du dessin contrefait à l'étranger. — L'article 426 assimile encore à la contrefaçon l'introduction sur le territoire français du dessin ou modèle fabriqué à l'étranger en contrefaçon d'un dessin ou modèle publié en France. La loi française ne peut, en effet, défendre hors de son territoire, la propriété du dessin ou modèle ainsi contrefait; mais, dès que le dessin ou modèle contrefait rentre sur le territoire français, la loi reprend tout son empire et elle punit l'introducteur, comme elle punirait le contrefacteur.

II. Caractère du délit.

876. — L'usurpation de dessins ou de modèles de fabrique constitue un délit correctionnel soumis à toutes les règles du droit commun. Il suppose notamment un élément intentionnel et n'existe que si l'auteur de l'usurpation a su que le dessin ou le modèle usurpé appartenait à autrui. Il faut, d'ailleurs, remarquer qu'ici, à la différence de ce qui est admis en matière de contrefaçon de brevets, la mauvaise foi ne peut pas se présumer, puisque, tandis que les brevets sont livrés à la publicité, le dépôt des dessins et modèles se fait à couvert et qu'il est ainsi matériellement impossible aux tiers de savoir si le dessin ou modèle qu'ils copient ne fait pas l'objet d'un droit exclusif.

877. — L'usurpation de dessins ou modèles étant un délit, le droit de poursuite se prescrit, conformément à la règle générale de l'article 638 du code d'instruction criminelle, par trois ans à partir du jour où le fait d'usurpation a été commis.

Il faut remarquer à cet égard que chaque fait d'usurpation constitue un délit distinct et que, par suite, la prescription commence à courir à chaque fait d'usurpation, c'est-à-dire à chaque fait de fabrication, de vente ou d'introduction sur le territoire français. Les règles que nous avons posées à cet égard, en traitant de la contrefaçon en matière de brevets, trouvent ici leur application.

III. Actions auxquelles donne lieu le délit.

878. — Par cela même que l'usurpation d'un dessin ou modèle de fabrique constitue un délit, la réparation du préjudice qui en résulte peut être poursuivie. soit par la voie civile, c'est-à-dire par l'action de droit commun en revendication et en dommages-intérêts, soit par la voie correctionnelle, c'est-à-dire par l'action pénale qui naît de tout délit. Nous avons à examiner au sujet de cette double action, mais en nous attachant surtout à celle qui naît du délit : 1° par qui l'action peut être intentée ; 2° comment se constate l'usurpation ; 3° devant quels tribunaux l'action doit être portée ; 4° dans quelles formes elle doit être exercée.

1° Par qui l'action peut être intentée.

879. — Ici encore, comme en matière de contrefaçon de brevets et de marques, le droit de poursuite appartient à la partie lésée et au ministère public.

880. — I. Droit de la partie lésée. — Le droit de poursuite appartient en premier lieu à la partie lésée, c'est-à-dire le plus souvent au propriétaire du dessin ou modèle, ou à ses ayants-droit. Nous savons, toutefois, que ce propriétaire ne peut exercer son droit de poursuite qu'après avoir préalablement accompli la formalité du dépôt.

881. — Le droit de propriété étant ainsi le fondement nécessaire du droit de poursuite, le tiers poursuivi peut toujours contester la qualité de propriétaire du poursuivant : nous avons vu, en effet, que le dépôt établit simplement une présomption de propriété en faveur du déposant et que cette présomption peut être détruite par la preuve contraire.

882. — Le propriétaire qui a cédé en partie seulement ses droits sur le dessin ou modèle conserve une part de propriété et par cela même garde le droit de poursuite (V. Paris, 23 juill. 1877, et Rej., 8 janv. 1878, Deneubourg-Ligier, Pataille, 78, 207). Il en serait autrement, bien entendu, s'il s'agissait d'une cession totale, dépouillant complètement le cédant de sa propriété.

883. — On admet généralement que, en dehors du propriétaire, il y a lieu de considérer encore comme partie lésée, ayant par conséquent, conformément au droit commun, le droit de poursuite, le commerçant qui a acheté, dans l'intention de les revendre, un certain nombre d'objets fabriqués suivant des dessins déposés, sans toutefois acheter la propriété de ces dessins : il est évident que la contrefaçon des dessins lui porte préjudice [1].

884. — La partie lésée peut, soit exercer l'action civile devant le tribunal civil ou de commerce, soit exercer directement l'action correctionnelle, soit se porter partie civile sur l'action intentée par le ministère public.

385. — II. Droit du ministère public. — Conformément au droit commun, le ministère public a qualité pour poursuivre, même d'office, la répression du délit d'usurpation des dessins ou modèles de fabrique :

---

1. V. Philipon, n° 174 ; Pouillet, n° 159.

ce droit de poursuite n'est pas subordonné ici, comme en matière de brevets, à la plainte de la partie lésée.

2o *Comment se constate l'usurpation.*

886. — La loi ne déterminant en cette matière aucun mode de preuve particulier, il y a lieu d'admettre tous les moyens de preuve du droit commun, notamment la preuve par témoins, la production des livres et papiers de la partie poursuivie, l'aveu de cette partie.

887. — Le demandeur peut aussi faire procéder à la description ou à la saisie des dessins prétendus contrefaits. Mais dans quelles formes cette saisie doit-elle être pratiquée? Dans le silence de la loi, les auteurs et la jurisprudence ont admis différents systèmes.

D'après un premier système, c'est aux conseils des prud'hommes, dans les lieux où ils sont établis, qu'il appartient d'ordonner les saisies. Les partisans de ce système se fondent sur ce que les articles 10, 11 et 12 de la loi de 1806 chargent les conseillers prud'hommes de constater, d'après les plaintes qui leur sont adressées, par des procès-verbaux qu'ils dressent, au nombre de deux au moins et assistés d'un officier public, les contraventions aux lois et règlements [1].

Dans un second système, on applique à la saisie des dessins et modèles de fabrique les règles prescrites, à cet égard, par la loi du 19 juillet 1793 sur la propriété littéraire et artistique : aux termes de cette loi, les juges de paix sont tenus de confisquer, à la réquisition et au profit des auteurs, compositeurs, peintres ou *dessinateurs*, tous les exemplaires des éditions imprimées ou gravées sans la permission des auteurs. La loi de 1806, dit-on, édictée en vue de la seule ville de Lyon, n'a pas eu pour effet d'abroger complètement la loi de 1793, qui, jusque-là, régissait les dessins industriels comme les dessins artistiques; et cette dernière loi, même en tant qu'elle s'applique aux dessins industriels, a subsisté et subsiste encore aujourd'hui dans celles de ses parties qui n'ont pas été au moins implicitement abrogées par la première [2].

Dans la pratique, c'est un troisième système qui a prévalu. La jurisprudence la plus récente reconnaît, en effet, au président du tribunal civil le droit d'autoriser, sur requête, la description avec ou sans saisie des dessins ou modèles contrefaits, comme il autorise la description des inventions brevetées : elle fonde ce droit du président sur l'article 54 du décret du 30 mars 1808, contenant règlement pour la police et la discipline des cours et tribunaux; cet article dispose que « toutes requêtes à fin d'*arrêt* ou de revendication de meubles, ou d'autres me-

1. V. en ce sens: Ruben de Couder, no 118; Pouillet, no 171.
2. V. en ce sens: Philipon, no 202.

sures d'urgence seront présentées au président du tribunal, qui les ré-
pondra par son ordonnance. » Quelque contestable que puisse paraître
l'applicabilité de cette disposition à la matière des dessins et modèles
de fabrique, elle est aujourd'hui à peu près unanimement admise par
la jurisprudence (V. Paris, 11 fév. 1875, Duminy, Pataille, 75, 273 ;
Paris, 27 juill. 1876, Dencubourg et Gaillard, Pataille, 76, 206; Trib.
civ. Seine, 27 août 1879, Romœuf, Pataille, 80, 110).

888. — Les différentes règles édictées pour la saisie en matière de
contrefaçon de brevets trouvent ici leur application. C'est ainsi que le
saisissant peut laisser les objets à la disposition du saisi, qui en devient le gardien, ou en effectuer le transport et le dépôt au greffe du
tribunal, qu'il peut se faire autoriser à assister lui-même à la saisie
pour guider l'huissier, qu'il peut faire ordonner qu'un expert y sera
présent. De même encore le demandeur peut se contenter d'une simple
description, sans enlèvement réel des objets argués de contrefaçon.

889. — Une fois la saisie opérée, il y a lieu de procéder à l'ouverture de l'enveloppe qui renferme le dépôt, de façon à ce que les juges
aient sous les yeux les deux termes de comparaison. Cette ouverture
est faite conformément aux prescriptions de l'article 17.

Si le ministère public poursuivait d'office la répression de la contrefaçon d'un dessin ou modèle, il pourrait, en outre, provoquer la saisie
dans les formes prescrites par le code d'instruction criminelle.

3o *Devant quels tribunaux l'action doit être portée.*

890. — L'action correctionnelle, qu'elle soit intentée par la partie
lésée ou par le ministère public, est, nécessairement, de la compétence
des tribunaux correctionnels.

891. — Quant à l'action civile, si elle est jointe à une action correctionnelle, elle est portée devant le même tribunal que l'action correctionnelle; si, au contraire, elle est intentée principalement, elle doit
être portée, aux termes de l'article 15 de la loi de 1806, devant le tribunal de commerce, mais seulement, ainsi que nous l'avons déjà dit,
dans le cas où les deux parties sont commerçantes ; dans le cas contraire, le tribunal civil serait, selon nous, seul compétent (V. n° 863).

Quant à la compétence *ratione personœ*, elle est régie par les règles
de droit commun.

4o *Dans quelles formes l'action doit être exercée.*

892. — Devant la juridiction correctionnelle, comme devant la juridiction commerciale ou civile, ce sont les règles ordinaires de procédure qui s'appliquent en cette matière. Nous n'avons donc rien de spécial à dire à cet égard.

IV. Pénalités édictées.

893. — Les usurpations de dessins prévues par les articles 425 et 426 du code pénal sont punies par l'article 427 du même code. La jurisprudence applique donc également aux usurpations de dessins ou de modèles de fabrique les pénalités édictées par ce dernier article.

Ces pénalités consistent dans l'amende et la confiscation, sans préjudice des dommages-intérêts auxquels l'usurpateur peut être condamné.

894. — I. Amende. — L'article 427 du code pénal édicte d'abord contre l'usurpateur la pénalité de l'amende. S'il s'agit d'un contrefacteur proprement dit ou d'un introducteur de dessins ou modèles contrefaits à l'étranger, l'amende est de 100 à 2,000 francs ; s'il s'agit d'un débitant, elle n'est que de 25 à 500 francs.

L'article 463 relatif à l'admission des circonstances atténuantes est, d'ailleurs, applicable ici, comme pour tout délit.

895. — Le juge doit prononcer autant d'amendes distinctes qu'il y a de co-auteurs ou de complices, avec solidarité réciproque. La solidarité ne peut, toutefois, atteindre que ceux qui sont condamnés comme ayant sciemment participé au même fait délictueux : ainsi, deux débitants, sans relations entre eux, d'un même dessin contrefait pourront être condamnés, chacun pour les faits qui le concernent, solidairement avec l'auteur de la contrefaçon ; mais ils ne pourront être condamnés solidairement entre eux.

896. — L'amende est une peine : elle ne peut donc être prononcée que par la juridiction correctionnelle.

Comme toute peine correctionnelle, l'amende se prescrit, conformément à la règle générale de l'article 636 du code d'instruction criminelle, par cinq ans à dater du jour de l'arrêt ou du jugement de première instance devenu définitif.

897. — II. Confiscation. — Aux termes de l'article 427, la confiscation doit, en outre de l'amende, être prononcée tant contre le contrefacteur que contre l'introducteur et le débitant.

898. — La confiscation porte d'abord sur le dessin ou modèle contrefait et nécessairement, par suite, sur l'objet auquel il s'applique, par exemple sur les pièces d'étoffe, sur les porcelaines sur lesquelles est appliqué le dessin ; elle porte en second lieu sur les instruments de la contrefaçon, c'est-à-dire sur les planches ou moules des dessins ou modèles contrefaits. Toutefois la confiscation ne porte pas sur les objets simplement préparés à recevoir le dessin contrefait.

899. — Les objets confisqués sont remis en nature à la partie lésée : on admet généralement qu'il n'y a pas lieu de prendre à la lettre les termes de l'article 429 qui parle de la remise du produit des confiscations et suppose ainsi que les objets confisqués ont été vendus [1].

900. — Aux termes de l'article 427, la confiscation est obligatoire pour le juge : il ne peut donc en faire remise ni en tout ni en partie, et l'article 463 n'est pas applicable à cet égard.

901. — La confiscation est généralement considérée moins comme une peine proprement dite que comme une réparation civile. De là résultent les conséquences suivantes que la jurisprudence a maintes fois admises :

1o La confiscation peut être prononcée, sur la demande de la partie lésée, par les tribunaux de commerce ou civils aussi bien que par les tribunaux correctionnels (Paris, 15 avril 1857, Teul., 57, 229).

2o La confiscation doit être prononcée même en cas d'acquittement du prévenu à raison de sa bonne foi (Paris, 21 nov. 1867, Pataille, 67, 357).

3o La confiscation peut être pratiquée entre les mains d'un acheteur de bonne foi (Poitiers, 17 fév. 1855, Sir., 55, 2, 539).

902. — **III. Dommages-intérêts.** — En outre de la confiscation, les tribunaux peuvent toujours condamner l'usurpateur, conformément à l'article 1382 du code civil, à des dommages-intérêts pour le préjudice qu'il a causé au propriétaire du dessin ou modèle usurpé.

903. — Cette condamnation à des dommages-intérêts peut, conformément aux principes généraux, être prononcée par n'importe quelle juridiction et contre tout usurpateur, même de bonne foi.

904. — Il appartient aux tribunaux d'apprécier souverainement l'importance du préjudice causé et le montant des dommages-intérêts à allouer. en s'inspirant toujours de cette règle que l'indemnité due au propriétaire lésé doit être pour lui la réparation du préjudice qu'il a souffert, et jamais une occasion de gain.

Comme pour l'amende, la solidarité peut être prononcée pour les dommages-intérêts contre les co-auteurs et les complices du même fait d'usurpation.

905. — Les tribunaux peuvent toujours, en outre et à titre de réparation supplémentaire. ordonner, conformément à l'article 1036 du code de procédure civile, l'insertion et l'affichage de leur jugement.

Ils peuvent également ordonner cette mesure au profit du prévenu de contrefaçon que le jugement a renvoyé de l'instance.

1. V. Philipon, no 220 ; Pouillet, no 177.

CHAPITRE V.

DROITS DES ÉTRANGERS

906. — Il importe, ici encore, d'examiner à part quels sont en cette matière les droits des étrangers. Peuvent-ils déposer en France un dessin ou modèle de fabrique et exercer ensuite, en vertu de ce dépôt, devant les tribunaux français, l'action en revendication ou en usurpation.

907. — La question a été vivement controversée jusqu'au jour où la loi du 26 novembre 1873 relative à l'établissement d'un timbre sur les marques commerciales et de fabrique, est venue, comme nous l'avons déjà dit, disposer incidemment, dans son article 9, que les lois en vigueur concernant la propriété industrielle et notamment celle des dessins ou modèles seront appliquées au profit des étrangers, si, dans leur pays, la législation ou des traités internationaux assurent aux français les mêmes garanties.

Cette disposition n'a fait d'ailleurs que consacrer le système de la jurisprudence, qui, antérieurement à la loi de 1873, refusait à l'étranger même établi en France, le droit d'y revendiquer la propriété de ses dessins ou modèles de fabrique, à défaut de réciprocité pour les français dans son pays [1].

908. — Dans les cas où l'étranger est admis, conformément à la loi de 1873, à déposer en France ses dessins ou modèles, il doit, aux termes d'un décret du 5 juin 1861, effectuer ce dépôt au secrétariat de l'un des conseils de prud'hommes de Paris, à moins qu'il n'ait une fabrique en France, auquel cas le dépôt devrait être effectué, comme pour un Français, au conseil de prud'hommes ou au tribunal de commerce du lieu de la fabrique.

909. — Plusieurs conventions diplomatiques contiennent une dérogation à la règle édictée par le décret de 1861.

---

1. Le projet de loi voté par le Sénat, en 1879, garantit aux étrangers la propriété de leurs dessins et modèles, à la condition ou bien qu'ils appartiennent à un pays accordant la réciprocité aux Français, ou bien qu'ils résident en France (V. la critique de ce système, Philipon, n° 108).

Ainsi, le traité conclu avec la Suisse, le 23 février 1882, et qui est d'ailleurs calqué sur celui du 30 juin 1864, dispose que tous les dessins de fabrique suisses doivent être déposés au conseil des prud'hommes des tissus à Paris, qui est chargé de transmettre les dépôts qui ne le concernent pas à celui des autres conseils de Paris qui est compétent.

Par une exception plus singulière encore et qui ne peut s'expliquer. comme on l'a dit, que par une véritable étourderie diplomatique, le traité conclu avec l'Italie le 29 juin 1862 et celui qui a été conclu avec l'Autriche le 11 décembre 1866, et qui a été maintenu par la convention du 7 novembre 1881, chargent le tribunal de commerce de la Seine de recevoir exclusivement le dépôt des dessins ou modèles des nationaux de ces deux Etats.

LIVRE V

DE LA CONCURRENCE DÉLOYALE

CHAPITRE I

NOTIONS GÉNÉRALES

———

910. — On désigne sous la dénomination générale de *concurrence déloyale* tout agissement qui a pour but de détourner, au profit de son auteur, la clientèle d'un établissement industriel ou commercial similaire.

Les usurpations de brevets, de marques, de noms, de dessins et modèles de fabrique, qui, toutes, ont pour but le détournement de la clientèle d'autrui et qui constituent à ce titre des actes de concurrence déloyale, sont réprimées, comme nous l'avons vu, par des lois spéciales qui font, en même temps, de ces faits des délits punis de peines correctionnelles.

En dehors de ces usurpations, il est d'autres faits qui ont également pour but de détourner la clientèle : ces faits, que ne prévoit aucune loi spéciale, ne donnent lieu à aucune répression pénale ; mais ce sont des faits dommageables qui donnent lieu à une réparation civile et qui constituent ce qu'on appelle en droit des *délits civils* ou des *quasi-délits*, selon qu'ils ont été commis avec ou sans intention de nuire.

911. — En vertu des principes généraux de notre droit, un fait dommageable constitue un délit civil donnant lieu à une réparation civile à la triple condition : 1° qu'il soit illicite, c'est-à-dire qu'il porte atteinte à un droit appartenant à autrui et qu'il ne constitue pas, de la part de son auteur, l'accomplissement d'une obligation légale ou l'exercice d'un droit ; 2° qu'il soit imputable à son auteur, c'est-à-dire qu'il puisse être considéré comme le résultat d'une libre détermination de sa part ; 3° enfin, qu'il soit commis avec intention de nuire. C'est par ce troisième caractère que le délit civil diffère du simple quasi-délit, qui consiste dans un fait dommageable illicite, imputable à son auteur, mais commis sans intention de nuire.

Le fait dommageable qui constitue le délit ou le quasi-délit peut, d'ailleurs, être un fait négatif ou d'omission, aussi bien qu'un fait positif ou de commission. Dans un cas comme dans l'autre, le fait dommageable résulte d'une faute imputable à son auteur et qui engendre pour celui-ci, conformément à l'article 1382 du code civil, l'obligation de réparer le préjudice qui en résulte : cette obligation est sanctionnée par l'action en dommages-intérêts.

912. — C'est par ces principes généraux que sont régis les actes de concurrence déloyale, qui ayant pour but, ainsi que nous l'avons dit, de détourner la clientèle d'un concurrent, constituent des faits dommageables. Ces faits sont, suivant les cas, des délits civils ou des quasi-délits, dès que le préjudice qu'ils occasionnent résulte d'une faute, intentionnelle ou non, imputable à leur auteur.

913. — La concurrence déloyale suppose ainsi, comme tout délit ou quasi-délit civil, deux éléments nécessaires : 1° un préjudice causé; 2° une faute imputable à son auteur.

914. — 1° L'existence d'un préjudice est le fondement nécessaire d'une action en concurrence déloyale.

Pourvu que ce préjudice existe, il importe peu qu'il soit considérable ou minime. Il peut même n'être qu'éventuel : ainsi lorsqu'un commerçant se plaint de manœuvres de nature à détourner la clientèle de son établissement au profit de celui de son rival, il n'est pas nécessaire qu'il justifie que ce détournement de clientèle a eu lieu effectivement ; il suffit qu'il établisse que le détournement a été rendu possible.

C'est aux tribunaux qu'il appartient d'apprécier souverainement, en fait, si le danger d'un détournement de clientèle est suffisant ou non pour constituer un préjudice.

915. — 2° Le second élément nécessaire de la concurrence déloyale, dont l'appréciation appartient encore au juge du fait, consiste dans l'existence d'une faute imputable à son auteur.

Il importe peu que cette faute soit intentionnelle ou non intentionnelle ; dans le second cas, comme dans le premier, elle constitue une concurrence déloyale ; la faute peut, en effet, consister en une simple négligence ou imprudence. L'intention de nuire de la part de l'auteur de la faute n'est donc pas un élément nécessaire de la concurrence déloyale, et l'action en concurrence déloyale, qui est fondée uniquement sur l'article 1382 du code civil, peut être intentée même contre celui qui a agi sans intention de nuire [1] : la jurisprudence se prononce unanimement en ce sens (V. notamment : Paris, 17 nov. 1852, Daujon, Teulet, 2, 52 ; Paris, 28 avril 1858, Dorvault, Pataille, 58, 298 ; Aix, 12 mars 1870, Turbin, Pataille, 73, 205 ; Paris, 15 fév. 1872, Chauchard et Hériot, Pataille, 73, 387 ; Trib. comm. Nice, 3 mars 1880, le *Figaro*, Pataille, 80, 174).

---

1. V. Ruben de Couder, v° *Concurrence déloyale*, n° 6 ; Pouillet, n° 678 ; Allart, n° 8.

916. — C'est donc simplement le préjudice causé et la faute commise que caractérise l'épithète de *déloyale* communément appliquée à la concurrence qui donne lieu à une réparation : la qualification *d'illicite*, qui n'éveille pas *a priori*, comme celle de *déloyale*, l'idée d'une intention frauduleuse, serait, à notre avis plus exactement employée.

Si la concurrence n'est pas déloyale dans le sens spécial que nous venons d'indiquer, elle est permise, en vertu du principe de notre droit public qui proclame la liberté du commerce et de l'industrie.

917. — La concurrence déloyale ou illicite peut se manifester sous les formes les plus diverses. Quelque variés cependant que soient les modes qu'elle affecte, ils offrent des caractères communs qui permettent de les grouper et d'en faire une classification méthodique.

918. — Nous suivons, dans l'étude de ces différents modes, la classification à la fois simple et rationnelle proposée par M. Allart et, avec lui, nous distinguerons, selon les moyens employés pour poursuivre le détournement de clientèle : 1° les actes de concurrence déloyale qui consistent en des agissements de nature à créer la confusion entre les établissements ; 2° les actes de concurrence déloyale consistant en des agissements de nature à créer la confusion entre les produits ; 3° les actes de concurrence déloyale consistant en des agissements qui ont pour but de détourner la clientèle, sans créer de confusion ni entre les établissements ni entre les produits ; 4° enfin les actes de concurrence déloyale résultant de la violation d'un contrat.

Nous examinerons ensuite les règles qui concernent l'action en concurrence déloyale et enfin les droits des étrangers en cette matière.

CHAPITRE II

ACTES DE CONCURRENCE DÉLOYALE

CONSISTANT EN DES AGISSEMENTS DE NATURE A CRÉER UNE CONFUSION
ENTRE LES ÉTABLISSEMENTS.

———

919. — La concurrence déloyale peut d'abord se manifester par des agissements qui cherchent à détourner la clientèle par des moyens de nature à créer une confusion entre les établissements. Ces moyens consistent notamment, d'après les exemples fournis par la jurisprudence, soit dans l'usage illicite du nom d'un concurrent, soit dans l'usage illicite par l'acquéreur d'un fonds de commerce du nom de son prédécesseur, soit dans l'usage illicite du titre d'ancien employé, ancien élève ou ancien associé, soit enfin dans l'usurpation d'une enseigne. Étudions successivement ces divers moyens de concurrence déloyale.

I. Usage illicite du nom d'un concurrent

920. — Nous avons vu que l'usurpation du nom d'autrui est réprimée par la loi du 18 juillet 1824, lorsqu'elle consiste en l'apposition du nom sur des produits fabriqués. Sans être apposé sur des produits, le nom d'un concurrent peut être usurpé de plusieurs autres manières en vue de produire une confusion entre les établissements ; notamment par l'emploi du nom du concurrent dans des annonces, prospectus. circulaires, enseignes, etc. Ces usurpations, qui ne tombent pas sous le coup de la loi de 1824, constituent évidemment des délits civils ou des quasi-délits, donnant lieu à l'action en concurrence déloyale, à la condition que le nom soit employé dans un commerce ou une industrie similaire : autrement. il ne s'agirait plus du nom d'un concurrent.

921. — Comme le délit de la loi de 1824, la concurrence déloyale peut résulter, en cette matière. de l'usage soit du nom patronymique d'un fabricant ou commerçant, soit du nom d'une localité. soit du nom d'un établissement, c'est-à-dire d'une raison commerciale.

Étudions successivement ces divers cas, en faisant remarquer, d'une façon générale, qu'il appartient toujours aux tribunaux d'apprécier souverainement si le fait poursuivi constitue ou non un acte de concurrence déloyale. Nous examinerons ensuite quels sont, en cette matière, les droits des étrangers et quels sont les pouvoirs des tribunaux.

1° *Usage illicite d'un nom patronymique.*

922. — L'usage illicite du nom d'un fabricant ou commerçant par un concurrent, c'est-à-dire par celui qui exerce une industrie ou un commerce similaire, constitue un acte de concurrence déloyale au premier chef.

Remarquons qu'ici, à la différence de ce que nous avons admis pour le délit de la loi de 1824, l'usurpation peut être poursuivie non seulement par le fabricant, mais encore par le simple débitant.

923. — Comme le délit de la loi de 1824, la concurrence déloyale subsiste, alors même que le nom du fabricant ou commerçant a été employé, précédé des mots : *façon de..., système de..., suivant la formule de..., imité de...,* etc. (V. notamment : Rouen, 27 mars 1862, et Rej., 15 mars 1864, Charpentier, Pataille, 65, 394 ; Paris, 12 janv. 1874, Liebig, Pataille, 74, 83 ; Rej., 15 avril 1878, Pons, Le Hir. 78, 2, 251 ; Aix, 20 mars 1879, Fumouze, Pataille, 81, 179).

924. — Il y a également concurrence déloyale si le nom usurpé, au lieu d'être un nom patronymique, constitue un pseudonyme : dans un cas comme dans l'autre, en effet, le but poursuivi est un détournement de clientèle (V. Paris, 9 nov. 1864, de Grillon, Pataille, 65, 27 ; Trib. civ. Seine, 13 avril 1866, Sax, Pataille, 66, 255 ; Paris, 30 déc. 1868, Blondin, Pataille, 69, 48).

925. — L'usage du nom patronymique ou du pseudonyme cesse toutefois d'être illicite et de constituer une concurrence déloyale, 1° lorsque le nom est devenu la désignation nécessaire du produit ; 2° lorsque le nom appartient également à celui qui l'emploie.

926. — 1° Il se peut d'abord que le nom employé soit devenu, par suite d'un long usage, ou par le consentement exprès ou tacite de son propriétaire, la dénomination nécessaire du produit que vend ou fabrique celui qui l'emploie. Dans ce cas, l'usage de ce nom ne constitue pas plus un acte de concurrence déloyale qu'il ne constitue une infraction à la loi de 1824. Nous avons dit, toutefois, en traitant du nom protégé par la loi de 1824, que, si l'inventeur d'un nouveau produit le fait breveter sous son nom patronymique, le nom ne tombe pas dans le domaine public, en même temps que l'invention, à l'expiration du brevet, à moins que ce nom ne soit devenu la dénomination nécessaire du produit breveté : cette règle s'applique également en matière de concurrence déloyale.

927. — 2° Il n'y a pas non plus, en principe, concurrence déloyale à employer le nom d'un concurrent, si l'on porte soi-même ce nom : il ne peut, en effet, être interdit à un commerçant de faire usage de son nom, pour son commerce et pour le genre de commerce qui lui convient, par ce seul motif qu'il a des homonymes dans le commerce.

Toutefois si, en fait, celui qui se sert dans le même commerce du nom porté par d'autres en même temps que par lui, en profite pour chercher à créer une confusion entre les établissements ou néglige même seulement de prendre les précautions nécessaires pour empêcher cette confusion, il y a de sa part une faute qui constitue une concurrence déloyale. Ces principes sont appliqués par une jurisprudence constante (V. notamment : Paris, 28 juillet 1835, La Renaudière, *Gaz. Trib.*, 29 juillet; Trib. comm. Seine, 16 juin 1857, Chevet, Le Hir, 58, 2, 538 ; Trib. comm. Marseille, 11 avril 1861, Laurens, Le Hir, 62, 2, 298 ; Paris, 26 avril 1866, Roger et Gallet, Pataille, 67, 269).

Le plus souvent la fraude consiste à former une association dans laquelle on fait entrer l'individu qui porte le nom du concurrent réputé et qui, étranger au commerce, apporte simplement à la société l'usage de son nom. La jurisprudence n'a jamais hésité à voir dans cette fraude un acte de concurrence déloyale et à ordonner, dans ce cas, la suppression dans la raison sociale du nom ainsi prêté (V. notamment: Paris, 6 mars 1851, Cliquot, Le Hir, 1851, 2, 253, et Rej., 4 fév. 1852, même aff., *J. du Pal.*, 53, 1, 167; Paris, 30 juill. 1874, Moët et Chaudon, Pataille, 74, 311 ; Cass. 27 mars 1877, Martell, Le Hir, 77, 2, 386 ; Paris, 4 déc. 1889, Vve Pommery, Pataille, 91, 124.

928. — Si l'usage par un commerçant de son propre nom peut ainsi constituer un acte de concurrence déloyale, à plus forte raison en est-il ainsi lorsque le commerçant emploie le nom de sa femme en l'ajoutant au sien. En principe, cette adjonction est permise et elle est dans les usages du commerce. Mais si, en fait, on use de cette adjonction, dans l'intention de créer une confusion avec un établissement concurrent ou même sans les précautions nécessaires pour empêcher cette confusion, il y a, ici encore, une faute constituant une concurrence déloyale (V. Paris, 21 déc. 1855, Manchon, Pataille, 55, 221 ; Trib. civ. Seine, 11 mai 1866, Taglioni, Pataille, 66, 259 ; Montpellier, 24 déc. 1885, Violet, Pataille, 86, 266 ; Limoges, 21 janv. 1888, Jules Bourdeau et Cᵢᵒ, Pataille, 90, 335 ; Paris, 7 déc. 1889, Bergez, Pataille, 90, 341).

929. — La même règle, avec la même distinction, doit être appliquée au cas où la veuve d'un commerçant continue le commerce sous le nom de son mari (V. Trib. civ. Seine, 9 août 1864, Hamon, Pataille, 66, 34 ; Paris, 21 mars 1887, Heidsieck, Pataille, 89, 199 ; Paris, 19 mars 1890, Varnier, Pataille, 90, 320) ; elle doit être appliquée également au cas où le commerçant continue le commerce de son beau-père sous le nom de celui-ci (V. Bordeaux, 21 déc. 1841, Varinot, Le Hir, 1843, 2, 117 ; Bordeaux, 24 juin 1879, Vve Chaumas, Rec. Bordeaux, 79, 221).

2° *Usage illicite d'un nom de localité.*

930. — Comme pour le nom patronymique, l'usage illicite du nom d'une localité ou d'une région, même en dehors du cas d'apposition sur des produits fabriqués spécialement prévu par la loi de 1824, constitue un acte de concurrence déloyale.

931. — Il y a lieu d'appliquer ici tout ce que nous avons dit au sujet de l'usurpation spéciale par apposition du nom sur le produit, soit au point de vue de ce qui constitue la localité et le lieu de fabrication, soit au point de vue du droit de poursuite qui appartient à chacun des habitants de la localité.

Remarquons, toutefois, qu'à la différence de ce qui est admis pour le délit prévu par la loi de 1824, la concurrence déloyale existe, alors même que le nom est usurpé à l'occasion de produits simplement débités, ou à l'occasion de produits naturels, tels que des eaux minérales.

932. — Dans tous les cas, l'usage illicite d'un nom de localité ne constitue une concurrence déloyale qu'autant que le nom n'est pas devenu la dénomination nécessaire du produit.

3° *Usage illicite d'une raison commerciale.*

933. — Ce que nous venons de dire du nom patronymique et du nom de localité s'applique également au nom d'un établissement industriel ou commercial, c'est-à-dire à la raison commerciale. L'usurpation d'une raison commerciale constitue, même en dehors du cas spécial de l'apposition sur des produits fabriqués prévu par la loi de 1824, un acte de concurrence déloyale, à moins que le nom qui constitue cette raison commerciale ne soit devenu une dénomination nécessaire de l'établissement.

Ainsi, il a été jugé qu'il y a concurrence déloyale dans le fait d'usurper notamment les raisons commerciales suivantes : *Banque populaire* (Trib. comm. Seine, 18 mars 1862, Sasportas et C^io, Le Hir, 82, 2, 216) ; *Société générale meulière* (Trib. comm. Seine, 19 juill. 1882, Pataille, 90, 88) ; *Contentieux Européen* (Paris, 18 mars 1888, Jules Gout et Cie, Pataille, 90, 90) ; *Société des châlets de nécessité* (Trib. comm. Seine, 4 oct. 1890, *La Loi*, 16 oct.).

Par contre, il a été jugé qu'il n'y a pas concurrence déloyale, à raison du caractère de dénomination nécessaire ou générique du nom employé, dans l'usage des raisons commerciales suivantes : *Entreprise générale de balayage public* (Trib. comm. Seine, 11 janv. 1861, Bellaret, Teul., 10, 264); *Agence des théâtres* (Trib. comm. Seine, 22 mai 1867, Mondin et Cⁱᵒ, Pataille, 68, 352).

4° *Droits des étrangers.*

934. — Il y a lieu d'appliquer ici, comme pour le délit de la loi de 1824, la disposition de l'article 9 de la loi du 26 novembre 1873, aux termes de laquelle l'étranger, qui n'est pas établi en France, ne peut y poursuivre les usurpateurs de son nom que s'il appartient à un pays qui, soit par sa législation, soit par un traité, accorde aux Français la réciprocité.

935. — Rappelons que, depuis la Convention d'Union du 20 mars 1883, la situation à cet égard des nationaux des États de l'Union ou de ceux qui y sont domiciliés ou établis est régie par l'article 8 de la Convention, qui dispose que le nom commercial sera protégé, dans tous les pays de l'Union, sans obligation de dépôt, qu'il fasse ou non partie d'une marque de fabrique ou de commerce : cette disposition s'applique évidemment à l'action en concurrence déloyale, comme à l'action correctionnelle.

936. — Quant à l'usurpation du nom d'une localité étrangère, nous estimons qu'elle ne pourrait pas plus être poursuivie en France, comme acte de concurrence déloyale, que comme infraction à la loi de 1824.

5° *Pouvoirs des tribunaux.*

937. — Lorsque, dans les différents cas que nous venons d'énumérer, l'usage illicite d'un nom constitue un acte de concurrence déloyale, les tribunaux peuvent, en outre de la condamnation à des dommages-intérêts et à titre de réparation supplémentaire, ordonner que l'auteur de la concurrence déloyale cessera désormais l'usage du nom qu'il a ainsi usurpé.

Les tribunaux ont-ils encore ce pouvoir lorsque le nom usurpé appartient également à l'auteur de l'usurpation? Peuvent-ils, en d'autres termes, interdire à un individu l'usage de son nom? Certains auteurs dénient, avec raison, suivant nous, ce droit aux tribunaux, en se fondant sur le double principe de la propriété du nom et de la liberté du commerce[1]. La jurisprudence de la Cour de Paris et de la Cour de cassation est aujourd'hui fixée en ce sens : (V. Rej., 27 mars 1877, Martel, Pataille, 77, 94 ; Cass., 30 janv. 1878, Erard, Pataille, 80, 386 ; Paris, 23 déc. 1885, John Artur, Pataille, 86, 193 ; Pa-

---

1. V. en ce sens : Calmels, Pataille, 56, 33 ; Bédarride, n° 736 ; Nicolas et Pelletier, n° 456 ; Allard, n° 22 ; — *Contrà* : Blanc, p. 713 ; Pouillet, n° 496.

ris, 4 déc. 1889, Pommery, *Gaz. Pal.*, 14 déc. ; Paris, 29 juill. 1890, Chandon et Cⁱᵒ, *Gaz. Pal.*, 2 août) [1].

Nous avons dit, toutefois, que, lorsque dans une société un des associés prête frauduleusement son nom à la raison sociale en vue de créer une confusion avec le nom d'un homonyme réputé, on admet que les tribunaux peuvent ordonner la suppression de ce nom dans la raison sociale : cette exception ne fait pas, à notre avis, échec au principe reconnu par la jurisprudence de la Cour de Paris et de la Cour de cassation : la suppression ainsi ordonnée n'a pas, en effet, pour objet d'interdire à l'associé qu'elle concerne de faire réellement et par lui-même le commerce sous son nom, mais simplement de lui interdire de prêter frauduleusement son nom à une société commerciale à laquelle il n'appartient que fictivement.

938. — Dans tous les cas, il est unanimement admis que les tribunaux peuvent obliger l'usurpateur aux additions, suppressions et corrections de toutes sortes qui sont de nature à faire disparaître la confusion que son usurpation a eu pour but de créer. Nous reviendrons en détail sur ce point lorsque nous traiterons des condamnations auxquelles peut donner lieu l'action en concurrence déloyale.

II. Usage illicite par l'acquéreur d'un fonds de commerce du nom de son prédécesseur.

939. — Il importe d'étudier à part un cas de concurrence déloyale qui, bien que concernant encore l'usage illicite d'un nom, se produit dans des circonstances spéciales distinctes de celles que nous avons énumérées jusqu'ici : nous voulons parler de la concurrence déloyale qui peut résulter de l'abus que fait l'acquéreur d'un fonds de commerce du nom de son prédécesseur.

940. — En principe, à défaut de stipulation contraire, l'acquéreur d'un fonds de commerce a le droit de faire usage, pour son commerce, dans ses annonces, factures et enseignes, du nom de son prédécesseur : comme le dit, en effet, un jugement du tribunal de la Seine [2], qui pose très-exactement les principes en cette matière, un fonds de commerce tire sa valeur bien moins encore de sa situation que de la clientèle qui y est attachée et de la réputation de la maison qui a contribué à former cette clientèle et qui doit également contribuer à la maintenir ; ainsi la conservation du nom sous lequel cette maison est connue, que ce nom soit celui de son fondateur ou un simple nom d'emprunt ou de

---

1. *Contrà :* V. notamment : Paris, 18 juill. 1861, et Rej., 18 nov. 1862, Leblanc, Pataille, 63, 90 ; Trib. comm. Lyon, 27 avril 1875, Prot et Cⁱᵉ, Pataille, 75, 108.

, 2. V. Trib. civ. Seine, 2 mai 1863, Bénard, *Monit. trib.*, 1864, 256.

fantaisie, est pour l'acquéreur d'un fonds de commerce d'un intérêt important et doit nécessairement être pris par lui en considération, lorsqu'il se détermine à acheter, et entrer pour une certaine proportion dans le prix qu'il consent à donner : cette désignation doit, dès lors, être considérée comme ayant de droit fait partie de la vente, toutes les fois qu'une clause prohibitive n'a pas été, à cet égard, insérée dans le contrat. Tels sont les usages généralement consacrés dans le commerce.

La jurisprudence, comme la doctrine, se prononce, d'ailleurs, à peu près unanimement en ce sens (V. notamment : Paris, 27 fév. 1847, Chevalier, *Le Droit*, 5 mars ; Paris, 26 mai 1865, Lainé, Pataille, 65, 346 ; Paris, 6 fév. 1874, Landon, Pataille, 74, 68 ; Paris, 26 août 1881, Bizet, Pataille, 82, 191 ; Paris, 19 mars 1890, Piton, *Le Droit*, 27 avril).

941. — On applique généralement la même règle dans le cas d'une vente judiciaire : l'adjudicataire devient le continuateur du commerce ou de l'industrie qui font l'objet du fonds vendu et il doit jouir, à ce titre, de tous les droits attachés à ce fonds, notamment du nom de son ancien propriétaire (V. Paris, 9 oct. 1862, Lemasson, Pataille, 62, 413).

942. — La jurisprudence admet, toutefois, que la cession du nom commercial n'est ni absolue, ni irrévocable, et que le vendeur ou ses héritiers sont fondés à revendiquer ultérieurement le nom commercial cédé, s'ils justifient d'un intérêt certain et appréciable, spécialement lorsque le vendeur a, depuis la cession, donné son nom à un produit rentrant dans le même genre d'industrie et que l'emploi de son nom par d'autres que lui pourrait entraîner une confusion préjudiciable (V. Lyon, 12 juin 1873, Rigollot, Pataille, 73, 258).

943. — Si l'acquéreur a ainsi, en principe, le droit de faire usage pour son commerce du nom de son prédécesseur, il est unanimement admis qu'il ne peut employer ce nom qu'en distinguant son individualité de celle de son prédécesseur, de manière à indiquer à tous que le fonds est dans d'autres mains et à empêcher toute confusion à cet égard.

944. — Il résulte de cette règle, tout d'abord, que l'acquéreur ne peut employer le nom de son prédécesseur seul et sans le faire suivre de son propre nom, comme s'il était la personne même de celui auquel il a succédé (V. Paris, 21 mars 1857, Bautain, Le Hir, 65, 2, 155).

L'usage du nom du prédécesseur employé seul constitue un acte de concurrence déloyale, qui peut être poursuivi soit par le prédécesseur, soit par ses héritiers, soit même par ses parents, non héritiers, pourvu qu'ils portent le même nom (V. Paris, 5 juin 1867, Carjat, Pataille, 67, 301).

L'autorisation, expresse ou tacite, donnée par les héritiers ou parents à l'usage du nom, les rendrait évidemment non recevables à exercer l'action en concurrence déloyale, à la condition, bien entendu, que cette autorisation fût formelle et certaine (V. Paris, 29 déc. 1858, Riche, le Hir, 62, 2, 572).

Mais il ne faudrait pas considérer comme une autorisation à cet égard la tolérance pendant un temps plus ou moins long. Il a été notamment jugé en ce sens que le fait qu'un chef d'orchestre ait laissé pendant un certain temps désigner sous son nom de *Valentino* une salle où se donnaient les concerts qu'il dirigeait, ne saurait empêcher les héritiers de s'opposer à l'emploi de leur nom patronymique, alors surtout que cet emploi se lie à une exploitaton qui est de nature à nuire à leur situation sociale, en les faisant considérer comme y participant (Paris, 29 juill. 1879, héritiers Valentino, Pataille, 80, 104).

945. — Il résulte, en second lieu, de la règle précitée que l'acquéreur ne peut employer le nom de son prédécesseur, même en le faisant suivre du sien, qu'en mentionnant formellement sa qualité de successeur au moyen de la formule *successeur de, ancienne maison de*, ou de toute autre analogue. L'emploi du nom sans cette mention constitue encore un acte de concurrence déloyale (V. notamment : Paris, 17 nov. 1857, Guyot, Le Hir. 65, 2, 215 ; Trib. comm. Seine 11 oct. 1876, Norbert. Estibal, Pataille, 77, 222 ; Trib. comm. Seine, 3 fév. 1877, Terrier, Pataille, 77, 44).

946. — La qualification de successeur n'appartient d'ailleurs qu'à celui qui continue effectivement l'exploitaton du fond de commerce.

Ainsi, cette qualification ne peut être prise ni par l'acquéreur du mobilier industriel à qui le fonds n'a pas été cédé, ni par celui qui, sans acquérir le fonds, occupe seulement les locaux dans lesquels il était exploité (V. Trib. comm. Seine, 16 janv. 1834, Gardet, Dall., 34, 3, 38).

De même cette qualification ne peut plus être prise même par celui qui a d'abord continué l'exploitation, s'il vient à changer la nature du commerce ou de l'industrie de son vendeur (V. Paris, 1er juin 1859, Laurent et Florent, Teul., 8, 443 ; Paris, 7 janv. 1875, Laurent, Pataille, 76, 252).

Lorsque l'acquéreur tombe en faillite, la personne à qui le fonds est vendu, soit aux enchères, soit amiablement par le syndic, peut prendre le titre de successeur du précédent propriétaire : ce titre faisait, en effet, partie de l'actif et lui a été cédé avec le fonds. Si le failli est remis à la tête de ses affaires, il peut continuer à se dire le successeur de son cédant. (Paris, 12 mars 1381, Lino Pinto, Pataille, 88, 72.

947. — L'emploi de la qualification de successeur, en dehors des cas où elle est autorisée, constitue encore un acte de concurrence déloyale.

948. — Les règles que nous venons d'indiquer concernant l'usage illicite du nom du prédécesseur s'appliquent également à l'usage illicite du nom de l'établissement acquis, c'est-à-dire de sa raison commerciale.

949. — Quant à la raison sociale, elle disparaît avec la société qu'elle désigne. On admet généralement, toutefois, que l'acquéreur du fonds social peut prendre la qualification de successeur de la société désignée par l'ancienne raison sociale (V. notamment : Paris, 28 juin 1856, Biétry, Pataille. 56, 252 ; Paris, 5 juin 1867, Carjat, Pataille, 67, 301 ; Paris, 21 déc. 1869, Vᵛᵉ Richer, Pataille, 73, 251) [1].

III. Usage illicite du titre d'ancien employé, ancien élève ou ancien associé.

950. — L'employé qui quitte son patron, l'élève qui quitte son maître, l'associé qui quitte sa maison peut-il, en s'établissant dans la même industrie ou le même commerce, faire mention, dans ses annonces, prospectus ou enseignes, de sa qualité d'ancien employé, ancien élève, ou ancien associé du patron maître, ou associé qu'il a quitté ? N'y a-t-il pas là un usage illicite qui constitue un acte de concurrence déloyale ?

951. — Cette question a donné lieu à trois systèmes :

Dans un premier système, on admet que l'ancien employé, élève ou associé ne fait, en se donnant exactement cette qualification, qu'user de son droit d'invoquer devant le public les références qu'il possède réellement, et qu'en conséquence il ne commet, en aucun cas, un acte de concurrence déloyale [2].

Dans un second système, on soutient que celui qui invoque devant le public son titre d'ancien employé, élève ou associé de son concurrent a toujours pour but de détourner à son profit la clientèle de ce dernier, et qu'en conséquence il commet dans tous les cas, un acte de concurrence déloyale [3].

---

1. Lorsqu'un commerçant succède à un autre, une question se pose qu'il est intéressant d'examiner ici, bien qu'elle ne rentre pas directement dans le cadre de notre étude. Cette question est celle de savoir à qui du vendeur ou de l'acquéreur appartient la correspondance que la clientèle continue à adresser au nom du vendeur. Si la suscription des lettres révèle leur caractère commercial ou privé, il n'y a pas de difficulté. Mais, si la distinction est impossible, on admet généralement que la correspondance doit être présumée avoir un caractère commercial et qu'elle doit ainsi être remise à l'acquéreur : autrement il serait trop facile au vendeur de détourner à son profit ou au profit d'un tiers avec lequel il s'entendrait une partie de la clientèle et des avantages dont il s'est dépouillé, en vendant le fonds (V. Paris, 26 janv. 1855, Chauvenet, Le Hir, 55, 2, 539). En tous les cas, les tribunaux ont un pouvoir discrétionnaire, pour ordonner, suivant les circonstances, les mesures qu'ils jugent les plus propres à sauvegarder les intérêts respectifs du vendeur et de l'acquéreur (V. Paris, 7 mars 1864, et Rej., 10 avril 1866, Dall., 66, 1, 342).

2. V. en ce sens : Bédarride, nᵒ 751 ; Calmels, nᵒ 169.

3. V. en ce sens : Blanc, p. 715 ; Gastambide, p. 469 ; Huard. *Propr. ind.* nᵒ 169.

Enfin, dans un troisième système, auquel nous n'hésitons pas à donner la préférence, on laisse aux juges du fait le soin d'apprécier, d'après les circonstances de chaque espèce, si celui qui invoque devant le public le titre d'ancien employé, d'ancien élève, ou d'ancien associé de son concurrent a ou non pris toutes les précautions de nature à empêcher une confusion entre les deux établissements : il y aura ainsi ou non concurrence déloyale, selon que la confusion sera ou non, en fait rendue possible [1].

952. — La plupart des décisions judiciaires rendues sur cette question sont motivées en fait (V. notamment : Trib. comm. Seine, 13 oct. 1841, Batton, *Gaz. Trib.*, 18 oct. Paris, 29 août 1845, cité par Blanc, p. 715 ; Paris, 4 mars 1863, Cretté, Pataille, 63, 173 ; Trib. comm. Nantes, 29 mars 1884, Tchoffen, Le Hir, 85, 2, 44 ; Rej., 2 déc. 1885, Stocker, Pataille, 86, 271 ; Trib. comm. Seine, 22 nov. 1888, Redfern, Le Hir, 89, 2, 63 ; Trib. comm. Seine, 5 nov. 1886, Decauville, *La Loi*, 1er décembre 1887 ; Paris, 27 mars 1889, Decauville, Pataille, 89, 178 ; Paris, 4 août 1890, Williamson, *La Loi*, 8 oct. 1890).

953. — Lorsque les tribunaux reconnaissent au fait poursuivi le caractère d'une concurrence déloyale, il leur appartient de prescrire toutes les mesures propres à faire cesser la confusion entre les établissements et même, si cela est nécessaire, d'interdire purement et simplement à l'ancien employé, élève ou associé l'usage de cette qualité (V. notamment : Trib. comm. Bordeaux, 7 janv. 1851, Bahans, Le Hir, 52, 2, 232 ; Trib. comm. Seine, 20 juin 1855, Rosset, Le Hir, 55, 2, 318).

954. — Il va d'ailleurs sans dire qu'il y aurait nécessairement concurrence déloyale à invoquer, mensongèrement ou en termes inexacts, la qualité d'ancien employé, élève ou associé d'un concurrent. Ainsi un ancien ouvrier ne pourrait se qualifier d'ancien élève (V. Paris, 24 avril 1834, Dall., 34, 2, 129 ; Bordeaux, 9 fév. 1886, *Journ. arr. Bordeaux*, 86, 1, 197) ; de même celui qui aurait été un simple ouvrier ne pourrait se qualifier d'ancien premier ouvrier ou d'ancien contremaître (V. Trib. comm. Seine, 21 mars 1850, Gotten, Le Hir, 50, 2, 206) ; de même encore un ancien contremaître ne pourrait se qualifier d'ancien directeur.

IV. Usurpation d'enseigne.

955. — Parmi les moyens de concurrence déloyale qui cherchent à créer la confusion entre les établissements, un des plus usités consiste dans l'usurpation d'enseigne.

---

1. V. en ce sens : Rendu, no 487 ; Nicolas et Pelletier, no 461 ; Pouillet, no 537 ; Allard, no 71.

Aucune loi spéciale ne protège l'enseigne; mais les principes du droit commun, tels qu'ils sont appliqués par la jurisprudence, suffisent à lui assurer la protection qui est due à toute propriété.

956. — Nous aurons à voir comment ces principes sont appliqués en cette matière, en ce qui concerne successivement : 1° les caractères de l'enseigne ; 2° la propriété de l'enseigne ; 3° l'usurpation de l'enseigne.

1° *Caractères de l'enseigne.*

957. — L'enseigne est une dénomination ou un emblème qui sert à désigner un établissement industriel ou commercial. A la différence de la marque de fabrique ou de commerce qui distingue le produit d'une industrie ou d'un commerce, l'enseigne individualise l'ensemble des produits, c'est-à-dire l'établissement lui-même, pour empêcher qu'il ne soit confondu avec les établissements similaires et rivaux. L'enseigne est ainsi à l'établissement ce que la marque est au produit.

958. — Comme la marque, l'enseigne doit, pour faire l'objet d'un droit exclusif, être à la fois spéciale et nouvelle. Etudions successivement ces deux caractères.

959. — I. **Spécialité.** — Par cela même qu'elle sert à distinguer un établissement des établissements similaires, l'enseigne doit présenter un caractère de spécialité suffisant pour répondre à sa destination.

Ce caractère de spécialité est nécessaire, soit que l'enseigne consiste dans une dénomination, soit qu'elle consiste dans un emblème.

960. — 1° Lorsque l'enseigne consiste dans une dénomination, il faut qu'il s'agisse non d'une dénomination nécessaire et vulgaire, mais d'une dénomination arbitraire et de fantaisie.

Par application de cette règle, la jurisprudence a considéré comme faisant l'objet d'un droit privatif, à raison de leur caractère arbitraire et de fantaisie, les enseignes suivantes :

A la Civette, pour un débit de tabac (Paris, 11 avril 1860, Pataille, 60, 176; Trib. comm. Seine, 8 juin 1865, Chaize, Pataille, 64, 350) ;

Maison dorée, pour un restaurant (Trib. comm. Seine, 4 nov. 1863, Verdier, Pataille, 64, 110);

Phénix, pour une chemiserie (Trib. comm. Seine, 29 oct. 1863, Hayem, Pataille, 64, 188) ;

Concerts populaires (Trib. civ. Seine, 22 déc. 1865, Pasdeloup, Pataille, 66, 352).

Au prix unique de 12 fr. 50, pour un magasin de chaussures (Trib. comm. Seine. 20 janv. 1888, Blum, Pataille, 90, 102);

Caves populaires (Trib. comm. Seine, 16 nov. 1889, Pataille, 90, 101).

961. — On admet également qu'ici, comme en matière de marques, il y a lieu de considérer comme ayant un caractère arbitraire et de fantaisie la dénomination empruntée à une langue étrangère, alors même que cette dénomination serait devenue, à l'étranger, nécessaire et vulgaire, pourvu qu'elle ne le soit pas devenue en France.

La jurisprudence a ainsi reconnu un caractère spécial suffisant aux enseignes suivantes :

London dispensary (Paris, 20 juin 1859, Hogg, *Le Droit*, n° 150);

Tattersall (Trib. civ. Seine, 31 mars 1873, Grossmann, *Gaz. trib.*, 1er, avril 1874);

Bodega (Trib. comm. Seine, 4 sept. 1878, Laverie, Pataille, 79, 71).

962. — On admet généralement aussi que les enseignes ont un caractère arbitraire et de fantaisie suffisant, lorsqu'elles consistent en un mot indiquant une nationalité.

Telles sont, par exemple, les enseignes suivantes : *Librairie allemande* (Trib. comm. Seine, 19 janv. 1866, Wieweg, Pataille, 66, 192); *Maison américaine* (Trib. comm. Reims, 31 août 1869, Goodvin, Pataille, 72, 141).

963. — Par contre, la jurisprudence a refusé de considérer comme ayant un caractère arbitraire et de fantaisie les enseignes suivantes :

Chalet, pour un café (Trib. comm. Seine, 22 fév. 1849, Moniot, *Gaz. trib.*, 23 fév. 1849);

Photographie d'art (Trib. comm. Rouen, 9 janv. 1878, Tourtin, Pataille, 87, 248);

Distillerie centrale (Paris, 1er août 1884, Marchand, Le Hir, 85, 2, 145);

Salle des ventes (Trib. civ. Marseille, 17 déc. 1886; Rec. d'Aix, 87, 2, 237).

964. — 2° Lorsque l'enseigne consiste dans un emblème, cet emblème doit, pour être protégé, offrir le même caractère de spécialité que la dénomination.

Si donc l'enseigne consiste en un dessin ou en une sculpture représentant l'objet même de l'industrie qu'elle annonce, le propriétaire de cette enseigne ne peut empêcher ses concurrents de la même industrie de reproduire dans leur enseigne le même objet : il peut seulement les empêcher de copier servilement le dessin ou la sculpture de son enseigne. Par exemple, le cafetier qui, le premier, fait figurer dans son enseigne des verres et des bouteilles, ne peut interdire aux autres cafetiers de la même localité de reproduire dans leur enseigne des verres et des bouteilles, pourvu qu'ils les disposent ou les combinent d'une autre façon, de telle sorte que toute confusion soit rendue impossible entre les établissements.

Si l'enseigne consiste en un dessin ou en une sculpture de pure fantaisie et ne rappelant en rien l'objet du commerce, sa propriété est alors garantie d'une manière plus étroite et son usurpation doit être réprimée, malgré des différences qui ne font pas disparaître la concurrence déloyale.

965. — Indépendamment de l'enseigne, un commerçant peut distinguer sa boutique par certaines dispositions extérieures qui lui donnent un aspect particulier, par exemple par la forme et la couleur de la devanture, par l'agencement des vitrines et étalages. Si ces dispositions présentent véritablement un caractère original qui les spécialise, il n'est pas permis aux concurrents de les reproduire et de créer ainsi une confusion entre les établissements.

966. — Dans tous les cas, il appartient aux tribunaux d'apprécier souverainement en fait si l'enseigne présente ou non un caractère suffisant de spécialité.

967. — II. Nouveauté. — Comme la marque, l'enseigne doit encore, pour faire l'objet d'un droit exclusif, être nouvelle.

Ici encore, d'ailleurs, il ne s'agit que d'une nouveauté relative : en effet, l'enseigne étant destinée à distinguer un établissement des autres établissements qui peuvent lui faire concurrence, il suffit qu'elle soit nouvelle, soit dans le genre d'industrie ou de commerce exploité par l'établissement qu'elle désigne, soit dans la localité où est situé cet établissement.

968. — 1° Il suffit, en premier lieu, que l'enseigne soit nouvelle dans le genre d'industrie ou de commerce exploité par l'établissement qu'elle désigne, c'est-à-dire qu'elle ne soit pas déjà actuellement employée par un autre établissement exploitant la même industrie ou le même commerce. Il ne peut, en effet, y avoir de confusion possible et, par conséquent, de concurrence déloyale qu'entre deux établissements exerçant le même genre d'industrie ou de commerce.

Lorsqu'il s'agit de genres d'industrie ou de commerce entre lesquels il n'existe pas de ligne de démarcation rigoureusement définie, c'est aux tribunaux qu'il appartient d'apprécier si la similitude d'enseigne est de nature à créer une confusion.

969. — 2° Il suffit, en second lieu, que l'enseigne, alors même qu'elle n'est pas nouvelle dans le genre d'industrie ou de commerce exploité par l'établissement qu'elle désigne, soit nouvelle dans la localité où est situé cet établissement. Il est évident, en effet, qu'une maison de Marseille, par exemple, peut prendre la même enseigne qu'une maison même similaire de Lille, sans qu'il y ait confusion possible entre les deux établissements.

Cette règle est constamment appliquée par la jurisprudence (V. notamment : Paris, 21 juill. 1869, Pataille, 70, 290 ; Cass., 20 fév. 1888, Reid, Pataille, 90, 113 ; Cass., 21 fév. 1888, Bessand et Cie, Pataille, 90, 114 ; Bordeaux, 17 juin 1889, Cahen, Pataille, 90, 121).

970. — Et même, s'il s'agit d'une ville importante, on admet que le commerçant d'un quartier peut prendre la même enseigne que son concurrent établi dans un autre quartier de la même ville, lorsque l'éloignement des deux quartiers est suffisant pour rendre la confusion impossible (V. notamment: Paris, 17 mars 1870, Crépeau, Pataille, 70, 293).

971. — Toutefois, la différence des localités et l'éloignement des quartiers dans une même ville ne suffiraient plus à faire considérer l'enseigne comme nouvelle, dans le cas où il s'agirait d'une enseigne qui est devenue la dénomination même d'un établissement dont les affaires et la réputation sont sorties du cercle d'un quartier ou d'une ville, par exemple d'un établissement comme le *Louvre*, le *Bon Marché*, etc. Il appartient dans ce cas, aux tribunaux d'apprécier en fait, si la maison qui prend l'enseigne de cet établissement cherche à créer une confusion en se présentant au public comme une succursale de celui-ci.

2° *Propriété de l'enseigne.*

972. — Nous avons à examiner, au sujet de la propriété de l'enseigne : 1° en quoi elle consiste ; 2° comment elle s'acquiert ; 3° comment elle se conserve et se perd.

973. — **I. En quoi consiste la propriété de l'enseigne.** — L'enseigne s'entend à la fois de la dénomination ou de l'emblème qui sert à désigner l'établissement, et de l'objet, tableau ou sculpture, qui matérialise cette désignation.

974. — Le tableau ou la sculpture qui matérialise la désignation fait l'objet d'une propriété mobilière, soumise, à tous les points de vue, aux règles du droit commun. La propriété du tableau ou de la sculpture n'implique pas d'ailleurs celle de l'enseigne, c'est-à-dire, comme nous allons le voir, le droit d'en faire exclusivement usage.

975. — Lorsque le commerçant est propriétaire de l'immeuble dans lequel il exploite son commerce, il peut apposer le tableau ou la sculpture qui lui sert d'enseigne dans les conditions qui lui conviennent.

976. — Lorsque le commerçant est simplement locataire de l'immeuble, il a également le droit, à moins de stipulation contraire dans le bail, d'apposer une enseigne sur l'immeuble; on décide toutefois qu'il doit, sauf les conventions particulières du bail, apposer cette enseigne sur la partie de la façade de l'immeuble correspondant aux lieux loués, depuis le niveau du plancher jusqu'au plafond (V. Paris, 19 mars 1844, Tournon, *Gaz. Trib.* 20 mars 1844. Si l'établissement commercial est situé au fond d'une cour, il est d'usage que le locataire place son enseigne au-dessus de la porte d'entrée ou sur ses montants extérieurs.

977. — En tous les cas, que l'enseigne appartienne au propriétaire ou locataire de l'immeuble, son placement à l'extérieur est nécessairement soumis aux règlements de la voirie. Des ordonnances de police, notamment celle du 24 décembre 1823, règlent la place et les dimensions à donner aux enseignes : le placement est d'ailleurs soumis à un droit de voirie.

978. — Quant à la propriété de la dénomination ou de l'emblème, abstraction faite du tableau ou de la sculpture qui les matérialise, elle consiste dans le droit exclusif d'en faire usage comme enseigne.

979. — Ce droit exclusif n'existe, bien entendu, que vis-à-vis de ceux qui exercent le même commerce ou la même industrie. Il résulte de là qu'un commerçant, qui exploite un établissement auquel il a donné un nom qui lui sert d'enseigne, est sans droit pour interdire à un commerçant exerçant une autre industrie de prendre le même nom pour enseigne, et qu'il est également sans qualité pour l'autoriser à se servir du même nom au détriment des tiers : ainsi, il a été jugé que le directeur d'un théâtre dénommé *Cirque Napoléon* ne peut conférer à un limonadier voisin le droit de prendre pour enseigne les mots : *Café du Cirque Napoléon*, au détriment d'un autre limonadier qui serait déjà en possession de cette enseigne (Trib. comm. Seine, 7 juin 1853, Foubet, *Le Droit*, 24 juin 1853).

980. — L'enseigne, considérée comme moyen de désignation de l'établissement, constitue encore une propriété mobilière. Elle ne s'incorpore donc pas à l'immeuble sur lequel elle est placée : elle est l'accessoire non de cet immeuble, mais du fonds de commerce qui y est exploité.

981. — De ce que l'enseigne est l'accessoire du fonds et non de l'immeuble, il résulte qu'elle suit le fonds en quelque lieu qu'il soit transporté. Ainsi, le commerçant qui n'est que locataire de l'immeuble dans lequel il exploite son fonds, a néanmoins le droit, lorsqu'il quitte cet immeuble, d'emporter avec lui son enseigne, sans que le propriétaire ait le droit de la revendiquer comme une dépendance de l'immeuble.

La jurisprudence est constante en ce sens : (V. notamment : Cass., 21 déc. 1853, Rouet. J. Pal., 54, 2, 339 ; Paris, 3 juill. 1856. Goy, Pataille, 56, 253 ; Bordeaux, 21 juin 1880, Grassier, Le Hir, 80, 2, 395 ; Toulouse, 9 mai 1887, Bessand et Cie, Pataille, 90, 115).

Bien que l'enseigne soit ainsi présumée appartenir au locataire, la revendication du propriétaire pourrait être admise, s'il prouvait que l'enseigne est devenue partie intégrante de l'immeuble, soit par suite d'une convention spéciale, soit par suite d'un long usage : il arrive parfois, en effet, qu'un immeuble, dans lequel est exercé depuis longtemps le même commerce, est connu sous une dénomination qui constitue, en quelque sorte, son enseigne ; dans ce cas, les titulaires de la maison de commerce exploitée dans l'immeuble n'ont que la jouissance de la dénomination qui sert d'enseigne, et, lorsqu'ils transportent ailleurs leur fonds, ils n'ont pas le droit de faire usage de cette dénomination sans le consentement du propriétaire de l'immeuble auquel elle est attachée (V. Trib. civ., Gaudens, 22 août 1881, Astrié, Pataille, 81, 301 ; Trib. civ., Seine, 27 mars 1884, Vve Aubrée, Pataille, 90, 295).

982. — De ce que l'enseigne est l'accessoire du fonds, il résulte encore qu'elle suit le fonds en quelques mains qu'il passe. La vente du fonds emporte donc de plein droit, à défaut de stipulation contraire, la vente de l'enseigne qui sert à le distinguer.

La jurisprudence se prononce unanimement en ce sens. (V. notamment : Poitiers, 23 janv. 1844 et Rej., 14 janv. 1845, Champeaux, J. Pal., 45, 1, 530 ; Angers, 8 nov. 1871, Luzureau, Pataille, 72, 352; Caen, 23 fév. 1881, Leroyer, Pataille, 83, 227 ; Lyon, 13 mars 1890, Papillon, Pataille, 90, 291). On applique également la même règle à la vente judiciaire de fonds. (V. Paris, 19 nov. 1824, Auger, Gastambide, p. 481 ; Caen, 20 janv. 1860, Delfraizy, Sir., 61, 2, 73).

983. — **II. Comment s'acquiert la propriété de l'enseigne.** — L'enseigne considérée comme moyen de désignation de l'établissement appartient à celui qui, le premier, en fait usage, dans les conditions que nous avons indiquées en étudiant les caractères de l'enseigne. La propriété découle de la possession, dont la priorité peut être établie par tous les moyens de droit commun. La possession doit, naturellement, être publique, puisque l'enseigne n'a de raison d'être et d'existence que par sa publicité. Un commerçant ne pourrait donc pas revendiquer une dénomination ou un emblème qu'il aurait possédé, même le premier, en le faisant figurer simplement dans des prospectus ou des factures qu'il a commandées, alors que son concurrent l'a, avant lui, placé effectivement sur sa boutique (V. Trib. comm., Seine, 11 sept. 1868, Perrot, Pataille, 68, 296). Il n'en serait plus ainsi, toutefois, suivant nous, si ce commerçant, au lieu de commander simplement ces factures ou prospectus, les avait répandus dans le public [1].

984. — **III. Comment se conserve et se perd la propriété de l'enseigne.** — La propriété de l'enseigne est toute relative et n'a sa raison d'être qu'à cause de l'établissement qu'elle sert à désigner. Cette propriété se conserve donc par l'usage qui est fait de l'enseigne pour cet établissement, en quelque lieu qu'il soit transporté et en quelques mains qu'il passe.

Elle se perd, lorsque cesse cet usage. Ainsi le commerçant qui ferme sa maison sans la céder à un successeur, ne peut s'opposer à ce qu'une personne reprenne ultérieurement, pour le même commerce, l'enseigne sous laquelle sa maison était connue. Il faut, toutefois, pour que la propriété de l'enseigne se perde ainsi, que l'usage qui en était fait cesse dans des conditions telles qu'elles soient de na-

1. *Contrà* : V. Trib. comm., Seine, 23 sept. 1858, Jacquin, Pataille, 58, 398.

ture à faire présumer un abandon volontaire de l'enseigne ; il faut, par
exemple, que le non usage se soit prolongé pendant de longues années.
Il y a là une question de fait qu'il appartient aux tribunaux d'apprécier souverainement (V. Paris, 4 janv. 1837, *Le Droit*, 5 janv. 1837 ;
Trib. comm., Seine, 29 mars 1884, *Gaz. Trib.*, 3 avril 1844 ; Trib.
civ., Seine, 9 déc. 1851, *Le Droit*, 4 janv. 1852).

3° *Usurpation de l'enseigne.*

985. — Ainsi que nous l'avons déjà dit, aucune loi spéciale ne punit l'usurpation de l'enseigne. Mais, suivant que cette usurpation est
commise avec ou sans intention de nuire, elle constitue un délit civil ou
un quasi-délit, c'est-à-dire un acte de concurrence déloyale obligeant
son auteur à des réparations civiles.

986. — Nous aurons à examiner à ce sujet : 1° quels sont les éléments constitutifs de l'usurpation ; 2° quelle est l'action qui naît de
l'usurpation ; 3° à quelle réparation donne lieu l'usurpation.

987. — I. **Éléments constitutifs de l'usurpation.** — Il y a usurpation d'enseigne dans tous les cas où il est fait usage d'une enseigne
par un autre que celui qui en est propriétaire, conformément aux règles
que nous avons indiquées.

988. — L'usurpation suppose d'abord les deux éléments essentiels
et nécessaires de toute concurrence déloyale, c'est-à-dire, en premier
lieu, une faute de son auteur, et, en second lieu, un préjudice causé.

La faute peut, comme nous l'avons dit, consister en une simple négligence, et il n'est pas nécessaire qu'elle soit intentionnelle, c'est-à-
dire qu'elle ait été commise avec l'intention de nuire. L'auteur d'une
usurpation d'enseigne ne peut donc invoquer l'excuse de bonne foi (V.
Paris, 3 nov. 1859, Duvivier, Teul., 9, 90 ; Paris, 13 juillet 1862, Muller, Pataille, 62, 265 ; Trib. comm. Seine, 4 nov. 1863, Herbet, Pataille,
63, 110).

Quant au préjudice, il consiste dans le danger de confusion entre l'é-
tablissement de l'usurpateur et celui du propriétaire de l'enseigne.
Toutefois, ce danger de confusion ne doit être pris en considération,
ainsi que nous l'avons dit, que s'il s'agit de deux établissements exerçant le même genre d'industrie ou de commerce. Il suffit d'ailleurs,
dans ce cas, que la confusion soit rendue possible.

C'est aux juges du fait qu'il appartient d'apprécier souverainement
si la confusion est ou non rendue possible.

989. — En dehors de ces deux éléments communs aux différents
modes de concurrence déloyale, l'usurpation d'enseigne est constituée
par l'usage d'une enseigne qui est la reproduction totale ou partielle
de l'enseigne d'autrui.

Ainsi, la reproduction de la dénomination ou de l'emblème, qui sert

d'enseigne, constitue une usurpation, alors même qu'on y introduit
des modifications de détail, qui ne suffisent pas à empêcher la confusion. De même, si l'enseigne comprend à la fois un emblème et une
dénomination, la reproduction de l'emblème sans la dénomination ou
de la dénomination sans l'emblème peut encore constituer un acte de
concurrence déloyale.

Il appartient, ici encore, aux tribunaux d'apprécier.

990. — La jurisprudence a notamment reconnu qu'il y avait usurpation d'enseigne nominale à employer les mots : *A la Civette de la rue
de Rivoli* pour *A la Civette* (Paris, 11 avril 1850, Pousse, Pataille,
60, 176) ; *Grand hôtel de la Paix* pour *Hôtel de la Paix* (Paris, 13 juin
1862, Muller, Pataille, 62, 265) ; *Maison d'or* pour *Maison dorée*
(Trib. comm. Seine, 4 nov. 1863, Herbet, Pataille, 63, 110); *Librairie
catholique et classique* pour *Librairie catholique* (Trib. comm. Marseille, 9 avril 1880, Chauffard, Jurisp. comm. Marseille, 80, 169) :
Café comptoir du Palais de justice pour *Café du Palais* (Lyon, 29
juillet 1887, Roux, Dall., 88, 2, 244).

991. — **II. Action qui naît de l'usurpation.** — Ainsi que nous
l'avons dit, l'usurpation ne donne pas ouverture à une action pénale,
mais seulement à l'action en dommages-intérêts, fondée sur l'article
1382 du code civil, et, si la question de propriété de l'enseigne est soulevée, à l'action en revendication du droit commun.

992. — Quels sont les tribunaux compétents pour statuer sur ces
deux actions ?

En ce qui concerne l'action en revendication, on admet généralement
qu'elle est soumise aux règles de compétence du droit commun,
c'est-à-dire qu'elle est de la compétence des tribunaux civils, lorsque
la question de propriété est soulevée entre deux personnes qui ne sont
pas commerçantes, et de la compétence des tribunaux de commerce
lorsque la contestation s'élève, au contraire, entre deux commerçants.

Quant à l'action en dommages-intérêts, la question de savoir à quels
tribunaux elle doit être déférée divise les auteurs et la jurisprudence.

Dans un premier système, on décide que l'action est dans tous les cas
de la compétence des tribunaux de commerce, par ce motif que l'article 631 du code de commerce, en attribuant aux tribunaux de commerce la connaissance des contestations nées *d'engagements* entre commerçants, entend viser, par ce mot *engagements*, d'une façon générale,
les obligations résultant de tous les actes, conventions, quasi-délits et
même délits, qu'un commerçant peut accomplir dans l'exercice de son
industrie [1].

---

1. V. en ce sens : Goujet et Merger, v° *Enseigne*, n° 67, Pouillet, n° 737 ;
Allart, n° 117.

Dans un second système, qui nous semble plus juridique, on admet que l'action en dommages-intérêts est soumise, comme l'action en revendication, aux règles de compétence du droit commun, et qu'elle doit être déférée aux tribunaux de commerce ou aux tribunaux civils, selon que la contestation s'élève ou non entre commerçants [1] (V. en ce sens : Trib. civ. Alger, 31 mai 1843, *J. Pal.*, 53, 1, 39, *la note ;* Paris, 21 juill. 1841, Cᵉ Bordelaise, *Gaz. trib.*, 23 juill. 1841 ; Paris, 10 fév. 1845, Cassan, *J. Pal.*, 45, 1, 575) [2].

L'action est, en tous les cas, soumise aux règles ordinaires de procédure.

993. — **III. Réparations auxquelles donne' lieu l'action.** — Les tribunaux saisis de l'action en revendication d'une enseigne statuent sur la propriété de cette enseigne : ils peuvent condamner la partie qui est déclarée non propriétaire soit à supprimer purement et simplement l'enseigne incriminée, soit à y apporter les modifications qu'ils estiment suffisantes pour empêcher toute confusion.

L'action en dommages-intérêts, soit qu'elle soit jointe, comme cela a lieu le plus souvent, à l'action en revendication, soit qu'elle soit exercée seule, permet également aux tribunaux d'ordonner, outre la condamnation à des dommages-intérêts et à titre de réparation supplémentaire, la suppression ou la modification de l'enseigne, ainsi que l'affichage du jugement et son insertion dans les journaux.

1. V. en ce sens : Blanc, p. 742 ; Nicolas et Pelletier, nᵒ 428.
2. V. *Contrà* : Bordeaux, 23 août 1851, Alcuet, *J. Pal.*, 53, 1, 40 ; Caen, 15 mars 1854, Morière, Le Hir, 55, 2, 356 ; Paris, 28 avril 1866, Bournhouet et Basile, Pataille, 66, 193.

CHAPITRE III

ACTES DE CONCURRENCE DÉLOYALE

CONSISTANT EN DES AGISSEMENTS DE NATURE A CRÉER LA CONFUSION
ENTRE LES PRODUITS.

_____

994. — La concurrence déloyale peut encore résulter d'agissements qui tendent à détourner la clientèle par des moyens de nature à créer une confusion, non plus entre les établissements, mais entre les produits. Ces agissements consistent généralement dans la reproduction ou l'imitation des signes distinctifs du produit, tels que la dénomination, l'enveloppe, la forme même du produit, la couleur du produit ou de son enveloppe.

Nous traiterons donc successivement : 1° de l'usurpation des dénominations ; 2° de l'usurpation des enveloppes ; 3° de l'usurpation de la forme distinctive du produit ; 4° de l'usurpation de la couleur distinctive du produit ou de l'enveloppe. Nous examinerons ensuite les règles qui concernent l'usurpation du titre d'un ouvrage : ce titre constitue, en effet, en quelque sorte, la dénomination du produit spécial qu'est le livre ou le journal, et l'étude de ce sujet s'impose immédiatement après l'examen des questions qui concernent l'usurpation des signes distinctifs des produits en général.

I. — Usurpation de dénominations.

995. — Lorsque la dénomination a été déposée conformément à la loi de 1857 sur les marques, son usurpation constitue le délit spécial prévu et réprimé par cette loi et qui donne lieu, comme nous l'avons vu, à une action correctionnelle et à une action civile. Lorsque la dénomination n'a pas été déposée, son usurpation ne donne lieu qu'à une réparation civile, qui est poursuivie au moyen de l'action en concurrence déloyale.

996. — Il y a lieu d'appliquer ici tout ce que nous avons dit des dénominations dont l'usurpation est réprimée par la loi de 1857.

Ainsi, l'action en concurrence déloyale ne peut être intentée que si la dénomination usurpée est, d'une part, spéciale, c'est-à-dire arbitraire et de fantaisie, et, d'autre part, nouvelle en ce qui concerne le genre de produits auquel elle s'applique. Toutefois, tandis qu'il n'y a contrefaçon de dénomination dans le sens de la loi de 1857 qu'autant que cette dénomination est apposée sur des produits fabriqués, il y a concurrence déloyale dans le seul fait d'user de la dénomination d'une façon quelconque, soit en l'apposant sur des produits naturels, soit en s'en servant dans des circulaires ou prospectus imprimés, ou dans des factures manuscrites ou dans une annonce, soit même en l'employant simplement en paroles, en vue, par exemple. de tromper l'acheteur sur la provenance de la marchandise [1].

997. — La concurrence déloyale résultant de ces différentes sortes d'usurpation d'une dénomination se poursuit conformément au droit commun et donne lieu à des condamnations civiles qui peuvent comprendre, outre l'allocation de dommages-intérêts, la suppression ou la modification de la dénomination, ainsi que l'affichage du jugement et son insertion dans les journaux.

II. — Usurpation d'enveloppes.

998. — L'usurpation des enveloppes constitue, comme celles des dénominations, un acte de concurrence déloyale, qui donne lieu, lorsque le dépôt n'a pas été effectué conformément à la loi de 1857, à une action simplement civile.

A la différence de la contrefaçon réprimée par la loi de 1857, la concurrence déloyale existe, ici encore, quelle que soit la façon dont on a usé de l'enveloppe imitée.

L'usurpation ne peut être, toutefois. poursuivie que si l'enveloppe revêt les deux caractères de spécialité et de nouveauté tels que nous les avons définis.

Par enveloppe il faut entendre ici tout ce qui sert à renfermer le produit, par conséquent les boîtes et flacons de toutes sortes, aussi bien que les enveloppes en papier.

999. — Ce que nous venons de dire de l'usurpation d'enveloppes s'applique également à l'usurpation de toute étiquette ou de tout mode d'empaquetage ou de bouchage servant à distinguer le produit.

III. Usurpation de la forme distinctive du produit.

1000. — Lorsque le produit n'est pas renfermé dans une enveloppe, il peut affecter une forme spéciale et caractéristique qui le dis-

1. V. Pouillet, n° 460.

tingue des produits similaires. L'usurpation de cette forme constitue également, en dehors des cas prévus par la loi de 1857, un acte de concurrence déloyale.

La forme peut d'ailleurs être protégée spécialement, soit par la loi du 18 mars 1860, si elle consiste dans une combinaison de lignes et de contours qui constitue un modèle de fabrique, soit par la loi du 5 juillet 1844, si elle produit un résultat industriel.

IV. Usurpation de la couleur distinctive du produit ou de l'enveloppe.

1001. — De même que la forme, la couleur peut constituer un des éléments dont la réunion donne au produit ou à son enveloppe une physionomie caractéristique. Nous avons déjà dit, toutefois, que, lorsqu'il s'agit d'une couleur uniforme, le droit privatif ne doit être admis qu'avec une certaine réserve ; il en est autrement pour une combinaison de couleurs différentes qui, étant susceptible de varier à l'infini, peut donner aux produits les physionomies les plus diverses.

L'usurpation de la couleur ou surtout de la combinaison de couleurs qui sert ainsi à distinguer le produit ou son enveloppe constitue donc, même en dehors des cas prévus par la loi de 1857, un acte de concurrence déloyale.

V. Usurpation du titre d'un ouvrage.

1002. — Le titre d'un ouvrage constitue une propriété au profit de son auteur, et l'usurpation de ce titre par un tiers n'est autre chose qu'un acte de concurrence déloyale.

C'est à tort, selon nous, qu'on a soutenu que le titre d'un ouvrage doit être considéré comme une partie de cet ouvrage et que son usurpation constitue une contrefaçon partielle d'une propriété littéraire tombant sous l'application des lois de 1793 et de 1866 [1]. Il est plus exact de dire que le titre n'est qu'une dénomination, qui sert en quelque sorte d'enseigne à l'ouvrage, et que celui qui usurpe le titre ne s'approprie pas l'œuvre elle-même, mais cherche seulement à détourner les acheteurs que ce titre attirait, qu'il commet donc ainsi un acte de concurrence déloyale [2].

Le titre d'un journal constitue une propriété de même nature que celle du titre d'un ouvrage : c'est aussi une sorte d'enseigne, dont l'usurpation donne lieu à l'action en concurrence déloyale.

1. V. Merlin, Questions, v° *Prop. littér.*, § 1er ; V. aussi dans le même sens : Paris, 6 fév. 1832, Belloc, *Gaz. trib.*, 6 fév. Orléans, 10 juill. 1854, Thoinier-Desplaces, Dall., 55, 2, 157.

2. V. en ce sens : Pouillet, n° 631, Allard, n° 139.

1003. — Pour être ainsi protégé par l'action en concurrence déloyale, le titre doit être à la fois spécial et nouveau. Il doit être spécial, c'est-à-dire qu'il ne peut consister dans une dénomination générale et nécessaire ; il doit être également nouveau, en ce sens que, tout en étant en rapport avec l'ouvrage qu'il désigne, il doit se distinguer des titres précédemment donnés aux ouvrages du même genre.

1005. — La propriété du titre s'acquiert par la priorité d'usage.

S'il s'agit d'un ouvrage, cette priorité est établie le plus souvent par la date de la publication, qui peut être prouvée notamment par le dépôt de l'ouvrage à la Bibliothèque nationale et au Ministère de l'intérieur. Mais, si l'usurpation avait lieu avant la publication, lorsque le manuscrit est en cours d'impression, l'auteur pourrait évidemment exercer l'action en concurrence déloyale, à la condition de prouver son droit de priorité.

1006. — S'il s'agit d'un journal, la priorité s'établit généralement par la publication du premier numéro, dont la date est prouvée par le dépôt au parquet du procureur de la République prescrit par la loi sur la presse du 29 juillet 1881. Mais, ici encore, la propriété est antérieure à la publication ; si, par exemple, une société s'est constituée pour l'exploitation d'un journal, nul n'a le droit, avant que la société fonctionne et que le premier numéro ait été publié, de prendre le titre qui est indiqué dans les statuts conformément à la loi.

1007. — La propriété du titre dure, lorsqu'il s'agit d'un ouvrage, autant que la propriété de l'ouvrage lui-même. Dès que l'ouvrage tombe dans le domaine public, le titre suit le même sort et peut être repris par d'autres ; l'ouvrage n'appartenant plus alors à personne, personne ne peut plus se plaindre de l'usurpation du titre.

Lorsqu'il s'agit d'un journal, la propriété du titre dure tant qu'il en est fait usage, c'est-à-dire tant que paraît le journal. Si sa publication vient à cesser, son titre peut être pris par d'autres, pourvu que l'interruption ait été assez prolongée pour faire présumer l'abandon : il y a là une question de fait qu'il appartient aux tribunaux d'apprécier souverainement.

1008. — Qu'il s'agisse d'un ouvrage ou d'un journal, l'usurpation consiste dans toute imitation même partielle du titre le premier employé. La règle est, ici encore, qu'il y a concurrence déloyale dès que l'imitation est telle qu'elle rende la confusion possible, quelles que soient les modifications de détail qu'on y ait apportées : c'est aux tribunaux qu'il appartient d'apprécier si le danger de confusion existe ou non.

1009. — La jurisprudence a notamment reconnu qu'il y avait usurpation de titres à employer les mots : *Heures musicales des salons* pour *Heures musicales* (Trib. comm. Seine, 15 oct. 1857, Girod, Pataille, 58, 188) ; *Figaro-Revue* pour *Figaro* (Trib. civ. Seine, 6 mai

1859, Naquet, *Le Droit*, n° 108); *La Presse libre* pour *La Presse* (Trib. civ. Seine, 31 mars 1869, Halbronn, Pataille, 69, 142) ; *Le Matin français* pour *Le Matin* (Trib. comm. Seine, 15 sept. 1884, Pataille, 86, 82) ; *L'Artiste, Revue de Paris et de Saint-Pétersbourg*, pour *L'Artiste, Revue de Paris* (Trib. comm. Seine, 14 juin 1888, Pataille, 89, 341).

1010. — L'imitation d'un titre ne constitue, d'ailleurs, une usurpation donnant lieu à l'action en concurrence déloyale que si elle s'applique à un ouvrage du même genre que celui dont le titre est usurpé, c'est-à-dire s'adressant à la même catégorie de lecteurs : autrement il n'y aurait pas de confusion possible.

Ainsi il n'y a pas concurrence déloyale à prendre pour un livre le titre d'un journal ou d'une revue (Trib. comm. Seine. 9 avril 1856, *Le Droit*, 10 avril, et Trib. civ. Seine, 21 juill. 1871, Sauzea, Le Hir, 76. 2, 54), ni à prendre pour un roman le titre d'un ouvrage historique (Trib. civ. Seine, 16 juill. 1874. Bunel, *Gaz. trib.*; 17 juill.), et réciproquement.

1011. — En outre, s'il s'agit de deux journaux, il n'y a usurpation donnant lieu à l'action que si elle se produit dans la même localité ; en effet, deux journaux qui paraissent dans des localités différentes n'ont pas les mêmes lecteurs et, par conséquent, ne se font pas concurrence : une similitude de titre ne peut donc créer de confusion préjudiciable.

Il en est autrement, toutefois, lorsqu'il s'agit de journaux qui pénètrent dans d'autres localités que celle où ils sont publiés, comme, par exemple, les journaux de Paris et même certains journaux de province qui sont répandus dans toute une région.

Il appartient aux tribunaux d'apprécier.

1012. — Indépendamment de son titre, l'ouvrage peut se distinguer par la physionomie particulière que lui donnent son format, sa couverture, ses caractères typographiques et même la couleur de son papier : le fait d'imiter pour un livre du même genre l'ensemble de ces dispositions distinctives ou quelques-unes d'entre elles constitue également un acte de concurrence déloyale, si l'imitation est telle qu'elle rende possible une confusion : ici encore, c'est aux juges du fait qu'il appartient d'apprécier souverainement (V. Trib. comm. Seine, 29 déc. 1853, Pagnerre, *Le Droit*, 4 janv. 1854 ; Trib. civ. Seine, 16 janv. 1883, Piégu. Pataille, 89, 317).

CHAPITRE IV

ACTES DE CONCURRENCE DÉLOYALE

CONSISTANT EN DES AGISSEMENTS QUI ONT POUR BUT DE DÉTOURNER LA CLIENTÈLE SANS CRÉER DE CONFUSION.

1013. — Il est d'autres actes de concurrence déloyale qui consistent en des agissements ayant pour but de détourner la clientèle, mais sans créer de confusion entre les établissements ni entre les produits. On peut comprendre sous cette classification : 1° l'usurpation de fausses qualités ; 2° l'usage illicite de secrets de fabrique ; 3° le dénigrement soit de l'établissement ou des produits, soit de la personne d'autrui ; 4° la vente au rabais par le détaillant.

1014. — Nous allons étudier successivement ces quatre modes spéciaux de concurrence déloyale. Nous traiterons ensuite de divers autres agissements qui tendent également à un détournement de clientèle sans créer de confusion, mais qui ne rentrent dans aucune des quatre catégories précédentes.

I. Usurpation de fausses qualités.

1015. — En général, il y a concurrence déloyale à s'attribuer faussement une qualité destinée à influencer l'acheteur à son profit et au détriment du concurrent.

Constituent ainsi des actes de concurrence déloyale : 1° l'usurpation de la qualité d'inventeur ; 2° l'usurpation de la qualité de breveté ; 3° l'usurpation de la qualité de seul fabricant d'un produit ; 4° l'usurpation de la qualité de dépositaire ; 5° l'usurpation de la qualité de fournisseur attitré ; 6° l'usurpation de la qualité d'ancien employé, élève ou associé ; 7° enfin, l'usurpation de médailles et récompenses industrielles.

Cette énumération n'est pas, bien entendu, limitative ; mais les modes d'usurpation qu'elle comprend sont les plus usités dans la pratique.

1° Usurpation de la qualité d'inventeur.

1016. — Il n'est pas permis à un fabricant de se qualifier d'inventeur d'un produit au détriment du véritable inventeur. Si celui-ci a fait constater ce titre par un brevet, il conserve, même après que le brevet est expiré et que l'invention est tombée dans le domaine public, le droit exclusif d'user du titre d'inventeur, et le tiers qui usurpe ce titre commet un acte de concurrence déloyale (V. Rennes, 12 mars 1855, Peyre, Pataille, 55, 183 ; Paris, 25 janv. 1875, Jouvin, Pataille, 75, 237 ; Paris, 10 nov. 1887, Truffault, Pataille, 89, 115).

2° Usurpation de la qualité de breveté.

1017. — Nous avons vu que l'article 33 de la loi de 1844 érige en délit le fait de s'attribuer faussement la qualité de breveté, dans des enseignes, annonces, prospectus, affiches, marques ou estampilles. Ce fait constitue, en outre, même en dehors des cas prévus par l'article 33 de la loi de 1844, un acte de concurrence déloyale (V. Douai, 20 mars 1886, Brasseur, Dall., 87, 2, 102). Il a été notamment jugé qu'il y a concurrence déloyale à annoncer mensongèrement un brevet étranger (Nancy, 21 nov. 1881, Robert, Pataille, 81, 242).

3° Usurpation de la qualité de seul fabricant d'un produit.

1018. — Sans prendre le titre d'inventeur ou de breveté, un industriel peut essayer de faire croire qu'il possède un monopole de fait, en se qualifiant de seul fabricant d'un produit déterminé. Il y a là un moyen illicite d'attirer la clientèle au détriment des concurrents, qui constitue un acte de concurrence déloyale (V. Paris, 18 fév. 1852, Gaillard, 60, 2, 137; Paris, 3 mai 1852, Saugnier, Le Hir, 61, 2, 318 ; Paris, 14 déc. 1889, Lhérault, *Gaz. trib.*, 10 fév.).

4° Usurpation de la qualité de dépositaire.

1019. — Le titre de *dépositaire* implique nécessairement l'existence d'un lien direct entre le fabricant et celui qui prend cette qualification : l'emploi de ce titre est donc un moyen d'appeler la confiance de la clientèle, et, par suite, le fait d'employer ce titre sans droit, en se disant faussement *dépositaire*, ou à plus forte raison *seul dépositaire* d'un fabricant déterminé, constitue un acte de concurrence déloyale (V. Trib. comm. Seine, 8 août 1885, Estibal, *Le Droit,* 15 août ; Dijon, 13 août 1860, Mulcey, Pataille, 61, 25).

5° *Usurpation de la qualité de fournisseur attitré.*

1020. — Le fait de prendre faussement la qualité de fournisseur attitré d'un client de marque, en vue de faire impression sur l'acheteur et d'appeler ainsi sa confiance, constitue également un acte de concurrence déloyale. C'est ce qui a été jugé pour l'usage illicite des titres de : *Pharmacien de l'ambassade d'Angleterre* (Trib. civ. Seine, 7 janv. 1841, O'Grady, *Le Droit*, p. 27); *Dentiste des collèges de Paris* (Trib. civ. Seine, 18 mars 1846, Delmond, *Gaz. trib.*, 19 mars).

6° *Usurpation de la qualité d'ancien employé, élève ou associé.*

1021. — Nous avons vu que l'usage illicite de la qualité d'ancien employé, élève ou associé, peut constituer un acte de concurrence déloyale, alors même que celui qui use de cette qualité la possède réellement. A plus forte raison est-il interdit d'user de cette qualité, lorsqu'on ne la possède pas : le fait d'invoquer faussement cette qualité constitue nécessairement un acte de concurrence déloyale; il en est de même, ainsi que nous l'avons déjà dit, du fait de l'invoquer simplement en termes inexacts.

7° *Usurpation de médailles et récompenses industrielles.*

1022. — Le fait de se qualifier mensongèrement ou en termes inexacts de titulaire d'une médaille ou récompense industrielle constitue évidemment, comme l'usage de toute fausse qualité, de nature à influencer l'acheteur et à appeler sa confiance, un acte de concurrence déloyale; mais ce fait est, en outre, érigé en délit par la loi du 12 mai 1886, *relative à l'usurpation des médailles et récompenses industrielles*.

1023. — Il est nécessaire d'entrer ici dans quelques explications détaillées. Nous examinerons donc successivement : 1° quels sont les modes d'usurpation prévus par la loi de 1886 ; 2° quel est le caractère du délit qu'ils constituent ; 3° à quelles actions donne lieu ce délit ; 4° quelles sont les pénalités édictées.

1024. — I. Modes d'usurpation qui constituent le délit. — La loi de 1886 prévoit cinq modes distincts d'usurpation de médailles et récompenses.

1025. — 1° Elle punit d'abord, dans l'article 2, le fait de s'attribuer publiquement, sans droit et frauduleusement, des médailles, diplômes, mentions, récompenses ou distinctions honorifiques quelconques qui auraient été décernés dans des expositions ou concours, soit en France, soit à l'étranger.

On s'attribue sans droit une de ces distinctions, lorsqu'on en use en dehors des termes de l'article 1er de la loi, qui dispose que l'usage des médailles, diplômes, mentions, récompenses ou distinctions honorifiques quelconques décernés dans des expositions ou concours, soit en France, soit à l'étranger, n'est permis qu'à ceux qui les ont obtenus personnellement, et à la maison de commerce en considération de laquelle ils ont été décernés.

1026. — L'article 1er exige, en outre, que celui qui fait usage d'une de ces distinctions fasse connaître sa date, sa nature l'exposition ou le concours où elle a été obtenue et l'objet récompensé [1] : le fait d'user de la distinction en omettant de mentionner chacune de ces indications constitue également un usage illicite, qui est spécialement prévu par l'article 4.

1027. — Il y aurait encore usage illicite de la part de celui qui se servirait de la distinction sans l'avoir obtenue personnellement, mais après avoir acquis du titulaire le droit de s'en prévaloir : il résulte, en effet, des termes de l'article 1er que toute cession par le titulaire de l'usage de la distinction est nulle. Par contre l'usage de la distinction par le successeur du titulaire, qui l'a acquis avec le fonds lui-même, est parfaitement licite, puisqu'on peut dire, dans ce cas, qu'il s'agit de distinction décernée à la maison même et qui doit rester à cette maison en quelques mains qu'elle passe.

1028. — Le délit d'usage illicite n'existe, aux termes de l'article 2, que si l'usage a été public.

La publicité résultera le plus souvent de l'emploi de la distinction soit sur des enseignes, soit dans des annonces, prospectus, factures, lettres ou autres papiers de commerce ; le délit sera alors consommé, dès que l'enseigne aura été exposée aux yeux du public, ou dès que les papiers de commerce auront été mis en circulation.

En dehors de l'usage par enseignes ou papiers, le fait de s'attribuer illicitement la distinction au moyen d'annonces verbales ou de propos tenus en public tombe également sous l'application de la loi.

Quant au fait de s'attribuer illicitement la distinction dans une correspondance privée ou dans une conversation particulière, il ne constitue qu'un acte de concurrence déloyale donnant lieu simplement à une réparation civile, à moins, toutefois, qu'il ne soit accompagné des manœuvres frauduleuses qui constituent le délit d'escroquerie.

1029. — 2o L'article 2 punit, en second lieu, le fait d'avoir appliqué une des distinctions mentionnées à l'article 1er à d'autres objets que ceux pour lesquels elle a été obtenue. Bien entendu, il n'y a délit que s'il s'agit d'un produit réellement différent et ne rentrant pas dans la catégorie de ceux qui ont été récompensés.

[1]. Cette prescription de la loi est généralement critiquée : on fait remarquer, non sans raison, que la multiplicité des mentions exigées risque de rendre impossible l'usage de la récompense, surtout lorsqu'il s'agit de la rappeler sur des produits dont la dimension est parfois fort restreinte.

La publicité est, ici encore, formellement exigée, dans les mêmes conditions que pour le délit d'usage illicite.

1030. — 3° L'article punit également le fait de s'attribuer une récompense imaginaire, ou d'indiquer mensongèrement une des distinctions mentionnées par la loi. sur des enseignes, annonces, prospectus, factures, lettres ou papiers de commerce.

Ici encore, la loi vise une usurpation publique.

1031. — 4° Le même article punit aussi le fait de se prévaloir indûment auprès des jurys des expositions ou concours d'une des distinctions mentionnées par la loi.

La loi n'exige plus, ici, qu'il y ait publicité : presque toujours, en effet, l'exposant qui emploie de semblables manœuvres, se garde, bien entendu, d'agir au grand jour.

1032. — 5° Enfin, l'article 3 punit le fait de se prévaloir, sans droit et frauduleusement, de récompenses, distinctions ou approbations accordées par des corps savants ou des sociétés scientifiques. Cet article vise notamment les approbations données par l'Académie de médecine aux remèdes et qui permettent la vente de ces remèdes comme s'ils étaient inscrits au codex.

La condition de publicité est, ici, de nouveau formellement exigée.

1033. — II. **Caractère du délit.** — Les cinq modes d'usurpation prévus par la loi de 1886 constituent un délit correctionnel, qui, excepté en ce qui concerne l'omission des indications prescrites par l'article 1er, suppose nécessairement, conformément au droit commun, la mauvaise foi de son auteur. En effet, tandis que les articles 2 et 3 exigent formellement, pour les divers modes d'usurpation qu'ils prévoient, que ces faits aient été commis « frauduleusement », l'article 4, qui prévoit spécialement l'omission des indications prescrites, ne parle nullement d'intention frauduleuse, et on en conclut généralement que le législateur a entendu punir, dans ce cas, le fait matériel lui-même, indépendamment de toute mauvaise foi (V. Paris, 15 mai 1889, et Cass., 20 déc. 1889, Rousseau, Pataille, 90, 122).

1034. — III. **Actions auxquelles donne lieu le délit.** — Le délit prévu par la loi de 1886 donne lieu, comme tous les délits, à une action correctionnelle et à une action civile : ces deux actions sont exercées conformément au droit commun.

Rappelons que même dans les cas où l'usurpation d'une distinction n'est pas formellement atteinte par la loi de 1886, comme par exemple, lorsqu'elle n'est pas publique, elle peut toujours constituer un acte de concurrence déloyale, donnant lieu à une réparation civile.

1035. — Le droit de poursuite appartient, en cette matière, en dehors du ministère public : 1° à ceux, d'abord, qui ont réellement obtenu la distinction usurpée ; 2° à ceux qui, ayant exposé dans le même concours, ont obtenu des distinctions différentes qui ont pu être dépréciées par l'usurpation (V. Bordeaux, 20 déc. 1853, Sandoval, Le Hir, 54, 2, 196) ; 3° enfin à ceux mêmes, qui, sans avoir obtenu des distinctions dans le même concours, ou même sans y avoir exposé, exercent le même commerce ou la même industrie et sont victimes de la supériorité apparente que l'usurpateur donne ainsi à son établissement ou à ses produits : le principe de droit commun est, en effet, que l'action en réparation du dommage causé par un délit peut être exercée par tous ceux qui ont souffert de ce dommage (V. Toulouse, 25 mars 1885, Provost, Pataille, 86, 24).

1036. — **IV. Pénalités édictées.** — La loi punit les cinq modes d'usurpation prévus par les articles 2 et 3 d'une amende de 50 fr. à 6,000 fr. et d'un emprisonnement de trois mois à deux ans, ou de l'une de ces deux peines seulement.

L'article 4, qui prévoit spécialement l'omission des indications prescrites, ne punit ce délit que d'une amende de 25 fr. à 3,000 fr. Dans tous les cas, l'article 463 du code pénal relatif aux circonstances atténuantes est applicable, ainsi que le déclare formellement l'article 6.

1037. — En dehors de ces pénalités, l'article 5 dispose que le tribunal peut prononcer la destruction et la confiscation, au profit de la partie lésée, des objets sur lesquels les fausses indications ont été appliquées.

1038. — L'article 6 ajoute que le tribunal peut également prononcer l'affichage et l'insertion du jugement.

II. Usage illicite de secrets de fabrique.

1039. — Il arrive souvent qu'un industriel, au lieu de faire breveter un procédé nouveau de son invention, préfère l'exploiter en secret dans ses ateliers : ce procédé nouveau ainsi exploité secrètement dans une fabrique constitue ce qu'on appelle le *secret de fabrique*. Le concurrent qui, par l'intermédiaire d'ouvriers infidèles, surprend et emploie ce secret de fabrique, commet un acte de concurrence déloyale ; il se rend en même temps complice du délit spécial de révélation de secret de fabrique prévu et puni par l'article 418 du code pénal.

1040. — Bien que les règles qui concernent ce délit n'appartiennent ainsi qu'indirectement à notre sujet, nous croyons devoir les examiner avec quelques détails, moins toutefois au point de vue de la situation de l'auteur principal de ce délit, qu'au point de vue de la situation du complice, qui commet en même temps un acte de concurrence déloyale.

Nous verrons donc successivement : 1° quels sont les éléments constitutifs du délit ; 2° quel est le caractère du délit ; 3° quelles sont les pénalités édictées.

1041. — **I. Éléments constitutifs du délit.** — L'article 418 punit

« tout directeur, commis ou ouvrier de fabrique, qui aura communiqué ou tenté de communiquer soit à des étrangers soit à des Français
résidant en pays étrangers ou en France des secrets de la fabrique où
il est employé ».

1042. — Ainsi le délit suppose deux conditions essentielles :
1° qu'il y ait eu un secret de fabrique commmuniqué ; 2° que cette
communication ait été faite par des personnes mentionnées par l'article.
Étudions successivement ces deux conditions.

1043. — 1° En ce qui concerne le secret de fabrique dont la communication constitue le délit, nous avons déjà dit qu'il consiste dans
un procédé nouveau exploité secrètement dans une fabrique.

1044. — Le procédé doit d'abord être nouveau : autrement il ne
donnerait pas lieu à la protection de la loi. On admet généralement
que la nouveauté s'apprécie ici, comme en matière de brevet d'invention : la personne poursuivie peut donc, comme le prévenu de contrefaçon, invoquer des antériorités qui font disparaître le délit [1].

1045. — Dès que le procédé est nouveau, il est protégé, qu'il soit
ou non susceptible d'être breveté : en l'absence d'une définition limitative, on admet que le secret de fabrique s'entend de tous détails de
fabrication, même et surtout de ces tours de mains, qui, sans être une
invention caractérisée et susceptible d'être brevetée, sont en usage dans
une manufacture, à l'insu des concurrents [2]. (V. Paris, 16 mai 1861, et
Rej., 10 janv. 1862. Sérigiers, Pataille, 62, 221 ; Rej., 24 avril 1863.
Colomb, Pataille, 63, 356).

1046. — Par contre, il n'y a plus de secret de fabrique, dès que
le procédé a été breveté, puisque la publicité du brevet a pour effet
immédiat de faire disparaître le secret.

1047. — Le procédé doit, en outre, pour être protégé, être
exploité secrètement dans une fabrique : la loi le dit formellement.

Il résulte de là qu'on ne devrait pas considérer comme secret de fabrique, dans le sens de l'article 418, un procédé de laboratoire, ni
même un procédé de contrôle financier ou administratif employé dans
les bureaux annexés à la fabrique.

1048. — Il appartient, d'ailleurs, aux juges du fait d'apprécier
souverainement si un procédé constitue un secret de fabrique (V. Rej.,
10 janv. 1862, Sérigiers, Pataille, 62, 221 ; Rej., 24 avril 1863, Colomb,
Pataille, 63, 356).

1049. — 2° La seconde condition de l'existence du délit c'est que
la révélation du secret de fabrique émane d'une des personnes mentionnées par la loi : l'article 418 vise expressément, comme pouvant
être condamnés pour révélation de secrets de fabrique, le directeur, le

1. V. Pouillet, n° 768.
2. V. Pouillet, n° 767.

commis ou l'ouvrier employés dans la fabrique ; on admet généralement, toutefois, qu'il y a lieu d'assimiler à l'ouvrier, l'élève ou l'ap-
prenti [1].

1050. — Il résulte formellement des termes de l'article que la
révélation n'est punie que si son auteur était encore, au moment où
elle a eu lieu, employé dans la fabrique.

Toutefois, l'auteur de la révélation devrait être condamné, alors
même que, au moment où il a révélé le secret, il aurait cessé d'être
employé dans la fabrique, si les démarches et pourparlers, ainsi que
les dons et promesses qui l'ont déterminé, avaient précédé sa sortie
(V. Rej., 24 avril 1863, Colomb, Pataille, 63, 356).

Quant à l'ancien employé, directeur, commis ou ouvrier, établi à
son compte, il ne commet aucun délit en utilisant, pour son profit personnel, les connaissances qu'il a acquises dans l'ancien établissement
de son patron. Ce dernier n'a que deux moyens de se mettre en garde
contre une semblable concurrence : c'est de faire breveter ses procédés
avant le départ de son employé, ou d'imposer à celui-ci une interdiction de s'établir dans la même industrie.

L'article 418 punit également la simple tentative du délit qu'il
prévoit.

1051. — Les règles sur la complicité sont applicables en cette
matière, dans les termes des articles 59 et 60 du code pénal. Ainsi,
le concurrent, qui a provoqué, par dons ou promesses, la révélation
d'un secret de fabrique, ou qui a sciemment procuré le moyen
de la commettre, ou qui a, avec connaissance de cause, aidé ou
assisté son auteur dans les faits qui l'ont préparée ou facilitée, se
rend coupable non seulement d'un acte de concurrence déloyale, mais
encore d'un fait de complicité qui le rend passible des peines édictées
par l'article 418.

Même en dehors des cas de complicité visés par les articles 59 et
60 et en dehors aussi des conditions prévues par l'article 418, l'usage
illicite d'un secret de fabrique par un concurrent peut toujours constituer un acte de concurrence déloyale.

1052. — **II. Caractère du délit.** — La révélation des secrets de
fabrique constitue, dans les conditions que nous venons d'indiquer, un
délit correctionnel, qui suppose nécessairement, d'après les principes du droit commun, la mauvaise foi de son auteur.

L'employé prétendrait en vain qu'il a collaboré à la découverte du
secret de fabrique, si, en fait, il est constant qu'il devait à son patron
le fruit de ses inventions (V. Lyon, 31 déc. 1863, Guinon, Pataille,
64, 316).

Toutefois, si l'auteur n'est pas, à raison de sa bonne foi, passible des

---

1. Contrà : V. Calmels, n° 68.

peines édictées, il reste toujours responsable des conséquences de sa faute au point de vue de la réparation civile du dommage qu'il a causé à son patron. Et si, dans ce cas, un concurrent a profité illicitement de la révélation, l'action en concurrence déloyale peut être exercée contre lui.

1053. — III. Pénalités édictées. — Aux termes de l'article 418, la révélation d'un secret de fabrique est punie d'un emprisonnement de trois mois à deux ans et d'une amende de 16 fr. à 200 fr., si le secret de fabrique a été communiqué à des Français résidant en France; elle est punie d'un emprisonnement de deux à cinq ans et d'une amende de 500 à 20.000 fr., si le secret a été communiqué à des Français résidant à l'étranger ou à des étrangers, même résidant en France.

Dans ce second cas. le coupable peut, en outre, être condamné à la privation des droits mentionnés en l'article 42 du code pénal, pendant cinq ans au moins et dix ans au plus, et à l'interdiction de séjour pendant le même nombre d'années.

Dans les deux cas. le maximum des peines édictées doit être nécessairement appliqué, s'il s'agit de secrets de fabriques d'armes et de munitions de guerre appartenant à l'État.

1054. — Les complices du délit sont passibles des mêmes peines, conformément au droit commun.

1055. — Dans tous les cas, l'article 463 du code pénal relatif à l'admission des circonstances atténuantes peut être appliqué.

III. Dénigrement de l'établissement, des produits ou de la personne d'autrui.

1056. — C'est évidemment un abus que de chercher à détourner la clientèle d'un concurrent, en dénigrant soit sa personne, soit son établissement ou ses produits. Cet abus constitue, dans tous les cas, un acte de concurrence déloyale ; en outre, dans le cas où il s'adresse non à l'établissement ou aux produits, mais à la personne même du concurrent, il peut constituer le délit de diffamation.

Étudions successivement ces deux sortes de dénigrement.

1057. — I. Dénigrement de l'établissement ou des produits d'un concurrent. — Le dénigrement de l'établissement ou des produits d'un concurrent constitue un acte de concurrence déloyale, puisqu'il tend à détourner la clientèle de ce concurrent. Il faut, toutefois, pour qu'il en soit ainsi, d'abord que le dénigrement soit public, c'est-à-dire se manifeste par un acte de publicité qui s'adresse à la clientèle, comme, par exemple, par des annonces, prospectus, circulaires, etc. Il faut, en second lieu, que le dénigrement désigne expressément ou d'une façon assez claire pour qu'on puisse les reconnaître, l'établissement ou les produits d'un concurrent déterminé : un commerçant a

évidemment le droit soit de dire que ses produits sont supérieurs à
ceux de ses concurrents en général, soit même de dire que les produits de ses concurrents en général sont inférieurs aux siens.

1058. — Le dénigrement qui désigne un concurrent déterminé
constitue d'ailleurs un acte de concurrence déloyale, alors même que
les allégations qu'il comprend sont exactes en fait. Il en est, ici, comme
en matière de diffamation : la vérité du fait allégué ne fait pas disparaître le caractère de l'acte et la preuve n'est pas admissible (Trib.
comm. Seine, 1er juin 1860, Beuverand, Pataille, 60, 398).

1059. — De même, la preuve de la bonne foi ne ferait pas disparaître la responsabilité : le dénigrement, comme toute concurrence
déloyale, existe indépendamment de l'intention de nuire de la part de
son auteur.

1060. — Il appartient aux tribunaux d'apprécier souverainement, en fait, si le dénigrement constitue un acte de concurrence déloyale.

1061. — La jurisprudence a ainsi reconnu ce caractère, notamment : 1º dans le fait par un fabricant de papier à cigarettes de mettre
sur l'enveloppe de son papier cette inscription : *guerre à Job, papier
très-supérieur à celui connu sous le nom de Job* (Paris, 23 avril 1869,
Bardou, Pataille, 69, 115) ; 2º dans le fait par un commerçant de désigner nominativement, dans ses étiquettes ou prospectus, un établissement rival, avec recommandation de ne pas le confondre avec le sien
(Paris, 31 déc. 1860, Colas, Pataille, 61, 159 ; Douai, 21 mars 1866,
Devos, 20 juill. 1866, Leblondel, Pataille, 68, 21) ; 3º dans le fait d'annoncer dans un guide qu'il n'y a dans telle localité qu'un hôtel recom-
mandable (Caen, 1er déc. 1875, Bataille, Pataille, 88, 23).

1062. — L'action en concurrence déloyale à laquelle donne lieu le
dénigrement permet au commerçant, dont l'établissement ou les produits ont été dénigrés, d'obtenir, outre des dommages-intérêts et à
titre de réparation supplémentaire, la suppression ou la modification
des mentions qui constituent le dénigrement.

1063. — **II. Dénigrement de la personne d'un concurrent.** ---
Le dénigrement de la personne même d'un concurrent, qui est dans
tous les cas un acte de concurrence déloyale, constitue, en outre, le
délit spécial de diffamation, prévu par la loi sur la presse du 29 juillet 1881, si les allégations dans lesquelles consiste le dénigrement sont
de nature à porter atteinte à l'honneur et à la considération de ce concurrent.

Le délit n'existe, toutefois, que si les allégations ont été produites
de mauvaise foi, c'est-à-dire avec l'intention de nuire.

Il faut en outre, ici encore, que le dénigrement soit public et qu'il
désigne clairement un concurrent déterminé.

1064. — Le concurrent, contre la personne duquel est dirigé un semblable dénigrement, peut, à son choix, intenter contre l'auteur de ce dénigrement, soit l'action en concurrence déloyale qui donne lieu aux réparations civiles que nous avons indiquées, soit l'action en diffamation qui donne lieu, outre ces réparations, à l'application des peines édictées par la loi du 29 juillet 1881.

1065.—Il a ainsi été jugé qu'il y a délit de diffamation dans le fait, notamment, d'imputer à un commerçant, dans un article de journal, qu'il reçoit ses clients d'une manière inconvenante, que ses prix sont exorbitants et qu'il est parti sans donner son adresse et sans payer ses factures (Trib. comm. Seine, 12 avril 1864, Worth et Bobegh, Pataille, 65, 143).

Il y aurait également diffamation dans le fait de dire qu'un concurrent est à la veille de cesser ses paiements ou de fermer sa maison.

IV. Vente au rabais par le détaillant.

1066. — La vente au rabais par le détaillant des produits qu'il a achetés peut également, dans certains cas, constituer un acte de concurrence déloyale vis-à-vis du fabricant.

Il en est ainsi, d'abord, lorsque le détaillant s'est engagé, en achetant au fabricant, à ne pas vendre au-dessous d'un certain prix. Si le prix est marqué sur le produit, on en déduit généralement la présomption que le détaillant s'est interdit de vendre à un prix inférieur.

Il en est ainsi, en second lieu, en dehors de toute convention, lorsque la vente au rabais est accompagnée d'agissements de nature à détourner la clientèle de l'établissement du fabricant, en dépréciant ses produits. Ainsi, il a été jugé qu'il y a concurrence déloyale à vendre au rabais, et sous le nom que lui a donné le véritable fabricant, une marchandise qui ne provient pas de ce fabricant (Paris, 8 avril 1863, Guislain, Teul., 12, 537).

Mais, en l'absence d'agissements de nature à détourner la clientèle, on ne peut refuser au détaillant le droit de vendre au prix qui lui convient, même avec le plus grand rabais, les marchandises qu'il a achetées et dont il est, par conséquent, devenu propriétaire (Bordeaux, 28 mai 1861, Christofle et Cⁱᵉ, Pataille, 62, 377 ; Paris. 14 nov. 1864, Saintin, Pataille, 65, 42 ; Paris, 2 déc. 1860, Lamoureux, 70, 60; Trib. comm. Seine, 19 fév. 1887, Pilter, *Gaz. trib.*, 12 mars 1887).

C'est aux tribunaux qu'il appartient d'apprécier souverainement, en fait, si la vente au rabais constitue un acte de concurrence déloyale.

1067. — De même que la vente au rabais, l'annonce de la vente au rabais est, en principe, permise au détaillant. Toutefois, une annonce de cette nature pourrait constituer une concurrence déloyale. Il en serait ainsi, d'abord, si l'annonce était mensongère, par exemple si le commerçant qui la publie était dans l'impossibilité de livrer les produits offerts au-dessous des cours, ou bien si les circonstances indiquées comme rendant possible la réduction de prix annoncée étaient purement imaginaires (Trib. comm. Nevers, 26 nov. 1883, Michot, Pataille, 88, 139 ; Trib. comm. Amiens, 5 fév. 1889, *Journ. d'Amiens*, 89, 78).

Il en serait ainsi encore, si l'annonce du rabais était accompagnée d'une comparaison avec les prix d'une maison concurrente clairement désignée (V. Bordeaux, 8 mars 1859, Hesse, Pataille, 60, 276).

Il en serait enfin ainsi, à plus forte raison, si l'annonce du rabais était accompagnée de critiques à l'adresse d'un établissement concurrent clairement désigné (Besançon, 25 avril 1877, Tichot, Pataille, 77, 152).

Ici encore, c'est aux juges du fait qu'il appartient d'apprécier.

V. Autres agissements divers de concurrence déloyale.

1068. — Il est d'autres agissements de concurrence déloyale qui ont toujours pour but de détourner la clientèle, mais qui ne rentrent dans aucune des quatre catégories que nous venons d'étudier. Il nous reste à passer rapidement en vue ceux de ces divers cas qui se présentent le plus fréquemment devant les tribunaux.

Nous citerons notamment comme constituant ainsi des actes de concurrence déloyale :

1069. — 1º Le fait par un fabricant ou commerçant d'embaucher, au moyen d'une pression quelconque, l'ouvrier ou l'employé d'un concurrent, dans le but soit de surprendre des secrets de fabrique, soit simplement de détourner la clientèle (V. Paris, 26 janv. 1856, d'Arlincourt, Pataille, 56, 125 ; Paris, 21 oct. 1858, Grimault, *Le Droit*, nº 252 ; Paris, 4 fév. 1865, Lorge, Pataille, 65, 154 ; Paris, 14 mai 1880, Loffet, Pataille, 80, 242).

1070. — 2º Le fait par un ancien employé qui a fondé une maison, d'abuser des renseignements ou documents que sa position lui a permis de recueillir, pour détourner la clientèle de son ancien patron (V. Paris, 24 juin 1858, Rault, Teulet, 7, 396 ; Trib. comm. Nantes, 24 avril 1880, Vve Raymondière, *Jur. comm. Nantes*, 81, 1, 173 ; Paris, 4 août 1881, Durand-Morimbeau, Pataille, 81, 244) ;

1071. — 3º Le fait par un fabricant ou commerçant de s'approprier, par des agissements frauduleux, des commandes destinées à un concurrent qui lui ont été remises par suite d'une erreur (V. Trib. comm. Seine, 30 janv. 1855, Loisel, Le Hir, 55, 2, 568).

1072. — 4º Le fait de vendre le produit d'un concurrent tel qu'il le vend lui-même, c'est-à-dire dans ses enveloppes, boîtes ou flacons, alors qu'au nom de ce concurrent on substitue le sien, de façon à faire croire au public qu'on est soi-même le véritable fabricant (V. Paris, 9 juillet 1859, Gourbeyre, Pataille, 59, 250);

1073. — 5° Le fait, en vendant au public, un ouvrage tel qu'un annuaire ou un agenda, d'y supprimer certaines annonces ou réclames faites par un commerçant dans le but de lui nuire (V. Trib. comm. Seine, 9 juin 1876, Ramé, Pataille, 77, 47); mais l'éditeur d'un annuaire ou agenda reste, en l'absence de tout engagement formel et exprès, libre de le composer comme il l'entend; par suite, lorsqu'il n'y a pas de sa part intention de nuire, l'action en concurrence déloyale n'est pas ouverte contre lui (V. Trib. civ. Seine, 14 mai 1859, Navoit, Pataille, 59, 255).

1074. — 6° Le fait par un fabricant ou commerçant de tromper sur la nature de la marchandise vendue, si la tromperie est accompagnée d'agissements au moyen desquels le fabricant ou commerçant, pour attirer l'acheteur, lui fait croire que la marchandise est bien de la nature promise : dans ce cas le fabricant ou commerçant commet non seulement, à l'égard de l'acheteur, le délit puni de peines correctionnelles par l'article 423 du code pénal, mais encore, à l'égard de ses concurrents, un acte de concurrence déloyale de nature à détourner leur clientèle et à les mettre dans l'impossibilité de lutter contre lui à armes égales, puisqu'il leur faudrait pour cela tromper le public et commettre aussi un délit; les concurrents peuvent donc intenter contre l'auteur de ces agissements l'action en concurrence déloyale, indépendamment de l'action correctionnelle qui peut être exercée par l'acheteur trompé (V. Rennes, 27 déc. 1881, Penanros, Jur. comm., Nantes, 82, 1, 356).

1075. — 7° Le fait de vendre des marchandises neuves aux enchères publiques contrairement aux dispositions de la loi du 25 juin 1841: cette loi interdit, en principe, les ventes de cette nature, dans le but de protéger les concurrents de la même localité qui débitent des marchandises similaires et qui ne veulent pas recourir au même moyen pour les écouler; il n'est fait exception à cette interdiction que lorsque la vente publique et au détail est ordonnée par les tribunaux civils ou lorsqu'elle a lieu après décès, faillite ou cessation de paiements : si une vente publique de marchandises neuves avait lieu en dehors des cas et conditions prévus par la loi, les concurrents de la même localité pourraient exercer contre le vendeur l'action en concurrence déloyale (V. Trib. comm., Nantes, 7 août 1880, syndic Mainguet, Jur. com. Nantes, 81, 1, 206).

CHAPITRE V

ACTES DE CONCURRENCE DÉLOYALE

RÉSULTANT DE LA VIOLATION D'UN CONTRAT

1076. — La concurrence déloyale peut enfin résulter de la violation de certains contrats. Il peut, en effet, exister entre deux personnes un contrat qui établisse entre elles de tels rapports, au point de vue de l'exercice du commerce, que la violation de ce contrat par l'une des parties ait pour effet immédiat de la placer vis-à-vis de l'autre dans la situation d'un concurrent déloyal.

Il en est ainsi, d'abord, lorsqu'un commerçant s'engage envers un autre à ne pas s'établir dans un commerce similaire.

Il en est ainsi, en second lieu, lorsqu'un commerçant accepte d'être le dépositaire des produits d'un fabricant.

1077. — Nous allons donc examiner successivement, chacune de ces deux situations. Nous dirons ensuite quelques mots d'un cas qui s'en rapproche : celui du bailleur qui s'est engagé envers son locataire à ne pas louer à un autre locataire exerçant le même commerce que le premier, et qui s'expose, en violant cet engagement, non pas à l'action en concurrence déloyale, mais à une action en dommages-intérêts et en résiliation de bail.

I. Engagement de ne pas s'établir dans le même commerce.

1078. — En vertu du principe proclamé par la loi des 2-17 mars 1891 « qu'il est loisible à toute personne d'exercer tel métier ou tel négoce qu'elle jugera convenable », on devrait considérer comme nulle la convention par laquelle une personne prendrait l'engagement de ne jamais exercer, en quelque temps et en quelque lieu que ce fût, une industrie ou un commerce déterminé.

Mais, s'il n'est pas permis de s'interdire ainsi d'une façon absolue et illimitée le droit au travail, il ne saurait être défendu d'apporter à ce même droit des restrictions concernant les lieux dans lesquels il doit s'exercer et le temps pendant lequel on peut en jouir.

1079. — Aussi la doctrine et la jurisprudence sont-elles unanimes pour admettre qu'une personne peut valablement prendre l'engagement de ne pas s'établir dans une industrie ou un commerce déterminé, pourvu que cet engagement ne soit pas absolu et qu'il soit limité à un certain temps ou à un certain lieu (V. Metz, 23 juill. 1856, et Rej., 11 mai 1858, Gilbert, Pataille, 58, 232 ; Paris, 24 août 1859, et Rej., 19 déc. 1860, Dupuis, 59, 357 : Lyon, 19 déc. 1867, Roger, Pataille, 68, 338 ; Cass., 25 mai 1869, Drevet, Pataille, 72, 133 ; Paris, 6 août 1881, et Rej., 2 mai 1882, Spicrenaël, Pataille, 82, 322 ; Toulouse, 22 août 1882, Fournil, Pataille, 83, 43 ; Pau, 31 mai 1889, Bourdettes, *Journ. des Prud'hommes*, 89, 157).

1080. — L'engagement de ne pas s'établir peut être stipulé, soit par le vendeur d'un fonds de commerce au profit de son cédant, soit par un associé au profit des associés dont il se sépare, soit par un ouvrier ou employé au profit du patron qu'il quitte.

1° Engagement du vendeur d'un fonds de commerce.

1081. — Si celui qui cède son fonds de commerce se rétablit, après la vente, dans le même commerce, la clientèle le suivra nécessairement et l'acheteur se trouvera ainsi dépossédé de cette clientèle qui était comprise dans l'objet de la vente. Pour prévenir de semblables inconvénients les parties conviennent fréquemment, dans l'acte de vente, qu'il sera interdit au vendeur de se rétablir dans le même commerce ou dans un commerce similaire. Voyons successivement, au sujet de cette interdiction de se rétablir : 1° à qu'elles conditions elle est valable ; 2° comment elle peut être établie ; 3° quels sont ses effets ; 4° quelle est sa sanction ; 5° comment elle prend fin.

1082. — I. **A quelles conditions l'interdiction de se rétablir est valable.** — Pour que l'interdiction de se rétablir dans un commerce similaire soit licite et par conséquent valable, il faut et il suffit qu'elle soit limitée quant au lieu, ou quant au temps. Ainsi le vendeur peut s'interdire de ne jamais se rétablir dans une localité déterminée ; il peut également s'interdire de se rétablir, en quelque lieu que ce soit, pendant un certain temps. Toutefois, s'il s'agissait d'un commerce spécial à une certaine localité et ne s'exploitant pas ailleurs, l'interdiction de s'établir à jamais dans cette localité serait véritablement absolue et par suite nulle, comme contraire à la loi. De même, si l'interdiction de s'établir en n'importe quel lieu était stipulée pour une durée très longue, cette interdiction pourrait être considérée comme illimitée et par conséquent encore comme illicite et nulle.

1083. — Il appartient aux tribunaux d'apprécier en fait, en interprétant la volonté des parties, si l'interdiction stipulée est ou non absolue ou illimitée. S'ils reconnaissent que l'interdiction est absolue ou illimitée, ils doivent nécessairement en prononcer la nullité, et ils ne peuvent pas, se substituant aux parties, modifier les conventions qu'elles ont arrêtées et maintenir l'interdiction en la restreignant. (V. Cass., 25 mai 1869, et Grenoble, 7 fév. 1870, Drevet, Pataille, 72, 133)[1].

1084. — **II, Comment l'interdiction peut être établie.** — Le plus souvent l'interdiction est établie par une stipulation spéciale et formelle de l'acte de vente.

A défaut de cette stipulation, l'interdiction doit-elle être présumée contenue implicitement dans le contrat de vente ? Cette question divise les auteurs et la jurisprudence.

D'après un premier système, la liberté du commerce, qui est de droit public, ne peut être restreinte que par la loi ou par les conventions et, en l'absence de convention, le vendeur peut se rétablir comme il lui convient (V. en ce sens : Cass. 17 juill. 1844. Cléry, Le Hir, 46, 2, 65 ; Angers, 7 mai 1869, Bouttier, Pataille, 70, 296).

Suivant un second système, qui est plus généralement admis, le principe général de la liberté du commerce doit fléchir devant les règles spéciales qui régissent le contrat de vente : or, aux termes de l'article 1625 du code civil, le vendeur est tenu de garantir à l'acheteur la possession paisible de la chose vendue, et il manquerait évidemment à cette obligation, si, après avoir vendu le fonds avec la clientèle, il dépossédait ensuite l'acheteur de tout ou partie de la clientèle vendue, en se rétablissant dans le même commerce. Il n'y a pas lieu, toutefois, à notre avis, de conclure de là, comme le font certains arrêts, que l'interdiction de se rétablir doit être, dans tous les cas, présumée contenue dans l'acte de vente (V. en ce sens : Agen, 28 juin 1860, Farges, Teul., 10, 181 ; Lyon, 18 déc. 1867, Béranger, Le Hir, 69, 2, 215 ; Amiens, 1884, Cabaret, *Journ. d'Amiens*, 85, 37 ; Douai, 3 mai 1887, Fiévet, Pataille, 91, 11 ; Paris, 3 déc. 1890, John Arthur, *Gaz. trib.*, 12 déc. 1890). Il nous paraît plus exact de dire simplement, avec la majorité des auteurs et des tribunaux, qu'il appartient au juge d'apprécier, en fait, si le rétablissement du vendeur dans le même commerce a lieu dans des conditions telles qu'il soit de nature à déposséder l'acheteur de tout ou partie de la clientèle comprise dans la vente et d'ordonner, au besoin, en réprimant cette éviction, les mesures de restriction qu'il estimera nécessaires à l'effet de l'empêcher pour l'avenir [1] (V. notamment : Nîmes, 16 déc. 1846, Philippon, Dall. 49, 8, 144 ; Paris, 9 oct. 1859, Lemasson, Pataille, 62, 143 ; Alger, 5 janv. 1864, Péan, Sir., 65, 2, 142 ; Grenoble, 3 déc. 1864, Michel, Le Hir. 65, 2,

1. V. *Contrà* : Bordeaux, 2 août 1849, Bermond, Dall., 52, 2, 55.
2. V. en ce sens : Blanc. p. 724 ; Mayer, n° 22 ; Lyon-Caen et Renault, *Précis de droit Commercial*, n° 686 ; Pouillet, n°s 581 et suiv.; Allart, n° 247.

380 ; Aix, 16 juil. 1878, Féraudi, Pataille, 79, 95 ; Bordeaux, 9 fév. 1885, et Cass., 16 mars 1886. Pataille, 86, 275 ; Paris. 7 janv. 1890, Veyrat, Pataille, 90, 317).

1085. — **III. Quels sont les effets de l'interdiction.** — L'interdiction pour le vendeur de se rétablir dans le même commerce s'applique à tous les actes de commerce ou même de publicité qui tendent directement ou indirectement à retenir ou à reprendre la clientèle cédée avec le fonds. L'interdiction de se rétablir implique notamment l'interdiction de s'intéresser, à un titre quelconque, dans un commerce de même nature. Elle serait également violée, si le vendeur se rétablissait ou s'intéressait dans un commerce similaire sous le couvert d'un prête-nom : il appartient, dans ce cas, aux tribunaux d'apprécier, d'après les circonstances de chaque espèce, si celui qui s'établit ou s'intéresse dans le commerce similaire ne le fait que fictivement pour le compte du vendeur, ou s'il le fait réellement pour son propre compte.

1086. — L'interdiction doit, d'ailleurs, être restreinte au genre de commerce ou d'industrie exploité par la maison vendue : ici encore, il appartient aux juges du fait d'apprécier si la différence entre le commerce cédé et le commerce rétabli est suffisante pour sauvegarder les intérêts de l'acheteur.

1087. — Ces règles générales s'appliquent dans le cas où l'interdiction est limitée quant à sa durée, comme dans le cas où elle est restreinte à un certain lieu, c'est-à-dire à une localité, à un quartier ou à un périmètre déterminé.

Lorsque l'interdiction est limitée à un certain temps, le vendeur ne peut, durant ce délai, faire directement ou indirectement aucun acte de commerce ni de publicité ; mais, à l'expiration du délai, il peut fonder de nouveau un établissement similaire, même à proximité de son ancienne maison (V. Aix, 6 janv. 1880, Agu, Pataille, 82. 319).

Lorsque l'interdiction est restreinte à un certain lieu, le vendeur ne peut de même faire, dans le lieu prohibé, aucun acte de vente ni de publicité ; mais il peut évidemment en faire partout ailleurs.

Si l'interdiction porte sur un périmètre d'une longueur déterminée, comment doit se calculer, en cas de rétablissement, la distance entre la maison vendue et la maison rétablie ? Faut-il mesurer cette distance à vol d'oiseau, ou bien en suivant les circuits de la voie publique ? On admet généralement que la distance doit être mesurée en suivant les sinuosités des rues lorsque le mot *distance* a été employé dans le contrat, et qu'elle doit au contraire se calculer à vol d'oiseau, lorsque le contrat parle de *rayon* : dans ce dernier cas, en effet il y a lieu de présumer que le périmètre interdit serait compris dans une circonférence engendrée par le rayon dont la longueur est déterminé ; or ce rayon est nécessairement une ligne droite.

Il appartient, dans tous les cas, aux tribunaux d'interpréter, à cet égard, l'intention des parties.

1088. — **IV. Quelle est la sanction de l'interdiction.** — Toute infraction directe ou indirecte par le vendeur à l'interdiction de s'établir ou de s'intéresser dans un commerce similaire le place immédiatement dans la situation d'un concurrent déloyal et donne par conséquent à l'acheteur le droit d'intenter contre lui l'action en concurrence déloyale tendant à la réparation du préjudice causé.

En outre de l'allocation de dommages-intérêts, les tribunaux peuvent ordonner les mesures qu'ils jugent nécessaires pour mettre fin au trouble apporté à la possession de l'acheteur et l'empêcher pour l'avenir ; on leur reconnait même le droit d'ordonner, s'il y a lieu, la fermeture de l'établissement fondé au mépris de l'interdiction (V. Paris, 17 juill. 1863, Lion, Teul., 13, 121 ; Paris, 23 nov. 1886, Satelet, Pataille, 87, 105).

1089. — **V. Comment l'interdiction prend fin.** — L'interdiction de se rétablir ou de s'intéresser dans un commerce similaire prend fin, si elle est limitée à un certain temps, par l'expiration du délai stipulé. Si le contrat ne contient aucune clause d'interdiction, il n'est, comme nous l'avons dit, défendu au vendeur de se rétablir que s'il le fait dans des conditions de nature à nuire à son cessionnaire : on doit donc admettre qu'il recouvre sa liberté, lorsque, un temps assez long s'étant écoulé depuis la vente, le cessionnaire s'est définitivement approprié la clientèle et mis à l'abri d'un détournement.

1090. — L'interdiction de se rétablir prend fin, en second lieu, par la disparition du fonds vendu, à la condition que cette disparition soit définitive. Ainsi, on refuse généralement de considérer comme présentant ce caractère l'expropriation pour cause d'utilité publique, qui laisse à l'exproprié le droit de fonder une maison nouvelle dans le voisinage de l'ancienne (V. Paris, 18 août 1869, Baudelet, Pataille, 69, 342). On admet de même que le déplacement par l'acquéreur du fonds vendu ne fait pas cesser l'interdiction, puisque dans ce cas le fonds n'est pas détruit, mais simplement transporté d'un lieu dans un autre (V. Paris, 9 juill. 1857, Meslier, Teul., 6, 184). Si l'interdiction était restreinte à un certain rayon autour du fonds vendu, le périmètre prohibé se trouverait déplacé avec le fonds lui-même : dans ce cas, il est évident que, si l'acheteur s'établissait à proximité de son vendeur, il ne pourrait se plaindre de ce voisinage.

1091. — L'interdiction prend fin, en troisième lieu, par le décès du vendeur : c'est, en effet, contre le vendeur personnellement que la précaution a été prise, et il y a lieu, par conséquent, de considérer comme personnel l'engagement qu'il a pris de ne pas se rétablir. L'interdiction ne peut donc, en principe, être imposée aux héritiers du vendeur.

Toutefois, si l'héritier du vendeur portait son nom, si c'était, par exemple, son fils, il ne pourrait, sans commettre un acte de concurrence déloyale, s'établir sous le même nom, de façon à reprendre à l'acheteur la clientèle cédée : il appartiendrait, dans ce cas, aux tribunaux d'ordonner les mesures qu'ils jugeraient propres à empêcher ce détournement de clientèle (V. Paris, 24 mars 1852, Henri, Teul., 1, 104).

2° *Engagement de l'associé.*

1092. — Lorsqu'un fonds de commerce appartient à une société, les associés ont intérêt à se garantir réciproquement contre la concurrence que l'un d'eux pourrait faire aux autres, en se retirant de la société. Aussi l'acte de société contient-il le plus souvent une clause par laquelle les associés s'engagent réciproquement à ne pas se rétablir ou s'intéresser dans un commerce similaire, pendant un certain temps ou dans un certain périmètre, soit qu'ils se retirent pendant le cours de la société, soit que, la société étant dissoute, ils y deviennent étrangers.

1093. — En l'absence de cette stipulation formelle dans l'acte de société, les associés peuvent-ils, après être sortis de la société, s'établir ou s'intéresser dans un commerce similaire ?

1094. — D'abord, si l'associé se retire au cours de la société, en reprenant son apport, il a évidemment le droit de s'établir dans un commerce similaire, à la condition de s'abstenir de tout agissement de concurrence déloyale (V. Cass., 2 mai 1860, et Orléans, 11 août 1860, Patural, Le Hir, 61, 2, 181).

1095. — Si, la société étant dissoute et liquidée à l'amiable ou judiciairement, le fonds de commerce est attribué à l'un des associés ou à un tiers, les associés autres que l'adjudicataire peuvent-ils s'établir ou s'intéresser dans un commerce similaire? La question est la même que celle que nous avons examinée au sujet de la vente du fonds de commerce et elle donne lieu aux mêmes controverses. Ici encore, nous admettrons avec la majorité des auteurs et des tribunaux, que l'associé, dont les droits ont été transmis à un coassocié ou à un tiers, étant un véritable vendeur, est tenu à la garantie de la possession paisible de la chose vendue, et qu'il manquerait à cette obligation s'il dépossédait l'adjudicataire de tout ou partie de la clientèle comprise dans la vente, en se rétablissant ou s'intéressant dans un commerce similaire : c'est également aux tribunaux qu'il appartiendra d'apprécier, en fait, si le rétablissement de l'ancien associé dans un commerce similaire a lieu dans des conditions telles qu'il soit de nature à déposséder l'adjudicataire de tout ou partie de la clientèle, et d'ordonner, au besoin, en réprimant cette éviction, les mesures de restriction qu'ils estimeront nécessaires à l'effet de l'empêcher pour l'avenir (V. Paris, 11 juill. 1853, Lerévérend, Le Hir, 62, 2, 449 ; Paris, 30 juin 1854, et Rej., 5 fév. 1855, Pettmann, Le Hir, 52, 2, 88, et 56, 2, 126 ; Paris, 19 fév.

1859, Danguis, Pataille, 59, 125 ; Paris, 5 juin 1867, Carjat, Pataille, 67, 301).

1096. — L'interdiction de s'établir est, en principe, lorsqu'elle concerne un ancien associé, soumise aux mêmes règles que lorsqu'elle concerne le vendeur, au point de vue de ses conditions de validité, de ses effets, de sa sanction et de la manière dont elle prend fin.

3° *Engagement de l'ouvrier ou employé.*

1097. — Dans le but d'empêcher que l'ouvrier ou employé, qui quitte son patron pour s'établir, n'entraîne avec lui la clientèle qui l'a vu à l'œuvre, il est souvent convenu entre le patron et l'ouvrier ou employé que celui-ci ne pourra, lorsqu'il quittera son service, s'établir ou s'intéresser dans le même commerce, pendant un certain temps ou dans un certain périmètre.

1098. — En l'absence d'une stipulation formelle et expresse à cet égard, on admet unanimement, ici, qu'il ne peut être interdit à l'ouvrier ou employé qui quitte une maison de s'établir à son compte dans un commerce similaire, même dans le voisinage : il n'existe plus, en effet, lorsque l'ouvrier ou employé a quitté le service de son patron, aucun lien juridique entre lui et son ancien patron, à l'égard duquel il devient un tiers. Il sera donc, comme un tiers, responsable des agissements de concurrence déloyale auxquels il pourra se livrer dans son commerce ; mais le seul fait d'établir ce commerce ne constituera pas un acte de concurrence déloyale (V. Caen, 2 mai 1860, Moreau, Le Hir, 60, 2, 499 ; Trib. comm. Seine, 28 fév. 1866, Lafitte-Bullier, Teul., 15, 366).

1099. — Lorsque l'interdiction de s'établir a été stipulée entre le patron et son ouvrier ou employé, elle est soumise aux mêmes règles que celles qui concernent l'interdiction stipulée en cas de vente ou de dissolution de société, au point de vue de ses conditions de validité, de ses effets, de sa sanction et de la manière dont elle prend fin.

1100. — Remarquons, toutefois que, la liberté du travail étant, ici, de droit, les stipulations qui la limitent doivent, en cas de doute, être interprétées dans le sens qui porte à cette liberté l'atteinte la moins grave. Ainsi, il a été jugé que, lorsqu'un employé s'est interdit, pour le cas où il viendrait à quitter son patron, d'exercer pendant un certain temps une industrie déterminée, cette interdiction, dans le silence du contrat, ne doit s'appliquer qu'au cas où il quitte cette maison par sa faute ou par son fait, mais ne peut pas être étendue au cas où il est congédié sans avoir commis aucune faute, par exemple lorsqu'il y a suppression de son emploi (Rennes, 29 mai 1888, Misset, Pataille, 88, 317).

II. Engagement du dépositaire d'un produit.

1101. —Le commerçant qui accepte d'être le dépositaire d'un produit déterminé contracte, par cela même, des obligations, dont la violation ou l'oubli peut constituer un acte de concurrence déloyale.

Ainsi, il a été jugé que le dépositaire manque à ses obligations et commet un acte de concurrence déloyale, notamment : 1° lorsqu'il fabrique lui-même ou achète à d'autres fabricants des produits semblables à ceux qu'il s'est engagé à avoir exclusivement en dépôt (Paris, 18 juin 1853, Brunet, Teul., 1, 303 ; Paris, 1er fév. 1864, Gellé, Le Hir, 64, 2, 357) ; 2° lorsque, étant autorisé à fabriquer des produits semblables à ceux qu'il a en dépôt, il applique aux produits qu'il fabrique les étiquettes destinées aux produits qu'il a en dépôt (Paris, 23 juill. 1861, Gally, Pataille, 62, 374).

III. Engagement du bailleur envers le locataire.

1102. — Le commerçant ou l'industriel qui loue un magasin, une boutique ou un atelier dans un immeuble a évidemment le plus grand intérêt à ce qu'un concurrent ne vienne pas s'établir, comme locataire, dans le même immeuble. Aussi, il arrive fréquemment que le locataire stipule, dans son bail, que le propriétaire ne pourra pas louer ultérieurement une autre partie de sa maison à une personne exerçant le même commerce ou la même industrie que lui. Cet engagement du bailleur est parfaitement licite.

1103. — De même, le propriétaire de deux maisons contiguës peut s'engager, en louant l'une des maisons à un commerçant, à ne pas louer l'autre à un concurrent.

1104. — Mais, ici encore, la question s'élève de savoir si, en l'absence d'une stipulation expresse à cet égard dans le bail, un pareil engagement de la part du bailleur doit être présumé contenu dans le contrat comme résultant des obligations générales du bailleur.

Dans un premier système, on admet que l'obligation du bailleur de ne pas louer à un concurrent est comprise dans l'obligation générale que lui impose l'article 1719 du code civil de garantir au preneur la jouissance paisible de la chose louée, puisque, s'il établissait une concurrence à côté du locataire, il diminuerait les avantages que celui-ci doit tirer du contrat et le troublerait dans l'exercice de son commerce, c'est-à-dire dans la jouissance de la chose louée (V. notamment : Paris, 4 mars 1858, Simbozel, Dall., 60, 2, 189 ; Paris, 29 mars 1860, Ken, Pataille, 60, 186 ; Paris, 8 juill. 1861, Piché, Pataille, 61, 331 ; Paris, 12 mars 1663, Wulf, Sir., 63, 2, 221 ; Aix, 6 août 1863, Velten,

Sir., 63, 2, 223 ; Trib. civ. Marseille, 25 avril 1873, Garcin, *Gaz. trib.*, 30 mai) [1].

Suivant un second système, plus généralement admis, l'article 1719 du code civil, en obligeant le bailleur à garantir la jouissance paisible, n'a en vue que le cas d'un trouble matériel affectant d'une manière directe la possession de la chose, c'est-à-dire l'occupation des lieux ; mais il ne vise nullement l'exercice de la profession du locataire et les faits qui peuvent gêner cet exercice. Le droit de propriété du bailleur ne peut donc être restreint que par la commune intention des parties, dont la preuve d'ailleurs peut ressortir soit des termes explicites du contrat, soit des circonstances qui ont précédé ou accompagné la conclusion du contrat (V. notamment : Paris, 26 déc. 1861, Dalencourt, *Monit. Trib.*, 62, 588 ; Paris, 8 mai 1862, Klé, Pataille, 62, 234 ; Bordeaux, 17 avril 1863, Robillard, Sir., 63, 2, 222 ; Paris, 15 juin 1864, Francfort, Dall., 64, 2, 203 ; Rej. 6 nov. 1867, Haquin, Pataille, 67, 401 ; Paris, 19 fév. 1870, Journault, *Gaz. Trib.*, 3 mai ; Paris, 16 janv. 1874, Auclerc, *Le Droit*, 21 mars ; Trib. civ. Seine, 18 août 1877, *Gaz. Trib.*, 10 octobre ; Paris, 13 fév. 1884, Deraigne, Pataille, 85, 279) [2].

1105. — La même solution doit, à notre avis, être admise, pour les mêmes motifs, lorsqu'il s'agit d'un bailleur propriétaire de deux maisons contiguës (V. Paris, 19 janv. 1865, Carrière, Dall., 65, 2, 172 ; Trib. civ. Seine, 21 janv. 1882, *Gaz. Pal.*, 82, 2, 351).

1106. — Toutefois, s'il était établi que le bailleur n'a loué à un concurrent que dans le but de nuire à son premier locataire, celui-ci pourrait agir en garantie contre lui : la fraude fait, en effet, exception à tout (V. Paris, 5 nov. 1859, Michaud, Pataille, 60, 192 ; Paris, 14 nov. 1860. Harel, Pataille, 60, 471 ; Trib. civ. Seine, 12 mars 1885, *Gaz. Pal.*, 86, 1, supp. 45).

1107. — Lorsque l'interdiction de louer à un concurrent est formellement stipulée, comme elle ne s'applique que pour l'avenir, le locataire ne serait pas recevable à se plaindre de la concurrence d'un autre locataire précédemment installé dans la maison : il doit être présumé avoir connu cette concurrence au moment où il a loué, et s'il entendait la faire cesser, c'était à lui à le stipuler dans le contrat (V. Trib. civ. Seine, 6 août 1857, Rinker, Pataille, 57, 382 ; Paris, 22 déc. 1859, Berthet, Pataille, 60, 195 ; Paris, 14 nov. 1860, Lépicier, *Monit. Trib.*, 60, 690 ; Rej., 1er déc. 1863, André, Sir., 64, 1, 25).

1108. — L'interdiction ne s'applique également qu'au genre de commerce ou d'industrie exercé par le premier locataire. Il n'est pas, toutefois, nécessaire que les industries soient identiquement les mêmes :

---

1. V. en ce sens : Agnel, n° 203 ; Aubry et Rau, t. 3, p. 343 ; Massé et Vergé, t. 4, p. 363, note 8 ; Rendu, n° 517.

2. V. en ce sens : Pataille, 60, 186, notes 2 et 3 ; Pouillet, n° 755 ; Allart, n° 284.

il suffit qu'elles aient un seul point de contact. Ainsi, il a été jugé qu'il y a similitude suffisante pour faire l'objet de l'interdiction, notamment : 1° lorsque le premier locataire est un joaillier-orfèvre et que le second est un coutellier en fin (Paris, 7 janv. 1862, Bassot, Pataille, 62, 139) ; 2° lorsque le premier est un épicier et que le second vend des cafés, chocolats et liqueurs à emporter (Paris, 12 mars 1864, Gaudaire, Dall., 64, 2, 157) ; 3° lorsque le premier est un marchand de bouillon et que le second est un crémier vendant du bouillon et des viandes cuites (Paris, 12 mars 1864, Boulay, Dall., 64, 2, 158) ; 4° lorsque le premier est un mercier vendant de la bonneterie et des articles de Paris et que le second est un chemisier vendant des tricots de laine (Trib. civ. Tours, 20 janv. 1881, Collas, Le Hir, 82, 2, 74).

1109. — C'est aux tribunaux qu'il appartient de décider souverainement, en fait, si la similitude est ou non suffisante, en s'inspirant de cette règle, formulée dans un arrêt de la Cour de Paris, à savoir qu'en appréciant la concurrence déloyale résultant de l'exercice d'une même profession dans le même immeuble, les juges n'ont pas à entrer dans les distinctions industrielles et mercantiles des différents commerces, mais seulement à déterminer si le bailleur a respecté l'obligation qu'il a prise, non seulement dans ce qui y est exprimé, mais dans les suites que l'équité peut y donner d'après sa nature (Paris, 11 fév. 1880, *Le Droit*, 11 mars).

1110. — Lorsque, au mépris de l'engagement pris envers son locataire, le bailleur loue à un concurrent, le locataire a une action contre le bailleur, à l'effet d'obtenir la réparation du préjudice causé : il s'agit là non pas de l'action en concurrence déloyale proprement dite, puisqu'elle n'est pas intentée contre celui-là même qui exploite le commerce concurrent, mais simplement de l'action de droit commun qui appartient à tout preneur contre son bailleur, pour l'exécution du contrat de louage et qui est de la compétence exclusive des tribunaux civils.

1111. — Le locataire troublé peut-il également agir directement contre le colocataire auteur du trouble ? Si le colocataire se livre personnellement à des agissements de concurrence déloyale envers le premier locataire, il est bien certain que celui-ci peut exercer contre lui, comme contre tout autre, l'action en concurrence déloyale. Mais, en dehors de ce cas, et par le seul fait que le second locataire exerce, contrairement à l'engagement pris par le bailleur, le même commerce que le premier, le premier locataire ne peut agir contre le second qu'autant que le droit né du bail est un droit réel ; si ce droit est simplement personnel, c'est contre le bailleur seul que le locataire troublé peut agir en réparation du trouble et du préjudice causés.

La question de savoir si le bail confère au preneur un droit réel ou personnel divise les auteurs et la jurisprudence.

D'après un premier système, le bailleur qui s'interdit de louer le surplus de son immeuble à un concurrent grève cet immeuble d'une sorte de servitude et crée en conséquence, au profit du locataire en faveur duquel l'interdiction est contractée, sinon un droit réel proprement dit, du moins un droit mixte participant du droit réel et du droit personnel (V. Paris, 24 juin 1858, Villemont, Sir., 59, 2, 146 ; Trib. civ. Seine, 22 déc. 1878, *Le Droit.* 5 fév. 1879 ; Trib. civ. Seine, 22 nov. 1885, Vve Guillot, *Gaz. Pal.*, 86, 1. 111) [1].

Dans un second système plus généralement admis, on ne reconnaît au preneur qu'un droit personnel. On se fonde sur l'article 1727 du code civil qui, en obligeant le preneur, actionné par un tiers en délaissement de la chose louée, à appeler le bailleur en garantie et en l'autorisant à se faire mettre hors de cause, montre bien que le législateur n'a pas entendu accorder au preneur un droit personnel. On conclut donc de là, d'une manière générale, que le locataire troublé ne peut agir que contre le bailleur et non contre le colocataire auteur du trouble (V. notamment : Grenoble, 4 janv. 1860, Sir., 61, 2, 126 ; Cass., 6 mars 1861, Sir., 61, 1, 713 ; Paris, 22 avril 1864, Millaud, Sir., 64, 2, 259 ; Cass., 21 fév. 1865, Sir., 65, 1, 113 ; Paris, 4 déc. 1876, Dr Garnier, Pataille, 79, 53 ; Paris, 26 juill. 1879, *Gaz. Trib.*, 11 sept. ; Trib. civ. Seine, 29 janv. 1883, Merland. *Gaz. Trib.*, 19 oct. 1885 ; Rej., 17 juin 1890, Vion, *La Loi*, 3 sept.) [2].

1112. — Le bailleur ainsi actionné par le locataire troublé n'a d'action en garantie contre le second locataire auteur du trouble que si, dans son bail, il lui a interdit d'exercer le même genre de commerce ou d'industrie que le premier : un bailleur ne peut, en effet, à moins de convention spéciale, interdire à son locataire d'exercer l'industrie ou le commerce qui lui convient (V. Paris, 7 mai 1859, Meyer, Pataille, 60, 189 ; Paris, 5 nov. 1859, Michaux, Pataille, 60, 192 ; Paris, 13 fév. 1872, Colin, Pataille, 75, 288 ; Paris, 5 mars 1877, *Le Droit*, 4 avril ; Paris, 26 juill. 1879, *Gaz. Trib.*, 11 sept.)

1113. — Lorsque le locataire, victime de la concurrence établie dans la même maison, agit contre le bailleur, il ne peut obliger celui-ci à faire disparaître l'industrie concurrente du second locataire, qui, à moins de violation de son bail, a le droit de rester dans les lieux loués et d'y exercer le commerce en vue duquel il les a loués : le premier locataire ne peut que demander des dommages-intérêts et, suivant les circonstances, la résiliation de son bail.

---

1. V. en ce sens : Troplong, t. 1, n°s 5 et suiv. et t. 2, n°s 473 et suiv. ; Fréminville, t. 1, n° 528 ; Merlin, *Questions*, v° *Tiers*, § 2.

2. V. en ce sens : Delvincourt, t. III, p. 198 ; Duranton, t. IV, 73, et t. XVII, 139 ; Duvergier, t. I, n°s 28 et 279 ; Demolombe, t. IX, n°s 492 et 493 ; Laurent, t. XXVII, n°s 9 à 25 ; Aubry et Rau, t. IV, p. 471, § 365, note 7 ; Guillouard, *Traité du Louage*, t. I, p. 170 ; Pouillet, n° 762.

Mais si le bailleur a une action en garantie contre le second locataire qui a enfreint l'interdiction contenue dans son bail, il peut faire condamner ce dernier à quitter les lieux ou tout au moins à restreindre son industrie dans les limites fixées par le contrat.

CHAPITRE VI.

ACTION EN CONCURRENCE DÉLOYALE

1114. — Tout acte de concurrence déloyale, quelle que soit la forme sous laquelle il se manifeste, donne lieu au profit du concurrent lésé à l'action en concurrence déloyale. Cette action n'est autre chose que l'action de droit commun, qui naît de tout délit civil ou de tout quasi-délit, conformément à l'article 1382 du code civil, et qui tend à la réparation et à la cessation du dommage causé par ce délit ou ce quasi-délit.

1115. — Nous avons à voir, au sujet de l'action en concurrence déloyale : 1º par qui elle peut être intentée ; 2º devant quels tribunaux elle doit être portée ; 3º dans quelle forme elle doit être exercée.

I. Par qui l'action peut être intentée.

1116. — Comme pour toute action en réparation du dommage causé par un quasi-délit ou un délit civil, le droit de poursuite appartient, en matière de concurrence déloyale, à celui qui a été victime du dommage.

Si plusieurs commerçants ou industriels sont lésés par les agissements d'un concurrent, ils peuvent se réunir pour exercer une action commune, en demandant pour chacun d'eux une condamnation distincte.

La jurisprudence n'admet pas, toutefois, que l'instance puisse être valablement engagée par un syndicat professionnel (V. notamment : Aix, 26 janv. 1887, Rosset, *Rec. Aix.*, 87, 1, 28).

S'il s'agit d'une concurrence déloyale faite aux produits spéciaux d'une localité, on reconnaît généralement que chacun des fabricants ou commerçants qui exploitent le produit dans cette localité est recevable à se plaindre (V. Trib. comm. Nantes, 5 sept. 1863, *Droit comm.*, 63, 560).

II. Devant quels tribunaux l'action doit être portée.

1117. — L'action en concurrence déloyale étant une action de droit commun est soumise aux règles de compétence de droit commun.

Si donc, comme cela a lieu le plus souvent, les parties sont commerçantes et qu'il s'agisse de faits relatifs à leur commerce, l'action devra être portée devant les tribunaux de commerce. La doctrine et la jurisprudence sont aujourd'hui à peu près unanimes pour admettre, en cette matière, la compétence de la juridiction commerciale et pour reconnaître que l'article 631 du code de commerce, en attribuant aux tribunaux de commerce la connaissance de toutes les contestations relatives aux engagements entre commerçants, entend viser par ce mot *engagement* toutes les obligations commerciales en général, aussi bien celles qui naissent d'un délit ou d'un quasi-délit que celles qui résultent d'une convention (V. notamment : Paris, 22 mars 1855, Warton, Blanc, p. 743 ; Cass., 24 déc. 1855, Bricard, Pataille, 56, 18 ; Trib. comm. Seine, 7 mars 1865, Boulogne, Teul., 15, 23 ; Paris, 1866, Bournhonet, Pataille 66, 193 ; Paris, 9 juill. 1867, Hiraux, Pataille, 67, 271 ; Rej., 3 janv. 1872, Dufour, Pataille, 72, 259 ; Trib. comm. Seine, 15 fév. 1872, Chauchard et Hériot, Pataille, 73, 387 ; Trib. civ. Seine, 4 déc. 1880, Henry, Pataille, 84, 153 ; Lyon, 18 mars 1882, Geay, *La Loi*, oct. 1882 ; Paris, 25 mars 1889, Lesure, *Le Droit*, 5 juin 1889) [1].

Si, au contraire, les parties ne sont pas commerçantes ou s'il ne s'agit pas de faits relatifs à leur commerce, la seule juridiction compétente est la juridiction de droit commun, c'est-à-dire celle des tribunaux civils (V. Trib. comm. Marseille, 14 avril 1885, Rec. Aix., 87, 2, 237 ; Trib. comm. Seine, 3 mai 1887, Rodanet, Pataille, 90, 41). Lorsque l'action est dirigée à la fois contre un commerçant et un non-commerçant, c'est le tribunal civil qui est seul compétent, conformément aux principes généraux (V. Douai, 11 juin 1868, Lebeau et Cie, Pataille, 70, 63).

1118. — Si l'action en concurrence déloyale est l'accessoire d'une action civile, si elle est basée, par exemple, sur des agissements de concurrence déloyale qui ont accompagné accessoirement un fait principal de contrefaçon, le tribunal civil saisi de la demande principale en contrefaçon est, comme juridiction de droit commun, compétent pour statuer sur la demande accessoire en concurrence déloyale. Mais, à l'inverse, le tribunal de commerce saisi d'une action en concurrence déloyale ne doit pas statuer accessoirement sur une demande en contrefaçon, pour laquelle son incompétence est absolue.

Lorsque l'emploi d'une marque de fabrique ou de commerce est in-

1. *Contrà* : V. Blanc, p. 743 ; et Paris, 10 fév. 1885, Cassan, *J. Pal.*, 45, 1, 575.

voqué comme élément d'une concurrence déloyale, la juridiction commerciale peut être valablement saisie, malgré la disposition de la loi du 23 juin 1857 qui attribue aux tribunaux civils la connaissance des actions civiles relatives aux marques : on admet unanimement que cette disposition ne vise que les actions directes en revendication de la marque (V. Paris, 19 fév. 1859, Groult, Le Hir, 65, 276 ; Paris, 8 fév. 1861, Laurent, Teul., 10, 317 ; Paris, 5 janv. 1865, Dolfus-Mieg, Pataille, 65, 109 ; Trib. comm. Seine, 22 mars 1865, Meyer, Le Hir, 65, 290 ; Bordeaux, 5 déc. 1865, Achard et Grellety, Le Hir, 66, 2, 206 ; Lyon, 9 mai 1873, Graissot, Pataille, 75, 325).

1119. — En ce qui concerne la compétence *ratione personæ*, c'est devant le tribunal du domicile ou de la résidence du défendeur que la demande doit être portée, conformément à la règle générale de l'article 59 du code de procédure civile. Cependant quelques décisions de jurisprudence admettent, en outre, la compétence du tribunal du lieu où les agissements incriminés se sont produits (V. Lyon, 28 juin 1870, *J. trib. comm.*, t. XX, 272 ; Trib. comm. Seine, 21 juin 1878, Christofle. Pataille, 78, 135).

III. Dans quelles formes l'action doit être exercée

1120. — L'action en concurrence déloyale s'engage et s'instruit selon les formes ordinaires.

1121. — Il appartient au demandeur de faire la preuve de la concurrence déloyale dont il se plaint, suivant les règles du droit commun, notamment par des témoignages et surtout par la production des produits ou des papiers de commerce du concurrent déloyal. Dans certains cas, par exemple, s'il s'agit d'une usurpation d'enseigne, il pourra être utile de faire dresser par huissier un procès-verbal de constat, ou bien de faire prendre des photographies qui permettront d'apprécier les ressemblances.

1122. — Aucun texte de loi n'autorise, d'ailleurs, en cette matière, la constatation par perquisition et saisie : cette mesure devrait être considérée comme illégale et pourrait entraîner contre celui qui l'a employée une condamnation à des dommages-intérêts (V. Nancy, 7 juill. 1855, Verly, *J. Pal.*, 56, 2, 196).

CHAPITRE VII

RÉPRESSION DE LA CONCURRENCE DÉLOYALE

1123. — L'action en concurrence déloyale étant essentiellement civile ne peut aboutir, bien entendu, qu'à une répression civile et non pénale. Les diverses condamnations auxquelles elle peut donner lieu ont ainsi pour objet : la réparation du préjudice causé par la concurrence déloyale dans le passé, et la cessation de cette concurrence pour l'avenir.

1124. — En ce qui concerne la réparation du préjudice causé, il y est pourvu par l'allocation de dommages-intérêts. Le chiffre de ces dommages-intérêts est déterminé immédiatement, si l'évaluation du dommage est possible ; sinon la fixation en est ordonnée par état.

Les dommages-intérêts ne peuvent, conformément à un principe généralement admis, être alloués pour l'avenir, c'est-à-dire pour un préjudice qui n'est pas encore né, ni par conséquent appréciable.

1125. — En ce qui concerne les mesures destinées à assurer la cessation de la concurrence déloyale et par conséquent son renouvellement dans l'avenir, il appartient aux tribunaux de prescrire toutes celles qu'ils jugent de nature à remplir ce but : ils ont, à cet égard, un pouvoir d'appréciation souverain (V. Paris, 9 déc. 1875, Landon, Pataille, 76, 346 ; Lyon, 24 août 1876, Rec. de la Cour de Lyon, 77, 125).

C'est ainsi que les tribunaux peuvent ordonner, suivant les cas, la modification, ou même la suppression des noms, titres, enseignes, dénominations, formes ou couleurs, titres d'ouvrages, qualités, mentions, etc., dont il a été fait un usage illicite. Ils peuvent même ordonner la fermeture de l'établissement dont l'installation a constitué la concurrence déloyale (V. Paris, 19 mai 1852, Ménand, Teul., 1,237 ; Paris, 19 fév. 1859, Danguis, Pataille, 59, 125 ; Rej., 22 fév. 1862, Caumont, Teul., 423 ; Paris, 23 déc. 1885, John Arthur Pataille, 86, 193). Enfin, on reconnaît même aux tribunaux, qu'il s'agisse de tribunaux civils ou de tribunaux de commerce, le pouvoir d'ordonner, à titre de réparation supplémentaire, la confiscation des étiquettes dont il est fait un usage illicite, ainsi que des produits revêtus de ces étiquettes (V. Paris, 2 mars 1854, Heidsieck, Le Hir, 54, 2, 585).

1126. — Lorsque les tribunaux édictent ainsi l'une ou l'autre de ces prescriptions, ils peuvent fixer à l'avance une somme à laquelle le défendeur sera condamné par chaque infraction constatée : c'est ce qu'on appelle une astreinte.

Ils peuvent également, pour le cas où le défendeur n'exécuterait pas, dans le délai qui lui est imparti, les mesures ainsi prescrites, le condamner à une certaine somme de dommages-intérêts pour chaque jour de retard. Il n'y a pas là, évidemment, une atteinte au principe qu'on ne peut allouer de dommages-intérêts pour un préjudice futur, puisqu'il s'agit simplement de fixer la réparation due pour la continuation ou le renouvellement d'un préjudice dont les bases d'appréciation sont certaines (V. Cass. 6 juin 1859, Tournachon, Pataille, 59, 215 ; Paris, 20 mars 1888, Lebrun-Vidal, Pataille, 91, 39).

Si, dans ce cas, il résulte des termes du jugement que la condamnation a un caractère non pas simplement comminatoire, mais définitif, elle est encourue, dès que le retard se produit, sans que la partie condamnée puisse demander la décharge ou la réduction des dommages-intérêts (V. Cass., 14 juill. 1874, Dall., 75, 1, 460). Si, au contraire, il ne résulte pas des termes du jugement que la condamnation soit définitive, le tribunal peut, en cas de retard, réduire, sur la demande de la partie condamnée, les dommages-intérêts à un chiffre exactement proportionné à l'importance du préjudice réellement éprouvé (V. Bordeaux, 5 mai 1870, Dall., 70, 2, 208).

1127. — Les tribunaux peuvent d'ailleurs, en cette matière comme en toute autre, ordonner l'affichage et l'insertion de leur jugement, conformément à la règle générale de l'article 1036 du code de procédure civile.

Si la publicité du jugement n'a pas été ordonnée, la partie au profit de laquelle le jugement a été rendu peut y faire procéder, notamment par la voie d'insertion dans les journaux, à condition, toutefois, que cette publicité n'affecte pas le caractère d'un dénigrement de nature à constituer une concurrence déloyale (V. Paris, 1er mai 1860, Sorlin, Pataille, 60, 277 ; Toulouse, 25 mars 1885, Provost, Pataille, 86, 24).

1128. — Les condamnations qu'il est ainsi au pouvoir des tribunaux de prononcer peuvent atteindre non seulement l'auteur même de la concurrence déloyale, mais encore celui qui s'en est sciemment rendu complice : il est, en effet, de principe que quiconque s'associe à la fraude commise par un autre peut être poursuivi et condamné solidairement avec l'auteur principal de cette fraude.

Ce principe, unanimement admis en matière de concurrence déloyale, a été appliqué notamment : 1° au débitant qui, en connaissance de cause, vend des produits dont la dénomination est usurpée (Trib. comm.

Seine, 19 juill. 1876, Meyer et Cie, Pataille, 76, 353 ; 2° à l'imprimeur qui sciemment imprime des étiquettes destinées à une concurrence déloyale (Paris, 25 janv. 1866, Fouillet, Teul., 15, 508 ; 3° au rédacteur de journal qui insère un article dans lequel sont dénigrés les produits d'un commerçant (Trib. comm. Seine, 18 avril 1859, Lemonnier-Jully, Pataille, 59, 252 ; 5° à celui qui sciemment prête son nom à un commerçant ou à une société commerciale pour dissimuler une concurrence déloyale (Paris, 19 déc. 1859, Danguis, Pataille, 59, 125 ; Paris, 7 juill. 1866, Trébucien, Teul., 15, 253.

CHAPITRE VIII

DROITS DES ÉTRANGERS

1129. — L'étranger peut-il exercer en France une action en concurrence déloyale ? Faut-il, pour qu'il ait ce droit, qu'il soit autorisé à établir son domicile en France, ou bien qu'il appartienne à une nation qui accorde la réciprocité aux Français ?

Nous avons déjà dit, en ce qui concerne le délit d'usurpation de nom, que, depuis la loi du 26 novembre 1873, l'étranger non établi en France ne peut y poursuivre les usurpateurs que si l'État auquel il appartient accorde la réciprocité aux Français, soit par sa législation, soit par un traité diplomatique, et que l'étranger établi en France peut, au contraire, y exercer des poursuites sans conditions de réciprocité. On reconnaît généralement que les mêmes règles avec la même distinction sont applicables au cas où l'usurpation de nom constitue, non pas un délit, mais simplement un acte de concurrence déloyale (V. Cass., 10 nov. 1857, Warton, Pataille, 57, 361 ; Paris, 5 juin 1867, Kemp, Pataille, 67, 298).

On admet de même, en ce qui concerne l'usurpation des marques de fabrique ou de commerce, que la condition de réciprocité à laquelle la loi de 1857 subordonne le droit pour les étrangers non établis en France d'y poursuivre les usurpateurs, est applicable au cas où l'usurpation constitue simplement un acte de concurrence déloyale, comme au cas où elle constitue le délit prévu par la loi de 1857 (V. Paris, 5 juin 1867, Kemp, Pataille, 67, 298) [1]. Nous avons indiqué toutefois les exceptions que la Convention d'Union du 23 mars 1883 a apportées à cette règle : ces exceptions sont, bien entendu, applicables à l'action en concurrence déloyale.

1130. — En dehors de ces deux cas spéciaux, il est généralement admis que l'étranger a, comme le Français, le droit de poursuivre, même contre un autre étranger, la répression de tous les actes de concurrence déloyale dont il est victime, sans aucune condition de domicile ni de réciprocité [2].

---

1. *Contrà* : V. Pataille, 1857, 362 ; Conf. Pouillet, n° 694.
2. V. Lyon-Caen et Renault, t. II, n° 3343 ; Bert, p. 140.

ANNEXES

I. LÉGISLATION FRANÇAISE

TEXTES DES LOIS ET DÉCRETS

1° Brevets d'invention

A. *Loi du 5 juillet 1844 sur les brevets d'invention.*

TITRE I

DISPOSITIONS GÉNÉRALES

ARTICLE 1er. — Toute nouvelle découverte ou invention dans tous les genres d'industrie, confère à son auteur, sous les conditions et pour le temps ci-après déterminés, le droit exclusif d'exploiter à son profit ladite découverte ou invention.

Ce droit est constaté par des titres délivrés par le gouvernement sous le nom de *brevets d'invention.*

ART. 2. — Seront considérées comme inventions ou découvertes nouvelles :

L'invention de nouveaux produits industriels ;

L'invention de nouveaux moyens ou l'application nouvelle de moyens connus, pour l'obtention d'un résultat ou d'un produit industriel.

ART. 3. — Ne sont pas susceptibles d'être brevetés :

1° Les compositions pharmaceutiques ou remèdes de toute espèce. lesdits objets demeurant soumis aux lois et règlements spéciaux sur la matière, et notamment au décret du 18 août 1810, relatif aux remèdes secrets.

2° Les plans et combinaisons de crédit au de finances.

ART. 4. — La durée des brevets sera de cinq, dix ou quinze années.

Chaque brevet donnera lieu au paiement d'une taxe qui est fixée ainsi qu'il suit, savoir : 500 fr. pour un brevet de cinq ans ; 1000 fr. pour un brevet de dix ans : 1500 fr. pour un brevet de quinze ans.

Cette taxe sera payée par annuité de 100 fr., sous peine de déchéance, si le breveté laisse écouler un terme sans l'acquitter.

TITRE II

DES FORMALITÉS RELATIVES A LA DÉLIVRANCE DES BREVETS.

SECTION I

Des demandes de brevets.

ART. 5. — Quiconque voudra prendre un brevet d'invention devra déposer, sous cachet, au secrétariat de la préfecture dans le département où il est domicilié, ou dans tout autre département en y élisant domicile :

1° Sa demande au ministre de l'agriculture et du commerce ;

2° Une description de la découverte, invention ou application faisant l'objet du brevet demandé ;

3° Les dessins ou échantillons qui seraient nécessaires pour l'intelligence de la description ;

4° Un bordereau des pièces déposées.

ART. 6. — La demande sera limitée à un seul objet principal, avec les objets de détail qui le constituent et les applications qui auront été indiquées.

Elle mentionnera la durée que les demandeurs entendent assigner à leur brevet dans les limites fixées par l'article 4, et ne contiendra ni restrictions, ni conditions, ni réserves.

Elle indiquera un titre renfermant la désignation sommaire et précise de l'objet de l'invention.

La description ne pourra être écrite en langue étrangère. Elle devra être sans altération ni surcharges. Les mots rayés comme nuls seront comptés et constatés, les pages et les renvois paraphés. Elle ne devra contenir aucune dénomination de poids ou de mesures autres que celles qui sont portées au tableau annexé à la loi du 4 juillet 1837.

Les dessins seront tracés à l'encre et d'après une échelle métrique.

Un duplicata de la description et des dessins sera joint à la demande.

Toutes les pièces seront signées par le demandeur ou par un mandataire, dont le pouvoir restera annexé à la demande.

ART. 7. — Aucun dépôt ne sera reçu que sur la production d'un récépissé constatant le versement d'une somme de 100 fr. à valoir sur le montant de la taxe du brevet.

Un procès-verbal, dressé sans frais par le secrétaire général de la préfecture, sur un registre à ce destiné, et signé par le demandeur, constatera chaque dépôt, en énonçant le jour et l'heure de la remise des pièces.

Une expédition dudit procès-verbal sera remise au déposant moyennant le remboursement des-frais de timbre.

ART. 8. — La durée du brevet courra du jour du dépôt prescrit par l'article 5.

SECTION II.

De la délivrance des brevets

ART. 9. — Aussitôt après l'enregistrement des demandes et dans les cinq jours de la date du dépôt, les préfets transmettront les pièces, sous le cachet de l'inventeur, au ministre de l'agriculture et du commerce, en y joignant une copie certifiée du procès-verbal de dépôt, le récépissé constatant le versement de la taxe et, s'il y a lieu, le pouvoir mentionné dans l'article 6.

ART. 10. — A l'arrivée des pièces au ministère de l'agriculture et du commerce, il sera procédé à l'ouverture, à l'enregistrement des demandes et à l'expédition des brevets, dans l'ordre de la réception des dites demandes.

ART. 11. — Les brevets dont la demande aura été régulièrement formée seront délivrés, sans examen préalable, aux risques et périls des demandeurs, et sans garantie soit de la réalité, de la nouveauté ou du mérite de l'invention, soit de la fidélité ou de l'exactitude de la description.

Un arrêté du ministre constatant la régularité de la demande sera délivré au demandeur et constituera le brevet d'invention.

A cet arrêté sera joint le duplicata certifié de la description et des dessins, mentionné dans l'article 6, après que la conformité avec l'expédition originale en aura été reconnue et établie au besoin.

La première expédition des brevets sera délivrée sans frais.

Toute expédition ultérieure, demandée par le breveté ou ses ayants-cause, donnera lieu au paiement d'une taxe de 25 fr.

Les frais de dessin s'il y a lieu, demeureront à la charge de l'impétrant.

ART. 12. — Toute demande, dans laquelle n'auraient pas été observées les formalités prescrites par les numéros 2 et 3 de l'article 5 et par l'article 6, sera rejetée. La moitié de la somme versée restera acquise au trésor, mais il sera tenu compte de la totalité de cette somme au demandeur, s'il reproduit sa demande dans un délai de trois mois à compter de la date de la notification du rejet de sa requête.

ART. 13. — Lorsque, par application de l'article 3, il n'y aura pas lieu à demander un brevet, la taxe sera restituée.

ART. 14. — Une ordonnance royale, insérée au *Bulletin des lois*, proclamera, tous les trois mois, les brevets délivrés.

ART. 15. — La durée des brevets ne pourra être prolongée que par une loi.

Section III

Des certificats d'addition.

Art. 16. — Le breveté ou les ayants-droit au brevet auront, pendant toute la durée du brevet, le droit d'apporter à l'invention des changements, perfectionnements ou additions, en remplissant, pour le dépôt de la demande, les formalités déterminées par les articles 5, 6 et 7.

Ces changements, perfectionnements ou additions seront constatés par des certificats délivrés dans la même forme que le brevet principal et qui produiront, à partir des dates respectives des demandes et de leur expédition, les mêmes effets que le brevet principal avec lequel ils prendront fin.

Chaque demande de certificat d'addition donnera lieu au paiement d'une taxe de 20 fr.

Les certificats d'addition pris par un des ayants-droit profiteront à tous les autres.

Art. 17. — Tout breveté qui, pour un changement, perfectionnement ou addition, voudra prendre un brevet principal de cinq, dix ou quinze années, au lieu d'un certificat d'addition expirant avec le brevet primitif, devra remplir les formalités prescrites par les articles 5, 6 et 7, et acquitter la taxe mentionnée dans l'article 4.

Art. 18. — Nul autre que le breveté ou ses ayants-droit, agissant comme il est dit ci-dessus, ne pourra, pendant une année, prendre valablement un brevet pour un changement, perfectionnement ou addition à l'invention qui fait l'objet du brevet primitif.

Néanmoins, toute personne qui voudra prendre un brevet pour changement, addition ou perfectionnement à une découverte déjà brevetée pourra, dans le cours de la dite année, former une demande qui sera transmise et restera déposée sous cachet au ministère de l'agriculture et du commerce.

L'année expirée, le cachet sera brisé et le brevet délivré.

Toutefois, le breveté principal aura la préférence pour les changements, perfectionnements et additions pour lesquels il aurait lui-même, pendant l'année, demandé un certificat d'addition ou un brevet.

Art. 19. — Quiconque aura pris un brevet pour une découverte, invention ou application se rattachant à l'objet d'un autre brevet n'aura aucun droit d'exploiter l'invention brevetée, et réciproquement le titulaire du brevet primitif ne pourra exploiter l'invention objet du nouveau brevet.

Section IV

De la transmission et de la cession des brevets.

Art. 20. — Tout breveté pourra céder la totalité ou partie de son brevet.

La cession totale ou partielle d'un brevet, soit à titre gratuit, soit à titre onéreux, ne pourra être faite que par acte notarié et après le paiement de la totalité de la taxe déterminée par l'article 4.

Aucune cession ne sera valable, à l'égard des tiers, qu'après avoir été enregistrée au secrétariat de la préfecture du département dans lequel l'acte aura été passé.

L'enregistrement des cessions et de tous autres actes emportant mutation sera fait sur la production et le dépôt d'un extrait authentique de l'acte de cession ou de mutation.

Une expédition de chaque procès-verbal d'enregistrement, accompagnée de l'extrait de l'acte ci-dessus mentionné, sera transmise par les préfets au ministre de l'agriculture et du commerce, dans les cinq jours de la date du procès-verbal.

Art. 21. — Il sera tenu, au ministère de l'agriculture et du commerce, un registre sur lequel seront inscrites les mutations intervenues sur chaque brevet, et, dans les trois mois, une ordonnance royale proclamera, dans la forme déterminée par l'article 14, les mutations enregistrées pendant le trimestre expiré.

Art. 22. — Les cessionnaires d'un brevet et ceux qui auront acquis d'un breveté ou de ses ayants-droit la faculté d'exploiter la découverte ou l'invention profiteront de plein droit des certificats d'addition qui seront ultérieurement délivrés au breveté ou à ses ayants-droit. Réciproquement, le breveté ou ses ayants-droit profiteront des certificats d'addition qui seront ultérieurement délivrés aux cessionnaires.

Tous ceux qui auront droit de profiter des certificats d'addition pourront en lever une expédition au ministère de l'agriculture et du commerce, moyennant un droit de 20 fr.

Section V.

De la communication et de la publication des descriptions et dessins de brevet.

Art. 23. — Les descriptions, dessins, échantillons et modèles des brevets délivrés resteront, jusqu'à l'expiration des brevets, déposés au ministère de l'agriculture et du commerce, où ils seront communiqués, sans frais, à toute réquisition.

Toute personne pourra obtenir, à ses frais, copie desdites descrip-tions et dessins, suivant les formes qui seront déterminées dans le rè-glement rendu en exécution de l'article 50.

Art. 24. — Après le paiement de la deuxième annuité, les descrip-tions et dessins seront publiés, soit textuellement, soit par extrait.

Il sera, en outre, publié, au commencement de chaque année, un catalogue contenant les titres des brevets délivrés dans le courant de l'année précédente.

Art. 25. — Le recueil des descriptions et dessins et le catalogue pu-bliés en exécution de l'article précédent seront déposés au ministère de l'agriculture et du commerce et au secrétariat de la préfecture de cha-que département, où ils pourront être consultés sans frais.

Art. 26. — A l'expiration des brevets, les originaux des descrip-tions et dessins seront déposés au Conservatoire royal des arts et métiers.

TITRE III

DES DROITS DES ÉTRANGERS

Art. 27. — Les étrangers pourront obtenir en France des brevets d'invention.

Art. 28. — Les formalités et conditions déterminées par la présente loi seront applicables aux brevets demandés ou délivrés en exécution de l'article précédent.

Art. 29. — L'auteur d'une invention ou découverte déjà brevetée à l'étranger pourra obtenir un brevet en France. Mais la durée de ce brevet ne pourra excéder celle des brevets antérieurement pris à l'étranger.

TITRE IV

DES NULLITÉS ET DÉCHÉANCES ET DES ACTIONS Y RELATIVES

Section I

Des nullités et déchéances.

Art. 30. — Seront nuls et de nul effet les brevets délivrés dans les cas suivants, savoir :

1° Si la découverte, invention ou application n'est pas nouvelle;

2° Si la découverte, invention ou application n'est pas, aux termes de l'article 3, susceptible d'être brevetée ;

3° Si les brevets portent sur des principes, méthodes, systèmes, découvertes et conceptions théoriques, dont on n'a pas indiqué les applications industrielles ;

4° Si la découverte, invention ou application est reconnue contraire à l'ordre ou à la sûreté publique, aux bonnes mœurs ou aux lois du royaume; sans préjudice, dans ce cas et dans celui du paragraphe précédent, des peines qui pourraient être encourues pour la fabrication ou le débit d'objets prohibés ;

5° Si le titre sous lequel le brevet a été demandé indique frauduleusement un objet autre que le véritable objet de l'invention ;

6° Si la description jointe au brevet n'est pas suffisante pour l'exécution de l'invention, ou si elle n'indique pas, d'une manière complète et loyale, les véritables moyens de l'invention;

7° Si le brevet a été obtenu contrairement aux dispositions de l'article 18.

Seront également nuls et de nul effet les certificats comprenant des changements, perfectionnements ou additions qui ne se rattacheraient pas au brevet principal.

ART. 31. — Ne sera pas réputée nouvelle toute découverte, invention ou application qui, en France ou à l'étranger, et antérieurement à la date du dépôt de la demande, aura reçu une publicité suffisante pour pouvoir être exécutée.

ART. 32. — Sera déchu de tous ses droits :

1° Le breveté qui n'aura pas acquitté son annuité avant le commencement de chacune des années de la durée de son brevet ;

2° Le breveté qui n'aura pas mis en exploitation sa découverte ou invention en France, dans le délai de deux ans, à dater du jour de la signature du brevet, ou qui aura cessé de l'exploiter pendant deux années consécutives, à moins que, dans l'un ou l'autre cas, il ne justifie des causes de son inaction ;

3° Le breveté qui aura introduit en France des objets fabriqués en pays étranger et semblables à ceux qui sont garantis par son brevet.

Néanmoins le ministre de l'agriculture, du commerce et des travaux publics pourra autoriser l'introduction :

1° Des modèles de machines ;

2° Des objets fabriqués à l'étranger, destinés à des expositions publiques ou à des essais faits avec l'assentiment du gouvernement [1].

ART. 33. — Quiconque, dans des enseignes, annonces, prospectus, affiches, marques ou estampilles, prendra la qualité de breveté sans posséder un brevet délivré conformément aux lois, ou après l'expira-

1. Ainsi modifié par la loi du 31 mai 1856.

tion d'un brevet antérieur, ou qui, étant breveté, mentionnera sa qualité de breveté ou son brevet, sans y ajouter ces mots : *sans garantie du gouvernement*, sera puni d'une amende de 50 à 1,000 fr.

En cas de récidive, l'amende pourra être portée au double.

SECTION II

Des actions en nullité et en déchéance.

ART. 34. — L'action en nullité et l'action en déchéance pourront être exercées par toute personne y ayant intérêt.

Ces actions, ainsi que toutes contestations relatives à la propriété des brevets, seront portées devant les tribunaux civils de première instance.

ART. 35. — Si la demande est dirigée en même temps contre le titulaire du brevet et contre un ou plusieurs cessionnaires partiels, elle sera portée devant le tribunal du domicile du titulaire du brevet.

ART. 36. — L'affaire sera instruite et jugée dans la forme prescrite pour les matières sommaires, par les articles 405 et suivants du code de procédure civile. Elle sera communiquée au procureur du roi.

ART. 37. — Dans toute instance tendant à faire prononcer la nullité ou la déchéance d'un brevet, le ministère public pourra se rendre partie intervenante et prendre des réquisitions pour faire prononcer la nullité ou la déchéance absolue du brevet.

Il pourra même se pourvoir directement par action principale pour faire prononcer la nullité, dans les cas prévus aux numéros 2, 4 et 5, de l'article 30.

ART. 38. — Dans les cas prévus par l'article 37, tous les ayants-droit au brevet dont les titres auront été enregistrés au ministère de l'agriculture et du commerce, conformément à l'article 21, devront être mis en cause.

ART. 39. — Lorsque la nullité ou la déchéance absolue d'un brevet aura été prononcée par jugement ou arrêt ayant acquis force de chose jugée, il en sera donné avis au ministre de l'agriculture et du commerce, et la nullité ou la déchéance sera publiée dans la forme déterminée par l'article 24 pour la proclamation des brevets.

TITRE V

DE LA CONTREFAÇON, DES POURSUITES ET DES PEINES.

ART. 40. — Toute atteinte portée aux droits du breveté, soit par la fabrication de produits, soit par l'emploi de moyens faisant l'objet de son brevet, constitue le délit de contrefaçon.

Ce délit sera puni d'une amende de 100 à 2000 fr.

ART. 41. — Ceux qui auront sciemment récélé, vendu ou exposé en vente, ou introduit sur le territoire français un ou plusieurs objets contrefaits seront punis des mêmes peines que les contrefacteurs.

ART. 42. — Les peines établies par la présente loi ne pourront être cumulées.

La peine la plus forte sera seule prononcée pour tous les faits antérieurs au premier acte de poursuite.

ART. 43. — Dans le cas de récidive, il sera prononcé, outre l'amende portée aux articles 40 et 41, un emprisonnement d'un mois à six mois.

Il y a récidive, lorsqu'il a été rendu contre le prévenu, dans les cinq années antérieures, une première condamnation pour un des délits prévus par la présente loi.

Un emprisonnement d'un mois à six mois pourra aussi être prononcé, si le contrefacteur est un ouvrier ou employé ayant travaillé dans les ateliers ou dans l'établissement du breveté, ou si le contrefacteur, s'étant associé avec un ouvrier ou un employé du breveté, a eu connaissance par ce dernier, des procédés décrits au brevet.

Dans ce dernier cas, l'ouvrier ou l'employé pourra être poursuivi comme complice.

ART. 44. — L'article 463 du code pénal pourra être appliqué aux délits prévus par les dispositions qui précèdent.

ART. 45. — L'action correctionnelle, pour l'application des peines ci-dessus, ne pourra être exercée par le ministère publique que sur la plainte de la partie lésée.

ART. 46. — Le tribunal correctionnel, saisi d'une action pour délit de contrefaçon, statuera sur les exceptions qui seraient tirées par le prévenu, soit de la nullité ou de la déchéance du brevet, soit des questions relatives à la propriété du dit brevet.

ART. 47. — Les propriétaires de brevet pourront, en vertu d'une ordonnance du président du tribunal de première instance, faire procéder, par tous huissiers, à la désignation et description détaillées, avec ou sans saisie, des objets prétendus contrefaits.

L'ordonnance sera rendue sur simple requête et sur la représentation du brevet ; elle contiendra, s'il y a lieu, la nomination d'un expert pour aider l'huissier dans sa description.

Lorsqu'il y aura lieu à la saisie, ladite ordonnance pourra imposer au requérant un cautionnement qu'il sera tenu de consigner avant d'y faire procéder.

Le cautionnement sera toujours imposé à l'étranger breveté qui requerra la saisie.

Il sera laissé copie au détenteur des objets décrits ou saisis tant de l'ordonnance que de l'acte constatant le dépôt du cautionnement, le cas échéant, le tout, à peine de nullité et de dommages-intérêts contre l'huissier.

Art. 48. — A défaut par le requérant de s'être pourvu, soit par la voie civile, soit par la voie correctionnelle, dans le délai de huitaine, outre un jour par trois myriamètres de distance, entre le lieu où se trouvent les objets saisis ou décrits et le domicile du contrefacteur, recéleur, introducteur ou débitant, la saisie ou description sera nulle de plein droit, sans préjudice des dommages-intérêts qui pourront être réclamés, s'il y a lieu, dans la forme prescrite par l'article 36.

Art. 49. — La confiscation des objets reconnus contrefaits et, le cas échéant, celle des instruments ou ustensiles destinés spécialement à leur fabrication seront, même en cas d'acquittement, prononcées contre le contrefacteur, le recéleur, l'introducteur ou le débitant.

Les objets confisqués seront remis au propriétaire du brevet, sans préjudice de plus amples dommages-intérêts et de l'affiche du jugement, s'il y a lieu.

———

B. *Loi du 23 mai 1868, relative à la garantie des inventions susceptibles d'être brevetées et des dessins de fabrique qui seront admis aux expositions publiques autorisées par l'administration.*

Article 1er. — Tout français ou étranger, auteur soit d'une découverte ou invention susceptible d'être brevetée, aux termes de la loi du 5 juillet 1844, soit d'un dessin de fabrique qui doive être déposé conformément à la loi du 18 mars 1806, ou ses ayants-droit peuvent, s'ils sont admis dans une exposition publique autorisée par l'administration, se faire délivrer par le préfet ou le sous-préfet, dans le département ou l'arrondissement duquel cette exposition est ouverte, un certificat descriptif de l'objet déposé.

Art. 2. — Ce certificat assure à celui qui l'obtient les mêmes droits que lui conférerait un brevet d'invention ou un dépôt légal de dessin de fabrique, à dater du jour de l'admission jusqu'à la fin du troisième mois qui suivra la clôture de l'exposition, sans préjudice du brevet que l'exposant peut prendre ou du dépôt qu'il peut opérer avant l'expiration de ce terme.

Art. 3. — La demande de ce certificat doit être faite dans le premier mois, au plus tard, de l'ouverture de l'exposition.

Elle est adressée à la préfecture ou à la sous-préfecture, et accompagnée d'une description exacte de l'objet à garantir et, s'il y a lieu, d'un plan ou d'un dessin du dit objet.

Les demandes, ainsi que les décisions prises par ou le préfet ou par le sous-préfet, sont inscrites sur un registre spécial, qui est ultérieurement transmis au ministère de l'agriculture, du commerce et des travaux publics, et communiqué sans frais, à toute réquisition.

La délivrance du certificat est gratuite.

2º Marques de fabrique et de commerce. nom commercial.

C. — Loi du 23 juin 1857 sur les marques de fabrique et de commerce

TITRE I

DU DROIT DE PROPRIÉTÉ DES MARQUES

ARTICLE 1ᵉʳ. — La marque de fabrique ou de commerce est facultative.

Toutefois des décrets rendus en la forme des règlements d'administration publique peuvent, exceptionnellement, la déclarer obligatoire pour les produits qu'ils déterminent.

Sont considérés comme marque de fabrique et de commerce les noms sous une forme distinctive, les dénominations, emblèmes. empreintes, timbres, cachets, vignettes, reliefs, lettres, chiffres, enveloppes et tous autres signes servant à distinguer les produits d'une fabrique ou les objets d'un commerce.

ART. 2 ¹. — Nul ne pourra revendiquer la propriété exclusive d'une marque, s'il n'a déposé au greffe du tribunal de commerce de son domicile :

1º Trois exemplaires du modèle de cette marque ;

2º Le cliché typographique de cette marque.

En cas de dépôt de plusieurs marques appartenant à une même personne, il n'est dressé qu'un procès-verbal, mais il doit être déposé autant de modèles en triple exemplaire et autant de clichés qu'il y a de marques distinctes.

L'un des exemplaires déposés sera remis au déposant, revêtu du visa du greffier et portant l'indication du jour et de l'heure du dépôt.

Les dimensions des clichés ne devront pas dépasser douze centimètres de côté.

Les clichés seront rendus aux intéressés après la publication officielle des marques par le département du commerce, de l'industrie et des colonies.

ART. 3. — Le dépôt n'a d'effet que pour quinze années.

La propriété de la marque peut toujours être conservée pour un nouveau terme de quinze années au moyen d'un nouveau dépôt.

ART. 4. — Il est perçu un droit fixe de 1 franc pour la rédaction du procès-verbal le dépôt de chaque marque et pour le coût de l'expédition, non compris les frais de timbre et d'enregistrement.

1. Ainsi modifié par la loi du 3 mai 1890.

TITRE II

DISPOSITIONS RELATIVES AUX ÉTRANGERS

Art. 5. — Les étrangers qui possèdent en France des établissements d'industrie ou de commerce jouissent, pour les produits de leurs établissements, du bénéfice de la présente loi, en remplissant les formalités qu'elle prescrit.

Art. 6. — Les étrangers et les français dont les établissements sont situés hors de France jouissent également du bénéfice de la présente loi, pour les produits de ces établisssements, si, dans les pays où ils sont situés, des conventions diplomatiques ont établi la réciprocité pour les marques françaises.

Dans ce cas, le dépôt des marques étrangères a lieu au greffe du tribunal de commerce de la Seine.

TITRE III

PÉNALITÉS

Art. 7. — Sont punis d'une amende de 50 fr. à 3.000 fr. et d'un emprisonnement de trois mois à trois ans, ou de l'une de ces peines seulement :

1° Ceux qui ont contrefait uné marque ou fait usage d'une marque contrefaite ;

2° Ceux qui ont frauduleusement apposé sur leurs produits ou les objets de leur commerce une marque appartenant à autrui ;

3° Ceux qui ont sciemment vendu ou mis en vente un ou plusieurs produits revêtus d'une marque contrefaite ou frauduleusement apposée.

Art. 8. — Sont punis d'une amende de 50 fr. à 2.000 fr. et d'un emprisonnement d'un mois à un an, ou de l'une de ces deux peines seulement :

1° Ceux qui, sans contrefaire une marque, en ont fait une imitation frauduleuse de nature à tromper l'acheteur, ou ont fait usage d'une marque frauduleusement imitée ;

2° Ceux qui ont fait usage d'une marque portant des indications propres à tromper l'acheteur sur la nature du produit ;

3° Ceux qui ont sciemment vendu ou mis en vente un ou plusieurs produits revêtus d'une marque frauduleusement imitée ou portant des indications propres à tromper l'acheteur sur la nature du produit.

ART. 9. — Sont punis d'une amende de 50 fr. à 1.000 fr. et d'un emprisonnement de quinze jours à six mois, ou de l'une de ces deux peines seulement :

1° Ceux qui n'ont pas apposé sur leurs produits une marque déclarée obligatoire ;

2° Ceux qui ont vendu ou mis en vente un ou plusieurs produits ne portant pas la marque déclarée obligatoire pour cette espèce de produits ;

3° Ceux qui ont contrevenu aux dispositions des décrets rendus en exécution de l'article 1er de la présente loi.

ART. 10. — Les peines établies par la présente loi ne peuvent être cumulées.

La peine la plus forte est seule prononcée pour tous les faits antérieurs au premier acte de poursuite.

ART. 11. — Les peines portées aux articles 7, 8 et 9 peuvent être élevées au double en cas de récidive.

Il y a récidive, lorsqu'il a été prononcé contre le prévenu, dans les cinq années antérieures, une condamnation pour un des délits prévus par la présente loi.

ART. 12. — L'article 463 du code pénal peut être appliqué aux délits prévus par la présente loi.

ART. 13. — Les délinquants peuvent, en outre, être privés du droit de participer aux élections des tribunaux et des chambres de commerce, des chambres consultatives des arts et manufactures et des conseils de prud'hommes, pendant un temps qui n'excèdera pas dix ans.

Le tribunal peut ordonner l'affiche du jugement dans les lieux qu'il détermine et son insertion intégrale ou par extrait dans les journaux qu'il désigne, le tout aux frais du condamné.

ART. 14. — La confiscation des produits dont la marque serait reconnue contraire aux dispositions des articles 7 et 8 peut, même en cas d'acquittement, être prononcée par le tribunal, ainsi que celle des instruments et ustensiles ayant spécialement servi à commettre le délit.

Le tribunal peut ordonner que les produits confisqués soient remis au propriétaire de la marque contrefaite ou frauduleusement apposée ou imitée, indépendamment de plus amples dommages-intérêts, s'il y a lieu.

Il prescrit, dans tous les cas, la destruction des marques reconnues contraires aux dispositions des articles 7 et 8.

ART. 15. — Dans le cas prévu par les deux premiers paragraphes de l'article 9, le tribunal prescrit toujours que les marques déclarées obligatoires soient apposées sur les produits qui y sont assujétis.

Le tribunal peut prononcer la confiscation des produits, si le prévenu a encouru, dans les cinq années antérieures, une condamnation pour un des délits prévus par les deux premiers paragraphes de l'article 9.

TITRE IV

JURIDICTIONS

ART. 16. — Les actions civiles relatives aux marques sont portées devant les tribunaux civils et jugées comme matières sommaires.

En cas d'action intentée par la voie correctionnelle, si le prévenu soulève pour sa défense des questions relatives à la propriété de la marque, le tribunal de police correctionnelle statue sur l'exception.

ART. 17. — Le propriétaire d'une marque peut faire procéder par tous huissiers à la description détaillée, avec ou sans saisie, des produits qu'il prétend marqués à son préjudice en contravention aux dispositions de la présente loi, en vertu d'une ordonnance du président du tribunal civil de première instance, ou du juge de paix du canton, à défaut de tribunal dans le lieu où se trouvent les produits à décrire ou à saisir.

L'ordonnance est rendue sur simple requête et sur la présentation du procès-verbal constatant le dépôt de la marque. Elle contient, s'il y a lieu, la nomination d'un expert, pour aider l'huissier dans sa description.

Lorsque la saisie est requise, le juge peut exiger du requérant un cautionnement, qu'il est tenu de consigner avant de faire procéder à la saisie.

Il est laissé copie aux détenteurs des objets décrits ou saisis de l'ordonnance et de l'acte constatant le dépôt du cautionnement, le cas échéant ; le tout, à peine de nullité et de dommages-intérêts contre l'huissier.

ART. 18. — A défaut par le requérant de s'être pourvu, soit par la voie civile, soit par la voie correctionnelle, dans le délai de quinzaine, outre un jour par cinq myriamètre de distance entre le lieu où se trouvent les objets décrits ou saisis et le domicile de la partie contre laquelle l'action doit être dirigée, la description ou saisie est nulle de plein droit, sans préjudice des dommages-intérêts qui peuvent être réclamés, s'il y a lieu.

TITRE V

DISPOSITIONS GÉNÉRALES OU TRANSITOIRES

ART. 19. — Tous produits étrangers portant soit la marque, soit le nom d'un fabricant résidant en France, soit l'indication du nom ou du lieu d'une fabrique française sont prohibés à l'entrée et exclus du transit et de l'entrepôt, et peuvent être saisis, en quelque lieu que ce soit, soit à la diligence de l'administration des douanes, soit à la requête du ministère public ou de la partie lésée.

Dans le cas où la saisie est faite à la requête de l'administration des douanes, le procès-verbal de saisie est immédiatement adressé au ministère public.

Le délai dans lequel l'action prévue par l'article 18 devra être intentée, sous peine de nullité de la saisie, soit par la partie lésée, soit par le ministère public, est porté à deux mois.

. Les dispositions de l'article 14 sont applicables aux produits saisis en vertu du présent article.

ART. 20. — Toutes les dispositions de la présente loi sont applicables aux vins, eaux-de-vie et autres boissons, aux bestiaux, grains, farines, et généralement à tous les produits de l'agriculture.

ART. 21. — Tout dépôt de marques opéré au greffe du tribunal de commerce antérieurement à la présente loi aura effet pour quinze années à dater de l'époque où ladite loi sera exécutoire.

ART. 22. — La présente loi ne sera exécutoire que six mois après sa promulgation. Un règlement d'administration publique déterminera les formalités à remplir pour le dépôt et la publicité des marques, et toutes les autres mesures nécessaires pour l'exécution de la loi.

ART. 23. — Il n'est pas dérogé aux dispositions antérieures qui n'ont rien de contraire à la présente loi.

———

D. — *Décret du 27 février 1891 portant règlement d'administration publique pour l'exécution de la loi du 23 juin 1857, modifiée par celle du 3 mai 1890 sur les marques de fabrique et de commerce* [1].

ARTICLE 1er. — Le dépôt que les fabricants, commerçants ou agriculteurs peuvent faire de leur marque au greffe du tribunal de commerce de leur domicile ou, à défaut de tribunal de commerce, au greffe du tribunal civil, pour jouir des droits résultant de la loi du 23 juin 1857, est soumis aux dispositions suivantes.

1. Ce décret abroge formellement le décret du 26 juillet 1858 qui portait règlement d'administration publique pour l'exécution de la loi du 23 juin 1857.

ART. 2. — Le dépôt doit être effectué par la partie intéressée ou par son fondé de pouvoir spécial.

La procuration peut être sous seing privé, mais elle doit être enregistrée; elle est laissée au greffe.

ART. 3. — Le déposant doit fournir en triple exemplaire, sur papier libre, le modèle de la marque dont il effectue le dépôt.

Ce modèle consiste en un dessin, une gravure ou une empreinte exécutée de manière à représenter la marque avec netteté et à ne pas s'altérer.

Le papier sur lequel ce modèle est tracé ou collé présente la forme d'un carré de 18 centimètres de côté; la marque doit en occuper le milieu, de manière à laisser les espaces nécessaires pour inscrire les mentions dont il sera parlé ci-après.

ART. 4. — Si la marque consiste en un signe unique ou dans un ensemble de signes employés simultanément, dont le modèle soit de trop grandes dimensions pour tenir sur une seule feuille de papier ayant 18 centimètres de côté, ce modèle pourra être soit réduit dans la proportion nécessaire, soit divisé en plusieurs parties, lesquelles seront tracées ou collées sur plusieurs feuilles de papier ayant 18 centimètres de côté.

Si la marque est de petite dimension, le modèle pourra la représenter augmentée.

ART. 5. — Si la marque est en creux ou en relief sur les produits, si elle a dû être réduite pour ne pas excéder les dimensions prescrites, si elle a été augmentée ou si elle présente quelque autre particularité relative à sa figuration ou à son mode d'emploi sur les produits auxquels elle est destinée, le déposant doit l'indiquer sur les trois exemplaires, soit par une ou plusieurs figures, soit au moyen d'une légende explicative.

Ces indications occupent la gauche du papier où est figurée ou collée la marque. La droite est réservée aux mentions prescrites aux articles 10 et 11.

Les exemplaires déposés ne doivent contenir aucune autre indication.

ART. 6. — Le greffier vérifie si les trois exemplaires sont établis conformément aux dispositions qui précèdent.

Si ces exemplaires ne sont pas dressés sur papier de dimension ou contiennent des indications interdites par l'article 5, le greffier les rend au déposant pour être rectifiés ou remplacés et ne dresse le procès-verbal de dépôt que sur la remise des trois exemplaires régulièrement établis.

Le greffier procède de la même manière:

Si les trois exemplaires ne sont pas semblables;

Si le modèle de la marque n'adhère pas complètement au papier sur lequel il est appliqué ;

Si le modèle est tracé au crayon ;

Si le modèle est en métal, en cire ou présente un relief quelconque, de nature à détériorer les registres sur lesquels les exemplaires devront être collés ;

Si le cliché typographique n'est pas produit avec les trois exemplaires de la marque.

Art. 7. — Le cliché typographique que le déposant fournit avec les trois exemplaires de sa marque ne doit pas dépasser 12 centimètres de côté ; il doit être en métal et conforme aux clichés employés usuellement en imprimerie typographique.

Si la marque consiste en une bande d'une longueur de plus de 12 centimètres ou en un ensemble de signes, cette bande peut être divisée en plusieurs parties qui seront reproduites sur le même cliché les unes sous les autres, ou il peut n'être fourni qu'un seul cliché reproduisant cet ensemble réduit.

Le déposant inscrit sur un côté du cliché son nom et son adresse.

Art. 8. — Le greffier doit appliquer sur les trois exemplaires du modèle le timbre du tribunal. Lorsque ce modèle, au lieu d'être tracé sur le papier, y est seulement collé, le greffier doit apposer le timbre de manière qu'une partie de l'empreinte porte sur le modèle et l'autre sur le papier.

Art. 9. — Le greffier colle un des trois exemplaires sur une feuille du registre qu'il tient à cet effet ; les modèles y sont placés, à la suite les uns des autres, d'après l'ordre des présentations.

Le registre est fourni par le greffier ; il doit être en papier libre du format de 24 centimètres de largeur sur 40 centimètres de hauteur.

Le registre est coté et parafé par le président du tribunal de commerce ou du tribunal civil, suivant le cas.

Art. 10. — Le greffier dresse ensuite sur un registre timbré, coté et parafé comme le registre mentionné ci-dessus, le procès-verbal du dépôt, dans l'ordre des présentations.

Il indique :

1° Le jour et l'heure du dépôt ;

2° Le nom du propriétaire de la marque et, le cas échéant, le nom du fondé de pouvoir ;

3° La profession du propriétaire, son domicile et le genre d'industrie ou de commerce pour lequel il a l'intention de se servir de la marque.

Le greffier inscrit, en outre, un numéro d'ordre sur chaque procès-verbal.

Il reproduit ce numéro sur chacun des trois exemplaires, ainsi que le nom, le domicile, la profession du propriétaire de la marque, et, s'il y a lieu, de son fondé de pouvoir, la date, l'heure et le lieu du dépôt, et le genre d'industrie ou de commerce auquel la marque est destinée.

Le procès-verbal et les modèles sont signés par le greffier et par le déposant ou par son fondé de pouvoir.

ART. 11. — Lorsque le dépôt est fait en vue de conserver pour une nouvelle période de quinze ans une marque déjà déposée, cette circonstance doit être mentionnée au procès-verbal de dépôt, ainsi que sur les trois exemplaires du modèle.

ART. 12. — Il est dû au greffier, outre le droit fixe de 1 fr. par procès-verbal de dépôt, y compris le coût de l'expédition, le remboursement des droits de timbre et d'enregistrement.

Le même fabricant ou commerçant peut effectuer le dépôt de plusieurs marques dans un seul procès-verbal, mais il est dû au greffier autant de fois le droit fixe de 1 fr. qu'il y a de marques déposées.

ART. 13. — Dans le cas où une expédition du procès-verbal est demandée ultérieurement par une personne quelconque, elle doit être délivrée moyennant l'acquittement d'un droit fixe de 1 fr. et le remboursement du droit de timbre.

ART. 14. — Un des trois exemplaires ainsi que le cliché typographique de chaque marque sont transmis, dans les cinq jours de la date du procès-verbal, au ministère du commerce.

Les exemplaires transmis au ministère du commerce y restent déposés pour être communiqués sans frais au public [1].

ART. 15. — Les étrangers et les Français dont les établissements sont situés hors de France et qui peuvent déposer leurs marques de fabrique et de commerce en France en vertu soit de l'article 6 de la loi du 23 juin 1857, soit de l'article 9 de la loi du 26 novembre 1873, relative à l'établissement du timbre ou signe spécial destiné à être apposé sur les marques commerciales et de fabrique, ne sont admis à en effectuer le dépôt qu'au greffe du tribunal de commerce du département de la Seine.

ART. 16. — Lorsqu'un déposant entend renoncer à l'emploi de sa marque, il en fait la déclaration au greffe du tribunal où la marchandise aura été déposée.

Le greffier inscrit cette déclaration en marge du procès-verbal de dépôt et en donne immédiatement avis au ministre du commerce, qui la publiera dans le *Bulletin officiel de la propriété industrielle et commerciale*.

ART. 17. — Au commencement de chaque année, le greffier dresse, sur papier libre et d'après le modèle arrêté par le ministre du com-

_____

1. Antérieurement au décret de 1891, c'est au Conservatoire des arts et métiers qu'on consultait les marques.

merce, un répertoire des marques dont il aura reçu le dépôt pendant le cours de l'année précédente.

Le greffier est autorisé à délivrer au déposant des certificats d'identité de sa marque moyennant le droit de 1 fr. fixé par l'article 8 du décret du 18 juin 1880.

ART. 18. — Les registres, procès-verbaux et répertoires déposés dans les greffes sont communiqués sans frais.

ART. 19. — Les marques déposées sont publiées, après leur réception au ministère du commerce, dans le *Bulletin officiel de la propriété industrielle et commerciale.*

ART. 20. — Le décret du 26 juillet 1858 est et demeure rapporté.

ART. 21. — Le ministre du commerce, de l'industrie et des colonies est chargé de l'exécution du présent décret, qui sera inséré au *Bulletin des lois* et publié au *Journal officiel de la République Française.*

E. — *Loi du 26 novembre 1873 relative à l'établissement d'un timbre ou signe spécial destiné à être apposé sur les marques commerciales et de fabrique.*

ARTICLE 1er. — Tout propriétaire d'une marque de fabrique ou de commerce déposée conformément à la loi du 23 juin 1857 pourra être admis, sur sa réquisition écrite, à faire apposer par l'Etat, soit sur les étiquettes, bandes ou enveloppes en papier, soit sur les étiquettes ou estampilles en métal sur lesquelles figure sa marque, un timbre ou poinçon spécial destiné à affirmer l'authenticité de cette marque.

Le poinçon pourra être apposé sur la marque faisant corps avec les objets eux-mêmes, si l'administration les en juge susceptibles.

ART. 2. — Il sera perçu au profit de l'Etat, par chaque opposition du timbre, un droit qui pourra varier de 1 centime à 1 fr.

Le droit dû pour chaque apposition du poinçon sur les objets eux-mêmes, ne pourra être inférieur à 5 centimes ni excéder 5 fr.

ART. 3. — La quotité des droits perçus au profit du Trésor sera proportionnée à la valeur des objets sur lesquels doivent être apposées les étiquettes, soit en papier, soit en métal, et à la difficulté de frapper d'un poinçon les marques fixées sur les objets eux-mêmes.

Cette quotité sera établie par des règlements d'administration publique, qui détermineront, en outre, les métaux sur lesquels le poinçon pourra être appliqué, les conditions à remplir pour être admis à obtenir l'apposition des timbre ou poinçon, les lieux dans lesquels cette apposition pourra être effectuée, ainsi que les autres mesures d'exécution de la présente loi.

Art. 4. — La vente des objets par le propriétaire de la marque de fabrique ou de commerce, à un prix supérieur à celui correspondant à la quotité du timbre ou du poinçon, sera punie, par chaque contravention, d'une amende de 100 fr. à 5000 fr.

Les contraventions seront constatées, dans tous les lieux ouverts au public, par tous les agents qui ont qualité pour verbaliser en matière de timbre et de contributions indirectes, par les agents des postes et par ceux des douanes, lors de l'exportation.

Il leur est accordé un quart de l'amende ou portion d'amende recouvrée.

Les contraventions seront constatées et les instances seront suivies et jugées, savoir :

1o Comme en matière de timbre, lorqu'il s'agira du timbre apposé sur les étiquettes, bandes ou enveloppes en papier ;

2o Comme en matière de contributions indirectes, en ce qui concerne l'application du poinçon.

Art. 5. — Les consuls de France à l'étranger auront qualité pour dresser les procès-verbaux des usurpations de marques et les transmettre à l'autorité compétente.

Art. — 6. Ceux qui auront contrefait ou falsifié les timbres on poinçons établis par la présente loi, ceux qui auront fait usage des timbres ou poinçons falsifiés ou contrefaits seront punis des peines portées en l'article 140 du code pénal, et sans préjudice des réparations civiles.

Tout autre usage frauduleux de ces timbres ou poinçons et des étiquettes, bandes, enveloppes et estampilles qui en seraient revêtues sera puni des peines portées en l'article 142 dudit code.

Il pourra être fait application des dispositions de l'article 463 du code pénal.

Art. 7. — Le timbre ou poinçon de l'Etat apposé sur une marque de fabrique ou de commerce fait partie intégrante de cette marque.

A défaut par l'Etat de poursuivre, en France ou à l'étranger, la contrefaçon ou la falsification desdits timbre ou poinçon, la poursuite pourra être exercée par le propriétaire de la marque.

Art. 8. — La présente loi sera applicable dans les colonies françaises et en Algérie.

Art. 9. — Les dispositions des autres lois en vigueur touchant le nom commercial, les marques, dessins ou modèles de fabrique seront appliquées au profit des étrangers, si dans leur pays la législation ou des traités internationaux assurent aux Français les mêmes garanties.

F. — *Décret du 25 juin 1874 portant règlement d'administration publique sur le territoire continental de la France, en exécution de la loi du 26 novembre 1873, concernant l'apposition d'un timbre spécial sur les marques de fabrique.*

TITRE I.

DISPOSITIONS GÉNÉRALES.

ARTICLE 1er. — Tout propriétaire d'une marque de fabrique ou de commerce, qui veut être admis à user de la faculté ouverte par la loi du 26 novembre 1873, doit préalablement en faire la déclaration à l'un des bureaux désignés par les articles 5 et 9 ci-après et y déposer en même temps :

1° Une expédition du procès-verbal de dépôt de sa marque, fait en exécution de la loi du 23 juin 1857 et du décret du 26 juillet 1858[1] ;

2° Un exemplaire du dessin, de la gravure ou de l'empreinte qui représente sa marque. Cet exemplaire est revêtu d'un certificat du greffier, attestant qu'il est conforme au modèle annexé au présent procès-verbal de dépôt ;

3° L'original de sa signature dûment légalisé. Il y a autant de signatures déposées que de propriétaires ou d'associés ayant la signature sociale et qui voudront user de la faculté de requérir l'apposition du timbre ou du poinçon de l'Etat.

En cas de transmission, à quelque titre que ce soit, de la propriété de la marque, le nouveau propriétaire justifie de son droit par le dépôt de ses actes ou pièces qui établissent cette transmission. Il dépose, en outre, l'original de sa signature dûment légalisé.

Il est dressé, sur un registre, procès-verbal des délibérations et dépôts prescrits par le présent article. Le procès-verbal est signé par le déclarant, à qui en est délivré récépissé ou ampliation.

ART. 2. — Toutes les fois que le propriétaire d'une marque de fabrique ou de commerce veut faire apposer sur cette marque le timbre ou le poinçon, il remet au receveur du bureau dans lequel la déclaration et le dépôt prévus par l'article précédent ont été effectués une réquisition écrite sur papier non timbré, et conforme aux modèles ci-annexés sous les numéros 1 et 2.

La réquisition, dressée au bureau sur une formule fournie gratuitement par l'Administration, est datée et signée. Elle est accompagnée

---

1. Le décret du 26 juillet 1858 a été abrogé et remplacé par celui du 27 février 1891.

d'un spécimen des étiquettes, bandes, enveloppes ou estampilles à timbrer ou poinçonner, lequel reste déposé avec la réquisition.

Ne peuvent être admises que les réquisitions donnant ouverture à la perception de 5 fr. de droits au moins.

ART. 3. — Les déclarations, dépôts et réquisitions prévus par les deux articles précédents peuvent être faits par un mandataire spécial, à la condition de déposer au bureau soit l'original en brevet, soit une expédition authentique de sa procuration, laquelle est certifiée par le fondé de pouvoir.

TITRE II.

DE L'APPOSITION DU TIMBRE.

ART. 4. — Les droits de tibre à percevoir en exécution de l'article 2 de la loi susvisée du 16 novembre 1873, pour les étiquettes, bandes ou enveloppes en papier sur lesquelles figurent des marques de fabrique ou de commerce sont fixés ainsi qu'il suit, savoir :

1 centime par chaque marque timbrée se rapportant à des objets d'une valeur de 1 fr. et au-dessous.

2 centimes, s'il s'agit d'objets d'une valeur supérieure à 1 fr. jusqu'à 2 fr.

3 centimes, s'il s'agit d'une valeur supérieure à 2 fr. jusqu'à 3 fr.

5 centimes, s'il s'agit d'objets d'une valeur supérieure à 3 fr. jusqu'à 5 fr.

10 centimes, s'il s'agit d'objets d'une valeur supérieure à 5 fr. jusqu'à 10 fr.

20 centimes, s'il s'agit d'objets d'une valeur supérieure à 10 fr. jusqu'à 20 fr.

30 centimes, s'il s'agit d'objets d'une valeur supérieure à 20 fr. jusqu'à 30 fr.

50 centimes, s'il s'agit d'objets d'une valeur supérieure à 30 fr. jusqu'à 50 fr.

1 fr., s'il s'agit d'objets d'une valeur supérieure à 50 fr.

ART. 5. — La déclaration et le dépôt prescrit par l'article 1er ci-dessus, ainsi que la réquisition, ne peuvent être opérés que dans les chefs-lieux de département désignés comme centre d'une circonscription.

Les départements sont répartis entre dix circonscriptions, conformément au tableau ci-après :

1re *circonscription.* — *Lille* : Nord, Pas-de-Calais.

2e *circonscription.* — *Rouen* : Calvados, Eure, Manche, Orne, Seine-Inférieure.

3ᵉ circonscription. — *Paris* : Aisne, Eure-et-Loir, Loiret, Oise, Seine, Seine-et-Marne, Seine-et-Oise, Somme, Yonne.

4ᵉ circonscription. — *Châlons-sur-Marne* : Ardennes, Aube, Marne, Marne (Haute), Meurthe-et-Moselle, Meuse, Saône (Haute), Vosges.

5ᵉ circonscription. — *Nantes* : Côtes-du-Nord, Finistère, Ille-et-Vilaine, Loire-Inférieure, Mayenne, Morbihan.

6ᵉ circonscription. — *Tours* : Cher, Creuse, Indre, Indre-et-Loire, Loir-et-Cher, Maine-et-Loire, Sarthe, Sèvres (Deux-), Vendée, Vienne, Vienne (Haute-).

7ᵉ circonscription. — *Lyon* : Ain, Allier, Ardèche, Côtes-d'Or, Doubs, Drôme, Isère, Jura, Loire, Loire (Haute-), Nièvre, Puy-de-Dôme, Rhône, Saône-et-Loire, Savoie, Savoie (Haute-).

8ᵉ circonscription. — *Bordeaux* : Charente, Charente-Inférieure, Corrèze, Dordogne, Gironde, Landes, Lot-et-Garonne, Pyrénées (Basses-).

9ᵉ circonscription. — *Toulouse* : Ariège, Aude, Aveyron, Cantal, Garonne (Haute-), Gers, Lot, Lozère, Pyrénées (Hautes-), Pyrénées-Orientales, Tarn, Tarn-et-Garonne.

10ᵉ circonscription. — *Marseille* : Alpes (Basses-), Alpes (Hautes-), Alpes-Maritimes, Bouches-du-Rhône, Corse, Gard, Hérault, Var, Vaucluse.

Les marques ne peuvent être timbrées qu'au chef-lieu de la circonscription dans laquelle a eu lieu le dépôt au greffe, prescrit par la loi du 23 juin 1857.

ART. 6. — Le timbre sera apposé, après paiement des droits, sur la marque, si cette apposition peut avoir lieu sans oblitérer cette marque et sans nuire à la netteté du timbre. Dans le cas contraire, le timbre sera apposé partie sur la marque et partie sur la bande, étiquette ou enveloppe.

L'administration de l'enregistrement, des domaines et du timbre est autorisée à refuser de timbrer :

1º Les marques apposées sur des étiquettes, bandes ou enveloppes, dont la dimension serait inférieure à 35 millimètres en largeur et en longueur ;

2º Les marques qui seraient reproduites en relief ou qui seraient imprimées ou apposées sur des papiers drapés, veloutés, gaufrés, vernissés ou enduits, façonnés à l'emporte-pièce, sur papier joseph, sur papier végétal ou tous autres papiers sur lesquels l'Administration jugerait que l'empreinte du timbre ne peut être apposée ;

3º Les papiers noirs de couleur foncée ou disposés de manière que l'empreinte du timbre ne puisse y être appliquée d'une façon suffisamment distincte.

ART. 7. — Les étiquettes ou bandes doivent être présentées en feuilles et divisées en séries de dix, destinées à être frappées du timbre de la même quotité.

Toutefois les étiquettes ou bandes destinées a être frappées du tim-bre de 1 fr. peuvent être reçues au nombre minimum de cinq.

Si la dimension des papiers portant les étiquettes ou bandes présen-tées au timbre est inférieure à 10 centimètres en longueur et en largeur, il est perçu, à titre de frais extraordinaires de manipulation, un droit supplémentaire de 2 fr. par 1000 étiquettes ou bandes, sans que ce supplément puisse être jamais inférieur à 20 centimes.

Les feuilles, étiquettes, bandes ou enveloppes maculées ou avariées pendant l'opération sont oblitérées et remises au propriétaire de la marque ou à son mandataire, et il est tenu compte des droits afférents à ces maculatures.

Dans tous les cas, le propriétaire ou son mandataire donne décharge des marques qui lui sont remises après avoir reçu l'apposition du tim-bre et de celles qui ont été maculées ou avariées pendant l'opération.

TITRE III

DE L'APPOSITION DU POINÇON

ART. 8. — Les droits du poinçonnage à percevoir en exécution des articles 2 et 3 de la loi du 26 novembre 1873, pour les étiquettes et es-tampilles en métal sur lesquelles figurent les marques de fabrique. ou de commerce, ou pour les marques faisant corps avec l'objet lui-même, sont fixés ainsi qu'il suit :

Valeurs pour chaque objet d'une valeur déclarée.	Classes.	Etiquettes et estampilles présentées sans l'objet qui doit les porter. fr. c.	Marques fixées sur l'objet ou faisant corps avec l'objet lui-même. fr. c.
de 5 fr. et au-dessous	1re	0 05	0 06
de 5 fr. 01 à 10 fr.	2e	0 10	0 12
de 10 fr. 01 à 20 fr.	3e	0 20	0 24
de 20 fr. 01 à 30 fr.	4e	0 30	0 36
de 30 fr. 01 à 50 fr.	5e	0 50	0 60
de 50 fr. 01 à 100 fr.	6e	1	1 20
de 100 fr. 01 à 200 fr.	7e	2	2 40
de 200 fr. 01 à 350 fr.	8e	3 50	4 20
de 350 fr. 01 et au-dessus	9e	5	5

ART. 9. — La déclaration et le dépôt prescrits par l'article 1er du présent décret, ainsi que l'apposition du poinçon, ne pourront être opé-rées que dans les bureaux de garantie des matières d'or et d'argent désignés ci-après, au choix du déclarant :

Amiens. — Besançon. — Bordeaux. — Le Havre. — Lille. — Lyon.
— Marseille. — Nancy. — Nantes. — Nîmes. — Paris. — Rouen. —
Saumur. — Toulouse. — Valence.

Art. 10. — Les étiquettes, estampilles ou objets fabriqués en aluminium, bronze, cuivre ou laiton, étain, fer blanc, fer doux, plomb, tôle et zinc, sont admis seuls à recevoir l'empreinte du poinçon de l'Etat, à la condition de présenter assez de résistance pour supporter l'application du poinçon.

L'Administration des contributions indirectes est néanmoins autorisée à refuser d'apposer le poinçon dans tous les cas où elle jugerait que cette opération est impraticable.

Les marques doivent présenter dans l'intérieur un espace nu circulaire d'au moins 1 centimètre de diamètre pour contenir l'empreinte du poinçon.

Art. 11. — Le montant des droits est perçu au moment du dépôt des étiquettes, estampilles en métal ou objets à poinçonner. Il en est délivré quittance.

Les étiquettes ou estampilles en métal avariées pendant l'opération sont oblitérées et remises au propriétaire de la marque ou à son mandataire, et il lui est tenu compte des droits afférents à ces rebuts. Le propriétaire ou son mandataire donne décharge des étiquettes, estampilles ou objets qui lui sont remis après avoir reçu l'apposition du poinçon, ainsi que des étiquettes ou estampilles avariées pendant l'opération.

Art. 12. — Les préfets régleront par des arrêtés les jours et heures où les bureaux de garantie désignés à l'article 9 seront ouverts pour le poinçonnage des marques de fabrique ou de commerce.

Art. 13. — Les poinçons seront renfermés dans une caisse à deux serrures, sous la garde du contrôleur et du receveur du bureau de garantie. Ces deux employés auront chacun une clé de la dite caisse.

G. — *Loi des 28 juillet - 4 août 1824 relative aux altérations ou suppositions de noms dans les produits fabriqués.*

Article 1er. — Quiconque aura soit apposé, soit fait apparaître par addition, retranchement ou par une altération quelconque sur des objets fabriqués, le nom d'un fabricant autre que celui qui en est l'auteur, ou la raison commerciale d'une fabrique autre que celle où lesdits objets auront été fabriqués, ou enfin le nom d'un lieu autre que celui de la fabrication, sera puni des peines portées en l'article 423 du code pénal, sans préjudice des dommages-intérêts, s'il y a lieu.

24

Tout marchand, commissionnaire ou débitant quelconque sera passible des effets de la poursuite, lorsqu'il aura sciemment exposé en vente ou mis en circulation les objets marqués de noms supprimés ou altérés.

ART. 2. — L'infraction ci-dessus mentionnée cessera, en conséquence, et nonobstant l'article 17 de la loi du 12 avril 1803 (22 germinal an XI), d'être assimilée à la contrefaçon des marques particulières prévues par les articles 142 et 143 du code pénal.

H. — *Convention du 20 mars 1883, constituant une Union internationale pour la protection de la propriété industrielle*[1].

ARTICLE 1er. — Les gouvernements de la Belgique, du Brésil, de l'Espagne, de la France, du Guatémala, de l'Italie, des Pays-Bas, du Portugal, du Salvador, de la Serbie et de la Suisse sont constitués à l'état d'Union pour la production de la propriété industrielle[2].

ART. 2. — Les sujets ou citoyens de chacun des Etats contractants jouiront, dans tous les autres Etats de l'Union, en ce qui concerne les brevets d'invention, les dessins ou modèles industriels, les marques de fabrique et de commerce et le nom commercial, des avantages que les lois respectives accordent actuellement ou accorderont par la suite aux nationaux.

En conséquence, ils auront la même protection que ceux-ci et le même recours légal contre toute atteinte portée à leurs droits, sous réserve de l'accomplissement des formalités et des conditions imposées aux nationaux par la législation intérieure de chaque Etat.

ART. 3. — Sont assimilés aux sujets ou citoyens des Etats contractants les sujets ou citoyens des Etats ne faisant pas partie de l'Union qui sont domiciliés ou ont des établissements industriels ou commerciaux sur le territoire de l'un des Etats de l'Union.

ART. 4. — Celui qui aura régulièrement fait le dépôt d'une demande de brevet d'invention, d'un dessin ou modèle industriel, d'une marque de fabrique ou de commerce, dans l'un des Etats contractants, jouira, pour effectuer le dépôt dans les autres Etats, et sous réserve des droits des tiers, d'un droit de priorité pendant les délais déterminés ci-après.

En conséquence, le dépôt ultérieurement opéré dans l'un des autres

---

1. La Convention du 29 mars 1883 a été ratifiée, en France, par le décret du 8 juillet 1884 rendu en exécution de la loi d'approbation du 26 janvier 1884.

2. Depuis lors, la Grande-Bretagne, la Tunisie, la Suède, la Norvège, la République Dominicaine, et les Etats-Unis d'Amérique ont adhéré à la Convention. Par contre, l'Equateur et le Salvador ont cessé de faire partie de l'Union.

Etats de l'Union avant l'expiration de ces délais ne pourra être invalidé par des faits accomplis dans l'intervalle, soit notamment par un autre dépôt, par la publication de l'invention ou son exploitation par un tiers, par la mise en vente d'exemplaires du dessin ou du modèle, par l'emploi de la marque.

Les délais de priorité mentionnés ci-dessus seront de six mois pour les brevets d'invention et de trois mois pour les dessins ou modèles industriels, ainsi que pour les marques de fabrique ou de commerce. Ils seront augmentés d'un mois pour les pays d'outre-mer.

ART. 5. — L'introduction par le breveté, dans le pays où le brevet a été délivré, d'objets fabriqués dans l'un ou l'autre des Etats de l'Union n'entraînera pas la déchéance.

Toutefois, le breveté restera soumis à l'obligation d'exploiter son brevet conformément aux lois du pays où il introduit les objets brevetés.

ART. 6. — Toute marque de fabrique ou de commerce régulièrement déposée dans le pays d'origine sera admise au dépôt et protégée telle qu'elle dans tous les autres pays de l'Union.

Sera considéré comme pays d'origine le pays où le déposant a son principal établissement.

Si ce principal établissement n'est point situé dans un des pays de l'Union, sera considéré comme pays d'origine celui auquel appartient le déposant.

Le dépôt pourra être refusé, si l'objet pour lequel il est demandé est considéré comme contraire à la morale ou à l'ordre public.

ART. 7. — La nature du produit sur lequel la marque de fabrique ou de commerce doit être apposée ne peut, dans aucun cas, faire obstacle au dépôt de la marque.

ART. 8. — Le nom commercial sera protégé dans tous les pays de l'Union sans obligation de dépôt, qu'il fasse ou non partie d'une marque de fabrique ou de commerce.

ART. 9. — Tout produit portant illicitement une marque de fabrique ou de commerce ou un nom commercial pourra être saisi à l'importation dans ceux des Etats de l'Union dans lesquels cette marque ou ce nom commercial ont droit à la protection légale.

La saisie aura lieu à la requête soit du ministère public, soit de la partie intéressée, conformément à la législation intérieure de chaque Etat[1].

ART. 10. — Les dispositions de l'article précédent seront appliquées à tout produit portant faussement, comme indication de provenance,

---

1. L'article 9 de la Convention de 1883 a remplacé vis-à-vis des Etats de l'Union les dispositions des lois françaises qui leur seraient contraires, mais seulement en ce qui concerne la saisie à l'importation, la seule visée par la Convention.

le nom d'une localité déterminée, lorsque cette indication sera jointe à un nom commercial fictif ou emprunté dans une intention frauduleuse.

Est réputé partie intéressée tout fabricant ou commerçant engagé dans la fabrication ou le commerce de ce produit et établi dans la localité faussement indiquée comme provenance[1].

ART. 11. — Les hautes parties contractantes s'engagent à accorder une protection temporaire aux inventions brevetables, aux dessins ou modèles industriels, ainsi qu'aux marques de fabrique ou de commerce, pour les produits qui figureront aux expositions internationales officielles ou officiellement reconnues.

ART. 12. — Chacune des hautes parties contractantes s'engage à établir un service spécial de la propriété industrielle et un dépôt central pour la communication au public des brevets d'invention, des dessins ou modèles industriels et des marques de fabrique ou de commerce.

ART. 13. — Un office international sera organisé sous le titre de *Bureau international de l'Union pour la protection de la propriété industrielle.*

Ce bureau, dont les frais seront supportés par les administrations de tous les Etats contractants, sera placé sous la haute autorité de l'administration supérieure de la confédération Suisse et fonctionnera sous sa surveillance. Les attributions en seront déterminées d'un commun accord entre les Etats de l'Union.

ART. 14. — La présente Convention sera soumise à des révisions périodiques, en vue d'y introduire les améliorations de nature à perfectionner le système de l'Union.

A cet effet, des Conférences auront lieu successivement, dans l'un des Etats contractants, entre les délégués desdits Etats.

La prochaine réunion aura lieu en 1885, à Rome[2].

ART. 15. — Il est entendu que les hautes parties contractantes se réservent respectivement le droit de prendre séparément entre elles des arrangements particuliers pour la protection de la propriété industrielle, en tant que ces arrangements ne contreviendraient point aux dispositions de la présente Convention.

ART. 16. — Les Etats qui n'ont point pris part à la présente Convention seront admis à y adhérer sur leur demande.

1. L'article 10 de la Convention de 1883 a été notifié par le premier protocole de la Conférence de Madrid, lequel a été ratifié, en France, par la loi du 23 août 1892.

2. En exécution de cette disposition, une première conférence s'est réunie à Rome, mais seulement en 1886. Les modifications, adoptées à cette Conférence n'ont jamais été ratifiées par le Parlement français. Une seconde Conférence a eu lieu, à Madrid, en 1890 et a abouti à l'adoption de quatre protocoles, dont les trois premiers ont été ratifiés, en France, par la loi du 3 août 1892.

Cette adhésion sera notifiée par la voie diplomatique au gouvernement de la confédération Suisse, et par celui-ci à tous les autres.

Elle emportera, de plein droit, accession à toutes les clauses et admission à tous les avantages stipulés par la présente Convention.

Art. 17. — L'exécution des engagements réciproques contenus dans la présente Convention est subordonnée, en tant que de besoin, à l'accomplissement des formalités et règles établies par les lois constitutionnelles de celles des hautes parties contractantes qui sont tenues d'en provoquer l'application, ce qu'elles s'obligent à faire dans le plus bref délai possible.

Art. 18. — La présente Convention sera mise à exécution dans le délai d'un mois à partir de l'échange des ratifications et demeurera en vigueur, pendant un temps déterminé, jusqu'à l'expiration d'une année à partir du jour où la dénonciation en sera faite.

Cette dénonciation sera adressée au gouvernement chargé de recevoir les adhésions. Elle ne produira son effet qu'à l'égard de l'Etat qui l'aura faite, la Convention restant exécutoire pour les autres parties contractantes.

Art. 19. — La présente Convention sera ratifiée et les ratifications en seront échangées à Paris, dans le délai d'un an au plus tard.

PROTOCOLE DE CLOTURE

Annexé à la Convention du 20 mars 1883.

Article 1er. — Les mots « propriété industrielle » doivent être entendus dans leur acception la plus large, en ce sens qu'ils s'appliquent non seulement aux produits de l'industrie proprement dite, mais également aux produits de l'agriculture (vins, grains, fruits, bestiaux, etc.) et aux produits minéraux livrés au commerce (eaux minérales, etc.).

Art. 2. — Sous le nom de « brevets d'invention » sont comprises les diverses espèces de brevets industriels admises par les législations des Etats contractants, tels que brevets de perfectionnement, etc.

Art. 3. — Il est entendu que la disposition finale de l'article 2 de la Convention ne porte aucune atteinte à la législation de chacun des Etats contractants, en ce qui concerne la procédure suivie devant les tribunaux et la compétence de ces tribunaux.

Art. 4. — Le paragraphe 1er de l'article 6 doit être entendu en ce sens qu'aucune marque de fabrique ou de commerce ne pourra être exclue de la protection dans l'un des Etats de l'Union par le fait seul qu'elle ne satisferait pas, au point de vue des signes qui la composent, aux conditions de la législation de cet État, pourvu qu'elle satisfasse, sur ce point, à la législation du pays d'origine et qu'elle ait été, dans ce dernier pays, l'objet d'un dépôt régulier.

Sauf cette exception, qui ne concerne que la forme de la marque, et sous réserve des dispositions des autres articles de la Convention, la législation intérieure de chacun des États recevra son application.

Pour éviter toute fausse interprétation, il est entendu que l'usage des armoiries publiques et des décorations peut être considéré comme contraire à l'ordre public, dans le sens du paragraphe final de l'article 6.

ART. 5. — L'organisation du service spécial de la propriété industrielle mentionné à l'article 12 comprendra, autant que possible, la publication, dans chaque État, d'une feuille officielle périodique.

ART. 6. — Les frais communs du bureau international constitué par l'article 13 ne pourront, en aucun cas, dépasser, par année, une somme totale représentant une moyenne de 2000 fr. par chaque État contractant [1].

Pour déterminer la part contributive de chacun des États dans cette somme totale des frais, les États contractants et ceux qui adhéreraient ultérieurement à l'Union seront divisés en six classes, contribuant chacune dans la proportion d'un certain nombre d'unités, savoir :

1re classe. . . . . 25 unités
2e classe. 20   —
3e classe. 15   —
4e classe. 10   —
5e classe. 5   —
6e classe. 3   —

Ces coefficients seront multipliés par le nombre des États de chaque classe, et la somme des produits ainsi obtenus fournira le nombre d'unités par lequel la dépense totale doit être divisée. Le quotient donnera le montant de l'unité de la dépense.

Les États contractants sont classés ainsi qu'il suit, en vue de la répartition des frais :

1re classe. . . . . France, Italie.
2e classe. . . . . Espagne.
3e classe. . . . . Belgique, Brésil, Portugal, Suisse.
4e classe. . . . . Pays-Bas.
5e classe. . . . . Serbie.
6e classe. . . . . Guatemala, Salvador.

1. Ce premier alinéa de l'article 6 a été abrogé et remplacé par l'article 1er du 3e protocole de la Conférence de Madrid de 1892, ratifié et rendu exécutoire en France, après approbation du parlement, par le décret du 15 juillet 1892. Cette nouvelle disposition stipule que les dépenses du bureau international seront supportées en commun par les États contractants et ne pourront, en aucun cas, dépasser la somme de 60.000 fr. par année.

L'administration suisse surveillera les dépenses du bureau international, fera les avances nécessaires et établira le compte annuel, qui sera communiqué à toutes les administrations.

Le bureau international centralisera les renseignements de toute nature relatifs à la protection de la propriété industrielle et les réunira en une statistique générale, qui sera distribuée à toutes les administrations. Il procédera aux études d'utilité commune intéressant l'Union et rédigera, à l'aide des documents qui seront mis à sa disposition par les diverses administrations, une feuille périodique, en langue française, sur les questions concernant l'objet de l'Union.

Les numéros de cette feuille, de même que tous les documents publiés par le bureau international, seront répartis entre les administrations des Etats de l'Union, dans la proportion du nombre des unités contributives ci-dessus mentionnées. Les exemplaires et documents supplémentaires qui seraient réclamés soit par les dites administrations, soit par des sociétés ou des particuliers seront payés à part.

Le bureau international devra se tenir en tout temps à la disposition des membres de l'Union, pour leur fournir, sur les questions relatives au service international de la propriété industrielle, les renseignements spéciaux dont ils pourraient avoir besoin.

L'administration du pays où doit siéger la prochaine Conférence préparera, avec le concours du bureau international, les travaux de cette Conférence.

Le directeur du bureau international assistera aux séances des Conférences et prendra part aux discussions sans voix délibérative. Il fera sur sa gestion un rapport annuel qui sera communiqué à tous les membres de l'Union.

La langue officielle du bureau international sera la langue française.

ART. 7. — Le présent protocole de clôture, qui sera ratifié en même temps que la Convention conclue à la date de ce jour, sera considéré comme faisant partie intégrante de cette Convention et aura même force, valeur et durée.

———————

I. — *Décret du 15 juillet 1892, rendant exécutoires les arrangements conclus à la Conférence de Madrid.*

ART. 1er. — Le Sénat et la Chambre des députés ayant approuvé les trois premiers arrangements signés, les 14 et 15 avril 1891, entre la France et divers États faisant partie de l'Union internationale pour la protection de la propriété industrielle, et les ratifications de ces actes ayant été échangées à Madrid le 15 juin 1892, les dits arrangements, dont la teneur suit, recevront leur pleine et entière exécution.

I. *Arrangement concernant la répression des fausses indications de provenance sur les marchandises, conclu entre la France, le Brésil, l'Espagne, la Grande-Bretagne, le Guatémala, le Portugal, la Suisse et la Tunisie.*

ART. 1er. — Tout produit portant une fausse indication de provenance, dans laquelle un des Etats contractants ou un lieu situé dans l'un d'entre eux serait directement indiqué comme pays ou comme lieu d'origine, sera saisi à l'importation dans chacun desdits Etats.

La saisie pourra aussi s'effectuer dans l'État ou la fausse indication de provenance aura été apposée, ou dans celui où aura été introduit le produit muni de cette fausse indication.

Si la législation d'un État n'admet pas la saisie à l'importation, cette saisie sera remplacée par les actions et moyens que la loi de cet État assure en pareil cas aux nationaux.

ART. 2. — La saisie aura lieu à la requête soit du ministère public, soit d'une partie intéressée, individu ou société, conformément à la législation intérieure de chaque État.

Les autorités ne sont pas tenues d'effectuer la saisie en cas de transit.

ART. 3. — Les présentes dispositions ne font pas obstacle à ce que le vendeur indique son nom ou son adresse sur les produits provenant d'un pays différent de celui de la vente ; mais, dans ce cas, l'adresse ou le nom doit être accompagné de l'indication précise et en caractères apparents du pays ou du lieu de fabrication ou de production.

ART. 4. — Les tribunaux de chaque pays auront à décider quelles sont les appellations qui, à raison de leur caractère générique, échappent aux dispositions du présent arrangement, les appellations régionales de provenance des produits agricoles n'étant cependant pas comprises dans la réserve statuée par cet article.

ART. 5. — Les États de l'Union pour la protection de la propriété industrielle qui n'ont pas pris part au présent arrangement, seront admis à y adhérer sur leur demande et dans la forme prescrite par l'article 16 de la convention du 20 mars 1883 pour la protection de la propriété industrielle.

ART. 6. — Le présent arrangement sera ratifié et les ratification en seront échangées à Madrid dans le délai de six mois au plus tard.

Il entrera en vigueur un mois à partir de l'échange des ratifications et aura la même force et durée que la Convention du 20 mars 1883.

II. — *Arrangement concernant l'enregistrement international des marques de fabrique ou de commerce, conclu entre la France, la Belgique, l'Espagne, le Guatémala, l'Italie, les Pays-Bas, le Portugal, la Suisse et la Tunisie.*

ART. 1er. — Les sujets ou citoyens de chacun des États contractants pourront s'assurer, dans tous les autres États, la protection de leurs marques de fabrique ou de commerce acceptées au dépôt dans le pays d'origine, moyennant le dépôt des dites marques au bureau international, à Berne, fait par l'entreprise de l'administration desdits pays d'origine.

ART. 2. — Sont assimilés aux sujets ou citoyens des États contractants les sujets ou citoyens des États n'ayant pas adhéré au présent arrangement, qui satisfont aux conditions de l'article 3 de la Convention.

ART. 3. — Le bureau international enregistrera immédiatement les marques déposées conformément à l'article 1er. Il notifiera cet enregistrement aux États contractants. Les marques enregistrées seront publiées dans un supplément au journal du bureau international, au moyen soit d'un dessin, soit d'une description présentée en langue française par le déposant.

En vue de la publicité à donner dans les divers Etats aux marques ainsi enregistrées, chaque administration recevra gratuitement du bureau international le nombre d'exemplaires de la susdite publication qu'il lui plaira de demander.

ART. 4. — A partir de l'enregistrement ainsi fait au bureau international, la protection dans chacun des Etats contractants sera la même que si la marque y avait été directement déposée.

ART. 5. — Dans les pays où leur législation les y autorise, les administrations auxquelles le bureau international notifiera l'enregistrement d'une marque auront la faculté de déclarer que la protection ne peut être accordée à cette marque sur leur territoire.

Elles devront exercer cette faculté dans l'année de la notification prévue par l'article 3.

Ladite déclaration ainsi notifiée au bureau international sera par lui transmise sans délai à l'administration du pays d'origine et au propriétaire de la marque. L'intéressé aura les mêmes moyens de recours que si la marque avait été par lui directement déposée dans le pays où la protection est refusée.

ART. 6. — La protection résultant de l'enregistrement au bureau international durera vingt ans à partir de cet enregistrement, mais ne pourra être invoquée en faveur d'une marque qui ne jouirait plus de la protection légale dans le pays d'origine.

ART. 7. — L'enregistrement pourra toujours être renouvelé suivant les prescriptions des articles 1 et 3.

Six mois avant l'expiration du terme de protection, le bureau international donnera un avis officieux à l'administration du pays d'origine et au propriétaire de la marque.

ART. 8. — L'administration du pays d'origine fixera à son gré et percevra à son profit une taxe qu'elle réclamera du propriétaire de la marque dont l'enregistrement international est demandé.

A cette taxe s'ajoutera un émolument international de 100 fr., dont le produit annuel sera réparti par parts égales entre les Etats contractants, par les soins du bureau international, après déduction des frais communs nécessités par l'exécution de cet arrangement.

ART. 9. — L'administration du pays d'origine notifiera au bureau international les annulations, radiations, renonciations, transmissions et autres changements qui se produiront dans la propriété de la marque.

Le bureau international enregistrera ces changements, les notifiera aux administrations contractantes et les publiera aussitôt dans son journal.

ART. 10. — Les administrations règleront d'un commun accord les délais relatifs à l'exécution du présent arrangement.

ART. 11. — Les Etats de l'Union pour la protection de la propriété industrielle qui n'ont pas pris part au présent arrangement seront admis à y adhérer sur leur demande et dans la forme prescrite par l'article 16 de la Convention du 20 mars 1883 pour la protection de la propriété industrielle.

Dès que le bureau international sera informé qu'un Etat a adhéré au présent arrangement, il adressera à l'administration de cet Etat, conformément à l'article 3, une notification collective des marques qui, à ce moment, jouissent de la protection internationale.

Cette notification assurera, par elle-même, auxdites marques, le bénéfice des précédentes dispositions sur le territoire de l'Etat adhérent et fera courir le délai d'un an pendant lequel l'administration intéressée peut faire la déclaration prescrite par l'article 5.

ART. 12. — Le présent arrangement sera ratifié et les ratifications en seront échangées à Madrid, dans le délai de six mois au plus tard.

Il entrera en vigueur un mois à partir de l'échange des ratifications et aura la même force et durée que la Convention du 20 mars 1883.

Protocole de clôture

Au moment de la signature de l'arrangement concernant l'enregistrement international des marques de fabrique ou de commerce conclu à la date de ce jour, les plénipotentiaires des Etats qui ont adhéré audit arrangement sont convenus de ce qui suit :

Des doutes s'étant élevés au sujet de la portée de l'article 5, il est bien entendu que la faculté de refus que cet article laisse aux administrations ne porte aucune atteinte aux dispositions de l'article 6 de la Convention du 20 mars 1883 et du paragraphe 4 du protocole de clôture qui l'accompagne. ces dispositions étant applicables aux marques déposées au bureau international comme elles l'ont été et le seront encore à celles déposées directement dans tous les pays contractants,

Le présent protocole aura la même force et durée que l'arrangement auquel il se rapporte.

III. — *Protocole concernant la dotation du bureau international de l'Union pour la protection de la propriété industrielle, conclu entre la France, la Belgique, le Brésil, l'Espagne, les États-Unis d'Amérique, la Grande-Bretagne, le Guatémala. l'Italie, la Norvège, les Pays-Bas, le Portugal, la Suède, la Suisse et la Tunisie.*

ART. 1er. — Le premier alinéa du chiffre 6 du protocole de clôture annexé à la Convention internationale du 20 mars 1883 pour la protection de la propriété industrielle est abrogé et remplacé par la disposition suivante :

« Les dépenses du bureau international institué par l'article 13 seront supportées en commun par les Etats contractants. Elles ne pourront, en aucun cas. dépasser la somme de 60,000 fr. par année ».

ART. 2. — Le présent protocole sera ratifié et les ratifications en seront échangées à Madrid, dans le délai de six mois au plus tard.

Il entrera en vigueur un mois à partir de l'échange des ratifications et aura la même force et durée que la Convention du 20 mars 1883, dont il sera considéré comme faisant partie intégrante.

ART. 2. — Le ministre des affaires étrangères et le ministre du commerce et de l'industrie sont chargés, chacun en ce qui le concerne, de l'exécution du présent décret.

3o **Dessins et modèles de fabrique**

J. *Loi du 18 mars 1806 portant établissement d'un conseil de prud'hommes à Lyon.*

TITRE II

SECTION II

Des contraventions aux lois et réglements

Art. 10. — Le conseil des prud'hommes sera spécialement chargé de constater, d'après les plaintes qui pourraient lui être adressées, les contraventions aux lois et règlements nouveaux ou remis en vigueur.

Art. 11. — Les procès-verbaux dressés par les prud'hommes pour constater ces contraventions seront renvoyés aux tribunaux compétents, ainsi que les objets saisis.

Art. 13. — Les prud'hommes, dans le cas ci-dessus et sur la réquisition verbale ou écrite des parties, pourront, au nombre de deux au moins, assistés d'un officier public, dont un fabricant et un chef d'atelier, faire des visites chez les fabricants, chefs d'ateliers, ouvriers ou compagnons.

SECTION III

De la conservation de la propriété des dessins

Art. 14. — Le conseil des prud'hommes est chargé des mesures conservatrices de la propriété des dessins.

Art. 15. — Tout fabricant, qui voudra pouvoir revendiquer, par la suite, devant le tribunal de commerce, la propriété d'un dessin de son invention, sera tenu d'en déposer aux archives du conseil des prud'hommes un échantillon plié sous enveloppe, revêtue de ses cachet et signature, sur laquelle sera également apposé le cachet du conseil des prud'hommes.

Art. 16. — Les dépôts de dessins seront inscrits sur un registre tenu *ad hoc* par le conseil des prud'hommes, lequel délivrera aux fabricants un certificat rappelant le numéro d'ordre du paquet déposé et constatant la date du dépôt.

Art. 17. — En cas de contestation entre deux ou plusieurs fabricants sur la propriété d'un dessin, le conseil des prud'hommes procédera à l'ouverture des paquets qui lui auront été déposés par les parties ; il fournira un certificat indiquant le nom du fabricant qui aura la priorité de date.

Art. 18. — En déposant son échantillon, le fabricant déclarera s'il entend se réserver la propriété exclusive pendant une, trois ou cinq années, ou à perpétuité ; il sera tenu note de cette déclaration. A l'expiration du délai fixé par ladite déclaration, si la réserve est temporaire, tout paquet d'échantillons déposé sous cachet dans les archives de ce conseil devra être transmis au conservatoire des arts de la ville de Lyon, et les échantillons y contenus être joints à la collection du conservatoire.

Art. 19. — En déposant son échantillon, le fabricant acquittera entre les mains du receveur de la commune une indemnité qui sera réglée par le conseil des prud'hommes et ne pourra excéder 1 fr. pour chacune des années pendant lesquelles il voudra conserver la propriété exclusive de son dessin, et sera de 10 fr. pour la propriété perpétuelle.

TITRE IV

Dispositions générales

Art. 34. — Il pourra être établi par un règlement d'administration publique, délibéré en Conseil d'Etat, un conseil de prud'hommes dans les villes de fabrique où le gouvernement le jugera convenable.

Art. 35. — Sa composition pourra être différente selon les lieux ; mais ses attributions seront les mêmes.

K. — *Ordonnance du 29 août 1825 portant règlement sur le dépôt des dessins de fabrique.*

Art 1er. — Le dépôt des échantillons de dessins qui doit être fait, conformément à l'article 15 de la loi du 18 mars 1806, aux archives des conseils de prud'hommes, pour les fabriques situées dans le ressort de ces conseils, sera reçu, pour toutes les fabriques situées hors du ressort d'un conseil de prud'hommes, au greffe du tribunal de commerce, ou au greffe du tribunal de première instance, dans les arrondissements où les tribunaux civils exercent la juridiction de tribunaux de commerce.

Art. 2. — Ce dépôt se fera dans les formes prescrites pour le même dépôt aux archives des conseils de prud'hommes par les articles 15, 16 et 18, section III, titre II, de la loi du 18 mars 1806.

Il sera reçu gratuitement, sauf le droit du greffier pour la délivrance du certificat constatant ledit dépôt.

L. — *Articles 425, 426 et 427 du code pénal.*

ART. 425. — Toute édition d'écrits, de composition musicale, de dessin, de peinture ou de toute autre production, imprimée ou gravée en entier ou en partie, au mépris des lois et règlements relatifs à la propriété des auteurs, est une contrefaçon, et toute contrefaçon est un délit.

ART. 426. — Le débit d'ouvrages contrefaits, l'introduction sur le territoire français d'ouvrages qui, après avoir été imprimés en France, ont été contrefaits chez l'étranger, sont un délit de la même espèce.

ART. 427. — La peine contre le contrefacteur ou contre l'introducteur sera une amende de 100 fr. au moins et de 2.000 fr. au plus, et, contre le débitant, une amende de 25 fr. au moins et de 500 fr. au plus.

La confiscation de l'édition contrefaite sera prononcée tant contre le contrefacteur que contre l'introducteur et le débitant.

Les planches, moules ou matrices des objets contrefaits seront aussi confisqués.

4° Concurrence déloyale.

M. — *Loi du 30 avril 1886, relative à l'usurpation des médailles et récompenses industrielles.*

ART. 1er. — L'usage de médailles, diplômes, mentions, récompenses ou distinctions honorifiques quelconques décernés dans des expositions ou concours, soit en France, soit à l'étranger, n'est permis qu'à ceux qui les ont obtenus personnellement et à la maison de commerce en considération de laquelle ils ont été décernés.

Celui qui s'en sert doit faire connaître leur date et leur nature, l'exposition ou le concours où ils ont été obtenus et l'objet récompensé.

ART. 2. — Seront punis d'une amende de 50 à 6.000 fr. et d'un emprisonnement de trois mois, à deux ans, ou de l'une de ses deux peines seulement :

1° Ceux qui, sans droit et frauduleusement, se seront attribué publiquement les récompenses ou distinctions mentionnées à l'article précédent ;

2° Ceux qui, dans les mêmes conditions, les auront appliquées à d'autres objets que ceux pour lesquels elles avaient été obtenues ou qui s'en sont attribué d'imaginaires ;

3° Ceux qui les auront indiquées mensongèrement sur leurs enseignes, annonces, prospectus, factures, lettres ou papiers de commerce ;

4° Ceux qui s'en seront indûment prévalus auprès des jurys des expositions ou concours.

Art. 3. — Seront punis des mêmes peines ceux qui, sans droit et frauduleusement, se seront prévalus publiquement de récompenses, distinctions ou approbations accordées par des corps savants ou des sociétés scientifiques.

Art. 4. — L'omission des indications énumérées dans le second paragraphe de l'article 1er sera punie d'une amende de 25 à 3.000 fr.

Art. 5. — Les tribunaux pourront prononcer la destruction ou la confiscation, au profit des parties lésées, des objets sur lesquels les fausses indications auront été appliquées.

Ils pourront prononcer l'affichage et l'insertion de leurs jugements.

Art. 6. — L'article 463 du code pénal est applicable aux délits prévus et punis par la présente loi.

Art. 7. — La présente loi est applicable à l'Algérie et aux colonies.

N. — *Article 418 du code pénal.*

Tout directeur, commis, ouvrier de fabrique, qui aura communiqué ou tenté de communiquer à des étrangers ou à des Français résidant en pays étrangers des secrets de la fabrique où il est employé, sera puni d'un emprisonnement de deux ans à cinq ans et d'une amende de 500 fr. à 20.000 fr.

Il pourra, en outre, être privé des droits mentionnés en l'article 42 du présent code pendant cinq ans au moins et dix ans au plus, à compter du jour où il aura subi sa peine. Il pourra aussi être mis sous la surveillance de la haute police pendant le même nombre d'années [1].

Si ces secrets ont été communiqués à des Français résidant en France, la peine sera d'un emprisonnement de trois mois à deux ans et d'une amende de 16 fr. à 200 fr.

Le maximum de la peine prononcée par les paragraphes 1er et 3 du présent article sera nécessairement appliqué, s'il s'agit de secrets de fabriques d'armes et munitions de guerre appartenant à l'Etat.

---

1. La surveillance de la haute police est aujourd'hui remplacée par l'interdiction de séjour.

II. LÉGISLATION ÉTRANGÈRE

RÉSUMÉ DES PRINCIPALES LOIS ÉTRANGÈRES
EN MATIÈRE DE BREVETS D'INVENTION, DE MARQUES
DE FABRIQUE ET DE NOM COMMERCIAL.

A. Etats faisant partie de l'Union [1].

I. ANGLETERRE

1º *Brevets.*

La protection des inventeurs est régie par la loi du 25 août 1883 qui soumet l'exercice de leur droit exclusif à la délivrance d'une *patente*.

La durée des patentes est de quatorze ans.

Les demandes de patentes doivent être déposées au *Patent Office* de Londres ou y être envoyées par la poste, à l'adresse du fonctionnaire placé à la tête de ce service, et qui porte le titre de *Contrôleur général*. Chaque demande ne doit comprendre qu'un objet principal.

Les pièces à produire sont :

1º Une requête ou déclaration de l'inventeur ;

2º Une spécification descriptive de l'invention ou découverte ;

3º Les dessins nécessaires pour l'intelligence de la description ;

4º Une note, sur papier *foolscap*, indiquant l'adresse à laquelle devront être transmises toutes les communications faites au demandeur par le Bureau des patentes.

La requête doit présenter dans l'ordre suivant ; 1º l'indication des noms prénoms, domicile et profession du demandeur ; 2º un titre renfermant la désignation sommaire et précise de l'objet de l'invention ; 3º une déclaration pour laquelle il sollicite une patente. Cette requête doit être rédigée sur une feuille de papier timbré d'une livre sterling (25 fr.). L'inventeur seul a qualité pour la signer, et, lorsqu'il s'agit d'une demande émanant de l'étranger, elle doit être visée par un agent consulaire anglais ou un officier public dûment autorisé à cet effet.

Les inventeurs ont la faculté d'annexer à leur requête soit une spécification provisoire, soit une spécification définitive.

La spécification provisoire doit décrire la nature de l'invention.

---

1. Nous ne donnons, ici, que la législation des principaux État de l'Union.

Elle est le plus ordinairement produite par les inventeurs qui n'ont pas suffisamment mûri leur invention au moment où ils forment la demande d'une patente. Le dépôt de cette pièce leur confère une *protection provisoire*, dont la durée *maxima* est de neuf mois.

Les taxes à acquitter sont les suivantes :

Avant l'expiration de la quatrième année à compter de la date de la patente, 50 livres sterling (1,250 fr.) ;

Avant la fin de la huitième année (pour les patentes délivrées en vertu de la loi de 1883), 100 livres sterling (2,500 fr.).

Les taxes peuvent aussi être payées par annuités, ainsi qu'il suit :

Avant l'expiration de la		4e année,	10	livres sterling	(250 fr.)
—	—	5e	—	10	—	(250 »)
—	—	6e	—	10	—	(250 »)
—	—	7e	—	10	—	(250 »)
—	—	8e	—	15	—	(375 »)
—	—	9e	—	15	—	(375 »)
—	—	10e	—	20	—	(500 »)
—	—	11e	—	20	—	(500 »)
—	—	12e	—	20	—	(500 »)
—	—	13e	—	20	—	(500 »)

Ces taxes se payent au Trésor par l'achat de formules de certificat de payement revêtues de timbres représentant la taxe à acquitter. Lesdites formules doivent être ensuite remises au *Patent Office*.

2° *Marques et noms.*

Les marques sont protégées par la loi du 25 août 1883.

L'enregistrement a lieu au *Patent Office*, après un examen préalable fait par le greffier.

L'usurpation des marques est punie d'amende et de confiscation, sans préjudice des dommages-intérêts.

La protection de la loi s'étend aux étrangers comme aux nationaux, sans aucune condition de réciprocité.

De nombreuses décisions judiciaires ont également été rendues au profit d'étrangers qui se plaignaient de l'usurpation de leur nom.

II. — BELGIQUE.

1° *Brevets.*

La protection des inventions est régie, en Belgique, par les lois des 24 mai 1855 et 27 mars 1857 et par les arrêtés royaux des 12 septembre 1861 et 23 juin 1877, qui admettent des brevets d'invention, de perfectionnement et d'importation.

La durée des brevet d'invention est de vingt ans. Elle prend cours à dater du jour où a été dressé le procès-verbal constatant le dépôt de la demande du brevet.

L'auteur d'une découverte déjà brevetée à l'étranger peut obtenir, par lui-même ou par ses ayants-droit, un brevet d'importation en Belgique. La durée de ce brevet ne peut excéder celle du brevet antérieurement concédé à l'étranger pour le terme le plus long, et ne saurait, dans aucun cas, dépasser vingt années.

Il doit être payé, pour chaque brevet, une taxe annuelle et progressive, ainsi qu'il suit : première année, 10 fr. ; deuxième année, 20 fr. ; troisième année, 30 fr., et ainsi de suite jusqu'à la vingtième année, pour laquelle la taxe est de 200 fr. Le montant total des annuités s'élève donc pour un brevet de vingt ans à 2,100 fr. La taxe est payée par anticipation et n'est remboursée dans aucun cas Il n'est point exigé de taxe pour les brevets de perfectionnement lorsqu'ils sont délivrés au titulaire du brevet principal.

Toute personne qui veut prendre un brevet d'invention, d'importation ou de perfectionnement, doit déposer une demande à cet effet au greffe de l'un des gouvernements provinciaux du royaume ou au bureau de l'un des commissariats d'arrondissement situés hors du chef-lieu de la province.

A cette demande doivent être joints, sous enveloppe cachetée :

1° La description de l'objet inventé ;

2° Les dessins, modèles et échantillons nécessaires pour l'intelligence de la description ;

3° Un duplicata certifié conforme de la description et des dessins ;

4° Un bordereau des pièces et objets déposés.

Le dépôt de la demande et des documents qui l'accompagnent n'est reçu que sur la production d'une quittance constatant le payement de la somme de 10 fr.. montant de la première annuité de la taxe; cette quittance est jointe aux autres pièces.

La description doit être rédigée en langue française, flamande ou allemande. Si elle n'est pas rédigée en français, elle doit être, lorsque l'inventeur n'est pas domicilié en Belgique, accompagnée d'une traduction en français.

2° Marques et noms.

La protection des marques est assurée, en Belgique, par la loi du 1er avril 1879, suivie d'un arrêté royal du 7 juillet 1879 et de deux circulaires ministérielles du 8 juillet 1879. Cette législation reproduit à peu près la loi française. Elle exige notamment le dépôt de la marque en triple exemplaire au greffe du tribunal dans le ressort duquel est situé l'établissement du déposant ; l'un de ces exemplaires est remis au déposant, dont il sert à compléter le titre.

L'usurpation de la marque constitue un délit qui est puni d'une amende et même d'un emprisonnement. Les étrangers qui ont un établissement industriel et commercial en Belgique sont assimilés de tous points aux nationaux. Les étrangers ou les Belges dont les établissements sont hors de Belgique ne sont admis au bénéfice de la loi que si le pays où les établissements sont situés accordent, par une convention, la réciprocité aux marques belges.

L'article 191 du code pénal punit l'usurpation de nom, sans distinction entre les nationaux et les étrangers.

III. — BRÉSIL.

1° *Brevets.*

La protection des inventions est régie, au Brésil, par la loi du 14 octobre 1882 et la loi du 30 décembre 1882.

Ces lois admettent un brevet d'invention, dont la durée est d'un an ou quinze ans et qui est délivré après un examen relatif seulement à la régularité des documents déposés.

La taxe est annuelle et progressive ; elle est, pour la première année, de 50 fr. ; pour la deuxième année, de 75 fr. ; pour la troisième année, de 100 fr. ; pour les autres années, elle augmente de 25 fr. par an.

Les pièces à produire consistent dans la demande, dans la description de l'invention en langue portugaise et dans les dessins nécessaires à l'intelligence de cette description en triple expédition.

2° *Marques et noms.*

La protection des marques est assurée par la loi du 14 octobre 1887, qui exige l'enregistrement de la marque au greffe du tribunal de commerce et punit l'usurpation d'amende et d'emprisonnement.

Les étrangers établis au Brésil sont admis, comme les nationaux, au bénéfice de la loi ; les étrangers et même les Brésiliens, établis hors du pays, n'y sont admis que s'il existe une convention de réciprocité.

La loi de 1887 s'applique au nom commercial.

IV. — ESPAGNE.

1º *Brevets*.

La loi du 21 juillet 1878 organise, en Espagne, la protection des inventions.

Elle admet des brevets dont la durée est de vingt années sans prolongation, lorsqu'ils sont accordés pour des inventions originales et nouvelles.

La durée des brevets délivrés pour des inventions propres au demandeur, mais non nouvelles, n'est que de cinq années, sans prolongation. Toutefois, on accorde des brevets de dix ans pour toute invention originale, alors même que l'inventeur aurait obtenu un brevet pour le même objet dans un ou plusieurs pays étrangers, toutes les fois qu'il le sollicite en Espagne avant l'expiration du délai de deux ans qui suit le jour de la délivrance du premier brevet étranger.

Pour obtenir un brevet d'invention, il faut payer, en papier timbré de l'Etat, une taxe annuelle et progressive qui est perçue de la manière suivante : 10 pesetas (10 fr. 50) la première année, 20 pesetas (21 francs) la deuxième année, 30 pesetas (31 fr. 50) la troisième année, et ainsi successivement jusqu'à la cinquième, dixième et vingtième années, pendant lesquelles la taxe sera respectivement de 50, 100, 200 pesetas (52 fr. 50, 105 fr. et 210 fr.). Ces taxes annuelles se payent d'avancé, et on n'est jamais dispensé de les payer.

Pour un certificat d'addition, on paie en une seule fois 25 pesetas.

Quiconque veut obtenir un brevet d'invention dépose au secrétariat du gouvernement civil de la province où il est domicilié, ou dans tout autre qu'il choisit à cet effet :

1º Une requête au ministre du *fomento*, dans laquelle il indique l'objet unique du brevet, si cet objet est ou n'est pas d'invention originale et nouvelle, et l'adresse du demandeur ou de son fondé de pouvoir (dans ce cas, la procuration est annexée à la requête ; elle ne doit renfermer, ni conditions ni restrictions, ni réserves) ;

2º Un mémoire en double exemplaire en langue espagnole, avec description de la machine, appareil, instrument, procédé ou opération mécanique ou chimique faisant l'objet du brevet ;

3º Les dessins, échantillons ou modèles jugés nécessaires, le tout en double ;

4º Le papier timbré de l'Etat représentant le montant de la première annuité ;

5º Un bordereau des pièces déposées.

Il n'y a pas d'examen préalable.

2° *Marques et noms*.

Les marques sont protégées en Espagne par le décret royal du 20 novembre 1850 que complètent les ordonnances royales du 11 juillet 1851, du 11 avril 1858 et du 12 février 1889, et par le décret royal du 1er septembre 1888.

La marque est soumise à l'examen préalable du secrétaire de la direction spéciale des brevets et des marques, à l'effet de savoir si elle a déjà été employée pour des produits similaires. Le certificat constatant l'existence légale de la marque, n'est délivré qu'après un délai de trente jours, pendant lequel il peut être fait opposition à sa délivrance.

Le dépôt s'effectue au chef-lieu de la province, chez le gouverneur ; il doit être accompagné de clichés.

Les Français résidant hors d'Espagne peuvent transmettre leur demande d'enregistrement par l'intermédiaire soit de l'ambassade de France à Madrid, soit de l'autorité consulaire espagnole du lieu de leur résidence.

Le droit est de 25 fr. et la durée de la protection est illimitée.

On doit fournir une demande d'enregistrement, une description et deux exemplaires de la marque.

V. — ÉTATS-UNIS D'AMÉRIQUE

1° *Brevets*.

La loi du 4 juillet 1836 et celle du 4 mars 1861 accordent aux inventeurs un privilège, qui porte comme en Angleterre, le nom de patente.

La durée de la patente est de dix-sept ans.

La délivrance de la patente est soumise à l'examen préalable d'une commission spéciale.

La demande doit être rédigée en langue anglaise et accompagnée des dessins nécessaires à la description de l'invention.

Elle donne lieu à un versement de 15 dollars, lors de l'enregistrement de la demande, et à un second versement de 20 dollars pour la délivrance de la patente. En dehors de ces deux versements, il n'y a pas d'annuités à payer.

L'inventeur. déjà breveté à l'étranger, a, de préférence sur tout autre, un délai de six mois à dater de son brevet étranger, pour obtenir une patente aux États-Unis : passé ce délai, il peut encore obtenir un privilège, si son invention n'a pas été exploitée dans le pays.

2° *Marques et noms.*

La loi du 3 mars 1881 réglemente la propriété des marques, mais seulement dans les rapports du propriétaire de la marque avec les citoyens d'un des Etats de l'Union auquel il n'appartient pas lui-même, ou avec les tribus indiennes, ou avec les étrangers.

La loi exige le dépôt au *Patent Office* de Washington. La demande d'enregistrement doit être accompagnée d'une déclaration écrite par laquelle le déposant affirme qu'il possède le droit de se servir de la marque ; elle est soumise à l'examen préalable du commissaire des patentes, qui peut refuser l'enregistrement, notamment s'il estime que la marque est identique à une marque déjà enregistrée ou publiquement possédée par une autre personne.

La taxe est de 125 fr. La durée de la protection est de trente années ; elle est renouvelable.

Les étrangers sont protégés comme les nationaux, si la nation à laquelle ils appartiennent accorde la réciprocité aux citoyens des Etats-Unis.

Quant au nom commercial, il est protégé comme la marque. La loi du 1er octobre 1890 (Bill Mac-Kinley) exige que les produits importés aux États-Unis portent l'indication précise de leur provenance.

VI. — GUATEMALA

1° *Brevets.*

La loi du 2 juin 1854 admet des brevets d'invention de cinq à quinze ans, avec possibilité de prolongation, et des brevets d'importation, dont la durée est fixée par le gouvernement.

La demande doit être accompagnée d'une spécification, en langue espagnole, anglaise ou française, de dessins à l'encre de chine et, si cela est possible, d'un échantillon ou modèle.

Elle n'est soumise à aucun examen préalable.

La taxe est de 25 à 250 fr. par année concédée.

2° *Marques et noms.*

Aucune loi spéciale ne régit la propriété des marques et des noms.

VI. — ITALIE

1° *Brevets.*

La loi du 30 octobre 1889, admet des brevets d'invention et des brevets d'importation dont la durée maximum est de quinze ans.

La demande, qui n'est examinée qu'au point de vue de la régularité, doit être accompagnée d'une description en français ou en italien, en triple expédition sur papier timbré, et de trois dessins sur papier blanc.

La délivrance du brevet donne lieu à une taxe proportionnelle d'autant de fois 10 fr. que le brevet doit avoir d'années, et à une autre taxe annuelle de 40 fr., pour les trois premières années, de 65 fr., pour les trois années suivantes, de 90 fr., pour les septième, huitième et neuvième années, de 115 fr., pour les dixième, onzième et douzième années, et de 140 fr., pour les trois dernières.

Le brevet concédé pour moins de quinze ans peut être prolongé jusqu'à la fin de cette période. Chaque prolongation donne lieu à une taxe supplémentaire de 40 fr.

La loi protège les étrangers comme les nationaux.

2° *Marques et noms.*

La loi sarde du 12 mars 1855 rendue, en 1864, exécutoire pour toute l'Italie et la loi du 3 août 1868 protègent les marques, même au profit des étrangers, pourvu qu'ils aient en Italie un magasin, un dépôt, ou une succursale. Quant aux étrangers qui n'ont aucun établissement de ce genre en Italie, ils sont admis au bénéfice de la loi, sans condition de réciprocité, pourvu qu'ils observent les prescriptions imposées aux nationaux.

La loi exige le dépôt, sauf pour les noms ou raisons commerciales. Le dépôt s'effectue dans l'une quelconque des préfectures du royaume ; il est soumis à un droit de 40 fr.

On doit déposer deux exemplaires de la marque et fournir une déclaration dans laquelle on affirme la volonté de se réserver un droit exclusif et une description de la marque en double exemplaire.

La durée de la protection est illimitée.

La marque doit indiquer le lieu, la fabrique ou le commerce d'où proviennent les produits.

VIII. — NORVÈGE

1° *Brevets*.

La loi du 16 juin 1885 admet des brevets d'invention dont la durée est de quinze ans et des brevets de perfectionnement qui prennent fin avec le brevet originaire.

La délivrance est soumise à l'examen préalable du collège du commerce.

La demande doit être accompagnée de deux descriptions en norvégien. La taxe est, pour les cinq premières années, de 33 fr. 75 par an; de cinq à dix ans, de 67 fr. 50 par an; de dix à quinze ans, de 101 fr. 25 par an, plus un droit fixe de 33 fr. 75 par an.

2° *Marques et noms*.

La loi du 26 mai 1884 soumet la protection des marques à la formalité de l'enregistrement.

L'enregistrement peut être refusé, dans certains cas, notamment si la marque peut être confondue avec une marque déjà enregistrée, si elle consiste en chiffres, lettres ou mots ne présentant pas une forme distinctive, si elle contient un nom commercial n'appartenant pas au demandeur, si elle représente des armes publiques.

L'enregistrement est d'ailleurs attributif de la propriété de la marque.

L'usurpation de la marque enregistrée est punie lorsqu'il y a dol, d'une amende qui peut s'élever à 2,000 couronnes. En cas de récidive, l'emprisonnement peut être prononcé.

Les étrangers établis en Norvège jouissent de la protection de la loi. Une ordonnance royale peut étendre cette protection aux étrangers établis hors du territoire, si la loi de leur pays accorde la réciprocité aux Norvégiens et s'ils justifient que leur marque est protégée dans leur pays.

La loi s'applique au nom commercial, sans qu'il soit besoin d'aucun enregistrement.

IX. — PAYS-BAS.

1° *Brevets*.

La loi du 15 juillet 1869 a décrété l'abrogation de toute concession de droits exclusifs pour l'invention et le perfectionnement d'objets d'art et d'industrie et interdit en conséquence la délivrance de brevets d'invention ou de perfectionnement.

2° *Marques et noms.*

Les marques de fabrique, à la différence des inventions, sont protégées en Hollande. La loi du 25 mai 1880, modifiée par celle du 22 juillet 1885, reconnaît aux propriétaires de marques, sans condition de domicile ou d'établissement dans le pays, un droit exclusif sur leurs marques, moyennant l'accomplissement préalable de la formalité du dépôt.

La marque doit être déposée en deux exemplaires; le propriétaire a la faculté de déposer un troisième exemplaire, qui lui est rendu avec attestation légale et lui sert de titre. Le dépôt est effectué au greffe du tribunal du domicile du déposant, ou, si le déposant n'a pas de domicile en Hollande, au greffe du tribunal d'Amsterdam.

Les effets du dépôt durent quinze ans. Le dépôt est, d'ailleurs, indéfiniment renouvelable.

X. — PORTUGAL.

1° *Brevets.*

La loi du 31 décembre 1852 et le code civil du 1er juillet 1867, admettent des brevets d'invention dont la durée peut être d'un an, de cinq ans, de dix ans, ou de quinze ans.

Ces brevets sont délivrés sans examen préalable.

La demande doit être accompagnée de deux descriptions en langue portugaise et d'un certificat constatant qu'il n'a pas été demandé de brevet similaire.

La taxe est de 33 fr. 45 pour chaque année, plus environ 175 fr. pour timbres, etc.

2° *Marques et noms.*

La loi du 4 juin 1883 protège la propriété des marques. Elle admet au bénéfice de cette protection les étrangers comme les nationaux, ainsi que les Portugais établis à l'étranger.

L'article 5 de cette loi protège le nom commercial.

XI. — SUÈDE.

1° *Brevets.*

Les brevets d'invention sont régis, en Suède, par les ordonnances royales des 10 août 1856 et 5 juillet 1881.

La durée des brevets est de quinze ans.

La demande de brevet, qui doit être accompagnée de deux descriptions et de deux dessins de l'objet de l'invention, est soumise, comme en Norvège, à l'examen préalable du collège de commerce.

La taxe est également la même qu'en Norvège, c'est-à-dire de 33 fr. 75 par an, pour les cinq premières années, de 67 fr. 50 par an, de cinq à dix ans, de 102 fr. 25 par an, de dix à quinze ans, plus un droit fixe de 33 fr. 75.

Il peut être pris des brevets de perfectionnement, qui expirent avec le brevet originaire.

2° *Marques et noms.*

La loi du 5 juillet 1884, qui protège les marques et le nom commercial, est calquée sur la loi norvégienne du 26 mai 1884. (V. ci-dessus).

XII. — SUISSE.

1° *Brevets.*

La loi fédérale du 19 décembre 1879, en vigueur seulement depuis le 1er novembre 1888, admet des brevets d'invention dont la durée est de quinze ans.

La demande de brevet, qui n'est soumise à un examen préalable qu'au point de vue de sa régularité, doit être accompagnée d'une description en double expédition et des dessins nécessaires pour l'intelligence de cette description. Le demandeur doit, en outre, justifier qu'il existe un modèle de l'objet inventé ou que celui-ci existe.

La demande donne lieu au paiement d'une taxe de dépôt de 20 fr. Le breveté est, en outre, assujetti au paiement d'une taxe annuelle et progressive de 20 fr. pour la première année, 30 fr. pour la deuxième année, 40 fr. pour la troisième année, et ainsi de suite, en augmentant de 10 fr. par année, jusqu'à la quinzième année.

La loi protège, au même titre que les nationaux, les étrangers, à la condition qu'ils soient représentés par un mandataire suisse.

2° *Marques et noms.*

La loi fédérale du 26 septembre 1890 soumet la protection des marques à la formalité préalable du dépôt suivi d'enregistrement.

Le dépôt est valable pour vingt ans et indéfiniment renouvelable. Il s'effectue à Berne.

La contrefaçon est punie d'amende et d'emprisonnement, à moins qu'il n'y ait simplement faute, imprudence ou négligence.

Sont autorisés à faire enregistrer leurs marques : 1° les industriels ayant le siège de leur fabrication ou production en Suisse et les commerçants qui y possèdent une maison de commerce régulièrement établie ; 2° les industriels et les commerçants établis dans les Etats qui accordent aux Suisses la réciprocité de traitement, pourvu que les marques de ces industriels et commerçants soient protégées au lieu de leur établissement.

La loi s'applique au nom commercial. Elle prévoit et punit aussi les fausses indications de provenance.

XIII. — TUNISIE

1° Brevets.

Le décret du 26 décembre 1888 organise, en Tunisie, la protection des inventions.

Les inventeurs, nationaux ou étrangers, peuvent se faire délivrer un brevet de cinq, dix ou quinze ans. Les inventeurs déjà brevetés à l'étranger peuvent obtenir un brevet en Tunisie ; toutefois, la durée de ce brevet ne peut excéder celle des brevets antérieurement pris à l'étranger.

Dans tous les cas la délivrance des brevets a lieu sans examen préalable.

Le demandeur doit adresser en duplicata au premier ministre : 1° une demande dans laquelle il fait élection de domicile dans la réponse ; 2° une description de l'invention ; 3° les dessins nécessaires à l'intelligence de la description ; 4° le bordereau des pièces déposées.

La taxe est de 500 piastres pour les brevets de cinq ans, de 1000 piastres pour les brevets de dix ans et de 1500 piastres pour les brevets de quinze ans. Cette taxe est payable d'avance par annuité de 100 piastres. Aucun dépôt n'est reçu sans le versement préalable d'une somme de 100 piastres à valoir sur le montant du brevet et qui reste définitivement acquise à l'État, même en cas de rejet de la demande.

2° Marques et noms.

La loi du 3 juin 1889, qui régit en Tunisie la protection des marques, est calquée, à peu de chose près, sur la loi française du 23 juin 1857. Elle protège les étrangers établis en Tunisie, au même titre que les Tunisiens ; quant aux étrangers établis hors de la Régence, elle ne les protège que sous condition de réciprocité.

La loi de 1889 ne protège pas spécialement le nom commercial ; elle ne considère même comme marque que le nom qui revêt une forme distinctive.

B. — Etats ne faisant pas partie de l'Union .

I. — ALLEMAGNE

1° *Brevets.*

La loi du 25 mai 1877 et celle du 7 avril 1891 admettent des brevets d'invention, dont la durée est de quinze ans.

La demande de brevet doit être accompagnée d'une description et d'une revendication en allemand, ainsi que des dessins nécessaires à l'intelligence de la description. Si le demandeur n'est pas domicilié en Allemagne, il doit y constituer un mandataire.

Les pièces sont adressées à l'office des brevets à Berlin, où une commission officielle examine préalablement les demandes au point de vue de la brevetabilité de l'invention.

Les décisions de cette commission sont susceptibles d'opposition dans les huit semaines de la part de tout intéressé.

La taxe à payer est, pour la première année, de 50 marks, pour la deuxième année de 50 marks ; à partir de la troisième année, la taxe augmente de 50 marks par an. En outre le dépôt donne lieu à un versement de 30 marks et la délivrance au versement d'une somme de 30 marks.

2° *Marques et noms.*

La loi du 30 novembre 1874 punit d'une amende de 150 à 3,000 marks, ou d'un emprisonnement qui peut être de six mois, quiconque a fait sciemment usage de la marque, du nom, ou de la raison commerciale d'un producteur ou d'un commerçant, ou quiconque a sciemment mis dans le commerce ou exposé en vente des marchandises portant une marque frauduleuse.

Cette protection n'est applicable qu'aux marques qui ont été déposées et enregistrées.

Le déposant doit fournir quatre exemplaires de la marque, une description et un cliché.

La durée de la protection est de dix ans, sauf renouvellemnnt du dépôt.

Les dispositions de la loi s'appliquent aux industriels qui ne possèdent pas d'établissement commercial dans l'Empire, ainsi qu'aux étrangers, si les pays où se trouve leur établissement accordent la réciprocité aux sujets de l'Empire Allemand, soit par leur législation, soit par des

---

1. Nous ne donnons, ici, que la législation des principaux Etats qui ne font pas partie de l'Union.

traités. En ce cas, le dépôt de la marque doit être effectuée au tribunal de commerce de Leipsig, avec engagement de se soumettre à la juridiction de ce tribunal. Le déposant doit justifier qu'il a rempli, dans l'Etat étranger, les conditions tendant à lui assurer la protection de sa marque.

II. — ARGENTINE (RÉPUBLIQUE)

1º Brevets.

La loi du 11 octobre 1864 admet des brevets d'invention de cinq, dix ou quinze ans.

Le demandeur doit produire en double exemplaire, la spécification de l'invention en espagnol, en français, ou en anglais, et les dessins nécessaires à l'intelligence de la description.

La demande et les pièces à l'appui sont adressées au Bureau des brevets d'invention, à Buenos-Ayres.

2º Marques et noms.

La loi du 14 août 1876 organise la protection des marques. Tout industriel ou commerçant, qui veut s'assurer la propriété d'une marque doit adresser une demande d'enregistrement au Bureau des brevets d'invention à Buenos-Ayres. Il doit joindre à cette demande deux exemplaires de la marque : l'un des exemplaires, muni d'un certificat délivré par le Bureau des brevets, est remis à l'intéressé.

L'usurpation d'une marque est punie d'une amende et d'emprisonnement.

Les étrangers jouissent de la même protection sans aucune condition de réciprocité.

La loi du 14 août 1876 contient un titre spécialement consacré au nom commercial. Ce nom est protégé sans qu'il soit nécessaire de le faire enregistrer. Il n'est pas permis, toutefois, de faire usage d'un nom sous lequel un concurrent exerce déjà le commerce, à moins d'y introduire une modification de nature à prévenir toute confusion. L'action en usurpation n'est recevable que pendant une année.

III. — AUTRICHE-HONGRIE

1o *Brevets.*

La loi du 15 août 1852 admet des brevets d'invention et d'importation.

La durée du brevet varie de un à quinze ans, au gré du demandeur. La description et les dessins sont tenus secrets, si l'inventeur le demande.

Les pièces à produire sont :

1° Une requête au gouverneur provincial ;

2° Un récépissé constatant le versement de l'intégralité de la taxe pour le nombre d'années que doit durer le brevet ;

3° Deux exemplaires d'une description rédigée en langue allemande ;

4° Les dessins ou échantillons nécessaires, en double.

Pour les brevets d'importation, il faut annexer à la requête une expédition officielle légalisée du brevet pris à l'étranger.

Le pouvoir remis au mandataire, s'il y a lieu, doit être authentique et visé par un consul ou l'ambassadeur d'Autriche.

Indépendamment de l'impôt commercial, dont la quotité est fixée chaque année, et du droit supplémentaire de 31 fr. 25 pour tout brevet se rapportant à la chimie ou à l'hygiène, il est dû :

Pour chacune des cinq premières années. . .	62 fr. 50
Pour la 6e année	93 fr. 75
— 7e —	109 fr. 37
— 8e —	125 fr. »
— 9e —	140 fr. 62
— 10³ —	156 fr. 25
— 11e —	187 fr. 50
— 12° —	218 fr. 75
— 13e — . . , ...	250 fr. »
— 14e —	281 fr. 25
— 15e —	313 fr. 50

2° *Marques et noms.*

Les marques sont protégées par la loi du 14 mai 1889, qui a remplacé la loi ancienne du 7 décembre 1858.

La protection est subordonnée à un dépôt préalable en double exemplaire, de la marque et d'un cliché. Le dépôt est valable pour dix ans.

Pour les étrangers, le dépôt se fait aux chambres de commerce de Vienne pour l'Autriche, et de Budapesth pour la Hongrie.

La contrefaçon est punie d'une amende du 800 à 20 florins ou d'un emprisonnement de trois mois à un an, les deux peines pouvant d'ailleurs être annulées. La confiscation, et la destruction des marques peuvent également être ordonnées.

La loi du 14 mai 1889 protège spécialement les noms, raisons sociales ou dénominations d'établissements.

IV. DANEMARK.

1° Brevets.

Les ordonnances royales du 10 août 1856 et du 5 juillet 1884 admettent des brevets d'invention dont la durée peut être fixée de trois à vingt ans, au gré de l'aministration, et des brevets d'importation d'une durée de cinq ans.

La demande doit être accompagnée de deux descriptions et de deux dessins. Elle est soumise à l'examen préalable de l'administration.

La taxe est de 60 fr. ou de 120 fr., selon que la demande est formée par une ou plusieurs personnes.

2° Marques et noms.

La loi du 11 avril 1890, qui organise la protection des marques, est calquée sur la loi norvégienne du 26 mai 1884 (V. ci-dessus). L'enregistrement se fait, pour tout le royaume, à Copenhague. Les étrangers établis dans le Danemark jouissent de la protection de la loi. Une ordonnance royale peut étendre cette protection à ceux qui sont établis au dehors, si la loi de leur pays accorde la réciprocité aux Danois et s'ils justifient que leur marque est protégée dans leur pays.

La loi du 11 avril 1890 s'applique au nom commercial, sans que cette protection soit subordonnée à aucun enregistrement.

V. — JAPON.

1° Brevets.

L'ordonnance impériale du 18 décembre 1888 admet des brevet d'invention de cinq, dix ou quinze ans.

La demande doit être adressée, accompagnée d'une description et de dessins, au ministre de l'agriculture et du commerce. Elle est soumise à un examen préalable.

La taxe est de 10 yen pour les brevets de cinq ans, de 15 yen pour les brevets de dix ans et de 20 yen pour les brevets de quinze ans ; elle est payable, en une fois, lors de la délivrance du titre.

2° *Marques et noms.*

La loi du 7 juin 1884 autorise les étrangers, comme les nationaux, à s'assurer la propriété de leurs marques ou noms de commerce, en en effectuant le dépôt.

VI. — LUXEMBOURG.

1° *Brevets.*

La loi du 30 juin 1880 admet des brevets d'invention dont la durée est de quinze ans.

La demande, qui n'est examiné qu'au point de vue de sa régularité, doit être accompagnée d'une description et de dessins en double exemplaire.

La taxe est annuelle et progressive ; elle est de 10 fr. pour la première année et augmente ensuite de 10 fr. par année.

Les étrangers peuvent, comme les nationaux, se faire délivrer des brevets, à la condition d'élire domicile dans le Grand-Duché.

2° *Marques et noms.*

La loi du 28 mars 1883, qui protège les marques, est à peu de chose près calquée sur la loi belge du 1er avril 1879 (V. ci-dessus).

VII. — RUSSIE.

1° *Brevets.*

Les lois du 22 novembre 1833, du 23 octobre 1840, du 23 novembre 1863 et du 30 mars 1870 admettent des brevets d'invention, de trois, cinq ou dix ans, et des brevets d'importation dont la durée est limitée par celle du brevet étranger, sans toutefois qu'elle puisse dépasser six ans.

La demande doit être adressée au ministre du commerce et de l'industrie, accompagnée d'une description, en double expédition, rédigée en russe et des dessins nécessaires également en duplicata.

Le brevet n'est délivré qu'après un examen préalable.

La taxe des brevets d'invention est fixée ainsi qu'il suit :

90 roubles en argent pour trois ans.

150 —   —   pour six ans.

450 —   —   pour dix ans.

La taxe des brevets d'importation est de :

60 roubles en argent pour un an.

120 —   —   pour deux ans.

180 —   —   pour trois ans.

240 —   —   pour quatre ans.

300 —   —   pour cinq ans.

360 —   —   pour six ans.

Les paiements se font par anticipation.

Les brevets peuvent être demandés par les étrangers comme par les nationaux.

2° *Marques et noms.*

La loi russe (art. 78 du XI° volume des lois) punit l'usurpation des marques des peines édictées par l'article 1354 du code pénal : ces peines consistent, outre la réparation du préjudice causé, dans la privation de tous les droits et privilèges appartenant au prévenu personnellement ou afférents à sa condition, dans l'internement dans l'un des gouvernements éloignés, ceux de Sibérie exceptés, et dans l'incarcération dans une maison de travail, de quatre à huit mois.

Les étrangers sont admis à la protection de la loi si, dans leur pays, une convention de réciprocité existe au profit des Russes.

La loi punit également l'usurpation du nom commmercial.

VIII. — TURQUIE

1° *Brevets.*

La loi du 1ᵉʳ mars 1880 admet des brevets d'invention de cinq, dix ou quinze ans.

La demande doit être accompagnée de la description de l'invention et des dessins nécessaires à l'intelligence de cette description.

Les brevets sont délivrés sans examen préalable.

La taxe est de 2 livres turques par an.

Les étrangers peuvent se faire breveter, en élisant domicile dans la ville et en se faisant représenter par un mandataire turc.

2º *Marques et noms.*

Les marques sont protégées, en Turquie, par la loi du 3 juin 1872.

La marque doit, pour être protégée, être déposée au tribunal civil du district du déposant.

Les étrangers établis dans l'Empire Ottoman sont protégés comme les nationaux ; les étrangers établis au dehors ne sont admis au bénéfice de la loi que s'il existe entre leur pays et la Turquie une convention de réciprocité.

Le nom commercial est considéré comme une marque et protégé au même titre.

IX. — VÉNÉZUELA

1º *Brevets.*

La loi du 25 mai 1882 admet des brevets d'invention de cinq, dix ou quinze ans.

Ces brevets sont délivrés sans examen préalable.

La demande doit être accompagnée d'une description distinguant l'invention de celles déjà connues et des dessins nécessaires à l'intelligence de cette description. La description et les dessins doivent être en duplicata.

La taxe est de 80 fr. par an, soit de 400 fr. pour les brevets de cinq ans, de 800 fr. pour ceux de dix ans et de 1200 fr. pour ceux de quinze ans. Le paiement doit être effectué, moitié lors de la demande du brevet, moitié à la délivrance du titre.

2º *Marques et noms.*

Les marques sont protégées dans le Vénézuela, par la loi du 24 mars 1877.

La marque, pour être protégée, doit être déposée. Tous les dépôts s'effectuent à Caracas.

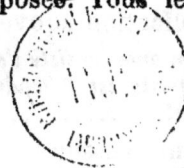

TABLE ANALYTIQUE DES MATIÈRES

CHAPITRE V

Propriété du brevet.

CHAPITRE VI

Droits des étrangers.

CHAPITRE VII

Nullités et déchéances.

CHAPITRE VIII

Actions dont le breveté est passibles en dehors des actions en nullité et en déchéance.

LIVRE II

DES MARQUES DE FABRIQUE ET DE COMMERCE

CHAPITRE I

Nature et caractères des marques.

CHAPITRE II

Propriété de la marque.

CHAPITRE III

Dépôt de la marque.

CHAPITRE IV

Droits des étrangers.

CHAPITRE V

Usurpation des marques

LIVRE III

DU NOM COMMERCIAL

CHAPITRE I

Noms protégés par la loi.

CHAPITRE II

Usurpation des noms protégés par la loi.

CHAPITRE III

Droits des étrangers

LIVRE IV

DES DESSINS ET MODÈLES DE FABRIQUE

CHAPITRE I

Définition et caractère des dessins et modèles de fabrique.

CHAPITRE II

Dépôt des dessins et modèles.

CHAPITRE III

Propriété et transmission des dessins et modèles.

CHAPITRE IV

Usurpation des dessins et modèles.

CHAPITRE V

Droits des étrangers.

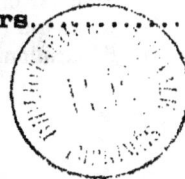

LIVRE V

DE LA CONCURRENCE DÉLOYALE

ANNEXES

TABLE ALPHABÉTIQUE DES MATIÈRES

I. BREVETS D'INVENTION

II. MARQUES DE FABRIQUE ET DE COMMERCE

III. NOM COMMERCIAL

IV. DESSINS ET MODÈLES DE FABRIQUE

V. CONCURRENCE DÉLOYALE

Laval. — Impr. et Stér. E. JAMIN, 8, rue Ricordaine.

www.ingramcontent.com/pod-product-compliance
Lightning Source LLC
Chambersburg PA
CBHW052101230326

41599CB00054B/3577